Rubenbauer · Hofmann
Lateinische Grammatik

LATEINISCHE GRAMMATIK

von Dr. Hans Rubenbauer
und Dr. J. B. Hofmann

neubearbeitet von R. Heine

C. C. Buchners Verlag, Bamberg
J. Lindauer Verlag, München
R. Oldenbourg Verlag, München

Technische Umsetzung: Blank Satzstudio GmbH, München

www.ccbuchner.de
www.oldenbourg.de

12. korr. Auflage, 15. Druck 2016

Alle Drucke dieser Auflage sind inhaltlich unverändert
und können im Unterricht nebeneinander verwendet werden.

© 1975, 1989, 1995 C.C. Buchner Verlag, Bamberg
© 2016 Cornelsen Verlag GmbH, Berlin
© 1975, 1989, 1995 Oldenbourg Schulbuchverlag GmbH, München

Das Werk und seine Teile sind urheberrechtlich geschützt.
Jede Nutzung in anderen als den gesetzlich zugelassenen Fällen bedarf
der vorherigen schriftlichen Einwilligung des Verlages.
Hinweis zu den §§ 46, 52a UrhG: Weder das Werk noch seine Teile dürfen ohne eine solche Einwilligung
eingescannt und in ein Netzwerk eingestellt odersonst öffentlich zugänglich gemacht werden.
Dies gilt auch für Intranets von Schulen und sonstigen Bildungseinrichtungen.

Druck: Beltz Bad Langensalza GmbH

ISBN 978-3-7661-5627-3 (C.C. Buchner Verlag)
      978-3-87488-694-9 (J. Lindauer Verlag)
      978-3-637-06940-4 (Oldenbourg Schulbuchverlag)

PEFC zertifiziert
Dieses Produkt stammt aus nachhaltig
bewirtschafteten Wäldern und kontrollierten
Quellen.
www.pefc.de

INHALT

Vorwort zur Neubearbeitung	X
Vorwort zur 10. Auflage	XII
Einleitung: Zur Geschichte der lateinischen Sprache	1

Vorbemerkungen

A. Die lateinische Schrift (§§ 1 - 3)	4
B. Aussprache und Betonung (§§ 4 - 5)	6

LAUTLEHRE

Einteilung der Laute (§ 6)	8
I. Vokale (§§ 7 - 11)	9
A. Der Ablaut (§ 7)	9
B. Veränderungen des ererbten Vokalstandes im Lat. (Grch.) u. Dt. (§ 8)	10
C. Besonderheiten des lat. Vokalwandels (§§ 9 - 11)	11
II. Konsonanten (§§ 12 - 14)	13
A. Entsprechungen zwischen Lat. (Grch.) u. Dt. (§ 12)	13
B. Lateinischer Konsonantenwandel (§§ 13 - 14)	14
Schlußbemerkung (§ 15)	15

WORTBILDUNGSLEHRE

Vorbemerkungen (§ 16)	17
I. Wortbildung durch Ableitung (§§ 17 - 18)	18
A. Form der Ableitung (§ 17)	18
B. Bedeutungsgruppen (§ 18)	19
II. Wortbildung durch Zusammensetzung (§ 19)	21

FORMENLEHRE

Die Wortarten (§ 20)	23

Erster Teil: Das Nomen

I. Substantiv und Adjektiv (§§ 21 - 49)	23
A. Genus, Kasus und Numerus (§§ 21 - 23)	23
B. Die Deklinationen (§§ 24 - 45)	28

	1. Vorbemerkungen (§§ 24 - 25)	28
	2. Die ā- (1.) Deklination (§§ 26 - 27)	30
	3. Die o- (2.) Deklination (§§ 28 - 30)	31
	4. Adjektive der o- und ā-Deklination (§§ 31 - 32)	33
	5. Die ē- (5.) Deklination (§§ 33 - 34)	34
	6. Die u- (4.) Deklination (§§ 35 - 36)	35
	7. Die 3. Deklination (§§ 37 - 44)	36
	a) Substantive (§§ 37 - 42)	36
	b) Adjektive (§§ 43 - 44)	42
	8. Griechische Deklination (§ 45)	45
	C. Komparation (§§ 46 - 49)	45
Anhang: Adverbia (§§ 50 - 52)		49
II.	Pronomina (§§ 53 - 60)	52
	A. Personalpronomina (§ 54)	53
	B. Possessivpronomina (§ 55)	53
	C. Demonstrativpronomina (§ 56)	54
	D. Relativpronomina (§ 57)	55
	E. Interrogativpronomina (§ 58)	56
	F. Indefinitpronomina (§ 59)	56
	G. Korrelativpronomina (§ 60)	58
Anhang: Pronominaladjektive und -adverbia (§§ 61 - 62)		58
III.	Numeralia (§§ 63 - 68)	60

Zweiter Teil: Das Verbum

I.	Das verbum finitum und infinitum (§§ 69 - 70)	64
II.	Die Formenbildung des Verbums (§§ 71 - 78)	65
III.	Die vier lat. Konjugationen (§§ 79 - 95)	72
	A. Die ā- (1.) Konjugation (§§ 79 - 81)	72
	B. Die ē- (2.) Konjugation (§§ 82 - 84)	76
	C. Die ī- (4.) Konjugation (§§ 85 - 87)	85
	D. Die 3. Konjugation (§§ 88 - 95)	89
	1. Verba activa (§§ 88 - 93)	89
	a) Konsonantische und u-Stämme (§§ 88 - 90)	89
	b) Verba auf -iō (§§ 91 - 93)	101
	2. Verba deponentia (§§ 94 - 95)	105
	3. Semideponentia (§ 95)	107
IV.	Verba anomala (§§ 96 - 102)	107
V.	Verba defectiva (§ 103)	113
VI.	Verba impersonalia (§ 104)	114

Dritter Teil: Partikeln 114

SATZLEHRE

Erster Teil: Lehre von den Satzgliedern

Erster Abschnitt: Bestandteile des einfachen Satzes

I.	Subjekt und Prädikat (§§ 105 - 107)	115
II.	Kongruenz (§ 108)	118

Zweiter Abschnitt: Ergänzungen des Satzes

I.	Ergänzung von (nominalen) Satzgliedern durch Attribute (§§ 109 - 111)	122
II.	Satzergänzungen durch Kasus (§§ 112 - 156)	126
	A. Akkusativ (§§ 112 - 122)	126
	1. Akkusativ als Objektskasus (§§ 112 - 121)	126
	a) einfacher Objektsakkusativ (§§ 112 - 118)	127
	b) doppelter Objektsakkusativ (§§ 119 - 121)	133
	2. Akkusativ als Zielkasus (§ 122)	137
	B. Dativ (§§ 123 - 129)	138
	1. Dativ bei Verben (§§ 123 - 128)	138
	2. Dativ bei Adjektiven (§ 129)	144
	C. Genetiv (§§ 130 - 140)	145
	1. Genetiv bei Substantiven (§§ 130 - 134)	145
	2. Genetiv bei Adjektiven (§ 135)	152
	3. Genetiv bei Verben (§§ 136 - 140)	154
	D. Ablativ (§§ 141 - 156)	159
	1. Ablativ der Trennung (§§ 141 - 144)	159
	2. Ablativ als Vertreter des Instrumentalis (§§ 145 - 153)	164
	a) Ablativ der Gemeinschaft (§§ 145 - 146)	164
	b) Ablativ des Mittels und Werkzeugs (§§ 147 - 153)	166
	3. Ablativ des Ortes und der Zeit (§§ 154 - 156)	172
III.	Satzergänzungen mit Hilfe von Präpositionen (§§ 157 - 161)	175
IV.	Satzergänzungen durch Adverbien (§ 162)	186
V.	Satzergänzungen durch Nominalformen des Verbums (§§ 163 - 181)	187
	A. Infinitiv (§§ 164 - 172)	187
	1. Bloßer Infinitiv (§§ 165 - 166)	188
	2. A c I (§§ 167 - 171)	191
	3. N c I (§ 172)	199
	B. Supina (§ 173)	200
	C. Gerundium und Gerundivum (§§ 174 - 176)	202
	D. Partizip (§§ 177 - 181)	207
	1. Zeitformen des Partizips (§ 178)	208
	2. Der Gebrauch des Partizips (§§ 179 - 180)	209
	a) Attributives und prädikatives Partizip (§ 179)	210

	b) Das adverbiale Part. als P.c. und im Abl. abs. (§ 180)	213
	3. Zur Übersetzung lat. Partizipien (§ 181)	216
Anhang: Syntaktisch-stilistische Eigentümlichkeiten lat. Nomina (§§ 182 - 204)		218
I.	Substantive (§§ 182 - 186)	218
II.	Adjektive (§§ 187 - 190)	222
III.	Pronomina (§§ 191 - 204)	226

Zweiter Teil: Lehre vom einfachen und zusammengesetzten Satz

Erster Abschnitt: Der einfache Satz

I.	Genus, Tempus und Modus des Verbums (§§ 205 - 218)	237
	A. Genera des Verbums (§§ 205 - 206)	237
	B. Tempora, Aktionsarten und Aspekte (§§ 207 - 213)	239
	C. Modi (§§ 214 - 218)	244
	1. Indikativ (§ 214)	245
	2. Konjunktiv (§§ 215 - 217)	246
	3. Imperativ (§ 218)	251
II.	Arten des einfachen Satzes (§§ 219 - 222)	252
	A. Aussagesätze (§§ 219 - 220)	252
	B. Ausrufesätze (§ 220)	254
	C. Aufforderungssätze (§ 220)	254
	D. Fragesätze (§§ 221 - 222)	254

Zweiter Abschnitt: Der zusammengesetzte Satz

I.	Die Satzreihe (§§ 223 - 225)	257
	A. Unverbundene Satzreihen (und Satzteile) (§ 223)	257
	B. Verbundene Satzreihen (und Satzteile) (§§ 224 - 225)	258
II.	Das Satzgefüge (§§ 226 - 264)	262
	A. Besonderheiten im Gebrauch der Modi und Tempora im abhängigen Satz (§§ 227 - 231)	264
	1. Modi in Nebensätzen (§ 227)	264
	2. Tempora in Nebensätzen (§§ 228 - 231)	265
	a) Zeitgebung in indikativischen Nebensätzen (§ 228)	266
	b) Zeitgebung in konjunktivischen Nebensätzen (§§ 229 - 231)	267
	B. Arten der Unterordnung (§§ 232 - 263)	272
	1. Indirekte Fragesätze (§§ 232 - 233)	272
	2. Finalsätze (§§ 234 - 236)	275
	3. Konsekutivsätze (§§ 237 - 238)	281
	4. Konjunktionalsätze mit quin (§ 239)	283
	5. Relativsätze (§§ 240 - 245)	285
	6. Komparativsätze (§§ 246 - 248)	294

Inhalt

	7. Kausalsätze (§§ 249 - 252)	298
	8. Temporalsätze (§§ 253 - 258)	302
	9. Konditionalsätze (§§ 259 - 262)	311
	10. Konzessivsätze (§ 263)	317
	C. Ōrātiō oblīqua (§ 264)	319

Anhänge

I.	Die wichtigsten Tropen und Figuren (§ 265)	322
II.	Wortstellung und Satzbau (§§ 266 - 268)	325
III.	Kurze Verslehre (§§ 269 - 274)	329
	A. Prosodie (§§ 269 - 270)	329
	B. Metrik (§§ 271 - 274)	331
IV.	Maße, Gewichte und Münzen (§ 275)	336
V.	Der römische Kalender (§ 276)	338

Register

I.	Sachverzeichnis	340
II.	Wortverzeichnis	347
III.	Verzeichnis der mit ihren Stammformen angeführten Verba	361
IV.	Fundstellenverzeichnis	367

VORWORT ZUR NEUBEARBEITUNG

Schon in mehr als einer modernen lateinischen Schulgrammatik hat der Satz im Vorwort gestanden, daß es mit der Überarbeitung eines vorhandenen Werkes nicht mehr getan sei, sondern daß es darum gehe, neue, den veränderten Bedingungen des Lateinunterrichtes entsprechende Grammatiken zu schaffen. Soweit veränderte Bedingungen nicht den programmierten Unterricht meinen, der allerdings neue Grammatiken erfordert, sondern den Rückgang des Wissensstandes und der Anforderungen früherer Zeiten und speziell den Fortfall der Hinübersetzung, ist in der Tat nicht einzusehen, warum Grammatiken heute noch Paragraphen wie „die Übersetzung von deutsch ‚man' " oder von ‚lassen' mitschleppen sollten, warum sie mit penibler Ausführlichkeit Genusregeln für die 3. Deklination nebst den vielgeschmähten Merkversen ausbreiten sollten, warum sie Verben wie adversperascit oder farcire, die wohl in keiner Schullektüre vorkommen, mitführen sollten.

Dennoch finden sich derartige Dinge in dem vorliegenden Werk, dennoch stellt es nur eine Neubearbeitung einer vorhandenen Grammatik dar, und mag auch im Äußeren, etwa im Verzicht auf die Fraktur, im Bemühen um übersichtlichere und lernpraktischere Anordnung des früher durch zuviele Anmerkungen, Zusätze, Fußnoten, „Merke" und „Unterscheide" zerzausten Stoffes, auch in der Beigabe von Übersetzungen, die Grammatik ein neues Gesicht bekommen haben, so ist die Substanz doch mit größter Schonung behandelt und nur in seltenen Fällen ernsthaft angetastet worden. Die Rechtfertigung dieses Vorgehens liegt weniger in einem Streben nach Pietät gegenüber den beiden hochverdienten Verfassern um der Pietät willen, als vielmehr in der Wirkung ihres Werkes:

Es erschien zuerst 1928, als reine Schulgrammatik „auf sprachwissenschaftlicher Grundlage", und erlebte in den folgenden 40 Jahren acht Auflagen. Mit der Zeit erwarb es sich den Ehrenartikel ‚der Rubenbauer–Hofmann'[1]), in schwindendem Maße in der Schülerfachsprache, in wachsendem Maße bei Studenten und Lehrern: was noch 1947 „den Gymnasiasten bis in die oberste Klasse begleiten" sollte, ist heute zu etwas geworden, das den Studenten nicht nur an den meisten deutschen, sondern auch an einigen deutschsprachigen Universitäten des Auslandes bis zum Staatsexamen und oft genug darüber hinaus bis in die Berufspraxis begleitet.

Damit ist das Hauptanliegen der Neubearbeitung angedeutet: dem Studenten einen gangbaren Mittelweg zu bieten zwischen dem Zuwenig der modernen Schulgrammati-

---

[1]) W. Ehlers in seinem Nachruf auf den am 27.7.63, auf den Tag genau neun Jahre nach J. B. Hofmann verschiedenen H. Rubenbauer (Gnomon 36, 1964, 105).

ken und dem – für das Lernen – Zuviel der großen wissenschaftlichen Werke von Kühner–Stegmann und Hofmann–Szantyr (letzterem verdankt die vorliegende Bearbeitung zahlreiche Berichtigungen und Verbesserungen). Diesem Ziel widersprechen auch die gegenüber früher sehr vermehrten Übersetzungen nicht, die gerade für Anfangssemester eine wirkungsvolle Hilfe darstellen; obendrein ist jeder grammatische Beispielsatz etwas mehr oder minder Unvollständiges, weil des Kontextes beraubt: hier kann eine aus der Kenntnis des Zusammenhanges gegebene Übersetzung wesentliche Verständnishilfe sein. Wer sich darüber hinaus über Authentizität und größeren Kontext der Beispielsätze zu orientieren wünscht, wird auch den neu hinzugekommenen Fundstellenindex nicht als unnötige Vermehrung der Seitenzahl empfinden.

Mit der Beibehaltung der alten Substanz im Interesse einer Beibehaltung des alten Wissensstandes wenigstens der zukünftigen Lehrer[1] soll freilich die Tür zur Schule nicht zugeschlagen sein. Lernpraktischere Anordnung und Übersetzungen kommen dem Schüler in noch höherem Maße als dem Studenten zugute, und die mit Hilfe von Normal- und Petitdruck stärker als früher durchgeführte Trennung von grammatischem Grundstoff und Zusatzmaterial erleichtert eine Beschränkung auf das Wesentliche.

Am Schluß ist es mir mehr als eine angenehme Pflicht, auch an dieser Stelle meiner Frau sowie meinen Freunden und ehemaligen Kollegen am Thesaurus linguae Latinae Eva Baer, Hugo Beikircher, Elisabeth Heyse, Renate Teßmer und Hans Wieland für klugen Rat und aufopferungsvolle Tat bei der Fertigstellung des Manuskriptes und beim Lesen der Korrekturen ganz herzlich zu danken. Mein Dank gilt auch zahlreichen Benützern früherer Auflagen, die durch ihre kritischen Anmerkungen manches Versehen ausmerzen halfen, und nicht zuletzt dem Verlag für die gute Zusammenarbeit bei der Erstellung des drucktechnisch nicht einfachen Satzbildes.

Göttingen, 1.3.1971
Rolf Heine

---

[1] „Nun ist freilich die erste und letzte Bedingung eines tüchtigen Sprachunterrichts eine tüchtige Sachkenntnis von seiten des Lehrers; der Lehrer muß Latein nicht bloß kennen, sondern können. Ich habe mit einem nunmehr längst verstorbenen Lehrer verkehrt, der sich's unsägliche Mühe kosten ließ, für den lateinischen Unterricht eine neue Methode zu erfinden, aber fast ohne Erfolg arbeitete, weil er nicht die mindeste lebendige Kenntnis der Sprache besaß; ich habe umgekehrt Lehrer mit dem besten Erfolg unterrichten sehen, die von eigentlicher Methode keine Ahnung, aber eine gründliche Sachkenntnis hatten. Ich halte daher auf alle Methodenjägerei durchaus nichts, glaube nun und nimmermehr an den Erfolg selbst einer an sich vortrefflichen Methode, wo es an sachkundigen Lehrern fehlt, sondern bin aus meiner persönlichsten Erfahrung so wie der Natur des Gegenstands wegen überzeugt, daß Mangel an Sachkenntnis notwendig zu fehlerhafter Sachbehandlung führt, während umgekehrt zunehmende Sachkenntnis die Methode wie von selbst verbessert. Wer also Latein gut lehren will, der muß es vor allen Dingen gelernt haben und, weil ein Abschluß hierin nicht möglich ist, mit unablässiger Bemühung immer besser lernen." Das ist im Jahre 1846 geschrieben, von K.F. v. Nägelsbach im Vorwort zur 1. Auflage seiner Lateinischen Stilistik, und wenn auch manches in diesem Werk veraltet, viele Anforderungen für heutige Verhältnisse zu hochgeschraubt sind, so ist doch zu bezweifeln, ob neben der Methodenverdammung auch die übrigen Sätze aus seinem Vorwort als völlig veraltet abzutun sind.

VORWORT ZUR 10. AUFLAGE

Seit Abschluß des Manuskriptes und dem Erscheinen der 9. Auflage sind gut 6 bzw. 2 Jahre vergangen. In diese Zeit fallen mehrere bedeutsame Anstöße zu einer Weiterentwicklung und Neuorientierung der lat. Grammatik, besonders im Bereich der Syntax (vor anderen zu nennen: A. Scherer, Handbuch der lateinischen Syntax; H. Happ, Grundfragen einer Dependenz-Grammatik des Lateinischen). Wenn sich dennoch diese Auflage bis auf kleinere Berichtigungen nicht von der 9. unterscheidet, so hat dies — abgesehen von der Kostenfrage — vor allem folgenden Grund: Die valenzgrammatische Ausrichtung der lat. Syntax ist, wie u.a. ein Vergleich der recht unterschiedlichen Satzpläne bei Scherer und Happ zeigt, noch so im Fluß, die Methoden und Testverfahren sind noch so am Deutschen orientiert und die Ergebnisse sowie ihre Effizienz in der Praxis zu einem beträchtlichen Teil noch so unsicher, daß eine grundlegende Neugestaltung des Syntaxteiles nach Verbvalenzen, Satzpositionen und Satzbauplänen zum jetzigen Zeitpunkt verfrüht erscheint.

In diesem Zusammenhang ist es wichtig zu betonen, daß in den §§ 109—181 „Ergänzung" für alle Bestandteile des Satzes außer Subjekt und Prädikatsverbum gebraucht wird, daß also einerseits nicht geschieden wird zwischen — in syntaktischer Hinsicht — obligatorischen (perīculum vītant) bzw. fakultativen ([epistulam] scrībit) Ergänzungen und freien Angaben oder Erweiterungen (tōtam noctem quiēscunt), andererseits auch die nicht direkt vom Verbum abhängigen sekundären Satzglieder wie Attribute und Prädikativa aus praktischen Gründen unter den „Ergänzungen" behandelt werden.

Der Dank, den ich E. Neu und R. Pfister schulde, kann hier nur wiederholt, nicht im einzelnen begründet werden.

Göttingen, 1.4.1977
Rolf Heine

EINLEITUNG

Zur Geschichte der lateinischen Sprache

L a t e i n ist die Sprache der L a t i n e r, die in geschichtlicher Zeit in Rom und dem umliegenden Teil der Landschaft Latium ansässig waren; es gehört dem i t a l i s c h e n Zweig der i n d o g e r m a n i s c h e n Grundsprache an, deren Formen und syntaktische Eigentümlichkeiten zum großen Teil mit ziemlicher Sicherheit aus dem Vergleich der untereinander verwandten Sprachen erschlossen werden können; der Name indogermanisch ist von den beiden Völkern abgeleitet, die die äußersten Grenzen des gesamten Sprachgebietes bewohnen (Statt idg. wird im nichtdeutschen Sprachgebiet die Bezeichnung indoeuropäisch gebraucht). Die Sprache der Italiker, die im 2. Jahrtausend v. Chr. (vielleicht von Illyrien oder dem Gebiet des heutigen Kärnten aus) von Norden her in Italien einwanderten, zeigt in einigen Erscheinungen engere Berührungen mit dem Germanischen und insbesondere dem Keltischen, nimmt aber innerhalb der indogermanischen Sprachfamilie eine durchaus selbständige Stellung ein. Sie zerfällt in zwei Gruppen, die, wie erhaltene Sprachdenkmäler beweisen, in Teilen der Formenbildung und des Wortschatzes stark voneinander abweichen: das L a t e i n i s c h e einerseits und das O s k i s c h - U m b r i s c h e andrerseits. Dem Oskischen (Samnitischen) standen die Dialekte der Mittelstämme (z.B. der Sabiner) nahe, enger ans Umbrische schloß sich die Sprache der im Süden Latiums wohnenden Volsker an. Die Sprache aller dieser Stämme wurde in den letzten drei Jahrhunderten v.Chr. im Zusammenhang mit der politischen Unterwerfung von der lateinischen verdrängt; nur das Oskische wurde noch um Christi Geburt in Kampanien gesprochen, wie die in dem (79 n.Chr.) verschütteten Pompeji gefundenen Inschriften lehren. Daneben wurden in Teilen Italiens noch Sprachen anderer indogermanischer Völker gesprochen; außer dem G r i e c h i s c h e n (in Unteritalien und Sizilien) z.B. das G a l l i s c h e (Sprache der im 6. oder 5. Jh. in Oberitalien eingefallenen Gallier, eines Keltenstammes). Einen stärkeren Einfluß auf die Sprache Roms übten dank ihrer überlegenen Kultur nur die Griechen aus.

Von nichtindogermanischen Völkern waren für die Entwicklung der lateinischen Sprache die in Etrurien (der heutigen Landschaft Toskana) wohnenden E t r u s k e r bedeutsam, die im 6. und 5. Jh. v. Chr. sich über Mittelitalien bis nach Kampanien ausbreiteten und eine Zeitlang selbst Rom beherrschten. Aus dem Etruskischen stammen Wörter wie histriō (Schauspieler), persōna (Maske), īdūs, ātrium u.a. Auch die Vermittlung griechischer Kultur und damit griechischer Bezeichnungen an die Römer erfolgte in ältester Zeit durch die Etrusker. Das bezeugen Wörter wie sporta (vgl. nhd. „Sporteln", durch die Rechtssprache im 15. Jahrhundert aus sportulae „Geschenke" entlehnt) aus (Akk.) σπυρίδα „Korb", triumphus aus θρίαμβος, grōma aus γνῶμα (γνώμων, ein Meßinstrument der Feldmesser), die alle nur aus der etruskischen Lautgebung erklärbare Eigenheiten aufweisen. Direkte Entlehnungen setzen in stärkerem Maße erst mit Beginn der Literatur ein; manche Wörter liegen zugleich in Formen volkstümlicher und gelehrter Entlehnung vor, z.B. cumba und cymba (Boot), cupressus und cyparissus (Zypresse), guminasium und gymnasium.

Die ä l t e s t e n, an Zahl und Umfang allerdings nur recht dürftigen Reste von Denkmälern der lateinischen Sprache reichen bis ins 6. Jahrhundert v.Chr. hinauf (Forum-Inschrift); g r ö ß e r e zusammenhängende Texte aus dem Altlatein besitzen wir erst seit dem Beginn der Literatur (3. und insbesondere 2. Jahrhundert v.Chr.). Das L a t e i n, das in der Schule gelehrt wird, ist im wesentlichen das der k l a s s i s c h e n S c h r i f t sprache, die von den Puristen Cicero und Cäsar nach ästhetischen und sprachwissenschaftlichen Erwägungen in Wortwahl, Satz- und Periodenbau streng geregelt wurde; schon mit Livius wird diese Schriftsprache durch Eindringen vieler dichterischer und altertümlicher Elemente stilisiert, in späterer Zeit mehr und mehr ein künstliches, papiernes Gebilde. Daneben bestand zu allen Zeiten die eigentlich lebendige, sich stetig weiter entwickelnde Sprache des Alltags, die weder als Umgangssprache der Gebildeten, wie sie z.B. Cicero selbst in seinen Briefen verwendete, noch als Sprache des niederen Volkes sich irgendeinem starren Regelzwang fügte. Mit dem Verfall der politischen Macht in der Kaiserzeit, dem Niedergang der allgemeinen Bildung und dem wachsenden Einfluß des auf die breiten Massen wirkenden und sich ihrer Sprache anpassenden Christentums gewann die Volkssprache gegen Ausgang des Altertums das Übergewicht über die Schriftsprache. Nach ihrem Verbreitungsgebiet in Italien und den römischen Provinzen bildet sie die Grundlage der heutigen romanischen Sprachen (Italienisch, Französisch, Spanisch und Portugiesisch, Rätoromanisch und Rumänisch). Daneben wurde im ganzen Mittelalter und, als Sprache der Kirche und Wissenschaft zum Teil noch heute, das Schriftlatein verwendet.

Von dem nachhaltigen Einfluß des Lateinischen auf das G e r m a n i s c h e zeugen die zahlreichen lateinischen Lehn- und Fremdwörter, die seit den ersten Jahrhunderten n.Chr. ins Deutsche übergingen. Es sind dies Wörter des K r i e g s w e s e n s und der Befestigungstechnik wie Pfeil (pīlum), Wall (vallum), Pfahl (pālus), Straße (strāta sc. via), des H a n d e l s wie kaufen (caupōnārī), Pfund (pondus), Münze (monēta), des G a r t e n - und Weinbaus wie Wein (vīnum), Most (mustum), Kelter (calcātūra), Senf (sināpi), Pfeffer (piper), Kümmel (cumīnum), Kohl (caulis), Wicke (vicia), Rettich (rādix), schließlich des H a u s b a u s wie Mauer (mūrus), Kalk (calx), Ziegel (tēgula), Fenster (fenestra), Pfeiler (pīlārium), Kammer (camara), Küche (coquina) u. a.; das S t a a t s - und R e c h t s l e b e n vermittelte Kaiser (Caesar), Kerker (carcer) u. a.

Eine neue, noch stärkere Welle römischer Ausdrücke drang durch das C h r i s t e n t u m ein; diese Entlehnungen sind durchweg jünger, wie schon die veränderte Aussprache lehrt (z.B. Zelle aus cella gegenüber Keller aus cellārium). Übernommen wurden nicht nur Ausdrücke für geistliche Personen (Abt abbas, Propst prōpositus), Gebäude und Einrichtungen (Dom domus, Münster monastērium, Kloster claustrum, Grotte crypta, Regel rēgula, kasteien castīgāre), sondern auch des Schulwesens (Schule schola, schreiben scrībere, dichten dictāre, Tafel tabula, Tinte tīncta, Brief brevis sc. libellus) und des Gartenbaus und Handwerks (Lilie līlium, Rose rosa, Schuster sūtor). Oft spielt hierbei das Latein bei der Entlehnung griechischer Wörter die Vermittlerrolle.

Die Beziehungen zum Latein reißen auch in mittelhochdeutscher und neuhochdeutscher Zeit niemals ab: vgl. beispielshalber Entlehnungen, die durch die gelehrten Schulen vermittelt wurden, wie Universität, Aula, Rektor, Professor, Kandidat, Examen, Abiturient (von mlat. abiturire „abgehen wollen"), Karzer, Dimission, Skription, Extemporale (erst im 19. Jahrhundert belegbar). Öfter wurden die gleichen Wörter in verschiedenen Sprachperioden (z.T. durch Vermittlung des Französischen) wiederholt übernommen, vgl. palātium: Pfalz, Palast und Palais, pressa: ahd. fressa „Weinpresse", nhd. Presse nach frz. presse.

Noch heute ist das Latein eine unerschöpfliche Quelle für Neubildungen der Technik, der Wissenschaften und der Reklamesprache; die ganze Kultur spiegelt sich im Lehnwort.

VERZEICHNIS EINIGER ABKÜRZUNGEN

a. E.	am Ende	lat.	lateinisch
ahd.	althochdeutsch	ma.	mundartlich
altlat.	altlateinisch	mhd.	mittelhochdeutsch
dicht.	dichterisch	mlat.	mittellateinisch
dor.	dorisch	mnd.	mittelniederdeutsch
dt.	deutsch	ndd.	niederdeutsch
eigtl.	eigentlich	nhd.	neuhochdeutsch
erg.	ergänze	sc.	scilicet
hom.	homerisch	sog.	sogenannt
idg.	indogermanisch	u. ä.	und ähnliche(s)
ital.	italienisch	urspr.	ursprünglich
klass.	klassisch	* =	erschlossene Wortformen

§§ 1 - 5   **VORBEMERKUNGEN**

§§ 1 - 3   **A. Die lateinische Schrift**

§ 1   **1. Schriftzeichen**

Die lat. Schriftzeichen sind, wahrscheinlich unter etruskischer Vermittlung, aus einer Gruppe der westgriechischen Alphabete entlehnt, die in Anordnung und Gestalt der Buchstaben von dem ionischen (später gemeingriechischen) mancherlei Abweichungen aufweisen, die sich im lat. Alphabet widerspiegeln. Die lat. Schrift hinwiederum vererbte sich nicht nur auf die romanischen Völker, sondern wurde durch das Christentum auch den Germanen vermittelt.

Die Römer schrieben ursprünglich nur in M a j u s k e l n , d.h. Großbuchstaben; insbesondere in der Steinschrift hielt sich dieser Brauch bis zum Ende des Altertums. Die kleinen Buchstaben (M i n u s - k e l n) sind aus den großen hervorgegangen; sie verdanken ihre Entstehung dem Streben nach einer bequemeren Handhabung der Schriftzeichen für den Privatgebrauch, das in seinen Anfängen bis in die letzte Zeit der Republik zurückverfolgt werden kann (Kursivschrift). Heute werden in lat. Texten große Anfangsbuchstaben gewöhnlich nur mehr im ersten Wort eines Satzes sowie zur Bezeichnung von Eigennamen und von diesen abgeleiteten Adjektiven und Adverbien gesetzt: Alexander Magnus, Latine loqui.

Die lat. Schrift umfaßte bis ins 1. Jh. v. Chr. folgende 21 Buchstaben:

A B C D E F G H I K L M N O P Q R S T V X.

Y und **Z**, vorher durch V bzw. S wiedergegeben, traten zur Zeit des Augustus zur Schreibung grch. Lehnwörter hinzu.

I und **V** (für dieses in der Kursive die Rundform U) bezeichnen sowohl die Vokale i und u als auch die Halbvokale j und v (= w), z.B. IVVENIS (spr. juwenis), VARIVS (spr. warius); die Scheidung der vokalischen und halbvokalischen (bzw. konsonantischen) Geltung durch die Schrift stammt erst aus dem Mittelalter. Die Schreibung u blieb jedoch erhalten bei den Verbindungen qu und ngu vor Vokalen (Labiovelare): equus, lingua, ferner bei su in den Wörtern suāvis, suādeō, suēscō, Suēbi („Schwaben").

C, G, K: Der Buchstabe C bezeichnete ursprünglich sowohl die Tenuis K als auch die Media G; erhalten hat sich diese Bezeichnung in den Abkürzungen C. (= Gāius) und Cn. (= Gnaeus); in den übrigen Wörtern trat seit dem 3. Jh. v. Chr. ein durch einen Strich von C unterschiedenes Zeichen G dafür ein, das an Stelle des in rein lat. Wörtern entbehrlichen Z eingereiht wurde. – Das Zeichen K wurde mehr und mehr durch C verdrängt; erhalten blieb es in wenigen Wörtern vor A bes. in den Abkürzungen K. bzw. Kal. (= Kalendae „der Monatserste") und K. (= Kaesō: Eigenname).

§§ 2 - 3   Die lat. Schrift   5

2. Abkürzungen § 2

1. Vornamen:

A.	= Aulus	L.	= Lūcius	Ser.	= Servius
App.	= Appius	M.	= Marcus	Sex.	= Sextus
C.	= Gaius	M'.	= Manius	Sp.	= Spurius
Cn.	= Gnaeus	P.	= Publius	T.	= Titus
D.	= Decimus	Q.	= Quintus	Ti(b).	= Tiberius

2. Ausdrücke der Amtssprache:

Cos.	= cōnsul	P.C.	= patrēs cōnscriptī
Coss.	= cōnsulēs	S.P.Q.R.	= senātus populusque Rōmānus
Tr. pl.	= tribūnus plēbis	S.C.	= senātus cōnsultum

3. Zeitbestimmungen:

a. u. c.	= ab urbe conditā	Īd.	= Īdūs
K(al).	= Kalendae	Nōn.	= Nōnae

4. Brief- und Wunschformeln:

S.D.P.	= salūtem dīcit plūrimam
Q.B.F.F.Q.S.	= quod bonum fēlīx faustumque sit
S.V.B.E.E.V.	= sī valēs, bene est; egō valeō

Über HS = sēstertius s. § 275.

3. Silbentrennung § 3

1. Ein einzelner Konsonant und der zweite von zwei aufeinander folgenden einfachen Vokalen gehören zur folgenden Silbe:

do - mus, a - mī - cus, re - li - qui - ae, u - xor, me - us.

2. Folgen auf einen Vokal zwei oder mehr Konsonanten, so wird der letzte davon zur zweiten Silbe gezogen:

an - nus, mil - le, cur - rus, ful - men, cen - tum, mēn - sa, ar - bor, am - nis, ip - se, dig - nus, ves - per, pās - tor, con - temp - tus, sanc - tus;

Eine Ausnahme bildet die Verbindung mūta cum liquidā (d.h. von b d g bzw. p t c mit l oder r), in der beide Laute zur zweiten Silbe gezogen werden:

pū - bli - cus, ce - le - brō, ce - drus, mi - grō, du - plex, pa - trēs, sa - crum, cas - tra, am - plus, mem - brum.

3. Zusammengesetzte Wörter werden nach ihren Bestandteilen getrennt:

prōd - esse, ne - sciō, red - eō, sīc - ut;

ebenso bei mūtă cum liquidā:

ob - ruō, ab - luō, neg - legō.

Mit diesen Regeln, die durch Erscheinungen der lat. Lautgeschichte erhärtet werden, stimmen die Beispiele der Inschriften in ihrer überwiegenden Mehrzahl überein. Dagegen weichen die römischen Nationalgrammatiker hiervon hauptsächlich in der Vorschrift ab, daß zur zweiten Silbe alle diejenigen Konsonantengruppen zu ziehen seien, die im Wortanlaut stehen können; die Regel beruht nicht auf lebendiger Sprachbeobachtung, sondern auf mechanischer Übertragung von Gesetzen der grch. Silbentrennung.

Die heute übliche I n t e r p u n k t i o n (interpungere „zwischen Wörter Punkte setzen") geht in ihren Grundzügen auf das Altertum zurück; die Ausbildung in den Einzelheiten stammt aus späterer Zeit.

B. Aussprache und Betonung

1. Aussprache

1. V o k a l e : Bei ihrer Aussprache ist die Quantität zu beachten; unterscheide:

sŏlum	Boden	und	sōlum	nur
mănē	bleib	und	māne	morgens
pŏpulus	Volk	und	pōpulus	Pappel

Vor -nf und -ns wird jeder Vokal lang gesprochen (L 32): mēnsa, īnferi.

Die ursprünglich wirkliche Doppellaute bezeichnenden Diphthonge drängten im Laufe der Entwicklung mehr und mehr zur Monophthongisierung (L7–L11); aber noch in der Zeit Ciceros klang in ihnen der erste Vokal vor; vgl. Caesar mit ‚Kaiser', Boeotia mit Βοιωτία; neuter war in der älteren Zeit stets dreisilbig.

i zwischen zwei Vokalen wurde als Doppellaut gesprochen: maior spr. maijor; ebenso in den Komposita von iacio, z.B. abicio spr. abji-.

v klang ursprünglich wie englisches w (water), seit dem 1. Jh. n. Chr. wie deutsches w (Wasser). Über -ngu- und su- s. § 1.

2. K o n s o n a n t e n :

c wurde ursprünglich, auch vor e und i, wie k gesprochen;

ti wurde als ti, nicht als zi gesprochen.

In der späten Kaiserzeit kam die auch in neuerer Zeit noch übliche Aussprache auf, c vor e und i (y) sowie vor ae und oe wie z und ti vor Vokal (außer in der Verbindung sti und xti) wie zi zu sprechen; vgl. die Schreibung und Aussprache von folgenden aus dem Lat. stammenden Lehn- und Fremdwörtern: Zelle (cella), Zirkus (circus), sozial (zu socius), Zeremonie (caeremōnia); Grazie (gratia), Nation (gespr. Nazion, von nātiō); dagegen Bestie (bestia).

s wurde seit klassischer Zeit stets stimmlos gesprochen, auch im Anlaut sp, st und sch;

z in grch. Fremdwörtern als stimmhaftes ds [dz].

n vor c und g wurde als nasaler Gaumenlaut gesprochen, ebenso g vor n; also magnus spr. maⁿgnus

h wurde viel schwächer gesprochen als der dt. Hauchlaut h (in der Volkssprache überhaupt nicht; vgl. die romanischen Sprachen und § 14 a.A.). Die Aspiraten ch, ph und th waren dem Lat. ursprünglich fremd; erst im letzten Jh. der Republik wurde ihre Schreibung in grch. Wörtern durchgeführt und drang von da aus auch in rein lat. Wörter ein. Gesprochen wurden sie in allen Fällen als k p t + h, z.B. pulcher als pulkher, schola als ßkhola, triumphus als triump^hus.

2. Betonung

In einer vorgeschichtlichen Sprachepoche herrschte in lat. Wörtern **Anfangsbetonung**, die Ursache für verschiedene Erscheinungen des Lautwandels (L13–L22 und L35) wurde. In historischer Zeit ist der sog. **Dreisilbenakzent** durchgedrungen. Es gelten folgende Betonungsregeln:

1. **Zweisilbige** Wörter werden auf der vorletzten Silbe betont:

némō, égŏ

2. **Drei- und mehrsilbige** Wörter haben den Ton auf der vorletzten Silbe, wenn diese lang, dagegen auf der drittletzten, wenn die vorletzte Silbe kurz ist:

Germā́nī, Germānṓrum, Germā́nia
incī́dō (ich schneide ein)   íncĭdō (ich falle ein)

Ausnahmen ergeben sich durch Änderungen des ursprünglichen Auslauts ohne Änderung der Betonung:
illíc (aus -ce), vidḗn (aus vidḗsne), Vok. Vergílī (aus -īe).

Im Widerspruch zum Gesetz des Dreisilbenakzents erhält eine kurze Endsilbe den Ton, wenn das Enklitikon[1] -que daran tritt: omniáque, armáque, itáque (und so); ausgenommen sind die mit -que gebildeten Partikeln ítăque (daher), útique (jedenfalls), úndique (von allen Seiten), die wie selbständige Wörter nach der Hauptregel betont werden.

Eine Silbe ist **lang**:

1. von **Natur**, wenn sie einen langen Vokal (z.B. amī́cus) oder einen Diphthong (z.B. amoénus) enthält;

2. durch **Position**[2], wenn auf einen kurzen Vokal zwei oder mehr Konsonanten (bzw. die Konsonantenverbindungen x und z) folgen; nur mū́ta cum liquidā́ (§ 3 Nr. 2) bewirkt keine Länge der Silbe, weil die Silbe offen (§ 9 Nr. 1b) bleibt: conténtus, fenéstra, ampléxus; aber: célebrō, óbsecrō, ḗmigrō.

In der Dichtung kann eine Silbe mit kurzem Vokal vor muta c. liq. als **kurz** oder **lang** gewertet werden, z.B.:

ét prīmṓ sĭmĭlís vŏlŭcrī́, mōx vḗrā vŏlŭcris
(„und zunächst einem Vogel ähnlich, dann ein wirklicher Vogel")

Gehören die beiden Konsonanten verschiedenen Silben an (auch in Zusammensetzungen, vgl. § 3 Nr.3), so tritt stets Positionslänge ein, z.B. in terrā, ob rem (die erste Silbe ist nunmehr geschlossen).

Die Quantität des Vokals der Silbe wird durch die Positionslängung nicht verändert (z.B. ŏb-ruit).

---

[1] Von grch. ἐγκλίνειν „sich anlehnen"; ein Wort, das sich an das vorhergehende anlehnt.
[2] positiōne: Überstzg. von grch. θέσει, d.h. „durch Übereinkunft" (die grch. Metriker meinten, die Verwendung solcher Silben als Länge beruhe auf Abmachung der Dichter).

§§ 6-15 **LAUTLEHRE**

In jeder Sprache erfolgt sowohl die Erhaltung des alten Zustandes als auch seine Veränderung nach bestimmten Regeln; soweit die Änderungen die Lautgebung der Formen und Wörter betreffen, werden sie als Lautentsprechungsregeln oder L a u t „ g e s e t z e " bezeichnet. Die Regelmäßigkeit in der Bewahrung bzw. Abänderung des alten Lautstandes ermöglicht es, Entsprechungen in Wörtern gleichen Ursprungs aufzudecken.

§ 6 **Einteilung der Laute**

I. Vokale (Selbstlaute)

1. einfache: a, e, i, o, u, y (nur in grch. Wörtern);
2. Doppellaute (Diphthonge[1]): ae, au, ei, eu, oe, ui.

II. Konsonanten (Mitlaute)

1. nach der Bildungsstelle	2. nach der Dauer der Hörbarkeit					
	Verschlußlaute (Mutae)			Dauerlaute		
	stimmhaft (Mediae)	stimmlos (Tenues)	behaucht (Aspiratae)	Reibelaute (Spiranten)	Nasenlaute (Nasale)	Fließlaute (Liquidae)
Lippenlaute (Labiale)	b	p	(ph)[2]	f, v	m	
Zahnlaute (Dentale)	d	t	(th)[2]	s[2]	n	l, r
Lippengaumenlaute (Labiovelare)	gu[3]	qu				
Gaumenlaute (Gutturale)	g	c[2]	(ch)[2]	(j)	(ng)[2]	
Stimmritzenlaut (Glottal)				h		

Die Linguistik unterscheidet genauer als diese Tabelle zwischen P h o n als dem bloßen Laut und P h o n em als der kleinsten bedeutungsunterscheidenden Einheit im Lautsystem einer Sprache (so sind z.B. [k] und [kh] im Falle commoda/chommoda zwar verschiedene Phone, aber, da nicht bedeutungsverändernd, nur verschiedene Varianten eines Phonems; dagegen /d/, /g/, /l/, /m/ in dēns, gens, lens, mens verschiedene Phoneme). Der lautlichen Ebene steht das System der G r a p h e m e oder schriftlichen Zeichen gegenüber, ohne völlig deckungsgleich zu sein (so lassen sich z.B. die Grapheme ⟨c⟩ und ⟨k⟩ in calendae/kalendae einem einzigen Phonem zuordnen).

---

[1]) Grch. ἡ δίφθογγος „Doppellaut"; die einfachen Vokale nennt man auch Monophthonge.
[2]) Vgl. §4 Nr.2
[3]) Z.B. in anguis, ninguit im Gegensatz zu arguit.

I. VOKALE

A. Der Ablaut

L1 Schon in der idg. Grundsprache trat, wie einander entsprechende Erscheinungen in den verwandten Sprachen zeigen, unter der Wirkung des Akzents in Wörtern gleichen Stammes und in Formen gleicher Wörter ein ursprünglich streng geordneter Wechsel in der Verwendung der Vokale ein, der als A b l a u t bezeichnet wird. Die Änderungen bezogen sich einesteils auf die Vokalfarbe (Abtönung von E- zu O-Laut: q u a l i t a t i v e r Ablaut), andernteils auf die Abstufung in der Lautdauer (Voll- oder Normalstufe, Dehnstufe, Tief- bzw. Schwundstufe: q u a n t i t a t i v e r Ablaut). Die Ablautsverhältnisse liegen im Grch. klar zutage (λέγω λόγος, λείπω λέλοιπα λιπεῖν, τρέπω τρόπος τραπεῖν (aus *trp̥ nach L12), γίγνομαι ἐγενόμην), nicht ganz so deutlich im Dt. (binden, band, gebunden; Band, Bund). Im Lat. ist der ursprüngliche Zustand durch die spätere Entwicklung stark verdunkelt, aber doch in vielen Beispielen noch erkennbar:

	Vollstufe	Vollstufe o-Abtönung	Dehnstufe	Dehnstufe o-Abtönung	Schwundstufe
in Stammsilben	tegō rego̅ sedeo es-t (vgl. is-t) ed-ō somnus (*sᵘep)[1] fēcī[2] fīdo (aus feid-) vgl. πείθομαι	toga rogus (rogāre) solium (aus *sod-) sacerdōs foedus (aus foid-) vgl. πέποιθα	tēgula rēx sēdī, sēdes	sōpio	nīdus (*ni-sd-os) s-unt (vgl. s-ind) d-ens facio fides vgl. πιθανός
in Suffixen und Endungen	Vok. pater vgl. πάτερ Vok. serve scelestus	Nom. servos scelus (aus -los)	Nom. pater (*-tēr, vgl. πατήρ)	vic-tōr-ia	pa-tr-is

---

[1]) Zur Entwicklung dieser Wurzel zu lat. so- vgl. dt. ‚Schwester' mit soror.

[2]) Grundlage der Zusammengehörigkeit von facere mit dem zweiten Bestandteil von sacerdōs (nicht zu dare) ist die idg. Wurzel *dhē; dh entwickelte sich im Lat. im Anlaut zu f (im Grch. zu th: vgl. fēcī ἔθηκα), im Inlaut zwischen Konsonanten (*sakrodhot-) zu d (grch. th: vgl. aedēs αἴθω). – Das -a- des Präsensstammes faciō ist aus der idg. Schwundstufe entwickelt.

§ 8   B. Veränderungen des ererbten Vokalstandes im Lateinischen (Griechischen) und Deutschen

1. Die einfachen Vokale

Sie bewahren im Lat. (wie im Grch. und im Gegensatz zum Nhd.) oft den alten Zustand, vgl.

est		octō	iugum		māter		mūs
ἐστί		ὀκτώ	ζυγόν	dor. μάτηρ			μῦς
ist	ahd.	ahto	Joch	ahd.	muoter	ahd.	mus
		acht			Mutter		Maus

Änderung ererbter kurzer Vokale tritt im Lat. hauptsächlich unter Einwirkung des Worttons ein (§ 9), außerdem durch den Einfluß der Vokale in benachbarten Silben (Vokalassimilation) und gewisser danebentretender Konsonanten.

L2   Beispiele für Vokalassimilation (assimilāre „angleichen"): similis gegenüber semel, nihil aus ne - hilum, bonus (aus duenos, bonos) gegenüber bene; vgl. §73 Nr. 2a.

Benachbarte Konsonanten änderten die Klangfarbe des Vokals hauptsächlich in folgenden Fällen:

L3   e wird vor gutturalem Nasal zu i: septingenti gegenüber septemdecim; dignus zu decet; lignum zu legere.

L4   ĕv wird zu ŏv: novus grch. νέος (νέϝος); novem grch. ἐννέα (ἐννέϝα) ahd. niun.

L5   el wird vor Vokalen außer i zu ol bzw. vor Konsonanten (außer l) zu ul: velle, aber volam volō volunt vult; solvo aus *se-luo (vgl. grch. λύω), volvo aus *veluō; colo cultus; sepelio sepultus; pello pepuli (urspr. *pepulai vgl. L16) pulsum.

L6   vo wird vor r, s, t zu ve: versus, vester, vetō.

2. Die ursprünglichen Doppellaute:

Sie wurden (zunächst in der Volkssprache) fast durchgehend zu einfachen Lauten umgestaltet;

L7   au blieb in der Hochsprache erhalten: auris grch. οὖς (Ohr), dagegen in der Volkssprache Clōdius statt Claudius (vgl. auch frz. or aus lat. aurum).

L8   ai wurde zu ae abgeschwächt: aedēs grch. αἴθω ahd. eit (Scheiterhaufen); haedus „Geiß". (Zur Aussprache vgl. §4 Nr.1).

L9   oi wurde nach anlautendem Lippenlaut zu oe (außer vor folgendem i: poena, Poenus, aber punio, Punicus; erhalten blieb moenia zur Unterscheidung von munia), nach v zu i, sonst zu ū: vgl. foedus mit πέποιθα, unus (altlat. oinos) mit οἴνη („die Eins"), vicus mit οἶκος ahd. wich (Flecken) nhd. „Weichbild".

L10   ou und eu wurden zu ū: vgl. lucus (altlat. loucus) mit „Lohe"; duco (altlat. douco aus *deuco) mit nhd. „ziehen" (ahd. ziohan).

L11   ei wurde zu ī: vgl. dicere mit δείκνυμι ahd. zihan nhd. „zeihen".

3. Silbenbildendes l, m, n, r der idg. Grundsprache:

L12   Die silbenbildenden Nasale und Liquidae sind in den einzelnen Sprachen verschieden entwickelt: vgl. cordis (aus *kr̥d-) mit καρδία (κραδία) „Herz"; decem (aus *dekm̥) mit δέκα „zehn" (ahd. zehan); pedem (aus *pedm̥) mit πόδα (aus *podm̥); occultus mit καλύπτω; densus und δασύς; mentum und „Mund"; im Anlaut: incertus ἄκριτος und „un"rein.

§ 9   Vokale

C. Besonderheiten des lateinischen Vokalwandels   §§ 9 - 11

1. Schwächung der Vokalfarbe in nichtersten Silben   § 9

Kurze Vokale und Diphthonge erlitten in nichtersten Silben eine Abschwächung der Klangfarbe; der Grund hierfür ist ihre (wenn auch nur vorgeschichtliche: §5 a.A.) Unbetontheit[1]). Die Endsilben werden hierbei zum Teil anders behandelt als die Mittelsilben:

1. Vokalschwächung in M i t t e l silben:
   a) bei D i p h t h o n g e n :
   L13 Von den erhaltenen Diphthongen wird **ae** zu **ī**, **au** zu **ū**: laedō allīdō, quaerō requīrō, aestimō exīstimō; claudō occlūdō, accūsō zu causa.

   b) bei e i n f a c h e n (kurzen) Vokalen:
   Das Ergebnis der Umlautung ist verschieden, je nachdem die Vokale sich in o f f e n e n (d.h. vokalisch auslautenden) oder g e s c h l o s s e n e n (d.h. konsonantisch schließenden) Silben befinden:
   L14 in o f f e n e n Mittelsilben werden kurze Vokale zu **i**:

   a: cadō dēcidō, fateor cōnfiteor, canō cecinī, agō subigō, saliō dēsiliō, faciō perficiō difficilis;

   e: sedeō obsideō, legō colligō, dīves dīvitis, flūmen flūminis, Sicilia grch. Σικελία;

   o: novos novitās, armiger aus armo-;

   u: caput capitis, corniger aus cornu-.

   A u s n a h m e n : Kurze Vokale werden
   L15 vor **r** und hinter **i** zu **e**: pariō peperī, pulvis pulveris, pietas aus pio-.
   L16 vor **-la, -lo, -lu** zu **u**: exilium exulāns, sēdulō aus sē dolō, familia famulus, Sicilia (s. L13) Siculus, similis simulō.
   L17 vor Lippenlauten und **m** bald zu **u**, bald zu **i**: capiō, accipiō aber occupō; frūctibus aber artubus (§36 Nr.2); testimōnium aber documentum; optimus und optumus (ebenso lacibus und lacubus; gespr. wurde ein Mischlaut ü); fer-i-mus (grch. φέρ-ο-μεν) und quaesumus.

   L18 In g e s c h l o s s e n e n Mittelsilben wird **a** zu **e**, vor **-ng-** zu **i** (die Silbe **-el**- richtet sich nach L5): aptus ineptus (adeptus sum); fateor cōnfiteor cōnfessiō; frangō perfringō.

2. Vokalschwächung in E n d silben:
   a) bei D i p h t h o n g e n :
   L19 ***ai** und ***oi** werden in Endsilben zu **ī** (zu späterem ae aus ai vgl. L34): cūrīs aus *cūrais, virī aus *viroi; vgl. auch tibī aus *tibei.

   b) bei e i n f a c h e n (kurzen) Vokalen:
   L20 **o** wird vor folgendem **s m nt** zu **u**: fīlius aus fīlios, corpus aus corpos, dōnum aus dōnom, agunt aus agont.

---
[1]) Ähnlich im Dt.: Teil Drittel, Frau Jungfer; vgl. Antwort entgegnen.

L21 a und e erscheinen vor zweifacher Konsonanz als e, vor s und t als i: artifex zu faciō, praeceps zu caput, legis aus *leg-es(i), legit aus *leg-et(i).

L22 i in geschlossener Endsilbe bleibt: cīvis; iūdex iūdicis und comes comitis ist an artifex bzw. dīves (aus *dīvess) angeglichen.

i in offener Endsilbe wird zu e: mare aus *mari, breve aus *brevi; ante grch. ἀντί (vgl. iūrecōnsultus §135 Nr.1)

§ 10 2. Vokalkürzung und -dehnung

1. G e k ü r z t wird ein langer Vokal:

a) **L23** vor einem anderen (ungleichartigen) Vokal (vocālis ante vocālem corripitur): fleŏ neben flēre, audiŏ neben audīvī.

Nicht gekürzt werden:

L24 der lange Vokal vor zusammengezogenem Vokativ-i der 2. Deklination (§30 Nr.2): Gāī, Pompēī;

L25 das ī der Genetivendungen auf -ius: tōtīus, sōlīus (Dichter lassen auch Kurzmessung zu, außer bei alīus, einer Nebenform zu alterīus);

L26 das ē im Gen. und Dat. Sg. der 5. Deklination nach i: speciēī, diēī (aber rĕī, fidĕī);

L27 die Stammsilbe von fīō außer vor folgendem -er- (§101): fīam, fīēbam, aber fierem, fierī (im Altlat. jedoch fīerem, fīerī);

L28 die langen Vokale in grch. Wörtern: āēr, Mēdēa, Agēsilāus.

b) **L29** in Schlußsilben vor allen Konsonanten außer s: amās amăt, ferăm ferās ferăt ferāmus, uxŏr neben uxōris, calcăr calcāris, animăl animālis.

L30 Die Länge ist erhalten in einsilbigen Wörtern auf l und r: sōl, cūr, fūr; beachte: pār păris, săl sălis, aber vir virī, cŏr cordis, mĕl mellis (außerdem bei Apokope L36 in: sīc, hīc, dīc, dūc, quīn; bei nōn u.a.).

c) **L31** oftmals nach vorhergehender betonter Kürze, d.h. in iambischer Silbenfolge (daher: I a m b e n k ü r z u n g s g e s e t z): benĕ aber vērē, cito aber rārō, duŏ aber octō, modŏ (adv., ebenso quōmodŏ; dagegen Abl. Sg. von modus: mŏdō), klass. stets nisi, quasi. In der Endung der 1. Ps.Sg. und des Nom. Sg.wurde das o analogisch (§15) gekürzt; nach dem Iambenkürzungsgesetz regelrecht amŏ homŏ, von da aus auch dicŏ, nemŏ. In der Dichtung ist die Behandlung der Länge in iambischer Silbenfolge oft schwankend, z.B. mihī, tibī, homō, putō (In der vorliegenden Gramm. werden das -o des Nom. Sg. der 3. Dekl. und der 1. Ps. Sg. von Verbalformen durchgängig als Länge bezeichnet).

2. G e d e h n t werden kurze Vokale:

a) beim Ausfall mancher Konsonanten (Ersatzdehnung: L46 und L49) und bei Vokalzusammenziehung (L34);

b) **L32** vor -ns und -nf (das n wurde in diesen Fällen nicht eigens artikuliert, sondern nasalierte den vorhergehenden Vokal wie etwa frz. on: vgl. §2 Cos. und S. 61 Anm. 2): cōnsul, cōnferō aber cŏntulī, mǎneō aber mānsī;

c) **L33** im Part. Perf. Pass. bei Verbalstämmen, die auf eine Media (§6) endigen: ăgō āctum aber făciō făctum; cădō cāsus aber quătiō quăssus (über die Positionslänge solcher Silben s. §5).

3. Vokalschwund und -entfaltung §11

1. Vokal s c h w u n d :

a) **L34** Zwei innerhalb eines Wortes zusammenstoßende oder nur durch h getrennte Vokale werden gewöhnlich in einen langen Vokal zusammengezogen (contrahere, daher K o n t r a k t i o n): cōpia aus *co-opia, nīl aus nihil, fīlī aus *filie, negōtī aus negōtiī, dēbeō aus *dehibeō, cōgō aus *coagō, cōmō aus *coemo; mit Schwund von zwischenvokalischem v nach L45: cōnsuēram aus cōnsuēveram, vgl. auch cōntiō aus *coventiō, iūnior aus *iuvenior, cūria aus *coviria. Ein i-Diphthong entsteht, wenn a e o (u) mit i zusammentreffen: cūrae aus cūrāi (§25 Nr.3), coetus aus coitus, huic aus huïc.
Vgl. die Elision in der Dichtung §270 Nr.2.

b) **L35** Zwischen Konsonanten wird ein kurzer Vokal oft ausgestoßen (S y n k o p e grch. συνκόπτειν „zusammenhauen"): pergō aus *perregō; iūrgō aus iūs und agō; reppulī aus *repepulī; doctum aus *docitum; später valdē aus validē; in Endsilben: puer aus *pueros, *puers; mors aus *mortis (L42 und L49).
Gelegentlich wurde nach Ausstoßung des Vokals benachbartes v vokalisch: auspicium neben avis, abluō neben lavō, concutiō neben quatiō, monuī aus *monivī; ähnlich ist der Vorgang bei r z.B. in ager aus *agr(o)s (grch. ἀγρός), acer aus ācris über *ācrs.

c) **L36** Ein kurzer auslautender Vokal wurde oft abgeworfen (A p o k o p e grch. ἀποκόπτειν „abschneiden", vgl. mhd. ‚herzoge' nhd. ‚Herzog'): ab gegenüber ἀπό, et gegen ἔτι, die Neutra auf -al und -ar wie vectīgal calcar aus -āle, -āre; später hic, haec, hoc, illic (vgl. §5), quīn, dīc, dūc, fac (aber calface), fer; vgl. ac und nec neben atque und neque; es aus *essi über *ess nach L49.

2. Vokal e n t f a l t u n g :

L37 Zur Erleichterung der Aussprache werden mitunter in Konsonantengruppen kurze Vokale eingeschoben: stabulum; perīculum neben perīclum; Herculēs grch. Ἡρακλῆς.

II. KONSONANTEN §§ 12 - 14

A. Entsprechungen zwischen Latein (Griechisch) und Deutsch §12

Der Konsonantismus der idg. Grundsprache hat sich im Lat. und Grch. in der Hauptsache erhalten; im Dt. ist er durch die germanische und hochdeutsche Lautverschiebung wesentlich umgestaltet:

Tenuēs			Mediae		
cornū	κέρας	Horn	genū	γόνυ	Knie
trēs	τρεῖς	drei (engl. three)	decem	δέκα	zehn (engl. ten)
pūrus	πῦρ	Feuer	baculum	βάκτρον	Pegel

Aspiratae

L38 Die idg. Aspiraten sind im Lat. verschoben; sie werden im Anlaut durch h und f, im Inlaut meist durch h, d und b vertreten:

im Anlaut:			im Inlaut:		
hortus	χόρτος	Garten	vehō	ὄχος	Wagen
anser (§4 Nr.2)	χήν	Gans	fīdo	πείθω[1])	
forēs	θύραι	Tür (vgl. door)	ruber	ἐρυθρός	rot (vgl. red)
fāgus	φηγός	Buche	nebula	νεφέλη	Nebel

Für den Vergleich mit dem Grch. ist zu merken, daß hier die idg. labiovelaren Gaumenlaute q_u (kw) und g^u (gw) in Zahn- bzw. Lippenlaute verschoben sind, z.B. quis τις, sequitur ἕπεται, veniō βαίνω (dt. be,quem'), vīvus βίος (dt. er,quicken'). Die gleiche Erscheinung findet sich in italischen Dialektwörtern: vgl. bōs mit grch. βοῦς (dt. ‚Kuh'), popīna neben coquīna.

§§ 13 - 14 B. Lateinischer Konsonantenwandel

§ 13 1. Änderung

1. einfacher Konsonanten:

L39 s zwischen Vokalen wird r (Rhotazismus): mōs mōris, es eram, cinis cineris, hauriō hausī (nach L47) haustum, dis dirimō, esse aber amāre (vgl. dt. Frost frieren, Verlust verlieren).

L40 l wird zu r und umgekehrt, wenn l bzw. r in der Nachbarsilbe wiederkehrt (Konsonantendissimilation): plurālis neben singulāris, regālis neben populāris (vgl. spätlat. pelegrīnus „Pilgrim" aus peregrīnus; dt. ma. balbieren neben barbieren). Ähnlich meridies von medius und dies.

2. von Konsonantengruppen:

L41 Annäherung: m wird oft, besonders vor Dentalen, zu n: eundem quendam gegenüber eum quem; condūcere contemnere (coniūrāre cōnferre cōnsentīre) gegenüber combūrere compōnere (cum); vgl. umgekehrt impius gegenüber integer (dt. Schande Scham, Zukunft kommen; umgekehrt: empfangen entfernen, Amboß Andacht).

b und g werden vor s und t zu p und c: scrībō scrīpsi scrīptum (vgl. dt. die Aussprache von Herbst, Abt); regō rēxī rēctum (rēctor rēgina); vehō vēxī vectum.

L42 Angleichung (Assimilation, vgl. L2): in den meisten Fällen, besonders in Zusammensetzungen mit Präpositionen, wird der Silbenauslaut dem folgenden Konsonanten angeglichen: hoc (aus *hodce) quicquam (aus quidquam; zu c und q vgl. §1 a.E.) accurrō afferō aggredior (agger) alloquor annectō appellō arrīdeō assequor attrahō; occīdō offerō oppūgnō; illustris immittō irrīdeō; colloco corrigō; efferō differō; pelliciō (stella aus *ster(u)la, puella aus *puer(u)la: §18 Nr.1,5); succēdō surripiō; mīles nach L49 (vgl. dt. Hoffahrt aus Hochfahrt, mhd. tummes neben tumbes). Seltener wird der folgende Laut dem vorangehenden angeglichen: asperrimus facillimus (aus -simus), ferre velle (aus -se), collum (aus *col-sum, vgl. dt. „Hals").

L43 Die Verbindung dt und tt wird ss: patior passus; fodiō fossum.

---

[1]) Mit Aspiratendissimilation im Anlaut (aus *φείθω).

2. Konsonantenschwund und -entwicklung §14

1. Schwund von Konsonanten

Vgl. Nichtbeachtung des schwachgesprochenen h (§4 Nr.2) in ānser sowie bei Vokalkontraktion (dēbeō L34) und Elision (§270 Nr.2); ähnlich von m in coemō und bei Elision.

a) im Anlaut:

L44 Anlautendes g schwindet vor n; anlautendes s vor Nasalen und Liquiden: vgl. nōscō mit cognōscō, nātus mit a-gnātus; mittō mit „schmeißen", nix mit „Schnee", lūbricus mit „schlüpfrig".

b) im Inlaut:

L45 v schwindet gern zwischen zwei gleichen Vokalen und vor o: vīta aus *vīvita, dītior aus dīvitior, cōnsueram aus cōnsuēveram (L34), boum aus bovum, dēnuō aus dē novō, parum neben parvom (L20), cuius cui cum aus quoius quoi quom (mit Übergang von o in u).

L46 s schwindet vor d und vor Nasalen und Liquiden; ein vorhergehender kurzer Vokal wird gedehnt (Ersatzdehnung): trēdecim aus tres-, nīdus aus *nisd-; vgl. īdem und is, prīmus und prīstinus, pōnō aus *posinō, dīruō aus *disruō.

L47 Doppelkonsonanten, besonders ss, werden nach langen Vokalen und Diphthongen vereinfacht: vgl. causa aus caussa, hausī aus haussī (L39) und die Vereinfachung der durch Assimilation entstandenen Doppelkonsonanten in dīvīsī, mīsī, cāsus, caesus. Auch nach Konsonant tritt die Vereinfachung ein: morsum, versum. Vgl. außerdem mīlia, vīlicus (zwischen zwei i) mit mīlle, vīlla.

L48 Auch sonst wird bei Konsonantenhäufung oft ein Konsonant ausgestoßen: fulmen aus *fulgm-; fulciō fulsī fultum; suscipiō aus sups-, sēdecim aus sex-, iūmentum aus iux-.

c) im Auslaut:

L49 Doppelkonsonanz wird vereinfacht: mīles aus *mīlet-s > *mīless; mel zu mellis; ter aus *ters (grch. τρίς) > terr (vgl. terr-uncius). Auch auslautende Gruppen verschiedener Konsonanten werden vereinfacht (ausgenommen vor allem x und ps): lac aus lact(e) zu Gen. lactis, cor zu cordis; für -ns im Akk. Pl. tritt Ersatzdehnung ein: equōs pedēs (vgl. auch sanguīs aus *sanguins).

2. Konsonantenentwicklung:

L50 Zwischen m und s oder t schiebt sich als Übergangslaut ein p ein: vgl. sūmō sūmpsī sūmptum; vereinzelt auch in exemplum (neben eximere).

Schlußbemerkung §15

Manche Besonderheiten in der Formenbildung erklären sich aus der Beeinflussung einer Wortform durch Wörter mit ähnlichen Formen: Analogie (ἀναλογία „Entsprechung,

Übereinstimmung"). So wird zu honōs, dessen übrige Formen den Substantiven auf -or entsprechen (z.B. honōris nach L39 wie dolōris) ein Nom. honor (wie dolor) hinzugebildet; der Akk. Sg. nāv-em entspricht der Bildung von ped-em (L12), das Supin pul-sum (§74 Nr.2) den Supinbildungen der t-Stämme (L43). Mitunter ist durch die zeitliche Begrenztheit der Dauer lautlicher Veränderungen das Nebeneinander von uneinheitlich gebildeten Formen verschuldet: z.B. ōrdinō und ōrnō; cōmō und coemō; quaerō und quaesō (urspr. quaessō). Auch Fremd- und Lehnwörter unterliegen oft den Lautgesetzen nicht, z.B. asinus, rosa ohne Rhotazismus (L39).

WORTBILDUNGSLEHRE

§§ 16-19

Vorbemerkungen

§ 16

1. Die veränderlichen Wortarten enthalten meistens alle drei, seltener nur den ersten und dritten der folgenden Bestandteile:

   a) **Wurzel**: eine (meist einsilbige) Lautgruppe, die in allen Wörtern, die durch Ursprung und Bedeutung als zu einer Wortfamilie gehörig erwiesen werden, wenig oder gar nicht verändert wiederkehrt, z.B. am-ō, am-or, am-ātor, am-ābilis, am-īcus, in-im-īcus usw.

   b) **Suffix**[1]): einfacher Laut (oder Lautgruppe), der, an die Wurzel gefügt, die Bedeutung des Wortes gibt.

   a) + b) **Stamm**: die Verbindung von Wurzel und Suffix.

   c) **Endung**: einfacher Laut (oder Lautgruppe), der, an den Stamm gefügt, die einzelnen Formen und damit die grammatischen Beziehungen eines Wortes gibt.

   Über die nach anderen Kriterien vorgenommene Aufteilung eines Wortes in Wortstock und Wortausgang s. §24.

2. Nach der Art der Wortbildung unterscheidet man bei den flektierbaren Wörtern:

   a) **Wurzelwörter**: Ohne ein Suffix tritt die Flexionsendung unmittelbar an die Wurzel, z.B.: pēs (W. ped-), rēx (W. reg-), ag-ō, dic-ō.

   Da in solchen Wörtern der nach Abstrich der Endung verbleibende Teil scheinbar dem Stamm in anderen Wörtern entspricht, nennt man in Wurzelwörtern die Wurzel gelegentlich auch den Stamm.

   b) **Abgeleitete Wörter**: Die Wurzel wird durch ein Suffix erweitert.

   c) **Rückbildungen**: Wörter, die scheinbar die Stammwörter zu anderen (meist abgeleiteten) sind, aus denen sie aber in Wirklichkeit erst gebildet sind: So ist pūgna nicht etwa das Stammwort zu pūgnāre, sondern Rückbildung hieraus, das seinerseits von pūgnus („Faust") abgeleitet ist (also eigtl. „mit den Fäusten kämpfen"). Rückbildungen aus Flexionsformen sind z.B. septentriō aus septentriōnēs (eigtl. „die sieben Arbeitsochsen"; vgl. dt. „der Siebenschläfer" nach „die Siebenschläfer") und triumvir aus triumvirum.

   Ähnlich sind Verselbständigungen aus festen Wortverbindungen zu beurteilen wie sēcūrus aus sē cūra („ohne Sorge"), sēdulus aus sē dolō, prōcōnsul aus prō cōnsule, sublīmis aus sub līmen, trānsmarīnus aus trāns mare.

   d) **Zusammensetzungen**: Mehrere Wortstämme werden aneinander gereiht.

   Zur Verwendung von erstarrten Kasusformen als Adjektiven s. § 44 Nr. 5.

---

[1]) Von subfīgere „daranheften".

I. WORTBILDUNG DURCH ABLEITUNG

§§ 17-18

Von Verben abgeleitete Wörter heißen Verbalia, Ableitungen aus Nomina Denominativa.

§ 17 A. Form der Ableitung

Der Form nach kann man zwischen einfachen, abgeleiteten und zusammengesetzten Suffixen unterscheiden:

1. **Einfache Suffixe**: Die einfachste Form der Ableitung ist die Erweiterung der Wurzel durch einen einfachen Vokal[1]), z.B.:

-o-:	agnus (L20) grch. ἀμνός,	iugum (L20) grch. ζυγόν	
-ā-:	*fugā (§25 Nr. 1) grch. φυγή		
-i-:	ovis grch. οἴς		
-u-:	genū grch. γόνυ		

Verbindung des Vokals mit weiteren Lauten findet sich z.B. in folgenden einfachen Suffixen:

-eo-:	argenteus ἀργύρεος	-do-:	calidus, secundus
-io-:	patrius πάτριος, gaudium	-to-:	incertus ἄκριτος
-ia-[2]):	īnsānia vgl. μανία	-tu-:	portus
-ie-[2]):	speciēs	-tōr-:	ōrātor ῥήτωρ
-vo-:	flāvus ahd. blâo „blau"	-ōs-:	(Gen. *-ōsis -ōris) honōs vgl. αἰδώς
-lo-:	amplus		
-ro-:	ager ἀγρός	-os-:	(Gen. *-ĕsis -eris) genus γένος
-ero-:	līber ἐλεύθερος	-ōn-:	latrō (§ 25 Nr.1) vgl. τέκτων
-no-:	cānus vgl. dt. braun	-men-:	nōmen ὄνομα Name

2. **Abgeleitete Suffixe**: Sie entstehen durch falsche Hinüberziehung des Stammauslautes zum Suffix: so ist crepitāre wie dictāre, iactāre vom P.P.P. abgeleitet; durch falsche Zerlegung in crep + itāre entstand ein neues Suffix, das nun an ähnliche Präsensstämme trat (rog-itāre, clām-itāre trotz rogātus, clāmātus[3])). Ähnlich entstanden durch falsche Zerlegung die Suffixe:

---

[1]) Im Dt. durch die spätere Lautentwicklung verdunkelt.

[2]) Durch Vermittlung von frz. -ie ins Dt. als -ei und -ie übernommen (Betonung!): ‚Melodei' und ‚Melodie', dann auch in rein dt. Wörtern wie ‚Heuchelei'.

[3]) Vgl. im Dt. die Entstehung des Suffixes -keit aus -heit nach Adjektiven auf -ig (z.B. mhd. ewec-heit nhd. Ewigkeit, danach Sauberkeit), außerdem von -ler und -ner aus -er (z.B. Tisch-ler nach Bettl-er, Schaff-ner nach Wag(e)n-er).

§ 17 - 18   Ableitung

-itia: puer-itia nach mīlit-ia
-ānus: urb-ānus nach Rōmā-nus (dann Christ-iānus nach Aemili-ānus)
-ātus/-ītus: arm-ātus¹) nach hastā-tus, mell-ītus nach crīnī-tus
-ārius²):   sacr-ārium nach cellā-rius, legiōn-ārius nach sīcā-rius
-īlis/-ālis: sen-īlis nach puerī-lis, aequ-ālis nach nātūrā-lis
-ātus (-ūs): sen-ātus nach mercā-tus
-ātor: gladi-ātor nach ōrā-tor.

3. Zusammengesetzte Suffixe³):
-tū-ra: nā-tū-ra, cul-tū-ra; danach: dictātūra, praetūra
-cu-lus⁴): mūs-cu-lus
-ti-ō(n): ra-ti-ō
-tū-dō: (vgl. quaes-tus und cupī-dō): habi-tū-dō, danach: forti-tūdō
-tr-īx: vic-tr-īx, genetrīx
-men-tum: cognō-men(-tum), argū-men-tum.

B. Bedeutungsgruppen   § 18

1. Substantive

1. Substantive auf **-tor** (-sor), Fem. **-trīx**
bezeichnen den Täter im prägnanten Sinne; sie werden vom P.P.P. aller Konjugationen gebildet: victor victrīx; inventor inventrīx; ōrātor, monitor, āctor. Die durch falsche Ableitung (§17 Nr.2) gewonnenen Suffixe -ātor und -itor dienen zur Ableitung von Substantiven: gladiātor, vīnitor („Winzer"). Substantiva mit den einfachen Suffixen **-o-** und **-ā-**⁵) sowie **-on** sind als nōmina agentis verhältnismäßig selten: coquus, scrība, (agri)cola (bes. als Glied von Zusammensetzungen); latrō, praedō (-ōnis).

2. Substantive auf **-io** (-tiō, -siō) und **-tus** (Gen. -tūs)
bezeichnen eine Handlung in ihrem Verlauf: ratiō eigtl. „Berechnung"; cantus das Singen; flūctus das Fluten; dīlēctiō und dīlēctus.

Substantive auf **-ōs-** (-ōr) und **-ium**
bezeichnen häufig Verbalabstrakta: dolor, amor; gaudium, studium.

---

¹) Daraus mit Rückableitung (§16) armāre.
²) Daraus das dt. Suffix -er (vgl. Anm. 3): Wächt-er ahd. waht-âri.
³) Vgl. dt. trüb-sel-ig, feindselig; Ew-ig-keit, Genauigkeit.
⁴) Zu dem Diminutiv-Suffix -co- vgl. dt. -chen, das aus einem alten -k-Suffix (noch in Nelke mnd. negelīn „Nägelein") und -īn entstanden ist.
⁵) Ererbt ist der Wechsel von -o- und -ā-Suffix zur Unterscheidung des Fem. vom Mask. (bes. in Adjektiven und Pron.): novus nova, grch. νέος νέα.

3. Substantive auf **-ia, -itia/-ities, -tās, -tūs, -tūdō**
bezeichnen Eigenschaften (Nominalabstrakta[1])): superbia, iūstitia, mollitiēs, lībertās, dīgnitās, pietās (vgl. grch. φιλότητ-ος); virtūs, servitūs, consuētūdō, altitūdō.

4. Substantive auf **-men, -trum** und **-c(u)lum, -bulum**
bezeichnen ein Mittel oder Werkzeug, (die letztgenannten auch einen Ort): ōrnāmentum eigtl. „Schmuckmittel", vinculum, pābulum, pōculum, arātrum, rōstrum eigtl. „Werkzeug zum Nagen" (rōdere, dt. „Rüssel"); stabulum, sepulcrum eigtl. „Begräbnisstätte".

5. Substantive mit den Suffixen **-ulo-** (nach Vokalen -olo-) und **-culo-**[2]) bezeichnen Verkleinerungen (Diminutiva): adulēscentulus, fīliolus, fīliola; articulus, vulpēcula. Oft wurde die Bedeutung des Diminutivsuffixes nicht mehr empfunden und daher ein Verkleinerungswort erneut mit einer Diminutivableitung versehen: puell-ula zu puella (aus *puer-(u)la); ähnlich ancillula zu ancil-la (Verkleinerung zu anculus grch. ἀμφίπολος); flōscellus Verkleinerung von flōsculus. Vgl. dt. Büchelchen, Wägelchen.

2. Adjektive

1. auf **-ilis** und **-bilis**
bezeichnen eine aktive oder passive Möglichkeit: facilis eigtl. „tubar", agilis, mōbilis, crēdibilis.

2. auf **-ōsus** und **-olentus**
bezeichnen eine Fülle: glōriōsus, violentus.

3. auf **-eus**
bezeichnen in der Regel einen Stoff: aureus.

4. auf **-tus**
sind von Substantivstämmen abgeleitet und bezeichnen das Versehensein mit etwas: barbātus, dentātus (§ 17 Nr.2).

3. Verba

1. auf **-tāre** und **-sāre** (bzw. **-itāre** nach § 17 Nr.2)
bezeichnen die Verstärkung und Wiederholung einer Handlung (verba intēnsīva und iterātīva): tractāre, cursāre, captāre, frequentāre.

---

[1]) Vgl. die dt. Nachsilben -heit, -keit, -schaft.

[2]) Vgl. das dt. Diminutiv-Suffix -lein, das aus dem alten -l-Suffix und -in entstanden ist; ersteres z.B. in Rössel, Mädel, Attila (got. atta, also „Väterchen"), beides in Knäblein, Bächlein u.v.a. Zu -cu- vgl. S. 19 Anm. 4.

2. auf **-urīre** (urspr. vom Supinstamm)
drücken ein Verlangen aus (verba dēsīderātīva): ēsurīre (edō, ēsum) eigtl. „essen wollen", d.h. hungern.

3. auf **-scere**
bezeichnen den Beginn bzw. allmählichen Eintritt einer Handlung (verba incohātīva): Beispiele s. §90.

II. WORTBILDUNG DURCH ZUSAMMENSETZUNG   § 19

Man unterscheidet e c h t e oder eigentliche Z u s a m m e n s e t z u n g und unechte Zusammensetzung oder Z u s a m m e n r ü c k u n g : bei der echten Zusammensetzung steht das erste Wort in der Stammform (wie in dt. ‚Meerenge', ‚sorglos'), bei der Zusammenrückung ist es flektiert (wie in dt. ‚Meeresküste', ‚sorgenfrei'). Der zweite Teil des Wortes ist wie im Dt. gewöhnlich das Grundwort, das durch das erste Glied (Bestimmungswort) näher bestimmt wird.

A. Zusammenrückung

1. N o m i n a : rēs-pūblica, iūsiūrandum, agrīcultūra, senātūs-cōnsultum, lēgis-lātor, vērī-similis, crucī-fīxus, fideī-commissum.

2. V e r b a : anim(um)advertere, vendere vēnīre (aus vēnum-dare vēnum-īre), manūmittere; male-dīcere, satis-facere, rē-fert, ūsū-capere.

3. A d v e r b i a : s. §52 Nr.4.

B. Eigentliche Zusammensetzung

Hierbei sind zwei Fälle zu unterscheiden:

1. Das erste Glied wird durch den Stamm eines flektierbaren Wortes gebildet[1]; das Grundwort ist entweder ein Nominal- oder ein Verbalstamm.

   a) N o m i n a l stamm im Hinterglied: magn-animus[2], quadru-pēs, misericors; triennium.

---

[1]) Bei Verben nur in Denominativen wie sīgnificāre.

[2]) Sog. Possessiv- oder besitzanzeigende Komposita, vgl. dt. „Löwenherz", „Lockenkopf", „Rotbart", „Blaustrumpf".

b) **Verbalstamm** im Hinterglied: agri-cola, armi-ger, frūgi-fer, magni-ficus, causi-dicus, parti-ceps, arti-fex.

Der Kompositionsvokal -i- ist lautgesetzlich in den o- und u-Stämmen entwickelt, sodann analogisch auch auf andere Stämme übertragen[1]) (z.B. causidicus, homicīda).

2. Das erste Glied ist eine Partikel:

a) bei **Nomina**: häufig mit dem Verneinungspraefix in- (grch. ἀ-, dt. un-) wie īn-fēlīx, sonst selten, z.B. pro-fugus, trāns-fuga, dē-decus, con-vīva, col-lēga; con-cors, dis-similis, per-magnus.

b) bei **verba** composita: af-, ante-, au- (= „ab"), circum-, con-, dē-, ef-, in-, intrō-, of-, per-, prae-, prō-, suf-, trā(ns)-ferre.

Einige Präfixe werden als selbständige Präpositionen nicht mehr verwendet: Praepositiōnēs īnsēparābilēs (vgl. dt. die Vorsilben ent-, ge-, ver-): amb-īre, am-putāre (grch. ἀμφί, dt. um(sonst) aus ahd. umb(sus)); sē-cēdere, sēd-itiō (aus *sēd-īre: sē(d) eigtl. „für sich, gesondert" zum Reflexivstamm sē); ähnlich Zusammensetzungen mit dis- und re(d)-, z.B. dis-cēdere, red-īre.

Vgl. auch Doppelzusammensetzungen (Dekomposita) §89 Nr.12,74, sowie §157.

---

[1]) Vgl. dt. analogisches Genitiv-s in unechten Zusammensetzungen wie „Freiheitsdrang", „Freundeskreis".

FORMENLEHRE

§§ 20 - 104

Die Wortarten

§ 20

Die Wörter werden wie im Deutschen in veränderliche und unveränderliche eingeteilt.

I. Veränderliche (flektierbare) Wörter:

1. **Nomina** (Nennwörter), die d e k l i n i e r t werden können:

    a) S u b s t a n t i v u m   Hauptwort   von substantia „Wesen" („Gegenstand")
    b) A d j e k t i v u m   Eigenschaftswort   von adiectus „zugefügt" (zum Substantiv)
    c) P r o n o m e n   Fürwort   von prō nōmine „an Stelle des Nomens"
    d) N u m e r a l e   Zahlwort   von numerus „(An)zahl"

Einen Artikel gibt es in der lat. Schriftsprache nicht.

2. **Verba** (Zeitwörter), die k o n j u g i e r t werden können

II. Unveränderliche Wörter (Partikeln „(Rede)teilchen"):

    a) A d v e r b   Umstandswort   von ad verbum „zum Verb (gehörig)"
    b) P r ä p o s i t i o n   Verhältniswort   von praepōnere „voranstellen"
    c) K o n j u n k t i o n   Bindewort   von coniungere „verbinden"
    d) I n t e r j e k t i o n   Empfindungswort   von intericere „einfügen"

ERSTER TEIL: DAS NOMEN

§§ 21 - 68

I. SUBSTANTIV UND ADJEKTIV

§§ 21 - 49

A. Genus, Kasus und Numerus

§§ 21 - 24

1. Genus

§ 21

Im Lat. unterscheidet man wie im Dt. drei Geschlechter (Genera): M a s k u l i n u m (mās, maris Männchen), F e m i n i n u m (fēmina, -ae Frau) und N e u t r u m (eigtl. „nicht eins der beiden anderen").

Die Substantive haben entweder entsprechend ihrer B e d e u t u n g   n a t ü r l i c h e s Geschlecht oder nach ihrer E n d u n g   g r a m m a t i s c h e s Geschlecht:

1. Natürliches Geschlecht:

a) **Maskulina** sind die Bezeichnungen männlicher Personen sowie die Namen von Völkern, Flüssen (wohl urspr. Flußgötter; nur einige kleinere Wasserläufe wie Allia, Bandusia als urspr. Bezeichnung der Quellnymphen sind weiblich) und Winden (urspr. stand ventus dabei):

poēta clārus	der berühmte Dichter	Mosella amoenus	die liebliche Mosel
Scythae vagi	die wandernden Skythen	aquilō frīgidus	der kalte Nordwind

b) **Feminina** sind die Bezeichnungen weiblicher Personen sowie Baumnamen (wohl weil nach primitiver Vorstellung der Baum die Mutter der Früchte ist):

mālus frūctuōsa   der fruchtbare Apfelbaum

Das entsprechende Femininum zum Maskulinum natürlichen Geschlechts kann bezeichnet werden:

a) durch eigene Wörter wie:

pater m	der Vater	māter f	die Mutter
frāter m	der Bruder	soror f	die Schwester
vir m	der Mann	mulier f	die Frau
taurus m	der Stier	vacca f	die Kuh

b) durch Ableitungssuffixe bei den substantīva **mōbilia** („mit beweglicher Endung") wie:

fīlius m	der Sohn	fīlia f	die Tochter
puer m	der Junge	puella f	das Mädchen
rēx m	der König	rēgīna f	die Königin
victor m	der Sieger	victrīx f	die Siegerin
lupus m	der Wolf	lupa f	die Wölfin
gallus m	der Hahn	gallīna f	die Henne

c) nur durch Begleit- und Beziehungswörter bei den substantīva **commūnia**, d.h. bei denen, die nur ein gemeinsames Wort zur Bezeichnung beider Geschlechter haben wie:

hic cīvis	dieser Bürger	sacerdōs	pius	der fromme Priester
haec cīvis	diese Bürgerin	sacerdōs	pia	die fromme Priesterin
dux optimus	der beste Führer	vindex	ille	jener Rächer
dux optima	die beste Führerin	vindex	illa	jene Rächerin
comes assiduus	der ständige Begleiter	bōs	mās	der Ochse
comes assidua	die ständige Begleiterin	bōs	fēmina	die Kuh
coniux meus	mein Gatte	canis	rabiōsus	der tolle Hund
coniux mea	meine Gattin	canis	rabiōsa	die tolle Hündin

2. Grammatisches Geschlecht:

a) **Sammelnamen** (Kollektiva, von colligere „sammeln") haben auch dann, wenn sie konkrete Personen bezeichnen, grammatisches Geschlecht, z.B.:

magnae cōpiae	starke Truppen	exigua manus	kleine Schar
legiōnēs Rōmānae	römische Legionen	operae multae	viele Arbeiter
auxilia īnfirma	schwache Hilfstruppen	vigiliae armātae	bewaffnete Wächter

b) **mancipium** der Sklave ist n (als verkäufliche Ware).

c) **Tiernamen** haben, sofern es nicht auf die ausdrückliche Bezeichnung des natürlichen Geschlechts ankommt, grammatisches Geschlecht, z.B.:

aquila f	der Adler	vulpēs f	der Fuchs
passer m	der Sperling	tigris f	der Tiger

3. Wörter, die nicht dekliniert werden können (**Indeklinabilia**), werden als Neutra behandelt, z.B.:

maximum nefās	(§41 Nr.2)	ein schweres Unrecht
suprēmum valē		das letzte Lebewohl

2. Kasus § 22

Im Lat. sind sechs Fälle zu unterscheiden:

	grch.: πτῶσις		auf die Frage:
1. Nōminātīvus	ὀνομαστική	Nennfall	wer? was?
2. Genetīvus	γενική	Zugehörigkeitsfall	wessen?
3. Datīvus	δοτική	Gebefall	wem?
4. Accūsātīvus	αἰτιατική	„Anklagefall"	wen? was?
5. Vocātīvus	κλητική	Anredefall	
6. Ablātīvus		Trennungsfall	1. womit? wodurch?
			2. wovon? 3. wann?

zu 1.: Der Nominativ wird als cāsus rēctus den übrigen als cāsūs oblīquī bezeichneten Fällen gegenübergestellt; die Bezeichnung ist aus dem Grch. übernommen: Bild eines lotrecht stehenden Stabes (πτῶσις ὀρθή oder εὐθεῖα), der in verschiedenen Graden gebeugt wird.

zu 4.: Der lat. Name ist ein Übersetzungsfehler, insofern von αἰτιάομαι „beschuldigen" statt von αἰτιατόν „Bewirktes" ausgegangen wurde; richtiger wäre also causātīvus „Veranlassungsfall".

zu 6.: Da im Lat. mit dem eigentlichen Ablativ noch zwei weitere Kasus der idg. Grundsprache, der Instrumentalis und der Lokativus, verschmolzen sind (s. Vorbem. zu §§141 ff.), paßt der Name Ablativ (von auferre, ablātum „wegnehmen") genaugenommen nur für den Abl. sēparātīvus (§143).

3. Numerus § 23

Das Lat. unterscheidet wie das Dt. **Singular** (singulī einer) und **Plural** (plūrēs mehrere).

Der idg. Numerus der Zweizahl, der Dual, ist im Gegensatz zum Grch. im Lat. nur noch in Resten erhalten wie duo (δύο/ω), ambō (ἄμφω beide) und octō (wohl als „zweimal vier (Finger)spitzen" von einer alten Viererzählung her zu deuten).

1. Einige Substantive kommen ihrer Bedeutung wegen nur im Singular vor: singularia tantum. Solche Wörter sind:

a) Eigennamen wie:

Iuppiter, Rōma, Cicerō (doch vgl. § 182 Nr. 2a).

b) Bezeichnungen von einheitlichen Materialien wie:

aurum, -ī n	Gold
aes, aeris n	Erz
aes aliēnum	Schulden

c) Als Einheit gefaßte abstrakte Begriffe wie:

iūstitia, -ae f	Gerechtigkeit
pietās, -tātis f	Frömmigkeit
senectūs, -tūtis f	Greisenalter

d) Sonstige Sammelbegriffe[1]) wie:

scientia, -ae f	das Wissen, die Kenntnisse
indolēs, -is f	die Begabung, die Anlagen
supellex, -ectilis f	der Hausrat, die Hausgeräte
vestis, -is f	die Kleidung, die Kleider
aber:	
vestimentum, Pl. -ta	das einzelne Kleidungsstück

2. Einige Substantive sind nur im Plural gebräuchlich: plūrālia tantum. Solche Wörter sind:

a) Sammelbezeichnungen von Lebewesen wie:

liberī, -ōrum m	die Kinder	mānēs, -ium m	die Geister der Verstorbenen
posterī, -ōrum m	die Nachkommen		
maiōrēs, -um m	die Vorfahren	penātēs, -ium m	die Hausgötter

b) Körperteile, die nur paarweise auftreten oder aus mehreren Teilen bestehend gedacht werden wie:

nārēs, -ium f	die Nase („Nüstern")	viscera, -um n	die (das) Eingeweide
		exta, -ōrum n	die (das) Eingeweide von Opfertieren
faucēs, -ium f	der Schlund		

---

[1]) Vgl. dt. „Obst", „Hausrat" u.a.

§ 23   Numerus

c) **Zeitabschnitte und Feste**[1]), die meist mehrere Stunden oder Tage umfassen wie:

Kalendae, -ārum f	der Monatserste	Sāturnālia, -ium n	das Saturnalienfest
Nōnae, -ārum f	der 7. (5.) Tag	Olympia, -ōrum n	das Fest der ol. Spiele
Īdūs, -uum f	der 15. (13.) Tag	nuptiae, -ārum f	die Hochzeit
fāstī, -ōrum m	der Kalender	epulae, -ārum f	das Festessen
fēriae, -ārum f	die Ferien	tenebrae, -ārum f	die Finsternis

d) **Aus mehreren Teilen bestehende Dinge**[2]) wie:

angustiae, -ārum f	der Engpaß	reliquiae, -ārum f	der Rest
dīvitiae, -ārum f	der Reichtum	scālae, -ārum[5]) f	die Treppe
inimīcitiae, -ārum[3])	die Feindschaft	arma, -ōrum n	die Waffen
īnsidiae, -ārum f	der Hinterhalt	spolia, -ōrum n	die (erbeutete) Rüstung
quadrīgae, -ārum[4]) f	das Viergespann	forēs, -ium f	die Tür(flügel)
dēliciae, -ārum f	liebliche Dinge	moenia, -ium n	die Stadtmauer

e) **Geographische Bezeichnungen** wie:

Athēnae, -ārum f	Leuctra, -ōrum n
Faleriī, -ōrum m	Alpēs, -ium f

3. Einige Wörter haben im Plural noch eine andere Bedeutung als im Singular:

Singular:		Plural:	
aqua, -ae f	Wasser	aquae, -ārum f	Heilquellen
cōpia, -ae f	Vorrat, Menge	cōpiae, -ārum f	Truppen
fortūna, -ae f	Glück	fortūnae, -ārum f	Glücksgüter
littera, -ae f	Buchstabe	litterae, -ārum f	Brief, Wissenschaft
opera, -ae f	Mühe	operae, -ārum f	Handarbeiter
auxilium, -ī n	Hilfe	auxilia, -ōrum n	Hilfstruppen
comitium, -ī n	Platz der Volksversammlung	comitia, -ōrum n	Volksversammlung
castrum, -ī n	Kastell	castra, -ōrum n	Lager
impedīmentum, -ī n	Hindernis	impedīmenta, -ōrum n	Gepäck
rōstrum, -ī n	Schnabel	rōstra, -ōrum n	Rednerbühne in Rom

---

[1]) Vgl. dt. Ostern, Pfingsten, Weihnachten (urspr. Dat. Pl.).
[2]) Vgl. engl. scissors, spectacles.
[3]) Vgl. §182 Nr. 2d.
[4]) Ursprung *quadriiugae equae („Viergejochte").
[5]) Eigtl. die Stufen (zu scandere); vgl. engl. stairs.

aedes, -is f	Tempel	aedes, -ium¹⁾ f	Haus
finis, -is m	Grenze	fines, -ium m	Gebiet
(ops) opis f	Hilfe	opes, -um f	Schätze, Macht
pars, -tis f	Teil	partes, -ium f	Rolle, Partei

Syntaktisch-stilistische Eigentümlichkeiten im Gebrauch der Numeri s. §182.

B. Die Deklinationen

1. Vorbemerkungen

§ 24 a) Der Stammauslaut

1. Man unterscheidet im Lat. 5 Deklinationen (declinare beugen). Grundlage dieser Unterscheidung ist der S t a m m a u s l a u t (K e n n l a u t), d.h. (s. §16) bei Wurzelnomina der letzte Laut der Wurzel, bei Ableitungen mit Hilfe einvokalischer Suffixe das Suffix selbst, bei Ableitungen mit Hilfe mehrlautiger Suffixe der letzte Laut des Suffixes. Als Stammauslaut erscheinen im Lat. außer Konsonanten langes ā und ē sowie kurzes o, u und i; letzteres ist mit den konsonantischen Stämmen zu einer Deklination zusammengeflossen.

2. Der Stammauslaut erscheint gewöhnlich am reinsten im Gen.Pl., z.B. in cūrā-rum, curru-um, die-rum, turri-um bzw. consul-um, nicht jedoch z.B. in domino-rum, wo der Stammauslaut o ist. In manchen anderen Kasus tritt jedoch beim Zusammentreffen von Stammauslaut und Endung eine Umbildung ein, so daß die Grenzen zwischen beiden unkenntlich werden, z.B. cūrae aus cūrā-ī. Das Ergebnis dieser Umbildung nennt man W o r t a u s g a n g (scheinbare Endung), den nach Abstrich des Wortausgangs in allen Kasus (außer dem Nominativ) verbleibenden unveränderlichen Teil des Wortes W o r t s t o c k (scheinbarer Stamm):

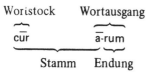

3. Übersicht über die 5 Deklinationen:

Gen.Pl.	Wortstock	Stamm	Kennlaut	Deklination	
cūr-ā-rum	cūr-	cūrā-	ā	ā-	oder 1.Dekl.
domin-ō-rum	domin-	domino-	o	o-	oder 2.Dekl.
di-ē-rum	di-	die-	ē	ē-	oder 5.Dekl.
curr-u- um	curr-	curru-	u	u-	oder 4.Dekl.
turr-i- um	turr-	turri-	i	i-	oder 3.Dekl.
cōnsu-l- um	cōnsul-	cōnsul-	l	kons.	

---

¹) Weil es aus mehreren Räumen besteht.

§ 25 Kasusendungen

b) Die Endungen § 25

Der Vokativ ist gleich dem Nominativ mit Ausnahme der Wörter der 2. Dekl. auf -us.

Die Neutra haben drei gleiche Kasus: Nominativ, Akkusativ und Vokativ; im Plural haben sie in diesen Kasus in allen Deklinationen -a als Endung.

Der Ablativ Plural ist immer gleich dem Dativ Plural.

1. Nom. Sg.:
Er ist beim Mask. und Fem. entweder endungslos oder endigt auf -s: dominu-s (L20), diē-s, curru-s, turri-s; lēx, mīles (L49). Von den Neutra haben nur die o-Stämme eine Endung auf -m (grch. -ν): iugum (L20; grch. ζυγόν).

Endungslos sind von den vokalischen Stämmen nur die auf -ā (mit Kürzung des Stammauslauts), von den konsonantischen die auf -l und -r auslautenden Stämme (mit Endsilbenkürzung nach L29, Ausnahmen L30). Die Stämme auf -n verlieren im Nom. und Vok. den Stammauslaut und gehen (bis auf sanguīs L49) auf -ō aus: nātiō nātiōn-is, homō homin-is (vgl. ahd. boto, Gen. botin; erhalten ist dagegen der Stammauslaut -n im Grch.: ἡγεμών; zu grch. Namen auf -ōn/-ō im Lat. s. §45 Nr.3).

2. Gen. Sg.:
Ursprüngliche Endung war **-os** (vgl. grch. λέων, λέοντ-ος und §45 Nr.3) bzw. mit Ablaut nach L1 **-es** (daraus nach L21 -is) und **-s**: cōnsul-is, turri-s, currū-s, in der ā-Deklination in Resten wie māter familiā-s (§27 Nr.2). Abweichend ist die Gen.-Endung auf -ī in den o-Stämmen: domin-ī, danach diē-ī und cūrā-ī (altlat., später nach L34 cūrae).

3. Dat. Sg.:
Als Endung dient in der 3., 4. und 5. Dekl. -ī (aus urspr. -ei, welches auf Inschr. noch erhalten ist, z.B. urbei für urbī; vgl. L19): cōnsul-ī, curru-ī, diē-ī. Bei den o- und ā-Stämmen ist die Dat.-Endung mit dem Stammauslaut verschmolzen (bei den o-Stämmen mit Abwurf des -i): curae aus *cūrāi (L34; vgl. grch. χώρᾳ), equō aus *equōi (vgl. grch. ἵππῳ).

4. Akk. Sg.:
Er wird in allen Deklinationen beim Mask. und Fem. durch Hinzutreten von -m (grch. -ν) gebildet: cūrā-m mit Kürzung nach L29 zu cūra-m, domino-m nach L20 zu dominu-m, turri-m, *ped-m̥ nach L12 zu ped-em, danach auch host-em statt *hosti-m.

5. Vok. Sg.:
Die Endung -e der Wörter der 2. Dekl. auf -us steht im Ablautsverhältnis (L1) zum Stammauslaut -o.

6. Abl. Sg.:
Die vokalischen Stämme endigen auf gedehnten Stammauslaut, im Altlatein mit folgendem d; sententiā(d), meritō(d), marī(d), magistrātū(d). Die konsonantischen Stämme gehen auf -e, welchem das -i des im Abl. aufgegangenen Lokativs (§154) zugrunde liegt: patre, danach auch hoste (§38 Nr.3).

7. Nom. Pl.:
Die Mask. und Fem. der o- und ā-Stämme endigen wie die Pronomina auf -ī: hortī aus *hortoi (L19), danach cūrae aus cūrā-i (L34), vgl. grch. λόγοι, γνῶμαι. Der Ausgang -ēs ist aus -ĕs (grch. αἶγ-ες, νῆ-ες, vgl. Cyclōpĕs §45 Nr.3) durch Verschmelzung mit vokalischem Stammauslaut entstanden: ovēs aus *ovei-es (vgl. grch. πόλεις aus *πόλειες), von da auf konsonantische Stämme wie cōnsul-ēs übertragen worden.

8. Gen. Pl.:
Er endigte urspr. auf -ōm (vgl. grch. ἱππ-ων, λεόντ-ων), daraus wurde nach L29 -ŏm, daraus nach L20 -ŭm, daher cōnsul-um, turri-um, curru-um. Die ā- und ihnen folgend die o- und ē-Stämme über-

nahmen aus der pronominalen Flexion die Endung -som, das nach L20 und L39 zu **-rum** wurde (vgl. θεάων aus θεάσων): cūrā-rum, diē-rum, deō-rum (daneben mit urspr. Endung de-um §30 Nr.4).

9. Dat. und Abl. Pl.:
Sie endigen in der 3., 4. und 5. Dekl. auf **-bus** (cōnsul-ibus nach turri-bus). Die o- und danach die ā-Stämme nahmen ihre Endung vom alten Instrumentalis: equīs aus *equois (vgl. grch. ἵπποις), danach cūrīs aus *cūrais nach L19, aber dīs et deā-bus (§§ 27 Nr.3 und 30 Nr.5).

10. Akk. Pl.:
Die Endung lautete in allen Dekl. beim Mask. und Fem. urspr. **-ns** (vgl. grch. λόγους aus *λογονς), daher nach L49 cūrā-s, dominō-s, diē-s, currū-s; nach L12 ped-ēs (aus *ped-ns), von da aus auf ovēs übertragen (neben ovī-s).

11. Lokativ s. §154.

2. Die ā- (1.) Deklination

§ 26

	Singular		Plural	
Nom. (Vok.)	cūr-**a**	die (eine) Sorge	cūr-**ae**	(die) Sorgen
Gen.	cūr-**ae**	der (einer) Sorge	cūr-**ārum**	(der) Sorgen
Dat.	cūr-**ae**	der (einer) Sorge	cūr-**īs**	(den) Sorgen
Akk.	cūr-**am**	die (eine) Sorge	cūr-**ās**	(die) Sorgen
Abl.	cūr-**ā**	durch die (eine) Sorge mit der (einer) Sorge von der (einer) Sorge	cūr-**īs**	durch (die) Sorgen mit, von (den) Sorgen

§ 27 Bemerkungen zur ā-Deklination

1. Dem grammatischen Geschlecht nach sind die Wörter der ā-Dekl. weiblich. Zum natürlichen Geschlecht der Personenbezeichnungen und Flüsse wie poēta, Mosella s. §21 Nr.1a).

2. Die alte Endung des Gen.Sg. (§25 Nr.2) hat sich erhalten in den Verbindungen

pater familiās (Pl. patrēs familiās)   der Hausvater
māter familiās (Pl. mātrēs familiās)   die Hausfrau
daneben auch regelmäßig: pater familiae ...

3. Dea (Göttin) und fīlia (Tochter) haben im Dat. und Abl. Pl. bei Verbindung mit dem Mask. zur Unterscheidung die ältere Endung -bus (§25 Nr.9):

dīs et deābus   Göttern und Göttinnen
cum fīliīs fīliābusque   mit Söhnen und Töchtern

3. Die o- (2.) Deklination

a) Substantive auf -us und -um

| | dominus, -ī m Herr | | dōnum, -ī n Geschenk | |
	Singular	Plural	Singular	Plural
Nom.	domin-**us**	domin-**ī**	dōn-**um**	dōn-**a**
Gen.	domin-**ī**	domin-**ōrum**	dōn-**ī**	dōn-**ōrum**
Dat.	domin-**ō**	domin-**īs**	dōn-**ō**	dōn-**īs**
Akk.	domin-**um**	domin-**ōs**	dōn-**um**	dōn-**a**
Vok.	domin-**e**	domin-**ī**	(dōn-**um**)	(dōn-**a**)
Abl.	ā domin-**ō**	domin-**īs**	dōn-**ō**	dōn-**īs**

b) Substantive auf -er

1. Das e gehört zum Wortstock (und ist deshalb in allen Formen vorhanden) in folgenden Wörtern:

gener, -erī m   Schwiegersohn   vesper, -erī m   Abend(stern)
socer, -erī m   Schwiegervater   puer, -erī m   Junge
līberī (§30 Nr.4) Kinder

Wie puer wird auch vir, virī m (der Mann) dekliniert.

2. In den übrigen Substantiven auf -er ist das e nur im Nom. (und Vok.) Sg. vorhanden.
Zur Bildung des Nominativs bei beiden Gruppen s. L35.

| | 1. puer, -ī m Junge | | 2. ager, agrī m Acker | |
	Singular	Plural	Singular	Plural
Nom.	puer	puer-**ī**	ager	agr-**ī**
Gen.	puer-**ī**	puer-**ōrum**	agr-**ī**	agr-**ōrum**
Dat.	puer-**ō**	puer-**īs**	agr-**ō**	agr-**īs**
Akk.	puer-**um**	puer-**ōs**	agr-**um**	agr-**ōs**
Vok.	puer	puer-**ī**	(ager)	(agr-**ī**)
Abl.	cum puer-**ō**	cum puer-**īs**	in agr-**ō**	in agr-**īs**

Bemerkungen zu den Substantiven der o-Deklination   §30

1. Dem grammatischen Geschlecht nach sind die Wörter auf -us (und -er) Maskulina, die auf -um Neutra.

Feminina sind:

a) die Namen der Städte und Inseln auf -us sowie die Ländernamen, die auch im Grch. weibliches Geschlecht haben:

Corinthus antīqua	das alte Korinth	Aegyptus frūgifera	das fruchtbare Ä.
Dēlus parva	das kleine Delus	Peloponnēsus tōta	die ganze P.

b) humus, -ī der Boden.

c) Baumnamen: s. § 21 Nr. 1b.

Neutra sind:

vulgus, -ī	das gemeine Volk	vīrus, -ī	das Gift

2. Die Eigennamen auf -ius, -eius und -āius haben im Vok. Sg. -ī, -eī, -āī (L24):

Horātius	Vok.: Horātī	Gāius	Vok.: Gāī
Pompēius	Vok.: Pompēī	fīlius meus	Vok.: mī (§55) fīlī

3. Im älteren Latein bis zum Ausgang der Republik ziehen die Wörter auf -ius und -ium im Gen. Sg. -iī in -ī zusammen (L34):

Vergilius	Gen.: Vergilī (§5)	negōtium	Gen.: negōtī

4. Der alte Gen. Pl. auf -um (§25 Nr.8) hat sich in den Bezeichnungen für Münzen und Maße erhalten, z.B.:

nummus Münze	Gen.Pl. nummum	modius Scheffel	Gen.Pl. modium
sēstertius	Gen.Pl. sēstertium	talentum	Gen.Pl. talentum

ferner in Amtsbezeichnungen und formelhaften Wendungen wie:

duumvirum	der Zweimänner	praefectus fabrum	Zeugmeister
triumvirum	der Dreimänner	pater deum hominumque	Vater der Götter und Menschen
decemvirum	der Zehnmänner	līberōrum oder līberum	der Kinder

5. Deus, -ī bildet im Pl. gewöhnlich mit Zusammenziehung dī (neben deī und diī) und dīs (neben deīs und diīs).

Als Vok. Sg. wird der Nominativ deus gebraucht, doch findet sich diese Verwendung fast ausschließlich im Kirchenlatein.

6. Locus, -ī (der Ort) bildet einen doppelten Plural:

locī, -ōrum m	Stellen (in Büchern)	loca, -ōrum n	Orte, Gegend

Plūrālia tantum s. §23 Nr.2; grch. Deklination §45 Nr.2.

4. Adjektive der o- und ā-Deklination

a) Adjektive auf -us, -a, -um

§ 31

	bonus, bona, bonum gut					
	Singular			Plural		
	Mask.	Fem.	Neutr.	Mask.	Fem.	Neutr.
Nom. Vok.	bon**us** bon**e**	bon**a**	bon**um**	bon**ī**	bon**ae**	bon**a**
Gen.	bon**ī**	bon**ae**	bon**ī**	bon**ōrum**	bon**ārum**	bon**ōrum**
Dat.	bon**ō**	bon**ae**	bon**ō**	bon**īs**	bon**īs**	bon**īs**
Akk.	bon**um**	bon**am**	bon**um**	bon**ōs**	bon**ās**	bon**a**
Abl.	bon**ō**	bon**ā**	bon**ō**	bon**īs**	bon**īs**	bon**īs**

Pronominaladjektive mit Gen.Sg. auf -īus s. §61.

b) Adjektive auf -er, -(e)ra, -(e)rum

§ 32

Die Adjektive auf -er zerfallen wie die entsprechenden Substantive (§29) in die beiden Gruppen mit e in allen Kasus und mit e nur im Nom. (Vok.) Sg. In allen Kasus vorhanden ist das e bei den Adjektiven:

asper, aspera, asperum   rauh   līber, lībera, līberum   frei
lacer, lacera, lacerum   zerrissen   miser, misera, miserum elend
tener, tenera, tenerum   zart

sowie bei den mit -fer und -ger zusammengesetzten wie:

frūgifer, -era, -erum   fruchtbar   armiger, -era, -erum   waffentragend

Auf beide Arten dekliniert werden kann:

dexter, -era, -erum   rechts   oder: dexter, dextra, dextrum

wie līber wird auch dekliniert:

satur, satura, saturum   satt

| | līber, lībera, līberum frei; pulcher, pulchra, pulchrum schön ||||||
| | Singular ||| Plural |||
	Mask.	Fem.	Neutr.	Mask.	Fem.	Neutr.
Nom. (Vok).	līber	lībera	līberum	līberī	līberae	lībera
Gen.	līberī	līberae	līberī	līberōrum	līberārum	līberōrum
Dat.	līberō	līberae	līberō	līberīs	līberīs	līberīs
Akk.	līberum	līberam	līberum	līberōs	līberās	lībera
Abl.	līberō	līberā	līberō	līberīs	līberīs	līberīs
Nom. (Vok.)	pulcher	pulchra	pulchrum	pulchrī	pulchrae	pulchra
Gen.	pulchrī	pulchrae	pulchrī	pulchrōrum	pulchrārum	pulchrōrum
Dat.	pulchrō	pulchrae	pulchrō	pulchrīs	pulchrīs	pulchrīs
Akk.	pulchrum	pulchram	pulchrum	pulchrōs	pulchrās	pulchra
Abl.	pulchrō	pulchrā	pulchrō	pulchrīs	pulchrīs	pulchrīs

§§ 33 - 34   **5. Die ē- (5.) Deklination**

§ 33

| | rēs, reī f Sache, Ding || diēs, -ēī m Tag ||
	Singular	Plural	Singular	Plural
Nom. (Vok.)	r-ēs	r-ēs	di-ēs	di-ēs
Gen.	r-eī	r-ērum	di-ēī	di-ērum
Dat.	r-eī	r-ēbus	di-ēī	di-ēbus
Akk.	r-em	r-ēs	di-em	di-ēs
Abl.	r-ē	r-ēbus	di-ē	di-ēbus

§ 34   Bemerkungen zur ē-Deklination

1. Dem grammatischen Geschlecht nach sind die Wörter der ē-Deklination F e m i n i - n a. Nur diēs und merīdiēs (Mittag) sind Maskulina; in der Bedeutung „Frist, Termin" ist auch diēs Femininum (nur im Sg.): diē certā zum bestimmten Termin.

2. Nur rēs und diēs bilden den Plural vollständig, andere Wörter nur die gleichlautenden Kasus Nom., Akk. und Vok.

3. Der Stammauslaut -ē- wird im Gen. und Dat. Sg. nach Konsonant gekürzt (L26): fideī, aber diēī.

6. Die u- (4.) Deklination

	currus m Wagen;		cornū n Horn	
	Singular	Plural	Singular	Plural
Nom.(Vok.)	curr-**us**	curr-**ūs**	corn-**ū**	corn-**ua**
Gen.	curr-**ūs**	curr-**uum**	corn-**ūs**	corn-**uum**
Dat.	curr-**uī**	curr-**ibus**	corn-**ū**	corn-**ibus**
Akk.	curr-**um**	curr-**ūs**	corn-**ū**	corn-**ua**
Abl.	curr-**ū**	curr-**ibus**	corn-**ū**	corn-**ibus**

Bemerkungen zur u-Deklination

1. Dem grammatischen Geschlecht nach sind die Wörter auf -us **männlich**, die auf -u **sächlich**.

F e m i n i n a sind (außer Baumnamen §21 Nr.1b):

acus acūta	die spitze Nadel	porticus pūblica	die öffentliche Säulen-
domus ampla	das geräumige Haus		halle
manus dext(e)ra	die rechte Hand	tribus urbāna	der Stadtbezirk
manus parva	die kleine Schar	Īdūs Mārtiae	die Iden des März

2. Im Dat. und Abl. Pl. haben -ubus statt -ibus:

arcus, -ūs	der Bogen	} zur Unter- {	arcibus v. arx	den Burgen
artus, -ūs	das Gelenk	scheidung von	artibus v. ars	den Künsten
tribus, -ūs f	der Bezirk	aus Gründen des Wohllauts		

Doppelformen finden sich bei manchen zweisilbigen Wörtern auf -cus, so bei lacus, -ūs (L17) der See

3. Dativformen auf -ū kommen auch von Wörtern auf -us vor, z.B. exercituī (vgl. Vorbem. zu §173).

4. Von impetus, -ūs m (der Angriff) sind im Pl. nur Nom. und Akk. gebräuchlich, die übrigen Kasus werden durch die entsprechenden Formen von incursiōnēs f ersetzt.

5. Viele Verbalsubstantive auf -us sind nur im Abl. Sg. gebräuchlich, z.B.

| iussū Caesaris | auf Caesars Befehl | maior nātū | älter |

6. D o m u s , -ūs f (das Haus) wird teilweise nach der 2. Dekl. gebeugt:

	Singular	Plural
Nom.(Vok.)	dom-us	dom-ūs
Gen.	dom-ūs	dom-ōrum (auch dom-uum)
Dat.	dom-uī	dom-ibus
Akk.	dom-um	dom-ōs (selten dom-ūs)
Abl.	dom-ō	dom-ibus

Außerdem: domī zu Hause (§ 154); domum nach Hause (§ 122); domō von Hause (§ 141).

7. Die 3. Deklination

a) Substantive

§ 37 a) Vokalische (i-) Stämme

Die Wörter dieser Klasse sind meist g l e i c h s i l b i g , d.h. sie haben im Nom. und Gen. Sg. gleichviel Silben.

In den folgenden Deklinationsschemata sind Stammauslaut und Endung voneinander getrennt, um die Unterschiede gegenüber der konsonantischen Dekl. hervorzuheben.

	1. Gruppe		2. Gruppe		3. Gruppe	
	mare, -is n Meer		turris, -is f Turm		ovis, -is f Schaf	
	Sg.	Pl.	Sg.	Pl.	Sg.	Pl.
Nom.(Vok.)	mar|e	mar|i|a	turr|i|s	turr|ēs	ov|i|s	ov|ēs
Gen.	mar|i|s	mar|i|um	turr|i|s	turr|i|um	ov|i|s	ov|i|um
Dat.	mar|ī	mar|i|bus	turr|ī	turr|i|bus	ov|ī	ov|i|bus
Akk.	mar|e	mar|i|a	turr|i|m	turr|ī|s (turr-ēs)	ov-em	ov-ēs (ov|ī|s)
Abl.	mar|ī	mar|i|bus	turr|ī	turr|i|bus	ov-e	ov|i|bus

§ 38 Bemerkungen zu den i-Stämmen

1. G r u p p e :
Zu ihr gehören die Neutra auf -e, -al, -ar.

Der Stammauslaut -i ist im endungslosen Nom. (und Akk.) entweder zu -e abgeschwächt (L22) wie bei mare, oder nach der Abschwächung abgefallen (L36) wie bei animal, -ālis (das Geschöpf) und calcar, -āris (der Sporn); die Wörter auf -al und -ar waren also ursprünglich auch gleichsilbig.

§§ 38 - 40   3. Deklination

2. Gruppe:
Zu ihr gehören außer turris (vgl. auch vīs §41 Nr.2) vor allem:
febris, -is f   das Fieber   secūris, -is f   das Beil
puppis, -is f   das Achterdeck   sitis, -is f   der Durst
ferner die gleichsilbigen Fluß- und Städtenamen wie
Tiberis, -is m   der Tiber   Neāpolis, -is f   Neapel

Der Stammauslaut ist noch in fast allen Kasus deutlich erkennbar, nur im Nom. Pl. ist er mit der Endung -es zu dem Ausgang -ēs verschmolzen. Im Akk. Pl. tritt öfter Vermischung mit der konsonantischen Deklination ein.

3. Gruppe:
Zu ihr gehören im wesentlichen die Wörter, die den Gen.Pl. auf **-ium** (ohne Nebenform auf -um) bilden.

Ursprünglich war diese Gruppe von der zweiten nicht geschieden. In der späteren Entwicklung jedoch wurde sie stärker von der konsonantischen Dekl. beeinflußt: im Akk. Sg. trat an Stelle des Stammauslautes -i- und der Endung -m die Endung **-em** ein, im Akk. Pl. statt -i- und -(n)s die Endung **-ēs**, im Abl. Sg. statt des gedehnten endungslosen Stammauslauts -ī- die konsonantische Endung **-e**.

Die ältere Bildung des Akk. Pl. auf -ī-s kommt bis in die klassische Zeit vor, sehr viel seltener dagegen der Abl. Sg. auf -ī, letzteres jedoch regelmäßig in den festen Verbindungen
ferrō ignīque   mit Feuer und Schwert
aquā et ignī interdīcere alicui   jmdn. ächten (§143 Nr.1a)

β) Konsonantische Stämme   § 39

Die Konsonantenstämme sind meist ungleichsilbig, d.h. sie haben im Gen. Sg. eine Silbe mehr als im Nom. (zu dessen Bildung vgl. §25 Nr.1).

	cōnsul, -is m Konsul		mīles, -itis m Soldat		fulgur, -is n Blitz	
	Singular	Plural	Singular	Plural	Singular	Plural
N.(V.)	cōnsul	cōnsul-ēs	mīles	mīlit-ēs	fulgur	fulgur-a
Gen.	cōnsul-is	cōnsul-**um**	mīlit-is	mīlit-**um**	fulgur-is	fulgur-**um**
Dat.	cōnsul-ī	cōnsul-ibus	mīlit-ī	mīlit-ibus	fulgur-ī	fulgur-ibus
Akk.	cōnsul-**em**	cōnsul-**ēs**	mīlit-**em**	mīlit-**ēs**	fulgur	fulgur-a
Abl.	ā cōnsul-**e**	ā cōnsul-ibus	ā mīlit-**e**	ā mīlit-ibus	fulgur-e	fulgur-ibus

Bemerkungen zur 3. Deklination   §§ 40 - 42

Zu den Kasus mit zweifachem Ausgang   § 40

Die §§37-39 zeigen, daß in der 3. Dekl. vokalische und konsonantische Stämme zu einer ziemlich einheitlich flektierten Klasse zusammengeflossen sind, wobei im allgemeinen die Substantive mehr das Bestreben zeigen, nach der konsonantischen Deklination auszugleichen (die Adj. mehr nach der vokalischen: § 44 Nr.2). Betrachtet man demnach für die Subst. die kons. Dekl. als die Regel, so ergibt sich für ihre Kasusbildung folgende Zusammenfassung:

1. **Gen. Pl.**: **-um** ist die Regel; **-ium** haben
   a) die gleichsilbigen Subst. auf -is und -ēs, z.B.:

ovis, ovis f	das Schaf	Gen. Pl.	ovium
vulpēs, vulpis f	der Fuchs	Gen. Pl.	vulpium

   Ausnahmen:

canis, -is m und f	der Hund	Gen. Pl.	canum
iuvenis, -is m	der junge Mann	Gen. Pl.	iuvenum
sēdēs, -is f	der Sitz	Gen. Pl.	sēdum

   b) die ungleichsilbigen Wörter, deren Wortstock auf zwei oder mehr Konsonanten endigt, z.B.:

pars, part-is f	der Teil	Gen. Pl.	partium
os, ossis n	der Knochen	Gen. Pl.	ossium

   i-Stämme sind ebenfalls:

imber, imbris m[1])	der Regen	Gen. Pl.	imbrium
venter, ventris m[1])	der Bauch	Gen. Pl.	ventrium

   Konsonantenstämme sind dagegen:

pater, patris m	der Vater	Gen. Pl.	patrum
māter, mātris f	die Mutter	Gen. Pl.	mātrum
frāter, frātris m	der Bruder	Gen. Pl.	frātrum

   c) die Neutra auf -e, -al, -ar (Gen. -āris) und pār, paris das Paar

   d) folgende einzelnen Subst.:

faux f, gew. Pl. faucēs	der Schlund, Engpaß	Gen. Pl.	faucium
līs, lītis f	der Rechtsstreit	Gen. Pl.	lītium
nix, nivis f	der Schnee (Pl.: -massen)	Gen. Pl.	nivium

   -um oder **-ium** haben:

parentēs m	die Eltern	Gen. Pl.	parentum/-ium
mēnsis, -is m	der Monat	Gen. Pl.	mēnsum/-ium
vātēs, -is m	der Seher	Gen. Pl.	vātum/-ium
mūs, mūris m	die Maus	Gen. Pl.	mūrum/-ium
fraus, fraudis f	der Betrug	Gen. Pl.	fraudum/-ium

   Auch viele Feminina auf -tās, -tātis haben neben dem gewöhnlichen Gen. Pl. auf -tātum auch den auf -tātium, z.B.:

cīvitās, -tātis f	die Bürgerschaft	Gen. Pl.	cīvitātum/-ium

   Die Regel ist -ium bei:

optimātēs m	die Optimaten	Gen. Pl.	optimātium
penātēs m	die Hausgötter	Gen. Pl.	penātium

   sowie bei den Völkernamen auf -ātēs und -ītēs wie:

Samnītēs m	die Samniter	Gen. Pl.	Samnītium.

2. **Akk. Sg. Mask. und Fem.**: **-em** ist die Regel; **-im** haben die Wörter der 2. Gruppe der i-Stämme (§ 38).

---

[1]) Nur scheinbar gleichsilbig, da Wortstock imbr-/ventr- und e nur im Nom. eingeschoben, vgl. ager L35.

§§ 40 - 41 3. Deklination 39

3. Abl. Sg.: -e ist die Regel; -ī haben
   a) die Wörter der 2. Gruppe der i-Stämme (§ 38)
   b) die Neutra auf -e, -al, -ar (-āris) und pār, paris.

4. Nom., Akk. (Vok.) Pl. Neutr.: -a ist die Regel; -ia haben die Wörter auf -e, -al, -ar.

Besonderheiten in der Deklination einiger Substantive § 41

1. **Anōmala**¹):

		Iuppiter²)	**senex** m Greis	**bōs** m/f Rind	**supellex** f Hausgerät(e)	**carō** f Fleisch	**nix** f Schnee	**iter** n Weg	**vās** n Gefäß
Singular	N.(V.)	Iuppiter	senex	bōs	supellex	carō	nix	iter	vās
	Gen.	Iovis	senis	bovis	supellectilis	carnis	nivis	itineris	vāsis
	Dat.	Iovī	senī	bovī	supellectilī	carnī	nivī	itinerī	vāsī
	Akk.	Iovem	senem	bovem	supellectilem	carnem	nivem	iter	vās
	Abl.	Iove	sene	bove	supellectile	carne	nive	itinere	vāse
Plural	N.(V.)	§ 23 Nr. 1d	senēs	bovēs	s. § 23 Nr. 1d	carnēs Fl.stücke	nivēs S.massen	itinera	vāsa
	Gen.		senum	boum		carnium	nivium	itinerum	vāsōrum
	Dat. Abl.		senibus	būbus u. bōbus		carnibus	nivibus	itineribus	vāsīs
	Akk.		senēs	bovēs		carnēs	nivēs	itinera	vāsa

2. **Dēfectīva**³):

		vīs f Gewalt	— (f) Hilfe	— (f) Feldfrucht	— (f) Bitte	— (f) (Zufall)	— (f)	**fās** n Recht	**nefās** n Unrecht
Singular	N.(V.)	vīs	—⁴)	opis	—	—	—	fās	nefās
	Gen.	—			(frūgī § 44 Nr. 5)	—	—	—	—
	Dat.	—				—	—	—	—
	Akk.	vim		opem	frūgem	—	—	fās	nefās
	Abl.	vī		ope	—	prece	forte⁵)	sponte⁶)	—
Plural	N.(V.)	vīrēs		opēs s. § 23 Nr. 3	frūgēs	precēs	—	—	—
	Gen.	vīrium		opum	frūgum	precum	—	—	—
	Dat. Abl.	vīribus		opibus	frūgibus	precibus	—	—	—
	Akk.	vīrēs		opēs	frūges	precēs	—	—	—

¹) Grch. ἀνώμαλος „ungleichmäßig, unregelmäßig".

²) Der Nom. ist eigtl. Vokativ: aus Iū-piter (*Iou pater), vgl. grch. Ζεῦ πάτερ.

³) Substantive, denen ein oder mehrere Kasus fehlen (dēficere).

⁴) Die fehlenden Kasus werden durch violentia u.ä. ersetzt.

⁵) Der Nominativ fors ist erhalten in forsitan (aus fors sit an, vgl. § 216 Nr. 1).

⁶) Meist in Verbindung mit Possessiva wie meā (tuā usw.) sponte: nach meinem (deinem usw.) Willen, freiwillig, von selbst.

§ 42 Zum Genus der Substantive der 3. Deklination

1. Maskulina

sind die Substantive auf **-or, -ōs** (Gen. -ōris) und **-er**:

dolor (-ōris) acerbus	der herbe Schmerz	flōs (-ōris) varius	die bunte Blume
agger (-eris) altus	der hohe Damm	imber (-bris) magnus	starker Regen
āēr (§ 45 Nr. 3) pūrus	die reine Luft		

Ausnahmen[1]):

Feminina:

arbor (-oris) pulchra	der schöne Baum	dōs (dōtis) magna	die große Mitgift
linter (-tris) parva	der kleine Kahn		

Neutra:

aequor (-oris) vāstum	das weite Meer	marmor (-oris) Parium	parischer Marmor
cor (cordis) sānum	ein gesundes Herz	ōs (ōris) parvum	der kleine Mund
os (ossis) dūrum	der harte Knochen	vēr (vēris) grātum	der willkommene Frühling
id cadāver (-eris)	dieser Leichnam	iter (§ 41 Nr. 1) magnum	der Eilmarsch

außerdem die Pflanzennamen auf -er wie

papāver, -eris	der Mohn	piper, -eris	der Pfeffer

2. Feminina

sind die Substantive auf **-ō** (Gen. -ōnis u. -inis) und **-is**, die gleichsilbigen auf **-ēs**, ferner die auf **-s** mit vorhergehendem Konsonanten (also auch die auf **-x**) sowie die auf **-ās, -ĕs** und **-ūs** (dazu fraus Betrug und laus Lob), deren Stamm auf d oder t auslautet[2]):

a) auf -ō

ōrātiō (-ōnis) longa	die lange Rede	orīgō (-inis) incerta	der ungewisse Ursprung

Ausnahmen:

Maskulina:

sermō (-ōnis) patrius	die Muttersprache	pūgiō (-ōnis) cruentus	der blutige Dolch
ōrdō (inis) equester	der Ritterstand		

außerdem die Tiernamen auf -ō, -ōnis wie

leō ācerrimus	der grimmige Löwe	septentriōnēs (§ 15 Nr. 2c)	das Siebengestirn

---

[1]) Außer den Ausnahmen (wie ōs, ōris n neben flōs, flōris m) werden hier auch die Wörter angeführt, die zwar gleiche Nominativendung wie die Regelwörter, aber verschiedene Stammbildung haben (z.B. dolor, -ōris m, aber arbor, -ŏris f und marmor, -ŏris bzw. cor, cordis n; dōs dōtis ist Fem. wie die unter 2. angeführten Stämme auf -t).

[2]) Urspr. Nom. also *cīvitāt-s, *salūt-s, *dōt-s usw.

§ 42 3. Deklination

b) gleichsilbige auf -ēs

| clādēs (-is) magna | die große Niederlage | nūbēs (-is) ātra | die schwarze Wolke |

c) gleichsilbige auf -is

| classis (-is) Rōmāna | die römische Flotte | nāvis (-is) longa | das Kriegsschiff |

Ausnahmen:

Maskulina:

collis (-is) altus	ein hoher Hügel	hic fascis (-is)	dies Rutenbündel
mēnsis (-is) Māius	der Monat Mai	orbis (-is) īnfimus	der unterste Kreis
piscis (-is) mūtus	der stumme Fisch		

außerdem die gleichsilbigen auf -nis wie

| amnis (-is) rapidus | der reißende Strom | fīnis (-is) Rōmānus | die römische Grenze |

d) ungleichsilbige auf -is

| cuspis (-idis) acūta | die scharfe Spitze | cassis (-idis) fulva | der gelbe Helm |

Ausnahmen:

Maskulina:

| lapis (-idis) albus | ein weißer Stein | sanguis (-inis) tuus | dein Blut |
| pulvis (-eris)[1] multus | viel Staub | cinis (-eris)[1] fervidus | glühende Asche |

e) auf -s mit vorhergehendem Konsonanten

| hiems (-mis) aspera | der rauhe Winter | frōns (-ntis) serēna | eine heitere Stirn |
| rādix (-īcis) tenera | die zarte Wurzel | lēx (-gis) mala | ein schlechtes Gesetz |

Ausnahmen:

Maskulina:

dēns (-ntis) albus	der weiße Zahn	fōns (-ntis) sacer	die heilige Quelle
mōns (-ntis) summus	die Bergspitze	pōns (-ntis) ligneus	die Holzbrücke
calix (-icis) aureus	der goldene Becher	grex (-egis) caprīnus	die Ziegenherde

außerdem die Substantive auf -ex, -icis wie

| cortex dūrus | die harte Rinde | vertex nūdus | der kahle Gipfel |

f) auf -ās, -ēs, -ŭs

aetās (-ātis) hūmāna	das Menschenleben	mercēs (-ēdis) diurna	der Tagelohn
quiēs (-ētis) nocturna	die Nachtruhe	seges (-etis) alta	die hohe Saat
salūs (-ūtis) pūblica	das Gemeinwohl	palūs (-ūdis) foeda	der häßliche Sumpf

Ausnahmen:

Maskulina:

| as (assis) Rōmānus | der römische As | pēs (-dis) claudus | der lahme Fuß |
| pariēs (-etis) albus | die weiße Wand | | |

außerdem die Wörter auf -es, -itis wie

| līmes Rōmānus | der römische Wall | caespes tener | der zarte Rasen |

---

[1] r-Stämme wie die unter 1. angeführten Wörter auf -er.

Ausnahmen:

Neutra:

vās (vāsis) argenteum	ein silbernes Gefäß	aes (aeris) Corinthium	korinthisches Erz
fās omne (§41 Nr.2)	alles Recht	tantum nefās	solches Unrecht

3. Neutra

sind die Substantive auf **-e, -l** und **-ar**, die auf **-ur** und **-us** mit Gen. -ris, die auf **-men**, außerdem lac, -ctis (Milch) und caput, -pitis (Haupt).

mare (-ris) medium	das Mittelmeer	animal (-ālis) ferum	ein wildes Geschöpf
calcar (-āris) acūtum	der spitze Sporn	fulgur (-uris) lūcidum	ein heller Blitz
rōbur (-boris) magnum	große Stärke	corpus (-oris) sānum	ein gesunder Körper
mūnus (-neris) honestum	ein ehrenvolles Amt	nōmen (-minis) clārum	ein berühmter Name

Ausnahmen:

Maskulina:

sāl (salis) montānus	Steinsalz	sōl (sōlis) lūcidus	die leuchtende Sonne

außerdem die Tiernamen auf -ur und -us mit Gen. -ris wie

vultur avidus	der gierige Geier	lepus (-oris) timidus	der ängstliche Hase

Die ū-Stämme sūs, suis das Schwein und grūs, gruis der Kranich sind gewöhnlich Feminina, können aber auch als Communia (§21) behandelt werden, ebenso mūs, mūris die Maus, das gewöhnlich Maskulinum ist.

b) Adjektive der 3. Deklination

§ 43

Die Deklination der Adjektive zeigt einen ähnlichen Mischcharakter wie die der Substantive (§40), doch während diese mehr nach der konsonantischen Dekl. ausgleichen, zeigt sich bei den Adjektiven das Bestreben, bis auf den Akk. Sg. auf -em und den Akk. Pl. auf -ēs (neben -īs), nach der vokalischen Dekl. auszugleichen, d.h. auch ursprünglich konsonantische Stämme wie *audāc-s oder *duplec-s bilden den Abl. Sg. -ī, den Nom. Akk. Pl. Neutr. -ia und den Gen. Pl. -ium. Demgegenüber ist, abgesehen von den Komparativen, die Zahl der Adjektive, die in diesen Kasus die konsonantischen Ausgänge -e, -a und -um zeigen, verhältnismäßig begrenzt. Man kann demnach zwei Gruppen unterscheiden:

1. Gruppe:

Beispiele:
drei-endig:	ācer m, ācris f, ācre n	scharf
zwei-endig:	gravis m und f, grave n	schwer
ein-endig.	atrōx m, f und n	schrecklich

3. Deklination

	Singular						
	m	f	n	m u. f	n	m, f u. n	
Nom. (Vok.)	ācer	ācr-is	ācr-e	grav-is	grav-e	atrōx	
Gen.		ācr-is		grav-is		atrōc-is	
Dat.		ācr-ī		grav-ī		atrōc-ī	
Akk.		ācr-em	ācr-e	grav-em	grav-e	atrōc-em, n atrōx	
Abl.		ācr-ī		grav-i		atrōc-ī	
	Plural						
Nom.Akk.(V)	ācr-ēs	ācr-ia		grav-ēs	grav-ia	atrōc-ēs	atrōc-ia
Gen.		ācr-ium		grav-ium		atrōc-ium	
Dat. Abl.		ācr-ibus		grav-ibus		atrōc-ibus	

2. Gruppe:

Beispiele: zwei-endig: altior m und f, altius n höher
ein-endig: vetus m, f und n   alt

	Singular			
	m u. f	n	m u. f	n
Nom. (Vok.)	altior	altius	vetus	vetus
Gen.	altiōr-is		veter-is	
Dat.	altiōr-ī		veter-ī	
Akk.	altiōr-em	altius	veter-em	vetus
Abl.	altiōr-e		veter-e	
	Plural			
Nom.Akk.(V)	altiōr-ēs	altiōr-a	veter-ēs	veter-a
Gen.	altiōr-um		veter-um	
Dat. Abl.	altiōr-ibus		veter-ibus	

Bemerkungen zur Deklination der Adjektive § 44

1. Im Nom. Sg. endigen die i-Stämme im Neutrum auf den reinen Stamm, wobei nach L22 -i zu -e geschwächt wird, im Mask. und Fem. auf -s. Bei verschiedenen Stämmen auf -ri ist (nach dem Muster der Stämme auf -ro) zwischen Mask. und Fem. durch -er (nach L35)[1] und -ris geschieden. Adjektive „einer Endung" ergeben sich dadurch, daß bei den ursprünglich konsonantischen Stämmen das -es des Mask. und Fem. auch auf das Neutr. übertragen wird, wie in audāx, oder daß der Nom. auch im Mask. und Fem. endungslos auf den reinen Stamm ausgeht, wie in memor.
Zur Endung der Komparative vgl. §47 Nr.1.

---

[1]) Nur in celer, celer-is, celer-e (schnell) gehört das e zum Stamm.

2. Betrachtet man die Ausgänge der vokalischen Dekl. **-ī, -ia** und **-ium** als die Regel, so ergeben sich

a) als Ausnahmen mit Abl. Sg. **-e**, Nom. Akk. Pl. Neutr. **-a**, Gen. Pl. **-um**

α) die Komparative, z.B.:

altior: altiōr-e, altiōr-a, altiōr-um

β) die Adjektive

vetus, -teris	alt	pauper, -ris	arm
dīves, -vitis	reich	compos, -otis	mächtig (einer Sache)
prīnceps, -cipis	der erste	superstes, -titis	überlebend
particeps, -cipis	teilhaftig	sospes, -pitis	wohlbehalten

Der Nom.Akk.Pl.Neutr. ist bei diesen Adjektiven bis auf **vetera** ungebräuchlich.

b) als Mischform mit Abl.Sg. **-ī**, aber Gen.Pl. **-um** (Nom.Akk.Pl.Neutr. ungebräuchlich) die Adjektive

memor, -ris	eingedenk	vigil, -lis	wachsam
inops, -pis	arm, mittellos		

3. Bei Substantivierung wird die adjektivische Deklination im allgemeinen beibehalten, z.B.

ab aequālī	vom Zeitgenossen	ā familiārī	vom Vertrauten

Auch die Monatsnamen, die eigentlich Adjektive zu **mēnsis** sind, haben bei Nom. auf **-er** und **-is** im Abl.Sg. **-ī**, z.B.

Decembrī	im Dezember	mediō[1]) Aprīlī	Mitte April

Dagegen haben als Eigennamen gebrauchte Adjektive im Abl. Sg. **-e**, z.B.

ā Fēlīce	von Felix	ā Celere	von Celer

Die Adjektive **celer** und **supplex**, die die vokalischen Formen **celerī, celeria** und **supplicī** bilden, haben einen Gen.Pl. (auf **-um**) nur bei substantivischem Gebrauch:

tribūnus celerum	Befehlshaber der leichten Reiterei	vōcēs supplicum	die Stimmen der Schutzflehenden

4. Die Part. Präs. bilden den Abl. Sg. auf **-e**, wenn sie als Verbalformen oder Substantive gebraucht werden, in adjektivischem Gebrauch haben sie **-ī**:

līberī ex domō flāgrante servantur	die Kinder werden aus dem Haus, das in Flammen steht, gerettet	flāgrantī studiō	mit glühendem Eifer
ā sapiente	von einem Weisen	sapientī cōnsiliō	mit weisem Rat

---

[1]) Erg. **mēnse**, daher Mask.

5. Undeklinierbar sind die Adjektive frūgī brav (vgl. §41 Nr.2) und nēquam nichtsnutzig (vgl. §109 Nr.1).

8. Griechische Deklination §45

Aus dem Griechischen übernommene Wörter schließen sich gewöhnlich der entsprechenden l a t e i - n i s c h e n Deklination an; gelegentlich (besonders bei Dichtern) werden die griechischen Endungen beibehalten, nicht selten ist der Übertritt in eine andere Deklination [1]).

1. Nach der e r s t e n Dekl. werden die griechischen ā-Stämme flektiert; die Wörter auf -ē nehmen meist die Nominativ-Endung -a an (Nioba), doch begegnen auch (bei Eigennamen) die Formen auf -ē: Circē (Gen. neben Circae auch Circēs), Akk. Circēn, Abl. Circē. Die Mask. auf -ās und -ēs haben im Vok. regelmäßig -ā: Aenēās, Vok. Aenēā; von den griechischen ā-Stämmen auf -ēs sind manche Eigennamen in die d r i t t e lat. Dekl. übergetreten, z.B. Aristīdēs, -is (gegenüber Appellativen wie poēta, -ae m der Dichter, margarīta, -ae f die Perle).

2. Nach der z w e i t e n lat. Dekl. werden die grch. o-Stämme dekliniert, außerdem die Wörter auf -eus, z.B. Orpheus, Gen. Orpheī, Dat. (Abl.) Orpheō, Akk. Orpheum; aber Vok. Orpheū. Die Eigennamen der o-Stämme behalten im Nom. und Akk. gern die griechische Endung bei, z.B. Dēlos f, -on; Īlion.

3. Nach der d r i t t e n lat. Dekl. flektieren die konsonantischen und i-Stämme. Griechische Eigennamen auf -ων, -ωντος haben auch im Lat. den Nom. auf -ōn z.B. Xenophōn; die übrigen Wörter auf -ων endigen in der Regel auf -ō, z.B. Platō, Solō. Männliche Eigennamen auf -ēs haben im Gen. Sg. (neben dem Ausgang -is) auch -ī (z.B. Periclēs, -is und -ī), im Akk. Sg. (neben -em) auch -ēn (z.B. Sōcratēn); k o n s o n a n t i s c h e Stämme haben im Gen. Sg. auch die grch. Endung -os (z.B. Pallas, -dos), im Akk. Sg. auch -a (Salamīna, in klass. Prosa regelmäßig āëra und aethera); bei weiblichen i-Stämmen kommt auch der Akk. auf -im oder -in vor (z.B. poēsin, Eleusīn); auch im Nom. und Akk. Pl. finden sich griechische Endungen (z.B. Cyclōpēs, Cyclōpas); die Neutra auf -ma, -matis werden im Pl. gewöhnlich nach der z w e i t e n Dekl. gebeugt (besonders im Dat. und Abl.): poēmata (Gedichte), poēmatōrum (neben poēmatum), poēmatīs.

C. Komparation §§ 46 - 49

Vorbemerkungen §46

Mit Hilfe der Komparationsformen (comparāre vergleichen) werden Vergleiche zwischen zwei und mehr Wesen oder Dingen angestellt:

1. P o s i t i v (pōnere festlegen) oder Grundstufe:
Es wird nur die Eigenschaft eines Gegenstandes angegeben ohne Vergleich mit anderen.

---

[1]) Nach den lateinischen Deklinationsformen neu gebildet wird der im Griechischen fehlende Abl., z.B. Andromachā, Ulixe.

2. Komparativ (s.o.) oder Höherstufe:

Bei einem Vergleich zweier Gegenstände kommt eine Eigenschaft dem einen in höherem Maße zu als einem anderen (vgl. §190 Nr.1). Ist der verglichene Gegenstand nicht ausdrücklich genannt, so bezeichnet der lat. Komparativ das Vorhandensein der Eigenschaft über das gewöhnliche Maß hinaus, während das Dt. in diesem Fall den Positiv mit „zu, etwas, ziemlich, ein wenig" u.ä. verwendet.

3. Superlativ (superferre über etw. hinausheben) oder Höchststufe:

a) eigentlicher Superlativ:

Die genannte Eigenschaft kommt dem Gegenstand unter mindestens drei Gegenständen der gleichen Art in höchstem Maß zu.

b) Elativ (efferre herausheben):

Die genannte Eigenschaft kommt dem Gegenstand in ungewöhnlich hohem Maße zu. Das Dt. benutzt diese Form nur gelegentlich („in tiefster Trauer", „Ihr ergebenster Diener"), meist verwendet es hervorhebende Adverbien wie „sehr, ungemein, höchst" u.ä. oder vergleichende Zusammensetzungen wie „steinalt, stockfinster, rabenschwarz, riesengroß" u.ä. (vgl. §144).

Verstärkung des Komparativs und Superlativs s. §190 Nr.2.

§ 47 1. Regelmäßige Steigerungsformen

1. Der Komparativ wird gebildet, indem an den Wortstock für das Mask. und Fem. das Suffix **-ior**, für das Neutr. **-ius** tritt.

Die Suffixe lauteten ursprünglich -iōs und -iŏs und standen zueinander im quantitativen Ablautsverhältnis (L1): -ior entstand durch analogische (§15) Übertragung des in den obliquen Kasus zu r gewordenen s (L39) auf den Nom., -ius nach L20.

2. Zur Bildung des Superlativs wird an den Wortstock das Suffix **-issimus** angefügt, bei einigen Adjektiven auf **-lis** dagegen das Suffix **-simus** (auch in pessimus, maximus, proximus). Das gleiche Suffix -simus dient auch zur Bildung des Superlativs der Adjektive auf -er, nur tritt es bei diesen an die Endung des Nom.Sg.Mask. Der Anlaut -s wird dem vorhergehenden l bzw. r assimiliert (L42).

Im Superlativsuffix -issimus stellt -is die Schwundstufe (L1) zu dem Komparativsuffix -iōs/-ios dar; es ist auch im Grch. (βέλτ-ισ-τος) und Ahd. (elt-is-to nhd. ält-es-te) erhalten.

Beispiele:

a) Superlativ auf -issimus:

Positiv	Wortstock		Komp. m f	n	Superl.
altus	(alt-)	hoch	alt-ior,	-ius	alt-issimus, -a, -um
prūdēns	(prūdent-)	klug	prūdent-ior,	-ius	prūdent-issimus
gravis	(grav-)	schwer	grav-ior,	-ius	grav-issimus
simplex	(simplic-)	einfach	simplic-ior,	-ius	simplic-issimus
ūtilis	(ūtil-)	nützlich	ūtil-ior,	-ius	ūtil-issimus

§§ 47 - 48   Komparation   47

b) Superlativ auf **-limus** (bzw. **-rimus**):

a) als **-limus** bei folgenden Adj. auf -lis:

facilis	(facil-)	leicht	facil-ior,	-ius	facil-limus, -a, -um
difficilis	(difficil-)	schwer	difficil-ior,	-ius	difficil-limus
(dis)similis	(simil-)	(un)ähnlich	(dis)simil-ior,	-ius	(dis)simil-limus
humilis	(humil-)	niedrig	humil-ior,	-ius	humil-limus
gracilis	(gracil-)	schlank	gracil-ior,	-ius	gracil-limus

β) als **-rimus** bei den Adj. auf -er, z.B.:

asper	(asper-)	rauh	asper-ior,	-ius	asper-rimus, -a, -um
crēber	(crēbr-)	häufig	crēbr-ior,	-ius	crēber-rimus
celer	(celer-)	schnell	celer-ior,	-ius	celer-rimus
celeber	(celebr-)	berühmt	celebr-ior,	-ius	celeber-rimus
vetus	(veter-)	alt	Ersatz **vetustior,**	-ius	veter-rimus
prosper(us)	(prosper-)	günstig	prosper-ior,	-ius	prosper-rimus

2. Besonderheiten in der Bildung der Steigerungsformen § 48

1. Die zusammengesetzten Adjektive auf -volus und -dicus bilden ihre Steigerungsformen von älteren Partizipialformen auf -volēns und -dicēns:

| bene-volus | wohlwollend | benevolent-ior | benevolent-issimus |
| male-dicus | schmähsüchtig | maledicent-ior | maledicent-issimus |

Der Steigerung der Adj. auf -dicus hat sich die der Adj. auf -ficus angeschlossen:

| magni-ficus | prächtig | magni-ficent-ior | magni-ficent-issimus |

2. Bei folgenden Adjektiven dienen zur Komparation verschiedene Stämme:

bonus	gut		melior, -ius	optimus, -a, -um
malus	schlecht		peior, peius	pessimus
		auch:	deterior, -ius	deterrimus
magnus	groß		maior, -ius	maximus (aus *mag-si- L41)
parvus	klein		minor, -us	minimus
multum	viel		plūs	plūrimum (aus *plū-si- L39)
multī	viele		plūrēs, -ra, -rium	plūrimī

Nur der Form, nicht der Bedeutung nach ist Komp. complūrēs, -ra, -rium mehrere, einige.

3. Indeklinabilia (§44 Nr.5):

| frūgī | brav | frūgālior, -ius | frūgālissimus, -a, -um |
| nēquam | nichtsnutzig | nēquior, -ius | nēquissimus, -a, -um |

4. Statt des Superlativs (als Elativ) finden sich auch Zusammensetzungen von per und prae mit dem Positiv, z.B. permultī, perpaucī, periūcundus, praepotēns. Eine Steigerung dieser Zusammensetzungen kommt klass. außer bei praeclārus nicht vor.

§ 49 3 Unvollständige Steigerung

1. Der Positiv fehlt (oder ist nur in einzelnen Resten vorhanden) bei einigen Komparativen und Superlativen, die meist aus Orts- und Zeitadverbien abgeleitet sind.

Die Adverbien und die wenigen adjektivischen Positive sind meist mit dem Suffix (-ero- und) -terogebildet. Dieses Suffix, das im Grch. der Bildung des Komparativs dient (γλυκύ-τερο-ς), bezeichnet im Lat. wie schon im Idg. relative Gegensätze, wie z.B. auch in dex-ter - sinis-ter, nos-ter - ves-ter (ἡμέ-τερος - ὑμέ-τερος), magis-ter - minis-ter.
Das den Superlativ bildende -mo- oder -timo-Suffix findet sich z.B. auch in op-timus, bei den Adjektiven fīni-timus und mari-timus und in den Ordnungszahlen wie deci-mus.

intrā	innerhalb	interior	der innere	intimus	der innerste
extra[1]	außerhalb	exterior	der äußere	extrēmus	der äußerste
īnfrā[2]	unterhalb	īnferior	der untere	{ īnfimus / īmus }	der unterste
suprā[3]	oberhalb	superior	der obere	{ suprēmus / summus }	der oberste, letzte
citrā	diesseits	citerior	der diesseitige	—	
ultrā	jenseits	ulterior	der jenseitige	ultimus	der entfernteste, letzte
prae[4]	vor	prior	der frühere	prīmus	der erste
post[5]	nach	posterior	der spätere	{ postrēmus / postumus }	der letzte / der nachgeborene
prope[6]	nahe bei	propior	der nähere	proximus	der nächste
dē	von – herab	dēterior	der geringere	dēterrimus	der geringste
potis	vermögend	potior	der wichtigere	potissimus	der wichtigste
senex	alt, Greis	senior	der ältere	—	—
iuvenis	jung(er Mann)	iūnior	der jüngere	—	—

2. Beide Steigerungsformen fehlen und werden teils durch Umschreibungen mit magis und maximē, teils durch sinnverwandte Worte ersetzt:

Reste des Positivs sind z.B.:
[1]) nātiōnēs exterae   auswärtige Völker
[2]) īnferī   die Unterirdischen   mare īnferum   das Tuskische Meer
[3]) superī   die Götter des Himmels   mare superum   das Ionische Meer
[4]) prīdiē   am Tage vorher
[5]) posterō diē   am folgenden Tage   posterī   die Nachkommen
[6]) (prop-inquus   nahe)

§§ 49 - 50   Komparation

a) bei Adjektiven auf -us mit vorhergehendem Vokal (außer bei denen auf -quus, -guis und -uis):

idōneus	geeignet	magis idōneus	maximē idōneus
noxius	schädlich	magis noxius	maximē noxius
arduus	steil	magis arduus	maximē arduus

aber:
antīquus	alt	antīquior	antīquissimus
pinguis	fett	pinguior	pinguissimus
tenuis	dünn	tenuior	tenuissimus

b) bei den meisten Adjektiven auf -ulus, -ālis und -āris

aber:
liberālis	freigebig	liberālior	liberālissimus
familiāris	vertraut	familiārior	familiārissimus
salūtāris	heilsam	salūtārior	Ersatz: salūberrimus

c) bei einigen Adjektiven auf -rus wie ferus (wild), gnārus (kundig), mīrus (wunderbar)

aber:
clārus	berühmt	clārior	clārissimus
pūrus	rein	pūrior	pūrissimus
vērus	wahr	vērior	vērissimus

d) bei frūgifer (fruchtbar) und inops (arm) sowie novus (neu)

Ersatz:
(fertilis	fruchtbar)	fertilior	fertilissimus
(egēns	bedürftig)	egentior	egentissimus
(recēns	neu, kürzlich)	recentior	recentissimus

(novissimus: „der letzte")

3. Der Superlativ fehlt zu den meisten Adjektiven auf -bilis (aber: mōbilissimus, nōbilissimus) sowie zu alacer lebhaft (Ersatz: laetissimus).

4. Der Bedeutung wegen haben keine Steigerungsformen z.B. ūnicus (einzig), singulāris (einzigartig).

ANHANG: ADVERBIA

Vorbemerkungen

Wie das Adjektiv zur näheren Bestimmung eines Substantivs, so dient das Adverb zur näheren Bestimmung eines Verbums, seltener eines Adjektivs oder eines anderen Adverbs. Die Adverbia sind wie im Dt. unveränderlich.

Ihrem Ursprung nach sind die Adverbia in den meisten Fällen erstarrte Kasus von Nomina (sowohl von Adjektiven als auch von Substantiven).

§ 51 1. Regelmäßige Bildung der Adverbien aus Adjektiven

1. Positiv:

a) Von den Adjektiven der 2. Dekl. wird das Adverb dadurch gebildet, daß an den Wortstock die Endung -ē gefügt wird.

Das -ē ist urspr. Endung des Abl. (Instrumentalis) Sg. Mit der Endung -ō (§52 Nr.1) steht es im Ablautverhältnis (L1).

b) Von den Adjektiven der 3. Dekl. wird das Adverb dadurch gebildet, daß an den Wortstock die Endung -iter gehängt wird. Synkope (L35) findet sich bei audāc-ter (neben audāc-iter) und sollerter; die Stämme auf -nt- fügen nur -er an.

Die Endung -ter (ursprünglich vielleicht erstarrter Nom.Sg.Mask. aus *-teros) entspricht dem Suffix in den Präpositionen in-ter, prae-ter u.a. (vgl. §49 Nr.1).

2. Komparativ:

Als Komparativ aller Adverbien dient der Akk. Sg. Neutr. des Komparativs des Adjektivs.

3. Superlativ:

Der Superlativ der Adverbien von allen Adjektiven entspricht der regelmäßigen Bildung der Adverbien von Adjektiven der 2. Dekl.

doctus	gelehrt	doctē	doctius	doctissimē
miser	elend	miserē	miserius	miserrimē
pulcher	schön	pulchrē	pulchrius	pulcherrimē
malus	schlimm	mălĕ (L31)	peius (§48 Nr.2)	pessimē
bonus	gut	benĕ (L2)	melius (§48 Nr.2)	optimē
ācer	hitzig	ācriter	ācrius	ācerrimē
celer	schnell	celeriter	celerius	celerrimē
fortis	tapfer	fortiter	fortius	fortissimē
atrōx	grimmig	atrōciter	atrōcius	atrōcissimē
sapiēns	weise	sapienter	sapientius	sapientissimē
(alius	anderer)	aliter		
nēquam	nichtsnutzig	nēquiter	nēquius (§48 Nr.3)	nēquissimē

§ 52 2. Abweichende Bildungen

1. Adverbien auf -ō (vgl. §51 Nr.1a) zu Adjektiven der 2. Dekl.:

citŏ (L31)	schnell	primō	zuerst
crēbrō	häufig	postrēmō	zuletzt
falsō	fälschlich	rārō	selten
meritō	verdientermaßen	sērō	zu spät
(meritissimō)		secrētō	insgeheim
necessāriō	notwendigerweise	subitŏ	plötzlich

§ 52   Adverbbildung   51

| tūtō | sicher | perpetuō | beständig |
| (tūtissimō) | | | |

Unterscheide:

| vērō | wahrlich, aber | vērē | wahrheitsgemäß |
| certō | zuverlässig, genau | certē | sicherlich, wenigstens |

2. Als Adverb dient der Akk. Sg. Neutr. des Adjektivs (vgl. §116 Nr.3 und §118):

multum	viel	parum	zu wenig
plūrimum	sehr viel	cēterum	übrigens
plērumque	meist (enteils)	potissimum	vorzugsweise
nimium	zu viel	prīmum	zuerst
paulum	ein wenig	dēmum	erst
(nōn multum)			
facile	leicht	impūne	ungestraft
nōn facile	schwer	saepe	oft

Ursprüngliche Nominative sind:

| rūrsus | wiederum | prōrsus | vorwärts, geradezu |
| (aus: re-vorsus) | | (aus: prō-vorsus) | |

3. Erstarrte Kasus von Substantiven[1]):
   a) A b l a t i v e (Lokative und Instrumentale)

vesperī	abends	magnopere	in hohem Grade, sehr
noctū	nachts	(magis, maximē)	
diū (diūtius,	(„bei Tage")	tantopere	sehr
diūtissimē)	lange	quantopere	wie sehr
hodiē	heute	mŏdŏ (L31)	nur, eben
cottīdiē	täglich	quōmŏdŏ	auf welche Weise, wie
(vgl. quotannīs	jährlich)	forte (§41 Nr.2)	zufällig
prīdiē	tags zuvor	grātīs (§139 a.E.)	unentgeltlich
postrīdiē	tags darauf	forīs[2])	draußen („an der Tür")
(= posterō diē)			

---

[1]) Vgl. dt. tags, nachts, anfangs, jederzeit u.ä., sowie die Bildung der romanischen Adverbien durch Zusammenrückung mit -ment(e), z.B. ital. dolcemente, frz. doucement.

[2]) Abl. (Lokativ) wie der Akk. forās (S. 52) zum a-Stamm der Wurzel *dhur (vgl. ϑύραι); zum i-Stamm ist dagegen forēs, -ium (§ 23 Nr. 2d) umgestaltet.

b) Akkusative

forās¹)	hinaus ("zur Tür hin")	aliās	ein andermal, sonst
partim	teils	sensim	allmählich ("merklich")
statim	sofort	nōminātim	namentlich
passim	überall	danach²):	
praesertim	besonders	paulātim	allmählich

c) Nominativ
satis   (eigtl. „Sättigung") genug
(Komp.: satius est   es ist geratener)

4. Aus Präpositionalverbindungen erstarrte Adverbia³):

anteā	vorher	dēnuō (L45)	von neuem
posteā	nachher, später	imprīmīs	an erster Stelle, besonders
intereā	unterdessen	īlicō (= in locō)	auf der Stelle, sogleich
praetereā	außerdem	extemplō	sofort⁴)
proptereā	deswegen	sēdulō (§16 Nr.2c)	(„ohne Hinterlist") eifrig
invicem	abwechselnd	obviam	entgegen

5. Von Nominalstämmen mit dem Suffix -tus (vgl. ἐντός intus, ἐκτός) gebildete Adverbia bezeichnen den Ausgangspunkt:

antīquitus	von alters her	penitus	(eigtl. „von innen") ganz und gar
funditus	von Grund aus	rādīcitus	von der Wurzel aus

Zusammensetzungen mit -per (vgl. ὀλίγον περ):

semper (vgl. semel)	immer	nūper	neulich
paulisper	ein wenig	(Sup.: nūperrimē)	

Pronominaladverbia s. §62, Zahladverbia §68.

§§ 53-60 II. Prōnōmina

§ 53 Vorbemerkungen

Von der Masse der übrigen Pronomina hebt sich das Personalpronomen (wie im Grch. und Dt.) durch Eingeschlechtigkeit und Flexion ab; die Possessivpronomina flektieren wie die Adjektive der 2. Dekl.

---

¹) S. Anm. 2 S. 51.

²) Nōminātim wurde fälschlich auf nōmen statt auf nōmināre bezogen.

³) Vgl. dt. behende („bei der Hand"), zwar (mhd. ze wâre „in Wahrheit"), hinterrücks, unterwegs u.ä.

⁴) Wahrscheinlich zu tempus.

§§ 53 - 55   Personal-, Possessivpronomen

Die übrigen Pronomina bilden die meisten Kasusformen ebenfalls wie die o-Adjektive, unterscheiden sich von diesen aber im Nom.Sg.Mask. (z.T. auch im Nom.Sg.Fem. und im Nom.Akk.Pl.Neutr.) und durch folgende Besonderheiten (vgl. §25 Nr.7 u. 8):

a) das Neutr. bildet außer ipse Nom.Akk.Sg. auf -d (vgl. τό aus *τόδ);

b) im Gen. und Dat.Sg. erscheint für die drei Geschlechter als gemeinsame Endung -ius bzw. -ī.

A. Pronōmina personālia (persönliche Fürwörter)   § 54

	Singular		Plural	
	1. Person	2. Person	1. Person	2. Person
Nom.	egō	tū	nōs	vōs
Gen.	meī	tuī	nostrī, nostrum	vestrī, vestrum
Dat.	mihī	tibī	nōbīs	vōbīs
Akk.	mē	tē	nōs	vōs
Abl.	ā mē (mēcum)	ā tē (tēcum)	ā nōbīs (nōbīscum)	ā· vōbīs (vōbīscum)

1. Die Genetive des Personalpronomens gehören zum Possessivpronomen: meī, tuī, nostrī, vestrī zum Neutr.Sg. (eigtl. etwa: meines usw. „Wesens"), nostrum und vestrum (partitiv, s. §130 a.E.) zum Mask.Pl. (-um statt -ōrum, vgl. §25 Nr.8 und §30 Nr.4).

2. Das Personalpronomen wird häufig verstärkt, gewöhnlich durch angehängtes -met (z.B. egomet, nōsmet), tū und tē durch te (tūte, tēte), sē durch Verdoppelung (sēse).

3. Die obliquen Kasus der Personalpronomina der 1. und 2. Ps. sind (ebenso wie im Dt.) zugleich rückbezüglich (reflexiv); dagegen gibt es zur Bezeichnung der Rückbezüglichkeit auf die 3. Ps. ein besonderes R e f l e x i v pronomen, das in Sg. und Pl. die gleichen Formen aufweist:

Gen.	Dat.	Akk.	Abl.
suī	sibī	sē	ā sē, sēcum
seiner, ihrer	sich	sich	von sich, mit sich

Als nichtreflexives Personalpronomen der 3. Ps. wird das Demonstrativum is, ea, id gebraucht (§56 Nr.4; vgl. §193 Nr.1 a.E.).

B. Pronōmina possessīva (besitzanzeigende Fürwörter)   § 55

Sg. | | | Pl.
1. Ps.:   meus, -a, -um   mein   noster, -tra, -trum (§49 Nr.1a.A.) unser
2. Ps.:   tuus, -a, -um   dein   vester, -tra, -trum (§49 Nr.1a.A.) euer
3. Ps.:   suus, -a, -um   sein, ihr   suus, -a, um   ihr

Der Vokativ Sg.Mask. von meus lautet mī: mī pater, aber mea puella.

Die Possessiva der 1. Ps. werden sowohl reflexiv als auch nichtreflexiv gebraucht; dagegen dient suus, -a, -um nur als rückbezügliches Possessivum. Das nichtreflexive Possessivum der 3. Ps. wird durch die Genetive des Demonstrativums is, ea, id ersetzt (§56 Nr.3; vgl. §193).

Der Abl. Sg. suō, suā wird zuweilen durch das Suffix -pte verstärkt, z.B. suāpte manū mit eigener Hand. — Vgl. auch §192 Nr.2.

§ 56 C. Prōnōmina dēmōnstratīva (hinweisende Fürwörter)

		1. hic, haec, hoc dieser			2. ille, illa, illud jener		
		Mask.	Fem.	Neutr.	Mask.	Fem.	Neutr.
Nom.	Singular	hic	haec	hoc	ille	illa	illud
Gen.			huius			illīus	
Dat.			huic			illī	
Akk.		hunc	hanc	hoc	illum	illam	illud
Abl.		hōc	hāc	hoc	illō	illā	illō
Nom.	Plural	hī	hae	haec	illī	illae	illa
Gen.		hōrum	hārum	hōrum	illōrum	illārum	illōrum
Dat.			hīs			illīs	
Akk.		hōs	hās	haec	illōs	illās	illa
Abl.			hīs			illīs	

zu 1.:
Das auslautende -c ist die Demonstrativpartikel -ce (mit Apokope L36), die auch in ec-ce, si-c, tun-c u.a. erscheint und (in ungekürzter Form) öfter auch zu den auf -s endenden Formen hinzutritt, z.B. huius-ce, hīs-ce. Die Akkusative hunc und hanc sind aus hum-c und ham-c nach L41 entstanden, hoc aus *hod-ce (mit Assimilation nach L42 hoc-ce, mit Apokope nach L36 hoc-c, mit Vereinfachung von Doppelkonsonanz im Auslaut nach L49 hoc); m e t r i s c h gilt hoc nach der ursprünglichen Doppelkonsonanz im Auslaut als p o s i t i o n s l a n g, danach auch hic, das aber auch die ursprüngliche Kurzmessung beibehalten kann.

zu 2.:
Auch an Formen von ille wird mitunter die Demonstrativpartikel angehängt, z.B. illunc (nach L41).

		3. is, ea, id der			4. iste, ista, istud der da, dieser da		
		Mask.	Fem.	Neutr.	Mask.	Fem.	Neutr.
Nom.	Singular	is	ea	id	iste	ista	istud
Gen.			eius			istīus	
Dat.			ei			istī	
Akk.		eum	eam	id	istum	istam	istud
Abl.		eō	eā	eō	istō	istā	istō
Nom.	Plural	iī (eī, ī)	eae	ea	istī	istae	ista
Gen.		eōrum	eārum	eōrum	istōrum	istārum	istōrum
Dat.			eīs (iīs, is)			istīs	
Akk.		eōs	eās	ea	istōs	istās	ista
Abl.			eīs (iīs, is)			istīs	

§§ 56-57   Demonstrativ-, Relativpronomen

zu 3.:
Der Dat.Sg. ist, wie schon bei Plautus, in klassischer Dichtung einsilbig: eī (Synizese §270), zweisilbige iambische Messung findet sich ab Ovid: ĕī.

zu 4.:
Auch an Formen von iste wird mitunter die Demonstrativpartikel angehängt, z.B.: istaec.

		5. īdem, eadem, idem (eben) derselbe			6. ipse, ipsa, ipsum selbst		
		Mask.	Fem.	Neutr.	Mask.	Fem.	Neutr.
Nom.	Singular	īdem	éadem	idem	ipse	ipsa	ipsum
Gen.			eiusdem			ipsīus	
Dat.			eīdem			ipsī	
Akk.		eundem	eandem	idem	ipsum	ipsam	ipsum
Abl.		eōdem	eādem	eōdem	ipsō	ipsā	ipsō
Nom.	Plural	īdem (iī-)	eaedem	éadem	ipsī	ipsae	ipsa
Gen.		eōrundem	eārundem	eōrundem	ipsōrum	ipsārum	ipsōrum
Dat.			eīsdem (iīs-, īs-)			ipsīs	
Akk.		eōsdem	eāsdem	éadem	ipsōs	ipsās	ipsa
Abl.			eīsdem (iīs-, īs-)			ipsīs	

zu 5.:
īdem ist entstanden durch Zusammensetzung von is und dem, das durch falsche Abtrennung i-dem statt id-em aus dem Neutr. gewonnen wurde; is-dem ergibt nach L46 īdem. Im Akk. Sg. und Gen. Pl. -n- statt -m- nach L41.

D. Pronōmina relātīva (bezügliche Fürwörter)   § 57

1. quī, quae, quod der, die, das; welcher; (wer, was)

	Singular			Plural		
	Mask.	Fem.	Neutr.	Mask.	Fem.	Neutr.
Nom.	quī	quae	quod	quī	quae	quae
Gen.		cuius (L45)		quōrum	quārum	quōrum
Dat.		cui (L45)			quibus	
Akk.	quem	quam	quod	quōs	quās	quae
Abl.	quō	quā	quō		quibus	

Statt cum quō (quā, quibus) heißt es meistens quōcum, quācum, quibuscum.

Das Relativpronomen zeigt die gleiche Wurzel wie das Interrogativum, aus dem es sich verselbständigt hat (vgl. §240 Nr.1).

Zugrunde liegt beiden Arten von Fürwörtern teils ein o-, teils ein i-Stamm; von letzterem ist (außer quis, quem und quibus) auch ein Abl. (Instrumentalis) Sg. quī gebildet, der sich vor allem in der Verbindung quīcum und in fragendem quī fit? (wie kommt es?) sowie in quīn (§239) erhalten hat.

2. Verallgemeinernde Relativa

a) **quīcumque, quaecumque, quodcumque** we(lche)r auch immer; jeder, der (alles, was)
Im Sg. meist adjektivisch, im Pl. auch substantivisch.
An das deklinierte Relativum wird das Suffix -cumque (eigtl. „irgendwann") gehängt;
cuiuscumque, cuicumque usw.

b) **quisquis, quidquid** wer ~~(was)~~ ~~nur~~ ~~immer~~; jeder, der (alles, was)
Wird nur substantivisch gebraucht.
Außer quisquis, quidquid ist nur noch der (adjektivische) Abl. Sg. in der Verbindung
quōquō modō (auf jede nur mögliche Art und Weise) gebräuchlich.

§ 58 E. Prōnōmina interrogātīva (fragende Fürwörter)

1. quis, quid wer, was? (substantivisch)
Dekliniert bis auf quis (Nom.) und quid (Nom.Akk.Neutr.) wie das Relativum.

2. quī, quae, quod welcher, welche, welches? (adjektivisch)
Neben Personalbezeichnungen wird adjektivisch quis gebraucht, wenn nach Namen und Stand gefragt wird:
quis cīvis creātur? welcher Bürger wird gewählt? (d.h. wie heißt er?)
quī cīvis creātur? was für ein B. wird gewählt (Merkmale, Charakter...)

3. uter, utra, utrum (utrīus, utrī usw.) wer von beiden? (subst. und adj.)
Ursprünglich ebenfalls mit qu- anlautend wie auch ubī, unde, ut, utī.

§ 59 F. Prōnōmina indēfīnīta (unbestimmte Fürwörter)

1. j e m a n d (irgend einer), e t w a s (vgl. §199f.)

	substantivisch:	adjektivisch:
bejahend	quis quid cuius usw.	quī, quae und qua, quod cuius usw. Neutr. Pl. qua und quae
bejahend	nach sī, nisi, nē, num und Relativen	
bejahend	aliquis aliquid alicuius usw.	aliquī, aliqua, aliquod alicuius usw. Neutr. Pl. aliqua
verneinend	quisquam quicquam (L42) cuiusquam usw.	ūllus, ūlla, ūllum (§ 61).

§ 59 Indefinitpronomen

Statt aliquis kommt auch **quispiam** vor (s. §199 Nr.3).

Das unbestimmte Fürwort ist ursprünglich nichts anderes als das unbetonte Fragepronomen; wegen seiner Unbetontheit lehnt sich indefinites quis an bestimmte Wörter an: sī (nisi, nē, num) quis, ali-quis; quisquam eigtl. „wer irgendwie".

Für quisquam tritt im Fem. und Pl. (in der Regel auch im Abl. Sg. Mask.) ūllus (§61) ein; umgekehrt wird bei männlichen Personenbezeichnungen ullus durch quisquam ersetzt (vgl. §203):

vix quisquam (ūlla) id probābit	kaum irgendeiner (eine) wird das billigen
vix ūlla domina (quisquam dominus) i. p.	kaum irgend eine Frau (ein Herr) w. d. b.

2. jeder (vgl. §202)

substantivisch:	adjektivisch:
(ūnus)quisque (ūnum)quidque, (ūnīus)cuiusque, (ūnī)cuique usw.	(ūnus)quisque (ūna)quaeque (ūnum)quodque, (ūnīus)cuiusque usw.
jeder einzelne	
quīvīs quaevīs quidvīs, cuiusvīs usw. quīlibet quaelibet quidlibet, cuiuslibet usw.	quīvīs quaevīs quodvīs, cuiusvīs usw. quīlibet quaelibet quodlibet, cuiuslibet usw.
jeder beliebige	
uterque utraque utrumque, utrīusque usw. jeder von beiden	

quīvīs ist Rückbildung (§16 Nr.2c) aus dem Akk. quemvīs („wen du willst"); quīlibet eigtl. „wer (dir) beliebt".

3. ein gewisser (vgl. §201)

substantivisch	adjektivisch
quīdam, quaedam, quiddam	quīdam, quaedam, q u o d dam
Gen. cuiusdam, Dat. cuidam, Akk.Mask. quendam, Fem. quandam, Gen. Pl. quōrundam, quārundam (L41)	

4. niemand (keiner), nichts (vgl. §203)

	substantivisch:		adjektivisch:
Nom.	nēmō niemand	nihil nichts	nūllus, -a, -um keiner
Gen.	nūllīus	nūllīus rei	nūllīus
Dat.	nēminī	nūllī rei	nūllī usw. (§ 61).
Akk.	nēminem	nihil	
Abl.	nūllō	nūllā rē	

Bei männlichen Personenbezeichnungen steht nēmō statt nūllus (vgl. §203): nēmō cīvis kein Bürger.

nēmō ist entstanden aus ne*hemō (= homō), nūllus aus *ne-ūllus, nihil (dafür auch nīl nach L34) aus ne-hīlum („nicht eine Faser" vgl. §118). Zum Gen. nihilī s. §139 Nr.1, zum Abl. nihilō §121 Nr.2 und §153 Nr.1.

§ 60 G. Prōnōmina correlātīva (Fürwörter der Wechselbeziehung)

Demonstrativa	Relativa	Interrogativa	Indefinita
tālis, -e so beschaffen (solch)	quālis, -e wie (beschaffen) quāliscumque (verallgem.)	quālis, -e? wie beschaffen?	
tantus, -a, -um so groß tantum so viel tantundem ebensoviel	quantus, -a, -um wie (groß) quantuscumque (verallgem.) quantum wie (viel)	quantus, -a, -um? wie groß? quantum? wie viel?	aliquantus, -a, -um ziemlich groß aliquantum ziemlich viel
tot (indekl.) so viele totidem ebensoviel	quot (indekl.) wie (viele) quotcumque und quotquot	quot? wie viele?	aliquot einige

§§ 61-62 ANHANG: PRONOMINALADJEKTIVE UND −ADVERBIA

§ 61 1. Pronominaladjektive

Unter diesem Namen faßt man folgende Wörter zusammen:

ūnus, -a, -um	einer	alter, altera, alterum	der eine, der andere von beiden
ūllus[1]), -a, -um	irgendeiner (§59 Nr.1)		
nūllus, -a, -um	keiner (§59 Nr.4)	alius, -a, -ud	ein anderer
uter, utra, utrum	wer von beiden? (§58 Nr.3)	sōlus, -a, -um	allein
neuter, -tra, -trum	keiner von beiden	tōtus, -a, -um	ganz

Sie bilden wie die Pronomina den Gen.Sg. auf -īus, den Dat. Sg. auf -ī, z.B. sōlus, -a, -um, sōlīus, sōlī. Den fehlenden Gen.Sg. von alius vertritt alterīus (Dat. aliī).

---

[1]) Aus *ūn(u)lus, dem Diminutiv zu ūnus.

2. Pronominaladverbia

	Interrogativ		Relativ		Demonstrativ		Indefinit	
Ort	ubī?[1]	wo?	ubi ubi- cumque	wo wo auch immer	ibī hīc istīc } illīc } ibīdem	da hier dort ebenda	alicubī usquam (nusquam ubīque alibī	irgendwo irgendwo nirgends) überall anderswo
	unde?[1]	wo- her?	unde unde- cumque	woher woher auch immer	inde hinc istinc } illinc }	von da von hier von dort	alicunde undique aliunde	irgendwoher von allen Seiten anderswoher
	quō?	wo- hin?	quō quō- cumque	wohin wohin auch immer	eō hūc istūc } illūc } eōdem	dahin hierhin dorthin ebendahin	aliquō (usquam aliō	irgendwohin irgendwo- hin) anderswohin
	quā?	auf wel- chem Weg?	quā quā- cumque	wo, wie wo, wie auch im- mer	eā[2] hāc[2] istāc[2] } illāc[2] }	auf dem Weg auf diesem W. auf jenem W.	aliquā (nēquā- quam	auf irgend- einem Weg, irgendwo keineswegs)
Zeit	quando?	wann?	cum (L45) quandō- cumque	wann, als wann auch immer	tum[3], tunc ōlim	damals, dann einst	aliquandō (quondam umquam (numquam aliās	irgend ein- mal einstmals) je niemals) ein ander- mal
Art und Weise	quōmodo?	wie?	ut sīcut quōmodo quem- admodum } wie		ita } sīc } item	so ebenso	utique	in jeder Weise, durchaus
	quam?	wie (sehr) ?	quam	wie (sehr)	tam[3]	so sehr		

---

[1]) Urspr. mit qu- anlautend, vgl. ali-cubi, ali-cunde und uter § 58 Nr. 3.
[2]) Vgl. dextrā rechts, rēctā geradewegs, ūnā auf einem Weg (zusammen).
[3]) Vgl. Vorbem. zu § 253.

III. NUMERĀLIA (ZAHLWÖRTER)

§ 63 A. Übersicht

1. Cardinālia (Grundzahlen) und Ōrdinālia (Ordnungszahlen)

	Zahlzeichen[1])	1. Cardinālia: Wie viele?	2. Ōrdinālia: Der wievielte?
1	I	ūnus, -a, -um ein	prīmus, -a, -um der erste
2	II	duo, -ae, -o (L31; §23 a.A.)	secundus
3	III	trēs, tria	tertius
4	IV (IIII)	quattuor	quārtus
5	V	quīnque	quīntus
6	VI	sex	sextus
7	VII	septem	septimus
8	VIII	octō (vgl. L.31)	octāvus
9	IX	novem	nōnus
10	X	decem	decimus
11	XI	undecim	undecimus
12	XII	duodecim	duodecimus
13	XIII	trēdecim	tertius decimus
14	XIV	quattuordecim	quārtus decimus
15	XV	quīndecim	quīntus decimus
16	XVI	sēdecim	sextus decimus
17	XVII	septendecim	septimus decimus
18	XVIII	**duodē**vīgintī (= 2 von 20)	duodēvīcēsimus
19	XIX	**undē**vīgintī	undēvīcēsimus
20	XX	vīgintī	vīcēsimus
21	XXI	vīgintī ūnus oder ūnus et vīgintī	vīcēsimus prīmus
28	XXVIII	duodētrīgintā	duodētrīcēsimus
30	XXX	trīgintā	trīcēsimus
40	XL	quadrāgintā	quadrāgēsimus
50	L	quīnquāgintā	quīnquāgēsimus
60	LX	sexāgintā	sexāgēsimus
70	LXX	septuāgintā	septuāgēsimus
80	LXXX	octōgintā	octōgēsimus
90	XC	nōnāgintā	nōnāgēsimus
98	IIC	duodēcentum (nōnāgintā octō)	duodēcentēsimus (nōnāgēsimus octāvus)
99	IC	undēcentum (nōnāgintā novem)	undēcentēsimus (nōnāgēsimus nōnus)
100	C	centum	centēsimus

§ 63   Übersicht   61

Zahlzeichen[1]		1. Cardinalia: **Wie viele?**	2. Ordinalia: **Der wievielte?**
200	CC	ducentī, -ae, -a	ducentēsimus
300	CCC	trecentī, -ae, -a	trecentēsimus
400	CCCC	quadringentī, -ae, -a	quadringentēsimus
500	D	quīngentī, -ae, -a	quīngentēsimus
600	DC	sescentī, -ae, -a	sescentēsimus
700	DCC	septingentī, -ae, -a	septingentēsimus
800	DCCC	octingentī, -ae, -a	octingentēsimus
900	DCCCC	nōngentī, -ae, -a	nōngentēsimus
1000	M	mīlle	mīllēsimus
2000	MM = Π	duo mīlia	bis mīllēsimus

2. Distribūtīva (Verteilungszahlwörter) und **Multiplicātīva** (Vervielfältigungszahlwörter)

	Distribūtīva: wie viele jedesmal?	Multiplicātīva: wie oft?		Distribūtīva: wie viele jedesmal?	Multiplicātīva: wie oft?
1	singulī, -ae, -a	semel einmal	21	singulī et vīcēnī (vīcēnī singulī)	semel et vīciēs (vīciēs semel)
2	bīnī je zwei	bis zweimal	30	trīcēnī	trīciēs
3	ternī (trīnī)	ter	40	quadrāgēnī	quadrāgiēs
4	quaternī	quater	50	quīnquāgēnī	quīnquāgiēs
5	quīnī	quīnquiēs[2]	60	sexāgēnī	sexāgiēs
6	sēnī	sexiēs	70	septuāgēnī	septuāgiēs
7	septēnī	septiēs	80	octōgēnī	octōgiēs
8	octōnī	octiēs	90	nōnāgēnī	nōnāgiēs
9	novēnī	noviēs	100	centēnī	centiēs
10	dēnī	deciēs			
11	undēnī	undeciēs	200	ducēnī	ducentiēs
12	duodēnī	duodeciēs	300	trecēnī	trecentiēs
13	ternī dēnī	ter deciēs	400	quadringēnī	quadringentiēs
14	quaternī dēnī	quater deciēs	500	quīngēnī	quīngentiēs
15	quīnī dēnī	quīnquiēs deciēs	600	sescēnī	sescentiēs
16	sēnī dēnī	sexiēs deciēs	700	septingēnī	septingentiēs
17	septēnī dēnī	septiēs deciēs	800	octingēnī	octingentiēs
18	duodēvīcēnī	duodēvīciēs	900	nōngēnī	nōngentiēs
19	ūndēvīcēnī	ūndēvīciēs	1000	singula mīlia	mīliēs
20	vīcēnī	vīciēs	2000	bīna mīlia	bis mīliēs

[1]) Als Zahlzeichen wurden z.T. die letzten Buchstaben eines älteren (westgriechischen) Alphabets verwendet, nämlich θ (th) für 1000 (später unter dem Einfluß von Mīlle zu M umgeformt), Ψ (kh) für 100 (später durch C, den Anfangsbuchstaben von Centum, ersetzt) und X für 10; ihre Halbierung ergab die Zeichen für 500 (D), 50 (V = L) und 5 (V).

[2]) Statt -iēs erscheint auch die (ältere) Form -iēns; vgl. auch totiē(n)s — quotiē(n)s so oft — wie.

Formenlehre: Numerale

§ 64 B. Zur Bildung der zusammengesetzten Zahlen

1. Die Verbindungen von 8 und 9 mit einem Zehner werden gewöhnlich durch Subtraktion vom nächsten Zehner gebildet:

undēquadrāgintā arborēs   39 Bäume
duodēsexāgintā arborēs   58 Bäume

2. Bei zusammengesetzten Zahlen steht die größere Zahl vor der kleineren (meist ohne et); bei den Zahlen von 21 - 99 kann aber auch die kleinere voranstehen, dann ist Verbindung mit et notwendig:

ducentae $\begin{Bmatrix} \text{trigintā septem} \\ \text{septem et trigintā} \end{Bmatrix}$ nāvēs   237 Schiffe

§§ 65 - 68 C. Die einzelnen Arten der Zahlwörter

§ 65 1. Cardinālia[1])

Von den Grundzahlen werden dekliniert:

1. Die Zahlen ūnus, duo, trēs[2]):

	Mask.	Fem.	Neutr.	Mask.	Fem.	Neutr.	M.F.	N.
Nom.	ūnus	ūna	ūnum	duo vgl. §23	duae	duo	trēs	tria
Gen.	ūnīus			duōrum	duārum	duōrum[3])	trium	
Dat.	ūnī	} § 61		duōbus	duābus	duōbus	tribus	
Akk.	ūnum	ūnam	ūnum	duo (duōs)	duās	duo	trēs	tria
Abl.	ūnō	ūnā	ūnō	duōbus	duābus	duōbus	tribus	

Wie duo wird auch ambō, ambae, ambō (vgl. §23 a.A.) „beide" dekliniert

2. die Hunderter von ducenti an: wie die Adjektive der ā-/o-Deklination.

3. der Plural von mīlle: mīlia, mīlium, mīlibus, mīlia, mīlibus.
Der Plural mīlia ist immer Substantiv, die u n m i t t e l b a r damit verbundene Benennung steht daher im Gen. (vgl. dt. „Tausende von Zuschauern"). Der Singular mīlle wird gewöhnlich als indeklinables Adjektiv behandelt, im Nom. und Akk. jedoch auch als Substantiv:

       mīlle passūs oder mīlle passuum   1000 Doppelschritte
aber nur: cum mīlle mīlit**ibus**   mit 1000 Soldaten
       cum duōbus mīlibus mīlit**um**   mit 2000 Soldaten
       duo mīlia nāv**ium** et quīngentae ⎫
mit appositiver Stellung: ⎬ 2500 Schiffe
       duo mīlia quīngentae nāv**ēs**   ⎭

---

[1]) Von cardō, -inis m „Türangel, Ausgangspunkt".

[2]) In der Grundsprache auch 4 (vgl. τέτταρες, -ρα).

[3]) Seltener duum vgl. duumvir (§ 30 Nr. 4).

2. Ordinalia § 66

Sie sind ihrer Bildung nach dem Superlativ verwandt (vgl. dt. der fünfzig-ste, der schön-ste): Mit dem Suffix -mo- (vgl. §49 Nr.1) ist prīmus (verwandt mit prae) gebildet wie z.B. auch decimus; mit dem Suffix -timo- die Zehnerordinalia: *vīcenttimus wird mit -tt- zu -ss- nach L43 und -ēnss- zu -ēs- nach L47 zu vīce(n)simus; die Endung -ē(n)simus wurde weiterhin auf die Hunderter übertragen: centē(n)simus. Das Suffix -to- haben quārtus, quīntus und sextus. Vereinzelt steht secundus „der folgende" (vgl. Vorbem. Nr.3 zu §174).

1. Die Ordnungszahlen werden wie die Adjektive der zweiten Deklination gebeugt.

2. Die Ordnungszahlen stehen im Lat. statt der dt. Grundzahlen bei Angabe von Jahreszahlen und Tagesstunden:

annō millēsimō nōngentēsimō septuāgēsimō prīmō   im Jahre 1971
hōrā tertiā, hōrā sextā, hōrā nōnā   um 9 Uhr, um 12 Uhr, um 15 Uhr

3. Bei Vielfachen von Tausendern wird die Ordnungszahl durch die Vervielfältigungszahl in Verbindung mit millēsimus gebildet:

bis millēsimus   der 2000.
vicies millēsima pars   der 20 000. Teil

4. Durch die Ordnungszahlen werden auch die Brüche gebildet (bis auf dīmidia pars $\frac{1}{2}$):

tertia pars $\frac{1}{3}$ duae quīntae $\frac{2}{5}$ trēs (sc. quārtae) partēs $\frac{3}{4}$

quārta pars $\frac{1}{4}$ quattuor nōnae $\frac{4}{9}$ sex (sc. septimae) partēs $\frac{6}{7}$

3. Distributīva § 67

Die Distributivzahl steht im Lat.:

1. wo im Dt. „je" (oder „jeder") zum Zahlwort gesetzt werden kann:

dēnāriī dēnōs assēs aeris valent   ein (jeder) Denar gilt (je) 10 Kupferasse

2. in der Multiplikation zur Bezeichnung des Multiplikanden:

bis bīna s u n t quattuor   2 x 2 = 4

3. bei denjenigen Plūrālia tantum, die Singularbedeutung haben (statt singulī und ternī steht in diesem Fall ūnī bzw. trīnī):

ūnae litterae	ein Brief	singulae litterae	je ein Brief (je ein Buchstabe)
bīnae litterae	zwei Briefe	duae litterae	zwei Buchstaben
trīnae litterae	drei Briefe	trēs litterae	drei Buchstaben
(ternae litterae	. je drei Briefe, je drei Buchstaben)		

4. Zahlwörter, die eine Million oder darüber bezeichnen, werden durch Multiplikation mit 100 000 (Zahlzeichen: CCC I ƆƆƆ) ausgedrückt, z.B.:

deciēs centēna mīlia (Zahlzeichen |X̄|)   1 000 000
trecentiēs quadrāgiēns centēna mīlia passuum   34 000 Meilen

§ 68 4. Zahladverbia (und Zahladjektive)

1. Auf die Frage „zum wievielten Male?" wird als Zahladverb (bis auf iterum) der Sg.Neutr. der Ordnungszahlen gebraucht:

prīmum	iterum	tertium	quārtum ...	postrēmum
zum ersten	zum zweiten	zum dritten	zum vierten	zum letzten Mal

dagegen:

	prīmō	posteā	postrēmō
	anfangs	später	zuletzt, schließlich

2. Einendige Zahladjektiva auf -plex, -plicis:

simplex	einfach		
duplex	zweifach, doppelt	quádruplex	vierfach
triplex	dreifach	decémplex	zehnfach

§§ 69 - 104 ZWEITER TEIL: DAS VERBUM

§§ 69 - 70 I. DAS VERBUM FĪNĪTUM UND ĪNFĪNĪTUM

Man unterscheidet wie im Dt. vollbestimmte Verbalformen (verbum fīnītum) und Nominalformen des Verbums (verbum īnfīnītum).

Die lat. Termini sind ungenaue Übersetzungen der entsprechenden grchn.: Infinitiv ἀπαρέμφατος (von παρεμφαίνω) „nicht nebenbei bezeichnend" nämlich Person, Numerus und Modus, dagegen παρεμφατικός „daneben (neben dem Verbalbegriff) bezeichnend".

§ 69 A. Das verbum fīnītum

Eine Verbalform ist vollbestimmt durch Bezeichnung 1. der Person, 2. der Zahl (Numerus), 3. der Aussageweise (Modus), 4. der Zeit (Tempus) und 5. der Zustandsform (Genus).

Es gibt wie im Dt.:

1. drei Personen:
die 1. oder sprechende, die 2. oder angesprochene und die 3. oder besprochene Person.

Vorgänge, bei denen nicht ein bestimmtes Subjekt als handelnd gedacht ist, werden durch die 3. Ps. Sg. ausgedrückt (verba impersōnālia, vgl. §§ 104 u. 106)

2. zwei Numeri:
Singular und Plural.

3. drei Modi:
Indikativ (Modus der Wirklichkeit), Konjunktiv (Modus der Vorstellung) und Imperativ (Befehlsform).

Vom idg. Optativ sind im Lat. nur mehr Spuren vorhanden: §76 Nr.2 und Vorbem. zu §215.

4. sechs Tempora:
Präsens, Imperfekt und Futur I vorwiegend zur Bezeichnung noch nicht abgeschlossener Handlungen;

Perfekt, Plusquamperfekt und Futur II vorwiegend zur Bezeichnung abgeschlossener Handlungen.

Der idg. Aorist ist im Lat. mit dem Perfekt verquickt worden: §§73 Nr.2 und 211.

5. zwei Genera[1]):
Aktiv und Passiv.

Das Passiv ist Weiterentwicklung des Mediums (s. §205 Nr.1), von dem sich im Lat. noch Spuren im Deponens finden, vgl. z.B. mūtārī „sich ändern" und „geändert werden".

Ein vollständiges Passiv haben nur solche Verben, die im Aktiv eine Ergänzung im Akk. zulassen (Transitiva §112 Nr.2); intransitive Verba können nur ein u n p e r s ö n l i c h e s Passiv in der 3. Ps. Sg. bilden, z.B. pūgnātur es wird gekämpft, pūgnātum est es wurde gekämpft.

B. Das verbum infinitum § 70

Die Nominalformen des Verbums sind hinsichtlich der P e r s o n nicht bestimmt. Sie werden eingeteilt in:

1. s u b s t a n t i v i s c h e : Infinitiv, Gerundium, Supinum.

2. a d j e k t i v i s c h e : Partizip, Gerundivum.

II. DIE FORMENBILDUNG DES VERBUMS §§ 71 - 78

Vorbemerkungen § 71

Die Formen des lat. Verbums sind teils einfache, teils (mit Formen des Hilfszeitworts esse) zusammengesetzte. Z u s a m m e n g e s e t z t sind die Formen des Perfektsystems Passiv[2]) sowie der coniugātiō periphrastica[3]) āctiva (§74 Nr.1c) und passīva (§77b Nr. 3).

---

[1]) Grch. διαθέσεις. Die lat. Bezeichnung ist rein äußerlich der Begriffsbestimmung der Nomina angeglichen.

[2]) Es ist das eine Ersatzbildung für die einfachen Formen des idg. mediopassivischen Perfekts bzw. Aorists (vgl. grch. δέδοται und ἔθετο). Noch viel weiter ging das Dt., in dem (wie in anderen modernen Sprachen) die einfachen Formen nur im Präsens und Präteritum Aktiv beibehalten sind, während in allen übrigen Formen umschreibende Neubildungen eintraten.

[3]) Umschreibende Konjugation.

Die Bildung der verschiedenen Formen erfolgt wie beim Nomen fast ausschließlich durch S u f f i x e ; der zugrunde liegende Verbalstamm[1]) erscheint in den verschiedenen Formengruppen wechselnd als Präsens-, Perfekt- oder Supinstamm. An diese Stammformen treten zur Bezeichnung der Tempora und Modi wechselnde Tempus- und Moduszeichen und zur Bezeichnung der Personen und Genera (z.T. auch der Tempora) die Endungen.

A. Die Tempusstämme

§ 72 1. Der Präsensstamm

1. Vom Präsensstamm aus werden sämtliche finiten Formen des Präs., Impf. und Fut.I sowie der Inf. und das Part. Präs. und das Gerundivum mit Gerundium gebildet (Präsenssystem).

2. Nach dem Auslaut des Präsensstammes werden im Lat. v i e r K o n j u g a t i o n e n unterschieden, die in zwei Hauptgruppen zerfallen:

a) Erste Gruppe: drei l a n g v o k a l i s c h e Konjugationen:

Erste oder $\bar{a}$-Konj.:   laudā-re, laudō (aus *laudā-(j)o)
Zweite oder $\bar{e}$-Konj.:   monē-re, mone-ō
Vierte oder $\bar{i}$-Konj.:   audī-re, audi-ō

Die langen Stammauslaute $\bar{a}$, $\bar{e}$ und $\bar{i}$ werden nach L23 vor einem Vokal und nach L29 in Schlußsilben außer vor s gekürzt: moně-am, audi-unt; laudăt, audĭt.

b) Zweite Gruppe: die k o n s o n a n t i s c h e bzw. k u r z v o k a l i s c h e dritte Konj.:

ag-ĕ-re, ag-ō
metŭ-e-re, metu-ō

Über die Verba der 3. Konj. auf -iō s. §91.

Berechtigt ist diese Einteilung nur für den Präsensstamm; die Bildung des Perfekt- und Supinstammes ist davon unabhängig; sie erfolgt vielmehr in den vier Konjugationen nach den gleichen Gesichtspunkten.

Für die idg. Grundsprache werden zwei Hauptflexionsklassen angenommen: die sog. a t h e m a - t i s c h e, in der die Endung unmittelbar an den Verbal- (Tempus- oder Modus-)stamm tritt (vgl. die grch. Verba auf -μι, z.B. ἐσ-μέν, δείκνυ-τε), und die sog. t h e m a t i s c h e, in der zwischen Stamm und Endung ein e oder o (Abtönung nach L1), der sog. Themavokal, eingeschoben ist, der im Lat. oft als i oder u erscheint: §75 Nr.2.

---

[1]) Die Verbalwurzel wird gewonnen durch Abziehen sämtlicher Formantien, d.h. Praefixe wie z.B. Reduplikationssilbe, Infixe wie z.B. n im Präsensstamm von linquere, Suffixe wie z.B. -nt- im Part.Präs.Akt.: z.B. gignō, genui, genitum; Wurzel gen-.

§§ 72 - 73   Tempusstämme   67

3. Der **Präsensstamm** erscheint gegenüber den anderen Stammformen oft **verstärkt**:

a) in der 1., 2. und 4. Konj.:
durch Anfügung des Kennvokals:

lavā-re	gegenüber	lāv-ī, lau-tum	(Verbalst. lav-,	vgl. grch. λούω)
manē-re	gegenüber	mān-sī, mān-sūrus	(Verbalst. man-,	vgl. grch. μέν-ω)
saepī-re	gegenüber	saep-sī, saep-tum	(Verbalst. saep-,	vgl. A. 2 S. 87)

b) in der 3. (konsonant.) Konj.:
α) durch Reduplikation: z.B. gi-gn-ere, gen-uī (vgl. grch. γί-γν-ομαι, ἐ-γεν-όμην);
β) durch eingeschobenen oder angefügten Nasal: z.B. linqu-ere, līqu-ī (vgl. grch. λείπ-ω); (dis)cern-ere, (dis)crē-vī (vgl. grch. κρίνω); Übertragung des Nasals auch in den Perfekt- (bzw. Supin)stamm z.B. bei iung-ere, iūnxī, iūnc-tum (vgl. grch. ζεύγνυμι, aber: ἔζευξα);
γ) durch Anhängung von -sc-: z.B. (g)nō-sc-ere, (g)nō-vī (vgl. grch. γιγνώσκω).

Auch durch t bzw. d, das aber in allen Stammformen durchgeführt wird, ist der Verbalstamm öfter verstärkt: z.B. am-plect-ī, amplexus (aus *am-plect-tus nach L43) sum wie dt. ‚flecht-e, aber grch. πλέκ-ω; claud-ere, clausī (aus *claud-sī, *claus-sī nach L47), aber grch. κλεί-ω.

2. Der Perfektstamm   § 73

1. Vom Perfektstamm aus werden sämtliche aktiven Formen des Perf., Plusqupf. und Fut. II gebildet (Perfektsystem).

2. In der Bildungsart stellt das lat. Perf. teils eine Fortsetzung idg. Perfekt-, teils idg. Aoristformen (§69 Nr.4) dar, z.T. sind auch neue Bildungen entstanden:

a) Formen mit **Reduplikation**: Sie gehen größtenteils auf das idg. Perf. zurück, vgl. me-min-ī mit grch. (hom.) μέ-μον-α. Der Reduplikationsvokal ist ursprünglich überall e; im Lat. wird er dem Wurzelvokal angeglichen, wenn dieser im Präsens- und Perfektstamm gleich ist: z.B. pungō, pupugī; tondeō, totondī (aber grch. φεύγω, πέφευγα; κόπτω, κέκοφα), dagegen tangō, tetigī; canō, cecinī (zur Vokalschwächung vgl. L14). Komposita verlieren in der Regel die Reduplikation: z.B. cadō, cecidī, aber dē-cidō, dē-cidī. Reste der ursprünglichen Reduplikation sind erhalten z.B. in repperī, reppulī, rettulī, reccidī (vgl. L35).

b) Formen auf -**sī**: Sie setzen den idg. s-Aorist fort, vgl. dīc-ō, dīxī mit grch. δείκνυμι, ἔδειξα. Durch die Hinzufügung von -s werden verschiedene Lautveränderungen bewirkt wie Dehnung (maneō, mānsī L32), Konsonantenannäherung (scrībō, scrīpsī u.a. L42), Assimilation und Vereinfachung von Doppelkonsonanz (*ārdsī nach L42 zu *ārssī, nach L47 zu ārsī), Vereinfachung mehrfacher Konsonanz (fulcīre, fulsī aus *fulcsī nach L48).

c) Formen mit **Ablaut**: Sie sind ebenfalls ererbt, vgl. videō, vīdī (aus *void- nach L9) mit grch. ἰδεῖν, οἶδα; faciō, fēcī mit grch. τιθέναι, ἔθηκα sowie die dt. starke Konj.

d) Formen auf -**vī** und -**uī** (aus -vī nach kurzem Vokal: L35): Sie sind lat. Neubildungen: z.B. laudā-vī, audī-vī, sī-vī; mon-uī, col-uī.

In einigen Fällen scheint der Perfektstamm gegenüber dem Präsensstamm nicht geändert; die ursprünglichen Verhältnisse sind hierbei meist verdunkelt. Die auf -u (bzw. u̯) auslautenden Verba bildeten ursprünglich Perfekte auf -vī; dann fand nach L45 Schwund des intervokalischen -v- statt: also īnstituō, īnstituī (ebenso solvō, solvī; ähnlich lavō, lāvī und moveō, mōvī). Bei Verben, deren Perfekt nur im Kompositum vorkam, ist Abfall der Reduplikationssilbe anzunehmen, z.B. of-fendī, per-culī (ähnlich vielleicht vertī u.ä. nach ā-vertī).

68   Formenlehre: Verbum   §§ 73 - 75

3. **Kurzformen**: Da v zwischen zwei gleichen Vokalen gern schwindet (L45) und zwei im Wortinnern zusammenstoßende Vokale gewöhnlich in einen Vokal zusammengezogen werden, kommen statt Formen wie cōnsuē-ve-ram bzw. audī-vi-ssem oft auch die gekürzten cōnsuēram bzw. audīssem vor. Die Bildung breitete sich weiter dahin aus, daß -vi- und -ve- vor folgendem -s bzw. -r häufig ausfällt, z.B. laudāstī, laudāstis, laudārunt, laudārō, nōsse, nōrunt, delēram statt laudā-vi-stī, laudā-vi-stis, laudā-vē-runt, laudā-ve-rō, nō-vi-sse, nō-vē-runt, dele-ve-ram. Im Perfektstamm der Verba der 4. und 3. Konj. auf -īvī wird oft -v- vor -er- ausgestoßen mit Kürzung des Kennlauts nach L23: z.B. audi-ērunt, audi-eram, audi-erō (gelegentlich auch aúdi-ī, péti-ī; Vorbild: iī §102).

§ 74   **3. Der Supinstamm**

1. Vom Supinstamm werden gebildet:

   a) die beiden Supina[1]);

   b) das Part.Perf.Pass.[1]), das in Verbindung mit dem Hilfszeitwort esse zur Bildung sämtlicher passiver (und deponentialer) Formen des Perf., Plusqupf. und Fut. II dient; von diesem weiterhin:

   c) das Part. Fut. Akt., das in Verbindung mit dem Hilfszeitwort esse die coniugātiō periphrastica āctiva bildet, z.B. laudātūrus sum (eram) ich bin (war) im Begriffe zu loben, ich will (wollte) loben.

   Vom Supinstamm abweichende Bildungen wie paritūrus (neben partum) sind selten.

2. Der Supinstamm wird in der Regel durch Anfügung des Suffixes -tum an den Verbalstamm gebildet, z.B. laudā-tum, delē-tum, audī-tum, tex-tum.

Seltener, besonders bei Verben mit Perf. Akt. auf -uī, wird -tum an den durch Ablaut geänderten Verbalstamm gefügt, z.B. moni-tum, domi-tum, geni-tum; hierbei tritt zuweilen Synkope (L35) ein, z.B. doceō, docuī, doctum; rapiō, rapuī, raptum.

Durch den Antritt von -tum werden verschiedene lautliche Veränderungen bewirkt: Beispiele s. L5, L33, L41, L43, L47 und L50. Die lautgesetzliche Änderung von -ttum (-dtum) in -ssum nach L43 rief Analogiebildungen (§15) auf -sum hervor, besonders bei Perf. auf -sī wie fīgō, fīxī, fīxum, aber auch sonst, z.B. pellō, pepulī, pulsum.

§ 75   **B. Die Stammerweiterungsvokale**

1. In den langvokalischen Konjugationen treten im Ind., Inf. und Imp. Präs. die Endungen (im Part. Präs. Akt. und im Gerundium und Gerundivum der 1. und 2. Konj. die Suffixe) unmittelbar an den Präsensstamm:

---

[1]) Ein Unterschied besteht insofern, als die Supina mit dem Suffix -tu- gebildete Verbalabstrakta (§ 173) bezeichnen, die Part.Perf.Pass. mit -to- zusammengesetzte Adjektive.

§§ 75 - 76   Tempus- und Moduskennzeichen   69

laudā-mus, monē-mus, audī-mus;   laudā-ris, monē-ris, audī-ris;
laudā-re, monē-re, audī-re;   laudā-te, monē-te, audī-te;
(laudā-ns, monē-ns;   lauda-ndus, mone-ndus).

Ausnahme: 3. Ps.Pl. der ī-Konj.: audi-u-nt.

2. In anderen Fällen treten **Stammerweiterungsvokale** zwischen Stamm und Endung: Der urspr. Themavokal e/o (§72 Nr.2 a.E.) erscheint im Lat. als:

i	vor	s, t, m	entstanden aus e nach L14 bzw. aus o nach L17
u	vor	nt	entstanden aus o nach L20
e	vor	r, ns, nd	

Die Stammerweiterungsvokale treten im Lat. in folgenden Fällen auf:

a) bei den konsonantischen und u-Stämmen der 3. Konj. vor allen konsonantisch anlautenden Ausgängen, z.B.: ag-**i**-s, ag-**i**-t, ag-**i**-mus, ag-**i**-tō (metu-**i**-s usw.); ag-**u**-nt, ag-**u**-ntur, ag-**u**-ntō, ag-**u**-ntor (metu-**u**-nt usw.); ag-**e**-re, ag-**e**-ris, ag-**e**-rem (metu-**e**-re usw.); ag-**ē**-ns (metu-**ē**-ns), ag-**e**-ndus (metu-**e**-ndus);

b) in der 4. Konj. vor den mit n beginnenden Ausgängen: audi-**u**-nt, audi-**u**-ntō, audi-**u**-ntor; audi-**ē**-ns, audi-**e**-ndī, audi-**e**-ndus;

c) in der 1. und 2. Konj. nach dem Futurkennzeichen -b-.

C. Kennzeichen der Tempora und Modi   § 76

1. Im Präsensstamm (Aktiv und Passiv):

a) Indikative:

α) Tempuszeichen des Impf. ist in der 1. und 2. Konj. -**bā**-, in der 3. und 4. Konj. -**ēbā**-: laudā-bā-mus, monē-bā-mus, audi-ēbā-mus, ag-ēbā-mus (capi-ēbā-mus).

β) Im Futur ist die Bildung verschieden: in der 1. und 2. Konj. erscheint -**b**- (-be-, -bi-, -bu), in der 4. und 3. Konj. -**ē**- (in der 1. Ps. Sg. -a-)[1]: laudā-bō, laudā-bi-s usw., laudā-bu-nt; laudā-b-or, laudā-be-ris usw.; ebenso monē-bō; audi-a-m, audi-ē-s; ag-a-m, ag-ē-s; capi-a-m, capi-ē-s.

b) Konjunktive:

α) Im Präsens tritt an den Verbalstamm -**ā**- (ursprünglich nicht Moduskennzeichen, sondern Erweiterung des Stammes), in der 1. Konj. jedoch -**ē**-: laudē-mus, mone-ā-mus, audi-ā-mus, ag-ā-mus und capi-ā-mus.

β) Kennzeichen des Konj. Impf. ist das Suffix -**sē**- (es-sē-mus), das nach Vokalen lautgesetzlich (L39) zu -**rē**- wurde: laudā-rē-mus, dēlē-rē-mus, audī-rē-mus, lege-rē-mus, cape-rē-mus.

---

[1]) Es sind die gleichen Stammvokale, die auch zur Bildung des Konjunktivs dienen. Die (zusammengehörenden) -b-Formen des Impf. und Fut. sind nicht sicher erklärt; man beachte die Entsprechung dabam : dabō = eram : erō (alter Konjunktiv).

c) Imperativ:
Kennzeichen des Imp. Fut. ist das Suffix -tō-: laudā-tō; ag-i-tō.

Ursprünglich -tōd (wahrscheinlich erstarrter Abl.Sg. des Pronominalstammes to-: agitō aus *age tōd „treibe von jetzt an").

2. Im Perfektstamm (Aktiv):
Als gemeinsames Kennzeichen aller Formen des Perfektstammes (außer in der 1. und 3. Ps. Sg. und 1. Pl. des Ind.Perf.) tritt **-is-** auf, das vor Vokalen lautgesetzlich (L39 und L15) zu **-er-** wird.

Der Konj. Perf. laudāv-erim, laudāv-erīs ist eigentlich ein Optativ mit dem Moduszeichen -ī-; vgl. sīs, nōlīs und grch. Opt. ἄγοις, παιδεύσαις. Das Fut. II laudāv-erō, laudāv-eris ist formal ein alter kurzvokalischer[1]) Konjunktiv wie er-ō, er-is (s. Fußnote 1 S. 69). Die gleiche Entsprechung mit Formen des Präsensstammes von esse (nämlich des Impf.) erscheint im Ind. und Konj. Plusqupf. laudāv-eram, laudāv-issem.

§ 77a D. Die Personalendungen

	Aktiv:			Passiv:	
	Ind. und Konj.:	(Ind. Perf.:)	Imp.:	Ind. u. Konj.:	Imp. (Dep.):
Sg. 1.	-ō u. -m	-ī		-(o)r	
2.	-s	-istī	endungslos (-tō)	-ris	-re (-tor)
3.	-t	-it	(-tō)	-tur	(-tor)
Pl. 1.	-mus	-imus		-mur	
2.	-tis	-istis	(-tō-)te	-minī	-minī
3.	-nt	-ērunt	(-ntō)	-ntur	(-ntor)

1. Zur Kürzung des -o der 1. Ps.Sg. s. L31.

2. Vor -m der 1. Ps.Sg. Akt., -t der 3. Ps.Sg.Akt. und -r der 1. Ps.Sg.Pass. wird ein langer Vokal gekürzt nach L29, ebenso vor -nt der 3. Ps.Pl.

3. Die 2. Ps.Sg.Imp.Präs. der konsonantischen Konjugation hat den Ausgang -e, z.B. ag-e (aber dīc, dūc, fac, fer mit Apokope L36).

4. Statt der Endung -ris der 2. Ps.Sg. Pass. erscheint öfter die Nebenform -re, z.B. laudā-bere statt laudā-beris. Nebenform zur Endung -ērunt (bei Dichtern auch -ĕrunt gemessen) der 3. Ps.Pl. Perf.Akt. ist -ēre, z.B. laudāv-ēre statt laudāv-ērunt.

5. Statt der passiven Imperative auf -(n)tor finden sich in älterer Sprache noch Formen auf -(n)tō.

---

[1]) Vgl. grch. (hom.) Konjunktivbildungen mit kurzen Themavokalen wie ἴ-ο-μεν, εἰδ-ε-τε statt attisch ἴ-ω-μεν, εἰδ-ῆ-τε. — In der klass. Dichtung wird das i sowohl des Konj. Perf. als auch des Ind.Fut. II je nach Versbedürfnis kurz oder lang gebraucht.

E. Die Bildung der infiniten Verbalformen §77b

1. Infinitive:

a) Der Inf. Akt. endigte ursprünglich auf -se (daher im Perf. nach §76 Nr.2 auf -is-se), das nach L39 bei vorhergehendem Vokal zu -re wurde (zu Formen wie ferre, velle s. L42 a.E.).

b) Der Inf.Präs. Pass. hat in der 3. Konj. die Endung -ī, z.B. ag-ī, in der 1., 2. und 4. Konj. -rī, z.B. laudā-rī, monē-rī, audī-rī.
Dichterische Nebenform ist -(r)ier, z.B. ag-ier.

2. Partizipien:

a) Das Part. Präs. Akt. wird mit dem Suffix -nt- (vgl. grch. φέρο-ντ-ος und dt. lobend) und den Kasusendungen der ī- bzw. konsonantischen Deklination der Adjektive (§44 Nr.4) gebildet (laudāns, monēns; audiēns, agēns).

b) Bildung des Part.Fut.Akt. und Part.Perf.Pass. (dazu Sup.) s. §74.

3. Gerundium und Gerundivum:
Sie werden mit dem Suffix -nd- gebildet: laudandus, laudandī; monendus; audiendus; agendus (daneben audiundus, agundus).
In Verbindung mit dem Hilfszeitwort esse bildet das Gerundiv die coniugātiō periphrastica passīva, z.B. labōrandum est man muß arbeiten.
Über Bedeutung und Gebrauch des Gerundiums und Gerundivums s. §§174-176.

F. Verba dēpōnentia §78

1. Viele lat. Verba haben passive Form, aber aktive Bedeutung, z.B. hortārī ermahnen, verērī scheuen, largīrī schenken, loquī reden. Man nennt sie verba dēpōnentia (von dēpōnere „ablegen", gleich als ob sie die passive Bedeutung abgelegt hätten). Einzelnes s. §205.

2. Die Deponentien bilden ihrer aktiven Bedeutung entsprechend einen beim reinen Passiv nur ausnahmsweise gebrauchten Imp.Präs. und Fut. und nach Art des Aktivums ein Part.Präs., Part. (und Inf.) Fut., Supin und Gerundium. Das Gerundivum behält seine passive Bedeutung bei, z.B. hortandus einer, der gemahnt werden muß. Über den Ersatz des Passivs des Deponens s. §206.

3. Unter Semideponentien („Halbdeponentien") versteht man solche Verba, die nur einen Teil der Formen (entweder im Präsens- oder im Perfektstamm) deponential bilden (§84 Nr.77ff., §95 Nr.189ff.).
Zu den Stammformen revertor, revertī vgl. grch. ὄλλυμαι, ὄλωλα; zur Bildung zusammengesetzter Perfektformen von audeō, soleō usw. die Verwendung des P.P.P. in aktivem Sinn (§177 Nr.4).

III. DIE VIER LATEINISCHEN KONJUGATIONEN

A. Die ā- oder erste Konjugation

§§ 79 - 80   **1. Verba āctīva**

Präsensformen

§ 79   a) Konjugationsschema

	Aktiv:		Passiv:	
	Indikativ:	Konjunktiv:	Indikativ:	Konjunktiv:
Präsens:	ich lobe	ich möge loben	ich werde gelobt	ich möge gelobt werden
	laudō	laude-m	laudo-r	laude-r
	laudā-s	laudē-s	laudā-ris	laudē-ris
	lauda-t	laude-t	laudā-tur	laudē-tur
	laudā-mus	laudē-mus	laudā-mur	laudē-mur
	laudā-tis	laudē-tis	laudā-minī	laudē-minī
	lauda-nt	laude-nt	lauda-ntur	laude-ntur
	Imperativ: laudā lobe! laudā-te lobet!		[laudā-re, laudā-minī]	
	Infinitiv: laudā-re (zu) loben		laudā-rī gelobt (zu) werden	
	Gerund: lauda-ndī des Lobens, lauda-ndō durch Loben, ad lauda-ndum zum Loben		Gerundiv: lauda-ndus, -a, -um einer, der gelobt werden muß	
	Partizip: laudā-ns, lauda-ntis lobend		—	
Imperfekt:	Indikativ:	Konjunktiv:	Indikativ:	Konjunktiv:
	ich lobte	ich würde loben	ich wurde gelobt	ich würde gelobt werden
	laudā-**ba**-m	laudā-**rē**-m	laudā-**ba**-r	laudā-**rē**-r
	laudā-**bā**-s	laudā-**rē**-s	laudā-**bā**-ris	laudā-**rē**-ris
	laudā-**ba**-t	laudā-**re**-t	laudā-**bā**-tur	laudā-**rē**-tur
	laudā-**bā**-mus	laudā-**rē**-mus	laudā-**bā**-mur	laudā-**rē**-mur
	laudā-**bā**-tis	laudā-**rē**-tis	laudā-**bā**-minī	laudā-**rē**-minī
	laudā-**ba**-nt	laudā-**re**-nt	laudā-**ba**-ntur	laudā-**rē**-ntur
Futur:	Indikativ:	Imperativ:	Indikativ:	Imperativ:
	ich werde loben	du sollst loben!	ich werde gelobt werden	er soll gelobt werden!
	laudā-**bō**		laudā-**bo**-r	
	laudā-**bi**-s	laudā-tō	laudā-**be**-ris	[laudā-tor]
	laudā-**bi**-t	laudā-tō	laudā-**bi**-tur	laudā-tor
	laudā-**bi**-mus		laudā-**bi**-mur	
	laudā-**bi**-tis	laudā-tō-te	laudā-**bi**-minī	
	laudā-**bu**-nt	laudā-ntō	laudā-**bu**-ntur	laudā-ntor
	Infinitiv: laudā-tūrum, -am, -um (esse)		laudā-tum īrī	
	Partizip: laudā-tūrus, -a, -um einer, der loben wird			

Perfektformen

	Aktiv:		Passiv:	
	Indikativ:	Konjunktiv:	Indikativ:	Konjunktiv:
Perfekt:	ich habe gelobt	ich habe gelobt	ich bin gelobt	ich sei gelobt
	laudāv-ī	laudāv-**erim**	laudā-tus, -a, -um { sum, es, est	{ sim, sīs, sit
	laudāv-**is**-tī	laudāv-erĭs[1])		
	laudāv-it	laudāv-erit		
	laudāv-imus,	laudāv-erĭmus	laudā-tī, -ae, -a { sumus, estis, sunt	{ sīmus, sītis, sint
	laudāv-**istis**	laudāv-erĭtis		
	laudāv-**ērunt**	laudāv-erint		
	Infinitiv: laudāv-isse gelobt zu haben		laudā-tum, -am, -um esse gelobt worden zu sein	
	Partizip: —		laudā-tus, -a, -um gelobt	
Plusquamperfekt:	Indikativ:	Konjunktiv:	Indikativ:	Konjunktiv:
	ich hatte gelobt	ich hätte gelobt	ich war gelobt worden	ich wäre gelobt worden
	laudāv-**eram**	laudāv-**issem**	laudā-tus, -a, -um { eram, erās, erat	{ essem, essēs, esset
	laudāv-erās	laudāv-**issēs**		
	laudāv-erat	laudāv-isset		
	laudāv-erāmus	laudāv-issēmus	laudā-tī, -ae, -a { erāmus, erātis, erant	{ essēmus, essētis, essent
	laudāv-erātis	laudāv-issētis		
	laudāv-erant	laudāv-issent		
Futur exakt:	Indikativ:		Indikativ:	
	ich werde gelobt haben		ich werde gelobt worden sein	
	laudāv-**erō**		laudā-tus, -a, -um { erō, eris, erit	
	laudāv-**eris**[1])			
	laudāv-erit			
	laudāv-erimus		laudā-tī, -ae, -a { erimus, eritis, erunt	
	laudāv-eritis			
	laudāv-erint			

b) Die Stammformen der 1. Konjugation § 80

Perfekt auf -vī (§73, Nr. 2 d)

1. **laudāre**   laudō   laudāvī   **laudātum**   loben

In gleicher Weise werden die Stammformen der meisten Verba der 1. Konjugation gebildet.

2. **pōtāre**   pōtō   pōtāvī   pōtātum[2])   trinken

---

[1]) S. Fußn. 1 S. 70.

[2]) Gew. (in aktiver Bedeutung § 177 Nr. 4 immer) ersetzt durch pōtum (§ 89 Nr. 82).

Mit Dehnung des Stammvokals (§73 Nr.2 a.E.)

3. (ad)iuvāre (ád)iuvō (ad)iūvī (ad)iūtum unterstützen, helfen (§113 Nr.1)
   Part. Fut. (iuvātūrus bzw.) adiūtūrus
4. lavāre lavō lāvī lautum (L35) waschen

Perfekt auf -uī (§73 Nr. 2 d)

5. **crepāre** crepō crepuī crepitum knarren, krachen
   increpāre increpō increpuī increpitum anfahren, schelten
6. **cubāre** cubō cubuī cubitum liegen
   accubāre accubō [accubuī accubitum] bei Tische liegen
   (s. §89 Nr.13)
7. **domāre** domō domuī domitum zähmen, bändigen
8. **vetāre** vetō vetuī vetitum verbieten (aliquem)
9. **secāre** secō secuī sectum schneiden, abschneiden
10. **micāre** micō micuī — schimmern
    aber: dīmicāre dīmicō dīmicāvī dīmicātum kämpfen
11. **sonāre** sonō sonuī — tönen
12. **tonāre** tonō tonuī — donnern
    [attonitus angedonnert, betäubt]
13. **implicāre** implicō } -plicāvī -plicātum { verwickeln
    explicāre explicō } (-plicuī) (-plicitum) { entwickeln

Perfekt mit Reduplikation (§73 Nr.2a)

14. **stāre** stō stetī (statūrus) stehen
    circumstāre circumstō [circumstetī s. §89 Nr. 84][1]) herumstehen
    aber: praestāre praestō praestitī praestātūrus voranstehen, übertreffen
    (alicui), leisten (aliquid)
    īnstāre īnstō īnstitī (īnstātūrus) bevorstehen, (drohen), bedrängen
    cōnstāre cōnstō cōnstitī (cōnstatūrus) bestehen, kosten
    restāre restō restitī — übrig bleiben
    distāre distō — — entfernt sein
15. **dăre** dō dedī dătum geben
    Das a der Stammsilbe ist überall kurz außer in dās, dā und dāns (dăntis).
    Wie dăre flektiert auch
    circúmdăre circúmdō circúmdedī circúmdătum umgeben[1]);
    die übrigen Komposita gehen in die dritte Konjugation über, s. §89 Nr.83.

---

[1]) Bei freierer Zusammenrückung (vgl. den ähnlichen Unterschied § 93 Nr. 161).

2. Verba dēpōnentia

Präsensformen

	Indikativ:	Konjunktiv:	Imperativ:	Infinite Formen:
Präsens:	ich ermahne hortō-r hortā-ris hortā-tur hortā-mur hortā-minī horta-ntur	ich möge er- mahnen horte-r hortē-ris hortē-tur hortē-mur hortē-minī horte-ntur	 hortā-re ermahne! hortā-minī	Infinitiv: hortā-rī (zu) ermahnen Gerund: horta-ndī des Ermahnens usw. Partizip: hortā-ns, -antis ermahnend Gerundiv: horta-ndus, -a, -um einer, der er- mahnt werden muß
Imperfekt:	ich ermahnte hortā-ba-r hortā-bā-ris hortā-bā-tur hortā-bā-mur hortā-bā-minī hortā-ba-ntur	ich würde ermahnen hortā-re-r hortā-rē-ris hortā-rē-tur hortā-rē-mur hortā-rē-minī hortā-re-ntur		
Futur:	ich werde ermahnen hortā-bo-r hortā-be-ris hortā-bi-tur hortā-bi-mur hortā-bi-minī hortā-bu-ntur		hortā-tor du sollst ermahnen! hortā-tor er soll ermahnen! horta-ntor sie sollen ermahnen	Infinitiv: hortā-tūrum, -am -um (esse) Part.: hortā-tūrus, -a, -um einer, der ermahnen wird

Perfektformen

		Indikativ:	Konjunktiv:	Infinite Formen:
Perfekt:		ich habe ermahnt	ich möge er- mahnt haben	Partizip: hortā-tus, -a-, -um einer, der ermahnt hat Infinitiv: hortā-tum, -am, -um esse ermahnt zu haben
	hortā-tus, -a, -um	{ sum es est	{ sim sīs sit	
	hortā-tī, -ae, -a	{ sumus estis sunt	{ sīmus sītis sint	
Plusquamperfekt:		ich hatte ermahnt	ich hätte ermahnt	
	hortā-tus, -a, -um	{ eram erās erat	{ essem essēs esset	
	hortā-tī, -ae, -a	{ erāmus erātis erant	{ essēmus essētis essent	
Futur exakt		ich werde ermahnt haben		
	hortā-tus, -a, -um	{ erō eris erit		
	hortā-tī, -ae, -a	{ erimus eritis erunt		

In gleicher Weise flektieren alle übrigen Deponentia der ersten Konjugation.

§§ 82 - 84   **B. Die ē- oder zweite Konjugation**

§§ 82 - 83   1. **Verba āctīva**

§ 82   a) **Konjugationsschema**

§ 82 2. Konjugation

Präsensformen

	Aktiv:		Passiv:	
	Indikativ:	Konjunktiv:	Indikativ:	Konjunktiv:
Präsens:	ich mahne	ich möge mahnen	ich werde gemahnt	ich möge gemahnt werden
	monē-ō	mone-a-m	mone-or	mone-a-r
	monē-s	mone-ā-s	monē-ris	mone-ā-ris
	monē-t	mone-a-t	monē-tur	mone-ā-tur
	monē-mus	mone-ā-mus	monē-mur	mone-ā-mur
	monē-tis	mone-ā-tis	monē-minī	mone-ā-minī
	mone-nt	mone-a-nt	monē-ntur	mone-a-ntur
	Imperativ: monē mahne! monē-te mahnet!		[monē-re, monē-minī]	
	Infinitiv: monē-re (zu) mahnen		monē-rī gemahnt (zu) werden	
	Gerund: mone-ndī des Mahnens, mone-ndō durch Mahnen, ad mone-ndum		Gerundiv: mone-ndus, -a, -um einer, der gemahnt werden muß	
	Partizip: monē-ns, mone-ntis mahnend		—	
Imperfekt:	Indikativ:	Konjunktiv:	Indikativ:	Konjunktiv:
	ich mahnte	ich würde mahnen	ich wurde gemahnt	ich würde gemahnt (werden)
	monē-ba-m	monē-re-m	monē-ba-r	monē-re-r
	monē-bā-s	monē-rē-s	monē-bā-ris	monē-rē-ris
	monē-ba-t	monē-re-t	monē-bā-tur	monē-rē-tur
	monē-bā-mus	monē-rē-mus	monē-bā-mur	monē-rē-mur
	monē-bā-tis	monē-rē-tis	monē-bā-minī	monē-rē-minī
	monē-ba-nt	monē-re-nt	monē-ba-ntur	monē-re-ntur
Futur:	Indikativ:	Imperativ:	Indikativ:	Imperativ:
	ich werde mahnen	du sollst mahnen!	ich werde gemahnt werden	
	monē-bō		monē-bo-r	
	monē-bi-s	monē-tō	monē-be-ris	[monē-to-r]
	monē-bi-t	monē-tō	monē-bi-tur	monē-to-r
	monē-bi-mus		monē-bi-mur	
	monē-bi-tis	monē-tō-te	monē-bi-minī	
	monē-bu-nt	monē-ntō	monē-bu-ntur	mone-ntor
	Infinitiv: monī-tūrum, -am, -um (esse)		monī-tum īrī	
	Partizip: monī-tūrus, -a, um einer, der mahnen wird		—	

Perfektformen:

	Aktiv:		Passiv:	
	Indikativ:	Konjunktiv:	Indikativ:	Konjunktiv:
Perfekt:	ich habe gemahnt	ich möge gemahnt haben	ich bin gemahnt worden	ich sei gemahnt worden
	monu-ī monu-istī monu-it monu-imus monu-istis monu-ērunt	monu-erim monu-erĭs monu-erit monu-erĭmus monu-erĭtis monu-erint	monitus, -a, -um { sum / es / est } monitī -ae, -a { sumus / estis / sunt }	{ sim / sīs / sit } { sīmus / sītis / sint }
	Infinitiv: monu-isse gemahnt (zu) haben		moni-tum, -am, -um esse gemahnt worden zu sein	
	Partizip: —		moni-tus, -a, -um gemahnt	
Plusquamperfekt:	Indikativ:	Konjunktiv:	Indikativ:	Konjunktiv:
	ich hatte gemahnt	ich hätte gemahnt	ich war gemahnt worden	ich wäre gemahnt worden
	monu-eram monu-erās monu-erat monu-erāmus monu-erātis monu-erant	monu-issem monu-issēs monu-isset monu-issēmus monu-issētis monu-issent	moni-tus, -a, -um { eram / erās / erat } moni-tī, -ae, -a { erāmus / erātis / erant }	{ essem / essēs / esset } { essēmus / essētis / essent }
Futur exakt:	Indikativ:		Indikativ:	
	ich werde gemahnt haben		ich werde gemahnt worden sein	
	monu-erō monu-eris monu-erit monu-erimus monu-eritis monu-erint		moni-tus, -a, -um { erō / eris / erit } moni-tī, -ae, -a { erimus / eritis / erunt }	

§ 83   2. Konjugation   79

b) **Die Stammformen der 2. Konjugation**   § 83

Perfekt auf -vī (§ 73 Nr. 2d)

1.	dēlēre	dēleō	dēlēvī	dēlētum	zerstören
2.	(dē)**flēre**	(dē)fleō	(dē)flēvī	(dē)flētum	(be)weinen
3.	**complēre**	compleō	complēvī	complētum	anfüllen
	explēre	expleō	explēvī	explētum	ausfüllen
	implēre	impleō	implēvī	implētum	anfüllen
	supplēre	suppleō	supplēvī	supplētum	ergänzen
4.	**abolēre**	aboleō	abolēvī	abolitum	abschaffen

Vgl. Nr. 57-61 (mit Dehnung des Stammvokals nach § 73 Nr. 2 a.E.)

Perfekt auf -uī (§ 73 Nr. 2d)

5.	**habēre**	habeō	habuī	habitum	haben
	adhibēre (L14)	adhibeō	adhibuī	adhibitum	anwenden
	prohibēre	prohibeō	prohibuī	prohibitum	verhindern
	dēbēre (L34)	dēbeō	dēbuī	dēbitum	schulden, müssen
	praebēre (L34)	praebeō	praebuī	praebitum	gewähren
6.	**merēre**	mereō	meruī	meritum	verdienen (vgl. Nr. 70)
7.	**monēre**¹⁾	moneō	monuī	monitum	(er)mahnen
	admonēre	admoneō (ádmonēs)	admonuī	admonitum	ermahnen, erinnern
8.	**nocēre**²⁾	noceō	nocuī	nocitum	schaden
9.	**placēre**	placeō	placuī	placitum	gefallen
	displicēre	displiceō	displicuī	—	mißfallen
10.	**tacēre**	taceō	tacuī	— [tacitus	schweigen verschwiegen]
11.	(dē)**terrēre**	(dē)terreō	(dē)terruī	(dē)territum	(ab)schrecken
12.	**arcēre**³⁾	arceō	arcuī	—	abhalten, abwehren
	aber:				
	coërcēre (L18)	coërceō	coërcuī	coërcitum	in Schranken halten, zügeln
	exercēre	exerceō	exercuī	[exercitātus] [exercitus]	üben [geübt] [gequält]
13.	**valēre**	valeō	valuī	valitūrus	gesund sein, vermögen

¹⁾ Vgl. meminisse (§ 103 Nr. 1c) und mēns (Ablaut L1).

²⁾ Vgl. necāre töten (Ablaut L1).

³⁾ Vgl. arx, -cis

14.	**calēre**	caleō	caluī	(calitūrus)	warm sein
15.	**carēre**	careō	caruī	caritūrus	entbehren
16.	**dolēre**	doleō	doluī	dolitūrus	Schmerz empfinden
17.	**iacēre**	iaceō	iacuī	(iacitūrus)	liegen (vgl. §93 Nr.162)
18.	**parēre**	pareō	paruī	paritūrus	gehorchen
	appārēre	appāreō	appāruī	appāritūrus	erscheinen
19.	**docēre**	doceō	docuī	doctum[1])	lehren
20.	**miscēre**	misceō	miscuī	mixtum	mischen
21.	**tenēre**	teneō	tenuī	—	halten
	abstinēre	abstineō	abstinuī	—	sich enthalten
	continēre	contineō	continuī	—	zusammenhalten
				[contentus	zufrieden]
	obtinēre	obtineō	obtinuī	obtentum	festhalten, behaupten
	retinēre	retineō	retinuī	retentum	zurückhalten
	sustinēre	sustineō	sustinuī	[sustentātum]	aushalten
22.	**torrēre**[2])	torreō	torruī	tostum	dörren, rösten
23.	**cēnsēre**	cēnseō	cēnsuī	cēnsum	schätzen, meinen
	recēnsēre	recēnseō	recēnsuī	(recēnsum)	durchmustern
	suscēnsēre	suscēnseō	suscēnsuī	—	zürnen
24.	**egēre**	egeō	eguī	—	bedürfen
25.	**flōrēre**	flōreō	flōruī	—	blühen
26.	**horrēre**	horreō	horruī	—	schaudern
27.	**latēre**	lateō	latuī	—	verborgen sein
28.	**ēminēre**[3])	ēmineō	ēminuī	—	hervorragen
	imminēre	immineō	—	—	bevorstehen, drohen
29.	**nitēre**	niteō	(nituī)	—	glänzen
30.	**patēre**	pateō	patuī	—	offenstehen
31.	**rubēre**	rubeō	(rubuī)	—	rot sein
32.	**silēre**	sileō	siluī	—	schweigen
33.	**splendēre**	splendeō	splenduī	—	glänzen
34.	**studēre**	studeō	studuī	—	sich bemühen, streben
35.	**stupēre**	stupeō	stupuī	—	staunen
36.	**timēre**	timeō	timuī	—	(sich) fürchten
37.	**vigēre**	vigeō	viguī	—	lebenskräftig sein
38.	**virēre**	vireō	viruī	—	grün sein
39.	**frīgēre**	frīgeō	—	—	kalt sein, frieren
40.	**maerēre**	maereō	—	—	trauern, betrauern
				[maestus	traurig]

---

[1]) § 74 Nr. 2 a.E.

[2]) Aus *tors- (verw. mit dt. Durst), vgl. L42.

[3]) Vgl. mōns (Ablaut L1).

§ 83   2. Konjugation

Perfekt auf -si (§ 73 Nr. 2b)

41.	**augēre**	augeō	auxī	auctum	vermehren, fördern
42.	**torquēre**	torqueō	torsī	tortum	drehen, foltern
43.	**indulgēre**	indulgeō	indulsī	(indultum)	Nachsicht schenken
44.	**iubēre**[1]	iubeō	iussī	iussum	befehlen (aliquem)
45.	**(per)mulcēre**	(per)mulceō	(per)mulsī	(per)mulsum	streicheln, besänftigen
46.	**rīdēre**	rīdeō	rīsī	rīsum	lachen
	dērīdēre	dērīdeō	dērīsī	dērīsum ⎫	verlachen, verspotten
	irrīdēre	irrīdeō	irrīsī	irrīsum ⎭	
47.	**suādēre**[2]	suādeō	suāsī	suāsum	raten, zureden
	persuādēre	persuādeō	persuāsī	persuāsum	überreden, überzeugen
48.	**abs-tergēre**	abstergeō	abstersī	abstersum	abwischen
49.	**ārdēre**[3]	ārdeō	ārsī	ārsūrus	in Flammen stehen, brennen
50.	**haerēre**[4]	haereō	haesī	haesūrus	hangen, stecken bleiben
51.	**manēre**	maneō	mānsī	mānsūrus	bleiben
	remanēre	remaneō	remānsī	remānsūrus	zurückbleiben
52.	**algēre**	algeō	alsī	—	Frost leiden, frieren
53.	**fulgēre** (L48)	fulgeō	fulsī	—	blitzen, glänzen
54.	**lūcēre**	lūceō	lūxī	—	leuchten
55.	**lūgēre**	lūgeō	lūxī	—	(be)trauern
56.	**urgēre**	urgeō	ursī	—	(be)drängen

Perfekt mit Dehnung des Stammvokals (§ 73 Nr. 2c)

57.	**cavēre**	caveō	cāvī	cautum (L35)	sich hüten
58.	**favēre**	faveō	fāvī	fautūrus (fautum)	gewogen sein, begünstigen (alicui)
59.	**fovēre**	foveō	fōvī	fōtum	wärmen, hegen
60.	**movēre**	moveō	mōvī	mōtum	bewegen
	admovēre	admoveō	admōvī	admōtum	heranbewegen, nähern
	commovēre	commoveō	commōvī	commōtum ⎫	heftig bewegen, erregen
	permovēre	permoveō	permōvī	permōtum ⎭	
61.	**vovēre**	voveō	vōvī	vōtum	geloben
	dēvovēre	dēvoveō	dēvōvī	dēvōtum	als Opfer weihen, verwünschen

---

[1] Eigtl. „aufrütteln" (vgl. iuba die Mähne); b ist aus dh entstanden (L38), im Perf. und Sup. Assimilation.
[2] Vgl. Fußn. 1 S. 138.
[3] Vgl. āridus trocken.
[4] St. haes- (haesitāre stocken); vgl. L39

62.	**sedēre**	sedeō	sēdī	sessum (L43)	sitzen (vgl. §89 Nr.76)
	circumsedēre	-sedeō	circumsēdī	circumsessum	umlagern
	obsidēre (L14)	obsideō	obsēdī	obsessum	belagern
	possidēre	possideō	possēdī	(possessum)	besitzen
63.	**vidēre**	videō	vīdī	vīsum	sehen
	vidērī	videor	vīsus sum		scheinen
	invidēre	invideō	invīdī	invīsum	beneiden (alicui)

Perfekt mit Reduplikation (§73 Nr.2a)

64.	**mordēre**	mordeō	momordī	morsum	beißen
65.	**spondēre**	spondeō	spopondī	spōnsum	geloben
	respondēre	respondeō	respondī	respōnsum	antworten
66.	**tondēre**	tondeō	totondī	tōnsum	scheren
67.	**pendēre**	pendeō	pependī	–	hangen (intr.) (vgl. §89 Nr.89)
	impendēre	impendeō	–	–	bevorstehen, drohen

Perfekt ohne Veränderung der Stammsilbe (§73 Nr. 2 a.E.)

68.	**prandēre**	prandeō	prandī	prānsum[1]	frühstücken.

§ 84 2. Verba dēpōnentia

a) Konjugationsschema

Präsensformen

	Indikativ:	Konjunktiv:	Imperativ:	Infinite Formen:
	ich scheue mich, fürchte, verehre	ich möge fürchten		Infinitiv: verē-rī zu fürchten
Präsens:	vere-or	vere-a-r		Gerund: vere-ndī usw.
	verē-ris	vere-ā-ris	verē-re fürchte!	Partizip: vere-ns, -entis
	verē-tur	vere-ā-tur		
	verē-mur	vere-ā-mur		Gerundiv:
	verē-minī	vere-ā-minī	verē-minī	vere-ndus, -a, -um
	vere-ntur	vere-a-ntur		(ein zu fürchtender)

[1] § 177 Nr. 4

2. Konjugation

	Indikativ:	Konjunktiv:	Imperativ:	Infinite Formen:
Imperfekt:	ich fürchtete verē-ba-r verē-bā-ris verē-bā-tur verē-bā-mur verē-bā-minī verē-ba-ntur	ich würde fürchten verē-re-r verē-rē-ris verē-rē-tur verē-rē-mur verē-rē-minī verē-re-ntur		
Futur:	ich werde fürchten verē-bo-r verē-be-ris verē-bi-tur verē-bi-mur verē-bi-minī verē-bu-ntur		verē-tor du sollst fürchten! verē-tor er soll f. vere-ntor sie sollen fürchten	Infinitiv: veri-tū-rum, -am, -um (esse) Part.: veri-tūrus, -a, -um

Perfektformen

		Indikativ:	Konjunktiv:	Infinite Formen:
Perfekt:	verĭ-tus, -a, -um verĭtī, -ae, -a	ich habe gefürchtet { sum { es { est { sumus { estis { sunt	ich habe gefürchtet { sim { sīs { sit { sīmus { sītis { sint	Partizip: verĭ-tus, -a, -um Infinitiv: verĭ-tum, -am, -um esse gefürchtet zu haben
Plusquamperfekt:	verĭtus, -a, -um verĭ-tī, -ae, -a	ich hatte gefürchtet { eram { erās { erat { erāmus { erātis { erant	ich hätte gefürchtet { essem { essēs { esset { essēmus { essētis { essent	
Futur exakt:	verĭ-tus, -a, -um verĭ-tī, -ae, -a	ich werde gefürchtet haben { erō { eris { erit { erimus { eritis { erunt		

b) Die Stammformen der Deponentia

69.	licērī	liceor	licitus sum	bieten (auf etwas)
	pollicērī[1])	polliceor	pollicitus sum	versprechen
70.	merērī	mereor	meritus sum	verdienen, sich verdient machen
71.	miserērī	misereor	miseritus sum	sich erbarmen
72.	verērī	vereor	veritus sum	(sich) scheuen, fürchten, ehren
73.	rērī	reor	ratus sum (L1)	(be)rechnen, meinen
74.	fatērī	fateor	fassus sum	} bekennen, gestehen
	cōnfitērī	cōnfiteor	cōnfessus sum (L18)	
75.	medērī	medeor	< sānāvī >	heilen (§ 124)
76.	tuērī	tueor	< tūtātus sum >	schützen
	intuērī	intueor	< aspexī >	ins Auge fassen

3. Semideponentia

77.	solēre	soleō	solitus sum	pflegen, gewohnt sein
78.	audēre	audeō	ausus sum	wagen
79.	gaudēre (L35)	gaudeō	gāvīsus sum	sich freuen

Flexion der Semideponentia

	Indikativ:	Konjunktiv:	Imperativ:	Inf. Formen:
Präsens:	aude-ō ich wage	aude-a-m ich möge wagen	audē wage!	audē-re aude-ndī [audē-ns]
Imperf.:	audē-ba-m ich wagte	audē-re-m ich würde wagen		
Futur:	audē-b-ō ich werde wagen		audē-tō du sollst wagen!	Infinitiv: ausūrum esse Part.: ausūrus
Perfekt:	ausus sum ich habe gewagt	ausus sim ich möge gewagt haben		Infinit.: ausum esse gewagt zu haben Part.: ausus, -a, -um
Plusquam- perfekt:	ausus eram ich hatte gewagt	ausus essem ich hätte gewagt		
Futur exakt:	ausus erō ich werde g. haben			

---

[1]) Aus *por-liceor (vgl. § 157 Nr. 3a).

C. Die ī- oder vierte Konjugation

1. Verba āctiva

a) Konjugationsschema — Präsensformen — § 85

	Aktiv:		Passiv:	
	Indikativ:	Konjunktiv:	Indikativ:	Konjunktiv:
Präsens:	audi-ō ich höre audī-s audī-t audī-mus audī-tis audi-u-nt	audi-am audi-ās audi-at audi-āmus audi-ātis audi-ant	audi-or audī-ris audī-tur audī-mur audī-minī audi-u-ntur	audi-ar audi-āris audi-ātur audi-āmur audi-āminī audi-antur
	Imperativ: audī[1]) höre! audī-te höret!		[audī-re] [audī-minī]	
	Infinitiv: audī-re (zu) hören		audī-rī gehört (zu) werden	
	Gerund: audi-endī, audi-endō ad audi-endum		audi-endus[2])	
	Partizip: audi-ēns, audi-entis		—	
	Indikativ:	Konjunktiv:	Indikativ:	Konjunktiv:
Imperfekt:	audi-ēbam audi-ēbās audi-ēbat audi-ēbāmus audi-ēbātis audi-ēbant	audī-rem audī-rēs audī-ret audī-rēmus audī-rētis audī-rent	audi-ēbar audi-ēbāris audi-ēbātur audi-ēbāmur audi-ēbāminī audi-ēbantur	audī-rer audī-rē-ris audī-rētur audī-rēmur audī-rēminī audī-rentur
	Indikativ:	Imperativ:	Indikativ:	Imperativ:
Futur:	audi-am audi-ēs audi-et audi-ēmus audi-ētis audi-ent	audī-tō audī-tō audī-tōte audi-u-ntō	audi-ar audi-ēris audi-ētur audi-ēmur audi-ēminī audi-entur	[audī-tor] audī-tor audi-u-ntor
	Infinitiv: audī-tūrum, -am, -um (esse)		audī-tum īrī	
	Partizip: audī-tūrus, -a, -um		—	

[1]) Der Imperativ Präsens von scīre wird durch den Imp.Fut. ersetzt: scītō, scītōte.
[2]) Dafür auch (altertümlich): audiundus (audiundī usw).

Perfektformen

	Aktiv:		Passiv:	
	Indikativ:	Konjunktiv:	Indikativ:	Konjunktiv:
Perfekt:	audīv-ī audīv-istī audīv-it audīv-imus audīv-istis audīv-ērunt	audīv-erim audīv-erĭs audīv-erit audīv-erĭmus audīv-erĭtis audīv-erint	audītus, -a, -um { sum es est audītī, -ae, -a { sumus estis sunt	{ sim sīs sit { sīmus sītis sint
	Infinitiv: audīv-isse		audī-tum, -am, -um esse	
	Partizip:		audī-tus, -a, -um	
	Indikativ:	Konjunktiv:	Indikativ:	Konjunktiv:
Plusqupf.:	audīv-eram audīv-erās audīv-erat audīv-erāmus audīv-erātis audīv-erant	audīv-issem audīv-issēs audīv-isset audīv-issēmus audīv-issētis audīv-issent	audī-tus, -a, um { eram erās erat audītī, -ae, -a { erāmus erātis erant	{ essem essēs esset { essēmus essētis essent
	Indikativ:		Indikativ:	
Futur exakt:	audīv-erō audīv-eris audīv-erit audīv-erimus audīv-eritis audīv-erint		audī-tus, -a, -um { erō eris erit audī-tī, -ae, -a { erimus eritis erunt	

§ 86 b) Die Stammformen der 4. Konjugation

Perfekt auf -vī (§ 73 Nr. 2d)

1. **audīre**   audiō   **audīvī**[1])   **audītum**   hören

Ebenso flektieren die meisten Verba der 4. Konjugation.

2. **ēsurīre**[2])   ēsuriō   —   —   hungern, essen wollen
3. **ferīre**   feriō   < percussī[3]   percussum >   schlagen, schlachten
4. **sepelīre**   sepeliō   sepelīvī   sepultum   begraben
   (L5)

---

[1]) Vgl. § 73 Nr. 3.

[2]) Vgl. edere § 89 Nr. 77 und § 18 Nr. 3,2.

[3]) S. § 93 Nr. 159.

4. Konjugation

Perfekt auf -uī (§ 73 Nr. 2d)

5.	**ap-erīre**¹)	aperiō	aperuī	apertum	öffnen
	op-erīre¹)	operiō	operuī	opertum	bedecken
6.	salīre	saliō	saluī	—	springen
	dēsilīre (L14)	dēsiliō	dēsiluī	—	herabspringen

Perfekt auf -sī (§73 Nr. 2b)

7.	**farcīre**	farciō	farsī	fartum	stopfen
	refercīre (L15)	referciō	refersī	refertum	vollstopfen
8.	**fulcīre**	fulciō	fulsī	fultum	stützen
9.	**haurīre** (L39)	hauriō	hausī	haustum	schöpfen
10.	**saepīre**²)	saepiō	saepsī	saeptum	umzäunen
11.	**sancīre**	sanciō	sānxī	sānctum	festsetzen
12.	**sarcīre**	sarciō	sarsī	sartum	flicken, ausbessern
13.	**vincīre**	vinciō	vīnxī	vinctum	fesseln
14.	**amicīre**³)	amiciō	—	amictum	umhüllen
15.	**sentīre**	sentiō	sēnsī	sēnsum	fühlen, meinen (vgl. Nr. 29)
	cōnsentīre	cōnsentiō	cōnsēnsī	cōnsēnsum	übereinstimmen
	dissentīre	dissentiō	dissēnsī	dissēnsum	nicht übereinstimmen

Perfekt mit Dehnung des Stammvokals (§73 Nr. 2c)

16.	venīre	veniō	vēnī	ventum	kommen
	advenīre	adveniō (ádvĕnit)	advēnī (advĕnit)	adventum	ankommen
	convenīre	conveniō	convēnī	conventum	zusammenkommen
	invenīre	inveniō	invēnī	inventum	(er)finden
	pervenīre	perveniō	pervēnī	perventum	(ans Ziel) gelangen

Perfekt mit Reduplikation (§73 Nr. 2a)

17.	**re-perīre**⁴)	reperiō	repperī	repertum	finden
18.	**com-perīre**⁵)	comperiō	comperī⁶)	compertum	erfahren (vgl. Nr. 28)

---

¹) Dekompositum (§ 19 B a.E.): co-operīre (vgl. frz. couvert).
²) Denominativum von saepe oft („dichtgedrängt").
³) Kompositum mit amb- (§ 19 B Nr. 2 a.E.) und iaciō (§ 93 Nr. 162).
⁴) Kompositum von pariō (§ 93 Nr. 165).
⁵) Das einfache Verbum ist verlorengegangen, der Stamm blieb erhalten in peritus erfahren, kundig.
⁶) Vgl. § 73 Nr. 2 a.E.

§ 87 2. Verba dēpōnentia[1])

a) Konjugationsschema   Präsensformen

	Indikativ:	Konjunktiv:	Imperativ:	Infinite Formen:
Präsens:	ich teile	ich möge teilen		Infinitiv: partī-rī (zu) teilen
	partī-or	partī-ar		
	partī-ris	partī-āris	partī-re	Gerund: partī-endī usw.
	partī-tur	partī-ātur	teile	
	partī-mur	partī-āmur		Partizip: partī-ēns, -entis
	partī-minī	partī-āminī	partī-minī	
	partī-u-ntur	partī-antur		Gerundiv: partī-endus, -a, um
Imperfekt:	ich teilte	ich würde teilen		
	partī-ēbar	partī-rer		
	partī-ēbāris	partī-rēris		
	partī-ēbātur	partī-rētur		
	partī-ēbāmur	partī-rēmur		
	partī-ēbāminī	partī-rēminī		
	partī-ēbantur	partī-rentur		
Futur:	ich werde teilen		partī-tor du sollst teilen!	Infinitiv: partitūrum, -am, -um (esse)
	partī-ar			
	partī-ēris		partī-tor	
	partī-ētur		er soll teilen!	Part.: partī-tūrus, -a, -um einer, der teilen wird
	partī-ēmur			
	partī-ēminī		partī-u-ntor sie sollen teilen!	
	partī-entur			

Die **Perfekt**formen entsprechen denen der Deponentia der 1. und 2. Konjugation (§ 81 und 84): partītus sum ich habe geteilt (wie hortātus sum ich habe ermahnt; veritus sum ich habe gefürchtet).

b) Die Stammformen der Deponentia

19.	**blandīrī**	blandior	blandītus sum	schmeicheln
20.	**largīrī**	largior	largītus sum	spenden, schenken
21.	**mentīrī**	mentior	mentītus sum	lügen
22.	**mōlīrī**	mōlior	mōlītus sum	in Bewegung (ins Werk) setzen
23.	**partīrī**	partior	partītus sum	teilen
24.	**potīrī**	potior	potītus sum	sich bemächtigen (vgl. § 91 Nr. 3)
25.	**sortīrī**	sortior	sortītus sum	erlosen
26.	**mētīrī**	mētior	mēnsus sum	messen
27.	**ōrdīrī**	ōrdior	ōrsus sum	anfangen
28.	**experīrī**	experior	expertus sum	versuchen, erproben (vgl. Nr. 18)
	opperīrī	opperior	oppertus sum	erwarten
29.	**assentīrī**	assentior	assēnsus sum	beistimmen (vgl. Nr. 15).

[1]) Vgl. auch § 91 Nr. 3.

§ 88　　　　　　　　3. Konjugation

D. Die dritte Konjugation　　　　　　　　§§ 88 - 95

1. Verba āctīva　　　　　　　　§§ 88 - 93

a) Konsonantische und -u-Stämme　　　　　　　　§§ 88 - 90

α) Konjugationsschema　　　　　　　　§ 88

Präsensformen [1])

	Aktiv		Passiv	
	Indikativ:	Konjunktiv:	Indikativ:	Konjunktiv:
Präsens:	agō ich treibe (an) ag-i-s ag-i-t ág-i-mus ág-i-tis ag-u-nt	ag-am ag-ās ag-at ag-āmus ag-ātis ag-ant	ag-o-r ág-e-ris ág-i-tur ág-i-mur ag-i-minī ag-u-ntur	ag-ar ag-āris ag-ātur ag-āmur ag-āminī ag-antur
	Imperativ: ag-e[2]) treib an! 　　　　　ág-i-te		Imperativ: [ag-e-re] 　　　　　[ag-i-minī]	
	Infinitiv: ág-ere (zu) treiben		Infinitiv: ag-ī	
	Gerundium: ag-endī, ag-endō, 　　　　　ad ag-endum[3])		Gerundiv: ag-endus, -a, -um[3])	
	Partizip: ag-ēns, agentis		—	
Imperfekt:	Indikativ:	Konjunktiv:	Indikativ:	Konjunktiv:
	ag-ēbam ag-ēbās ag-ēbat ag-ēbāmus ag-ēbātis ag-ēbant	ág-erem ag-erēs ag-eret ag-erēmus ag-erētis ag-erent	ag-ēbar ag-ēbāris ag-ēbātur ag-ēbāmur ag-ēbāminī ag-ēbantur	ág-erer ag-erēris ag-erētur ag-erēmur ag-erēminī ag-erentur
Futur:	Indikativ:	Imperativ:	Indikativ:	Imperativ:
	ag-am ag-ēs ag-et ag-ēmus ag-ētis ag-ent	ág-itō ag-itō ag-itōte ag-untō!	ag-ar ag-ēris ag-ētur ag-ēmur ag-ēminī ag-entur	[ag-itor] ág-itor ag-untor
	Infinitiv: āc-tūrum, -am, -um (esse)		āc-tum īrī	
	Partizip: āc-tūrus, -a, -um		—	

[1]) Zum Themavokal vgl. § 72 Nr. 2 a.E.

[2]) Aber dīc, dūc, fac, fer (L36).

[3]) Daneben auch (altertümlich): agundus, -a, -um (vgl. „Gerund"!).

Die Formen des **Perfektstammes** werden entsprechend den übrigen Konjugationen gebildet.

§ 89 β) Die Stammformen der konsonantischen und -u-Stämme

Perfekt auf -vī (§ 73 Nr. 2d)

1.	**ar-cessere**	arcessō	arcessīvī	arcessītum	} herbeirufen, -holen
	accersere	accersō	accersīvī	accersītum	
2.	**capessere**	capessō	capessīvī	capessītum	ergreifen (vgl. Nr. 160)
3.	**lacessere**	lacessō	lacessīvī	lacessītum	reizen (vgl. Nr. 157)
4.	**petere**	petō	petīvī[1]	petītum	erstreben, erbitten, angreifen
	appetere	áppetō	appetīvī	appetītum	begehren
	repetere	répetō	repetīvī	repetītum	wiederholen
5.	**quaerere** (L39)	quaerō	quaesīvī	quaesītum	suchen, fragen
	ac-quīrere (L13)	acquīrō	acquīsīvī	acquīsītum	erwerben
	inquīrere	inquīrō	inquīsīvī	inquīsītum	untersuchen
6.	**terere**	terō	trīvī (L1)	trītum[2]	reiben
7.	**serere**	serō	sēvī	satum	säen
	cōnserere	cōnserō	cōnsēvī	cōnsitum	bepflanzen
	īnserere	īnserō	īnsēvī	īnsitum	einpflanzen
8.	**sternere**[3]	sternō	strāvī	strātum	hinstreuen
	prōsternere	prōsternō	prōstrāvī	prōstrātum	hinstrecken
9.	**cernere**[3]	cernō	(crēvī)	—	scheiden, sichten, sehen
	dē-cernere	dēcernō	dē-crēvī	dē-crētum	beschließen
	dis-cernere	discernō	dis-crēvī	dis-crētum	unterscheiden
	sē-cernere	sēcernō	sē-crēvī	sē-crētum	absondern
10.	**spernere**[3]	spernō[4]	sprēvī	sprētum	verschmähen
11.	**(ob)linere**[3]	(ób)linō	(ob)lēvī	(ób)litum	(be)schmieren
12.	**sinere**[3]	sinō	sīvī	situm	lassen
	dēsinere	dēsinō	dēsiī[5]	dēsitum	aufhören

[1]) Vgl. § 73 Nr. 3

[2]) Vgl. dē-tri-mentum der Schaden.

[3]) Zum Präsensstamm vgl. § 72 Nr. 3b β.

[4]) Eigtl. „(weg)stoßen"; vgl. dt. „Sporn".

[5]) Im Perf. Akt. werden (fast) regelmäßig die kürzeren Formen (dēsiī, dēsistī, dēsiimus usw.) verwendet (§ 73 Nr. 3); die 1. und 3. Ps.Sg. wird gewöhnlich durch dēstitī (-it, s. Nr. 84) ersetzt.

3. Konjugation

aber:

pōnere[1]	pōnō	posuī	positum	setzen, stellen, legen
appōnere	appōnō	apposuī	appositum	hinstellen, beifügen
compōnere	compōnō	composuī	compositum	zusammenstellen, vergleichen
dēpōnere	dēpōnō	dēposuī	dēpositum	niederlegen
dispōnere	dispōnō	disposuī	dispositum	auseinanderlegen, ordnen
expōnere	expōnō	exposuī	expositum	aus(einander)setzen
impōnere	impōnō	imposuī	impositum	hineinlegen
oppōnere	oppōnō	opposuī	oppositum	entgegenstellen
prōpōnere	prōpōnō	prōposuī	prōpositum	voranstellen, vorschlagen

Vgl. auch Nr. 128-132 (Verba auf -scō).

Perfekt auf -uī (§ 73 Nr. 2 d)

13.	**ac-cumbere**[2]	accumbō	accubuī	(accubitum)	sich zu Tische legen (vgl. § 80 Nr. 6)
	in-cumbere	incumbō	incubuī	(incubitūrus)	sich auf etwas verlegen
	succumbere	succumbō	succubuī	succubitūrus	unterliegen
14.	**gi-gnere**[3]	gignō	genuī	genitum	erzeugen
15.	**molere**	molō	moluī	molitum	mahlen
16.	**vomere**	vomō	vomuī	(vomitum)	speien
17.	**alere**[4]	alō	aluī	altum	nähren
18.	**colere**	colō	coluī	cultum (L5)	bebauen, pflegen
	incolere	incolō	incoluī	incultum	bewohnen
	excolere	excolō	excoluī	excultum	ausbilden
19.	**oc-culere**[5]	occulō	occuluī	occultum	verbergen
20.	**consulere**	cōnsulō	cōnsuluī	cōnsultum	um Rat fragen (s. § 126)
21.	**(in)serere**[6]	(in)serō	(in)seruī	(in)sertum	(ein)reihen
	cōnserere	cōnserō	cōnseruī	cōnsertum	verknüpfen
	dēserere	dēserō	dēseruī	dēsertum	verlassen
	disserere	disserō	disseruī	[disputātum]	erörtern
22.	**texere**	texō	texuī	textum	weben
23.	**fremere**	fremō	fremuī	–	brummen, murren

---

[1]) Aus *po-s(i)nō (L35, L46), älteres Perfekt posīvī.

[2]) § 72 Nr. 3 b β.

[3]) Vgl. § 72 Nr. 3b α.

[4]) Vgl. Nr. 146 (dazu: indolēs, -is f Anlage, prōlēs, -is f Nachkommenschaft).

[5]) Vgl. cēlāre verheimlichen u. s. § 83 Nr. 27.

[6]) Vgl. sors, -tis (Ablaut L1).

24. **gemere**	gemō	gemuī	–	seufzen, stöhnen
25. **strepere**	strepō	strepuī	–	rauschen, lärmen
26. **tremere**	tremō	tremuī	–	zittern

Vgl. Nr. 12 (pōnere).

Perfekt auf -sī (§ 73 Nr. 2b; vgl. L41, L42)

27. **gerere** (L39)	gerō	gessī	gestum	tragen, führen
28. **ūrere** (L39)	ūrō	ussī	ustum	(ver)brennen (trans.)
combūrere[1])	combūrō	combussī	combustum	verbrennen
29. **con-temnere**[2])	contemnō	contempsī	contemptum	verachten
30. **carpere**	carpō	carpsī	carptum	pflücken[3])
dē-cerpere (L18)	dēcerpō	dēcerpsī	dēcerptum	abpflücken
31. (in)**sculpere**	(in)sculpō	(in)sculpsī	(in)sculptum	(ein)meißeln
32. **rēpere**	rēpō	rēpsī	–	kriechen
33. **serpere**	serpō	serpsī	–	kriechen
34. **nūbere**	nūbō	nūpsī (L41)	nuptum	heiraten (§ 124)
35. **scrībere**	scrībō	scrīpsī (L41)	scrīptum	schreiben
dēscrībere	dēscrībō	dēscrīpsī	dēscrīptum	beschreiben
īnscrībere	īnscrībō	īnscrīpsī	īnscrīptum	einschreiben
prōscrībere	prōscrībō	prōscrīpsī	prōscrīptum	ächten
36. **dīcere** (Imp. dīc L36)	dīcō	dīxī	dictum	sagen
ēdīcere	ēdīcō	ēdīxī	ēdictum	verordnen
interdīcere[4])	interdīcō	interdīxī	interdictum	untersagen
37. **dūcere** (Imp. dūc L36)	dūcō	dūxī	ductum	führen
condūcere	condūcō	condūxī	conductum	anwerben, mieten
ēdūcere[5])	ēdūcō	ēdūxī	ēductum	herausführen
indūcere	indūcō	indūxī	inductum	einführen, verleiten
prōdūcere	prōdūcō	prōdūxī	prōductum	vorführen
redūcere	redūcō	redūxī	reductum	zurückführen
38. **coquere**	coquō	coxī	coctum	kochen

---

[1]) Bildung nach amb-ūrere.

[2]) Zum Präsensstamm vgl. § 72 Nr. 3b β, zum Perf. und Sup. L50. sūmere u.ä. s. Nr. 74

[3]) Vgl. dt. Herbst.

[4]) Unterscheide: indīcō (indīcere) ankündigen und indicō (indicāre) anzeigen; ebenso praedīcō (praedīcere) vorhersagen und praedicō (praedicāre) rühmen; vgl. die Tiefstufe (L1) dictum und iūdicēs.

[5]) Unterscheide hiervon: ēducāre (ēducō) erziehen.

39.	**fluere**[1])	fluō	flūxī	—	fließen
40.	**struere**[1])	struō	strūxī	strūctum	bauen
	cōnstruere	cōnstruō	cōnstrūxī	cōnstrūctum	erbauen
	īnstruere	īnstruō	īnstrūxī	īnstrūctum	einrichten, unterrichten
	obstruere	óbstruō	obstrūxī	obstrūctum	verbauen
41.	**vīvere**	vīvō	vīxī	vīctūrus	leben
42.	**trahere**	trahō	trāxī	tractum	ziehen, schleppen
	abstrahere	ábstrahō	abstrāxī	abstractum	wegschleppen, entziehen
	contrahere	contrahō	contrāxī	contractum	zusammenziehen
	extrahere	extrahō	extrāxī	extractum	herausziehen
	subtrahere	subtrahō	subtrāxī	subtractum	entziehen, abziehen
43.	**vehere**	vehō	vēxī (L41)	vectum[2])	fahren (trans.), ziehen
	vehī	vehor	vectus sum		fahren (intr.)
44.	**af-flīgere**	afflīgō	afflīxī	afflīctum	niederschlagen
	cōnflīgere	cōnflīgō	cōnflīxī	cōnflīctum	kämpfen
	aber:				
	prōflīgāre	prōflīgō	prōflīgāvī	prōflīgātum	zu Boden schlagen
45.	**regere**[3])	regō	rēxī (L41)	rēctum	lenken, leiten
	corrigere (L14)	córrigō	corrēxī	correctum	verbessern
	dīrigere	dīrigō	dīrēxī	dīrectum	leiten
	porrigere[4])	porrigō	porrēxī	porrēctum	darreichen
	pergere (L35)	pergō	perrēxī	perrēctūrus	fortfahren
	surgere[5])	surgō	surrēxī	surrēctūrus	sich erheben, aufstehen
46.	**tegere**	tegō	tēxī	tēctum	bedecken
	dētegere	dētegō	dētēxī	dētēctum	auf-, entdecken
	prōtegere	prōtegō	prōtēxī	prōtēctum	schützen
47.	**cingere**	cingō	cīnxī	cīnctum	umgürten, umzingeln
48.	**tingere**	tingō	tīnxī	tīnctum	eintauchen, färben
49.	**(con)iungere**[6])	(con)iungō	(con)iūnxī	(con)iūnctum	verbinden
	sēiungere	sēiungō	sēiūnxī	sēiūnctum	trennen
50.	**unguere**	unguō	ūnxī	ūnctum	salben
51.	**ex-stinguere**	ex-stinguō	exstīnxī	exstīnctum	auslöschen
	distinguere	distinguō	distīnxī	distīnctum	unterscheiden

---

[1]) Die Wurzel enthielt ursprünglich einen Gaumenlaut: *flugᵘō (vgl. flūctus, -ūs); struere wurde an die Formen von fluere angeglichen.

[2]) Vgl. vexāre quälen (auch grch. ὄχος, dt. „Wagen").

[3]) Vgl. mit Ablaut (L1) rogāre bitten und Fußn. 9 S. 261.

[4]) Vgl. § 157 Nr. 3a.

[5]) Aus *sub-rigere

[6]) Vgl. § 72 Nr. 3b β.

52.	**fingere**[1])	fingō	finxī	fictum	bilden, erdichten
53.	**pingere**[1])	pingō	pinxī	pictum	malen
54.	**stringere**[1])	stringō	strinxī	strictum	streifen, zücken
	obstringere	obstringō	obstrinxī	obstrictum	verpflichten
55.	**cēdere**	cēdō	cessī (L42)	cessum (L43)	weichen
	concēdere	concēdō	concessī	concessum	einräumen, erlauben
	dēcēdere	dēcēdō	dēcessī	dēcessum	weggehen
	discēdere	discēdō	discessī	discessum	auseinandergehen
	succēdere	succēdō	successī	successum	nachfolgen
56.	**mittere**	mittō	mīsī [2])	missum	schicken
	āmittere	āmittō	āmīsī	āmissum	verlieren
	committere	committō	commīsī	commissum	begehen, anvertrauen
	dīmittere	dīmittō	dīmīsī	dīmissum	entlassen
	omittere	omittō	omīsī	omissum	unterlassen
	permittere	permittō	permīsī	permissum	erlauben
	prōmittere	prōmittō	prōmīsī	prōmissum	versprechen
57.	**claudere**	claudō	clausī	clausum	schließen
	exclūdere (L13)	exclūdō	exclūsī	exclūsum	ausschließen
58.	**plaudere**	plaudō	plausī	plausum	Beifall klatschen
	explōdere	explōdō	explōsī	explōsum	auszischen
59.	**laedere**	laedō	laesī	laesum	verletzen
	ēlīdere (L13)	ēlīdō	ēlīsī	ēlīsum	ausstoßen
60.	**dīvidere**[3])	dīvidō	dīvīsī	dīvīsum	teilen
61.	**lūdere**	lūdō	lūsī	lūsum	spielen
	illūdere	illūdō	illūsī	illūsum	verspotten
62.	**trūdere**	trūdō	trūsī	trūsum	stoßen
63.	**rādere**	rādō	rāsī	rāsum	schaben
64.	**rōdere**	rōdō	rōsī	rōsum	nagen
65.	**in-vādere**	invādō	invāsī	invāsūrus	eindringen, angreifen
	ēvādere	ēvādō	ēvāsī	ēvāsūrus	entrinnen, hervorkommen
66.	**fīgere**	fīgō	fīxī	fīxum [4])	heften
67.	**flectere**[5])	flectō	flexī	flexum	biegen, beugen
68.	**(cō)nectere**	(cō)nectō	(cōnexī)[6])	(cō)nexum	verknüpfen

---

[1]) Vgl. § 72 Nr. 3 b β.

[2]) Vgl. L47; ebenso im Perf. und Supin bei Nr. 57 - 65.

[3]) Vgl. dis und vidua (Witwe); Individuum.

[4]) Zur Bildung des Supins der Verba Nr. 66-71 vgl. § 74 Nr. 2.

[5]) Vgl. zu den folgenden Verben L47.

[6]) Daneben, mit doppelter Perfektbildung: (cō)nexuī

69.	(dē)mergere	(dē)mergō	(dē)mersī	(dē)mersum	versenken
70.	spargere	spargō	sparsī	sparsum	(aus)streuen
	dispergere (L18)	dispergō	dispersī	dispersum	zerstreuen
71.	premere	premō	pressī	pressum	drücken
	opprimere (L14)	ópprimō	oppressī	oppressum	unterdrücken

Perfekt mit Dehnung des Stammvokals (§ 73 Nr.2c)

72.	agere	agō	ēgī (L1)	āctum	(be)treiben
	peragere	pérăgō	perēgī	perāctum	vollenden;
	aber:				
	redigere (L14)	rédĭgō	redēgī	redāctum	zurückbringen, in Ordnung bringen
	subigere	súbĭgō	subēgī	subāctum	unterwerfen
	cōgere	cōgō (L34)	coēgī	coāctum	zwingen
	degere	degō	<ēgī	āctum>	(eine Zeit) verbringen
73.	frangere¹)	frangō	frēgī	frāctum	brechen (trans.)
	perfringere (L18)	perfringō	perfrēgī	perfrāctum	zerbrechen (trans.)
74.	emere	emō	ēmī	ēmptum (L50)	kaufen, Grundbedeutung: nehmen)
	coëmere	cóëmō	coēmī	coēmptum	zusammenkaufen
	redĭmere (L14)	rédĭmō	redēmī	redēmptum	loskaufen
	dirĭmere (L39)	dírĭmō	dirēmī	dirēmptum	trennen
	interĭmere	intérĭmō	interēmī	interēmptum	beseitigen
	aber:				
	cōmere (§15)	cōmō²)	cōmpsī (L50)	cōmptum	zusammennehmen, ordnen
	dēmere²)	dēmō	dēmpsī	dēmptum	wegnehmen
	prōmere²)	prōmō	prōmpsī	prōmptum	hervorholen
	sūmere²)	sūmō	sūmpsī	sūmptum	nehmen
	cōnsūmere	cōnsūmō	cōnsūmpsī	cōnsūmptum	verbrauchen
75.	legere	legō	lēgī	lēctum	lesen
	perlegere	pérlegō	perlēgī	perlēctum	durchlesen
	collĭgere (L14)	cólligō	collēgī	collēctum	sammeln
	dēligere	dēligō	dēlēgī	dēlēctum	} auswählen
	ēligere	ēligō	ēlēgī	ēlēctum	

---

¹) Zum Präsensstamm vgl. § 72 Nr. 3b β.

²) Aus com-, dē-, prō-, *subs- und emō (L34).

aber:

	dīligere	dīligō	dīlēxī	dīlēctum	lieben, hochschätzen
	intellegere	intéllegō	intellēxī	intellēctum	einsehen, verstehen
	neglegere	néglegō	neglēxī	neglēctum	vernachlässigen
76.	cōn-sīdere	(cōn)sīdō	(cōn)sēdī	—	sich setzen, niederlassen
					vgl. § 83 Nr. 62
	possīdere	possīdō	possēdī	possessum	in Besitz nehmen
77.	edere (s. § 98)	edō	ēdī	ēsum	essen
	comedere	cómedō	comēdī	comēsum (comestum)	verzehren, verprassen
78.	re-linquere¹)	re-linquō	relīquī	relictum	zurücklassen
79.	rumpere¹)	rumpō	rūpī	ruptum	brechen (trans.)
	corrumpere	corrumpō	corrūpī	corruptum	verderben, bestechen
80.	vincere¹)	vincō	vīcī	victum	(be)siegen
	convincere	convincō	convīcī	convictum	(gerichtlich) überführen
81.	fundere¹)	fundō	fūdī	fūsum	(hin)gießen
	profundere	profundō	profūdī	profūsum	vergießen

Perfekt mit Reduplikation (§ 73 Nr. 2a)

82.	bibere²)	bibō	bibī	< pōtum >	trinken
83.	dē-dere³)	dē-dō	dē-didī	dē-ditum	übergeben
	ēdere	ēdō	ēdidī	ēditum	herausgeben
	reddere	reddō	reddidī	redditum	zurückgeben
	trādere	trādō	trādidī	trāditum	überliefern
	condere	condō	condidī	conditum	gründen
	addere	addō	addidī	additum	hinzufügen
	abdere	abdō	abdidī	abditum	verbergen
	crēdere	crēdō	crēdidī	crēditum	glauben, anvertrauen
	prōdere	prōdō	prōdidī	prōditum	verraten
	perdere	perdō	perdidī	perditum⁴)	zugrunde richten
	vendere⁵)	vendō	vendidī	venditum⁴)	verkaufen

---

¹) Vgl. § 72 Nr. 3b β.

²) Zum Präsensstamm vgl. § 72 Nr. 3b α.

³) Komp. von dare (§ 80 Nr. 15); der Übertritt in die 3. Konj. ist durch Vokalwandel von ă zu ĭ (bzw. ĕ; § 9 Nr. 1b) veranlaßt; zu den Komp. vgl. außer grch. διδόναι geben, auch τιθέναι setzen, machen (nach L 38).

⁴) Vgl. § 102 Nr. 2a.

⁵) Aus vēnum dare

3. Konjugation

84.	(cōn)**sistere**[1])	(cōn)sistō	(cōn)stitī	—	sich hinstellen (vgl. § 80 Nr. 14)
	dēsistere	dēsistō	dēstitī	—	abstehen, aufhören
	resistere	resistō	restitī	—	widerstehen
	aber:				
	circumsistere	circumsístō	circúmstetī	—	umringen
85.	**pungere**[2])	pungō	púpugī	punctum	stechen
86.	**pangere**	pangō	pépigī (pēgī)	pactum	festsetzen
87.	**tangere**[3])	tangō	tetigī (L14)	tactum	berühren
	attingere	attingō	áttigī	attactum	anrühren
88.	**tendere**	tendō	tetendī	tentum	(aus)strecken
	contendere	contendō	contendī	contentum	anspannen, sich anstrengen
	ostendere	ostendō	ostendī	<ostentātum>	zeigen
89.	**pendere**	pendō	pependī	pēnsum	wägen, zahlen (Grundbedeutung: aufhängen)
	impendere	impendō	impendī	impēnsum	aufwenden
90.	**tundere**	tundō	(tutudī)	tūsum	stoßen
	contundere	contundō	cóntudī	contūsum	zerstoßen
91.	**cadere**	cadō	cécidī (L14)	cāsūrus	fallen
	incidere (L14)	incidō	íncidī	incāsūrus	hineinfallen
	dēcidere	dēcidō	dēcidī	dēcāsūrus	herabfallen
	occidere	óccidō	óccidī	occāsūrus	untergehen
	recidere	récidō	réccidī	recāsūrus	zurückfallen
92.	**caedere**	caedō	cecīdī (L13)	caesum	fällen, zu Fall bringen
	occīdere (L13)	occīdō	occīdī	occīsum	töten
93.	**currere**	currō	cucúrrī	cursum	laufen
	occurrere	occurrō	occurrī	occursum	begegnen
	succurrere	succurrō	succurrī	succursum	zu Hilfe eilen
	accurrere	accurrō	accurrī[4])	accursum	herbeieilen
	concurrere	concurrō	concurrī[4])	concursum	zusammenlaufen
	dēcurrere	dēcurrō	dēcurrī[4])	dēcursum	herablaufen
	percurrere	percurrō	percurrī[4])	percursum	durcheilen

---

[1]) Zum Präsensstamm vgl. § 72 Nr. 3 b α.

[2]) Vgl. § 72 Nr. 3 b β.

[3]) Zum Stamm -tag- vgl. in-teg-er unversehrt (unberührt).

[4]) Im Perf. kommen zuweilen auch reduplizierte Formen vor, z.B. accucurrisse.

94. **pellere**	pellō	pépulī (L5)	pulsum	(ver)treiben
appellere	appellō	áppulī	appulsum	herantreiben, landen
expellere	expellō	éxpulī	expulsum	austreiben
impellere	impellō	ímpulī	impulsum	antreiben
repellere	repellō	réppulī	repulsum	zurücktreiben
95. **parcere**	parcō	pepércī (L18)	parsūrus	schonen
			< temperātum >	
96. **canere**	canō	cécinī	< cantātum >	singen
97. **fallere**	fallō	feféllī	< dēceptum >	täuschen
			[falsus	falsch]

Mit abgefallener Reduplikation:

98. **per-cellere**	percellō	perculī	perculsum (L5)	zu Boden schlagen
99. **findere**	findō	(fidī)	fissum	spalten
diffindere	diffindō	díffidī	diffissum	zerspalten
100. **scindere**	scindō	(scidī)[1]	scissum	zerreißen
rescindere	rescindō	réscidī	rescissum	einreißen

Vgl. die Komp. zu Nr. 87, 88 und 90 ff.

Perfekt ohne Veränderung des Präsensstammes (§ 73 Nr. 2 a.E.)[2]

101. **accendere**[3]	accendō	accendī	accēnsum	anzünden
incendere	incendō	incendī	incēnsum	anzünden
102. **dēfendere**	dēfendō	dēfendī	dēfēnsum	verteidigen
offendere	offendō	offendī	offēnsum	anstoßen, beleidigen
103. **prehendere**	prehendō	prehendī	prehēnsum	ergreifen
comprehen-dere	compre-hendō	comprehendī	comprehēn-sum	ergreifen
reprehendere	reprehendō	reprehendī	reprehēnsum	tadeln
104. **scandere**[4]	scandō	—	—	steigen
ascendere	ascendō	ascendī	ascēnsum	hinaufsteigen
cōnscendere	cōnscendō	cōnscendī	cōnscēnsum	besteigen
dēscendere	dēscendō	dēscendī	dēscēnsum	herabsteigen
105. **vertere**	vertō	vertī	versum	wenden
106. **pandere**[5]	pandō	pandī	passum	ausbreiten
107. **ē-vellere**	ēvellō	ēvellī	ēvulsum (L5)	herausreißen

---

[1] Im Altlatein noch scicidī (aus *sciscidī).
[2] Zum Supinum der Verba Nr. 101-107 vgl. § 74 Nr. 2 a.E.
[3] Vgl. candēre hell glühen (candidus weiß).
[4] Vgl. scālae (Fußnote 5 S. 27).
[5] Vgl. § 72 Nr. 3b β.

3. Konjugation

108.	**acuere**	acuō	acuī	[acūtus]	schärfen [spitz]
109.	**imbuere**	imbuō	imbuī	imbūtum	benetzen
110.	**ab-luere**[1])	abluō	abluī	ablūtum	abwaschen
	polluere[1])	polluō[2])	polluī	pollūtum	besudeln
	diluere[3])	diluō	diluī	dilūtum	auflösen
111.	**minuere**	minuō	minuī	minūtum	vermindern
112.	**statuere**	statuō	statuī	statūtum	festsetzen
	constituere	constituō	constituī	constitūtum	beschließen
	instituere	instituō	instituī	institūtum	einrichten
	restituere	restituō	restituī	restitūtum	wiederherstellen
113.	**suere**	suō	suī	sūtum	nähen
114.	**tribuere**	tribuō	tribuī	tribūtum	zuteilen
115.	**exuere**	exuō	exuī	exūtum	ausziehen
	induere	induō	induī	indūtum	anziehen
116.	**solvere** (L5)	solvō	solvī	solūtum	lösen
	absolvere	absolvō	absolvī	absolūtum	freisprechen
117.	**volvere**	volvō	volvī	volūtum	wälzen
118.	**ruere**	ruō	ruī	ruitūrus	stürzen (intr.)
	corruere	corruō	corruī	—	zusammenstürzen
	irruere	irruō	irruī	—	einfallen
	diruere	diruō	diruī	dirutum	zerstören
	obruere	obruō	obruī	obrutum	verschütten
	congruere	congruō	congruī	—	übereinstimmen
119.	**arguere**	arguō	arguī	⟨accūsātum⟩	beschuldigen
	coarguere	coarguō	coarguī	[convictum]	(gerichtlich) überführen
120.	**metuere**	metuō	metuī	—	fürchten
121.	**abnuere**	abnuō	abnuī	—	ablehnen
	annuere	annuō	annuī	—	zustimmen
122.	**re-spuere**	respuō	respuī	—	verschmähen

Verba ohne Perfekt (und Supin)

123.	**metere**	metō	⟨messem fēcī⟩	(messum)	ernten
124.	**furere**	furō	⟨insānīvī⟩	—	rasen
125.	**excellere**[4])	excellō	⟨praestitī	praestātūrus⟩	sich auszeichnen
126.	**angere**	angō	—	—	ängstigen
127.	**vergere**	vergō	—	—	sich neigen

---

[1]) Komposita von § 80 Nr. 4, vgl. L35.

[2]) Vgl. § 157 Nr. 3a.

[3]) Vgl. Nr. 116.

[4]) Vgl. celsus (erhaben), collis (Hügel).

§ 90 Verba auf -scō

Mit dem Präsenssuffix -sc- verband sich gern der Sinn des allmählich (in Absätzen) sich vollziehenden Eintritts einer Handlung (verba incohātiva vgl. § 18 Nr. 3,3); Perfekt und Supin werden gewöhnlich (wenn sie überhaupt vorkommen) auf die gleiche Weise gebildet wie beim Grundverbum.

Stammverba auf -scō

128. **crēscere**	crēscō	crēvī	—	wachsen
dēcrēscere	dēcrēscō	dēcrēvī	—	abnehmen
concrēscere	concrēscō	concrēvī	concrētum	zusammenwachsen
129. (re)**quiēscere**	(re)quiēscō	(re)quiēvī	quiētūrus	ruhen
			[quiētus	ruhig]
130. **as-suēscere**[1])	assuēscō	assuēvī	[assuētus]	sich gewöhnen [gewohnt]
cōnsuēscere	cōnsuēscō	cōnsuēvī	—	sich gewöhnen, Perf.: ich pflege (§ 211 Nr. 1)
131. **nōscere**[2])	nōscō	nōvī	[nōtus]	kennen lernen, Perf.: ich weiß (§ 211 Nr.1)
ignōscere	ignōscō	ignōvī	ignōtum	verzeihen
			[ignōtus	unbekannt]
aber:				
cognōscere	cognōscō	cognōvī	cógnitum (L1)	erkennen
agnōscere	agnōscō	agnōvī	(agnitum)	anerkennen
132. **pāscere**	pāscō	pāvī	pāstum	weiden (trans.)
pāscī	pāscor	pāstus sum		weiden (intrans.)
133. **pōscere**	pōscō	popōscī	< postulātum >	fordern
134. **discere**[3])	discō	dídicī		lernen

Incohātiva verbālia (von Verben abgeleitete Incohātiva)

135. **inveterāscere** (inveterāre)	inveterāscō	inveterāvī	—	alt werden (einwurzeln)
136. **concupīscere** (cupere)	concupīscō	concupīvī	—	eifrig begehren
137. **obdormīscere** (dormīre)	obdormīscō	obdormīvī	—	einschlafen
138. **scīscere** (scīre)	scīscō	scīvī	scītum	sich zu etwas entschließen
cōnscīscere	cōnscīscō	cōnscīvī	—	beschließen
dēscīscere	dēscīscō	dēscīvī	dēscītūrus	abfallen

---

[1]) Vgl. assuēfacere (Nr. 161).
[2]) Aus *gnōscere (s. L44; vgl. die Komp. und gnārus kundig).
[3]) Reduplikation (aus *di-dc-scō; -dc- Ablaut zu docēre).

139. **ef-florēscere** (florēre)	efflōrescō	efflōruī	—	aufblühen
140. **per-horrēscere** (horrēre)	perhorrēscō	perhorruī	—	erschaudern
141. **con-senēscere** (senēre)	cōnsenēscō	cōnsenuī	—	alt werden
142. **con-ticēscere**[1]) (tacēre)	conticēscō	conticuī	—	verstummen
143. **ex-timēscere** (timēre)	extimēscō	extimuī	—	in Furcht geraten
144. **con-valēscere** (valēre)	convalēscō	convaluī	—	erstarken
145. **ex-ārdēscere** (ārdēre)	exārdēscō	exārsī	—	entbrennen
146. **co-alēscere** (alere)	coalēscō	coaluī	—	zusammenwachsen
adolēscere (L1)	adolēscō	adolēvī	adultus[2])	heranwachsen
147. **in-gemīscere** (gemere)	ingemīscō	ingemuī	—	aufseufzen
148. **con-tremīscere** (tremere)	contremīscō	contremuī	—	erzittern
149. **re-vīvīscere** (vīvere)	revīvīscō	revīxī	revictūrus	wiederaufleben

Incohātīva nōminālia (von Adjektiven abgeleitete Incohātīva)

150. **per-crēbrēscere** (crēber)	percrēbrēscō	percrēbruī	—	häufig werden
151. **mātūrēscere** (mātūrus)	mātūrēscō	mātūruī	—	reif werden
152. **ob-mūtēscere** (mūtus)	obmūtēscō	obmūtuī	—	verstummen
153. **ē-vānēscere** (vānus)	ēvānēscō	ēvānuī	—	verschwinden

b) Verba auf -iō

α) Vorbemerkungen

1. Zu der dritten Konjugation werden auch einige wenige Verba auf -iō (alle mit kurzer Stammsilbe) gerechnet, die in den Formen des Präsensstammes, in denen in der vierten Konjugation auf den Kennvokal -i- ein Vokal folgt, mit dieser übereinstimmen, in den übrigen mit der konsonantischen (3.) Konjugation.

2. Der Zusammenfall mit der konsonantischen (3.) Konjugation ist durch die Kürze des Kennvokals -i- bedingt[3]); so erklären sich nicht nur Formen wie capis, capitis gegenüber audīs, audītis, sondern auch capĕ (L22) und capĕ-rem (L15) gegenüber audī und audīrem.

3. Einige Verba schwanken in der Flexion zwischen der 3. und 4. Konjugation; so findet sich zu potīrī (§ 87 Nr. 24) im Konj. Impf. neben potīrer auch potĕrer (desgl. im Ind. Präs. bei Dichtern potitur und potimur); orior (§ 95 Nr. 185) hat stets den Inf. orīrī, außerdem im Konj. Impf. neben gewöhnlichem orĕrer auch orīrer (das Komp. adorīrī „angreifen" dagegen beugt nur nach der 4. Konjugation: adorīris, adorīrer usw.).

---

[1]) Vgl. L14.
[2]) Vgl. L5.
[3]) Eine sichere Erklärung für diese Kürze ist noch nicht gefunden; die Annahme von Jambenkürzung (capis aus *capīs vgl. L31) ist unwahrscheinlich.

§ 92   β) Konjugationsschema der Präsensformen

	Aktiv:			Passiv:	
	Indikativ:	Konjunktiv:	Imperativ:	Indikativ:	Konjunktiv:
Präsens:	capi-ō capi-s capi-t cápi-mus cápi-tis capi-unt	capi-am capi-ās usw.	cápĕ cápĭ-te	capi-or cápĕ-ris cápi-tur cápĭ-mur capi-minī capi-untur	capi-ar capi-āris usw.
	Infinitiv: cápĕ-re			capī	
	Gerund: capi-endī usw.			Gerundiv: capi-endus, -a, -um	
	Partizip: capi-ēns, capi-entis				
Imperf.:	Indikativ:	Konjunktiv:		Indikativ:	Konjunktiv:
	capi-ēbam usw.	cápĕ-rem usw.		capi-ēbar usw.	cápĕ-rer usw.
Futur:	Indikativ:	Imperativ:		Indikativ:	Imperativ:
	capi-am capi-ēs usw.	cápi-tō capi-untō		capi-ar capi-ēris usw.	capi-tor capi-untor

§ 93   γ) Die Stammformen der Verba auf -iō

Perfekt auf -vī (§ 73 Nr. 2d)

| 154. | **cupere** | cupiō | cupīvī | cupītum | begehren |
| 155. | **sapere** | sapiō | (sapīvī) | – | schmecken, weise sein |

Perfekt auf -uī (§ 73 Nr. 2d)

156.	**rapere**	rapiō	rapuī	raptum	rauben
	dīripere (L14)	dīripiō	dīripuī	dīreptum (L18)	plündern
	arripere	arripiō	arripuī	arreptum	an sich reißen
	ēripere	ēripiō	ēripuī	ēreptum	entreißen

§ 93 3. Konjugation 103

Perfekt auf -sī (§ 73 Nr. 2b)

157.	**allicere**[1])	allicio	allexī	allectum	anlocken
	illicere	illicio	illexī	illectum	} verlocken
	pellicere	pellicio	pellexī	pellectum	
aber:	ēlicere	ēlicio	ēlicuī	ēlicitum	herauslocken
158.	**cōnspicere**	cōnspicio	cōnspexī	cōnspectum	erblicken
	aspicere	aspicio	aspexī	aspectum	anschauen
	dēspicere	dēspicio	dēspexī	dēspectum	verachten
	respicere	respicio	respexī	respectum	berücksichtigen
159.	**concutere** (L35)	concutio	concussī	concussum	erschüttern
	percutere	percutio	percussī	percussum	erschüttern, durchbohren

Perfekt mit Dehnung des Stammvokals (§ 73 Nr. 2c)

160.	**capere**	capio	cēpī	captum	fangen, fassen
	accipere (L14)	accipio	accēpī	acceptum (L18)	annehmen
	dēcipere	dēcipio	dēcēpī	dēceptum	täuschen
	praecipere	praecipio	praecēpī	praeceptum	vorschreiben
	recipere	recipio	recēpī	receptum	aufnehmen
	suscipere	suscipio	suscēpī	susceptum	unternehmen
	incipere	incipio	— < coepī >	inceptum < coeptum >[2])	anfangen
161.	**facere**	facio (Imp. fac)	fēcī	factum	tun, machen

Ebenso die Komposita mit loserer Zusammenrückung (Imp. -fac)[3]):

assuēfacere	assuēfacio	assuēfēcī	assuēfactum	gewöhnen (trans.)
patefacere	patefacio	patefēcī	patefactum	öffnen
satisfacere	satisfacio	satisfēcī	satisfactum	genügen
calefacere (Imp. cálface)	calefacio	calefēcī	calefactum	wärmen

Als Passiv zu facere und den genannten Zusammensetzungen dient im Präsensstamm fierī (assuēfierī usw. s. § 101).

---

[1]) Vgl. lacessere (Nr. 3) und dēlectāre (dēliciae); zum Wandel des Stammvokals s. L14.
[2]) Von einem ausgestorbenen coepio aus *co-apio (vgl. aptus, ad-ipiscī).
[3]) Vgl. einen ähnlichen Unterschied bei den Komp. von stāre (§ 80 Nr. 14) u. dare (§ 80 Nr. 15).

Mit Präpositionen zusammengesetzte Komposita (Imp. -fice):

afficere (L14)	afficiō (áfficis)	affēcī	affectum (L18)	antun, versehen mit
cōnficere	cōnficiō	cōnfēcī	cōnfectum	} vollenden
perficere	perficiō	perfēcī	perfectum	
dēficere	dēficiō	dēfēcī	dēfectum	fehlen, abfallen
efficere	efficiō	effēcī	effectum	bewirken
interficere	interficiō	interfēcī	interfectum	töten
praeficere	praeficiō	praefēcī	praefectum	an die Spitze stellen
reficere	reficiō	refēcī	refectum	wiederherstellen

Passiv regelmäßig, also afficior usw.

162.	**iacere**[1]	iaciō	iēcī	iactum	werfen
	abicere	abiciō	abiēcī	abiectum (L18)	wegwerfen
	adicere	adiciō	adiēcī	adiectum	beifügen
	ēicere	ēiciō	ēiēcī	ēiectum	vertreiben
	inicere	iniciō	iniēcī	iniectum	hineinwerfen, einflößen
	obicere	obiciō	obiēcī	obiectum	vorwerfen
	subicere	subiciō	subiēcī	subiectum	unterwerfen
163.	**fugere**[2]	fugiō	fūgī	(fugitūrus)	fliehen
	aufugere[3]	aufugiō	aufūgī	—	} entfliehen
	effugere	effugiō	effūgī	—	
	perfugere	perfugiō	perfūgī	—	sich flüchten, überlaufen
164.	**fodere**	fodiō	fōdī	fossum	graben
	effodere	effodiō	effōdī	effossum	ausgraben
	perfodere	perfodiō	perfōdī	perfossum	durchbohren

Perfekt mit Reduplikation (§ 73 Nr. 2a)

165.	**parere**[4]	pariō	pepĕrī	partum (aber paritūrus)	gebären (vgl. § 86 Nr. 17)

---

[1] Vgl. iacēre (§ 83 Nr. 17) und amicīre (§ 86 Nr. 14).

[2] Vgl. fugāre verscheuchen.

[3] Vgl. § 19 B Nr. 2 b.

[4] Vgl. parāre bereiten.

2. Verba deponentia der dritten Konjugation

a) Konjugationsschema der Präsensformen

§ 94

	Indikativ:		Konjunktiv:		Imperativ:	
Präsens:	sequ-or ich begleite, folge séqu-e-ris séqu-i-tur sequ-i-mur sequ-i-minī sequ-u-ntur	pati-or ich leide páte-ris páti-tur patĭ-mur pati-minī pati-u-ntur	sequ-a-r ich möge begleiten sequ-ā-ris sequ-ā-tur sequ-ā-mur sequ-ā-minī sequ-a-ntur	pati-a-r ich möge leiden pati-ā-ris usw.	sĕqu-e-re begleite! sequ-i-minī	pătĕ-re leide! pati-minī
	Infinitiv: sequī begleiten; patī leiden Gerund: sequ-endī usw.; pati-endī usw. Partizip: sequ-ēns, -entis; pati-ēns, patientis Gerundiv: persequ-endus, -a, ŭm: pati-endus, -a, -um					
Imperfekt:	Indikativ:		Konjunktiv:			
	sequ-ēbar sequ-ebāris usw.	pati-ēbar pati-ebāris usw.	sĕqu-e-rer sequ-e-rēris usw.	pătĕ-rer pate-re-ris usw.		
Futur:	Indikativ:		Imperativ:		Partizip:	
	sequ-a-r sequ-ē-ris usw.	pati-a-r pati-ē-ris usw.	sequ-i-tor sequ-u-ntor	patĭ-tor pati-untor	secū-tūrus, -a, -um	passūrus, -a, -um

Die Formen des Perfektstammes (secūtus sum ich bin gefolgt, passus sum ich habe gelitten) werden entsprechend den übrigen Konjugationen gebildet.

b) Die Stammformen der Deponentia

§ 95

166.	fungī	fungor	fūnctus sum	verrichten, verwalten
167.	querī (L39)	queror	questus sum	klagen
168.	loquī	loquor	locūtus sum	reden, sprechen
	alloquī	álloquor	allocūtus sum	anreden
	colloquī	colloquor	collocūtus sum	sich unterhalten
169.	sequī	sequor	secūtus sum	folgen, begleiten
	ássequī	assequor	assecūtus sum	} erlangen, erreichen
	cōnsequī	cōnsequor	cōnsecūtus sum	
	obsequī	obsequor	obsecūtus sum	willfahren, gehorchen
	persequī	persequor	persecūtus sum	verfolgen

170. **frui**	fruor	(fruiturus)	genießen
pérfrui	perfruor	perfructus sum	genießen
171. **uti**	utor	usus sum	gebrauchen
abuti	abutor	abusus sum	mißbrauchen
172. **niti**	nitor	nisus und nixus sum	sich stützen
173. **am-plecti**[1])	amplector	amplexus sum	umfassen
complecti	complector	complexus sum	umfassen, umschließen
174. **labi**	labor	lapsus sum	gleiten
dilabi	dilabor	dilapsus sum	zergehen
elabi	elabor	elapsus sum	entgleiten
175. **nasci**	nascor	natus sum	geboren werden
176. **nancisci**[2])	nanciscor	nactus (nanctus) sum	erlangen
177. **ulcisci**	ulciscor	ultus sum	sich rächen
178. **irasci**	irascor	< suscensui >	zürnen, grollen
		[iratus	zornig]
179. **ad-ipisci** (L14)	adipiscor	adeptus sum (L18)[3])	erlangen, erreichen,
180. **pro-ficisci** (L14)	proficiscor	profectus sum (L18)	aufbrechen, abreisen
181. **com-minisci**	comminiscor	commentus sum	ersinnen
			(vgl. § 103 Nr. 1b)
re-minisci	reminiscor	< recordatus sum >	sich erinnern
182. **vesci**	vescor	< vixi >	sich nähren
183. **expergisci**	expergiscor	experrectus[4]) sum	aufwachen
184. **oblivisci**	obliviscor	oblitus sum (L 45)	vergessen
185. **oriri** (§ 91 Nr.3)	orior	ortus sum (oriturus)	entstehen
186. **mori**	morior	mortuus sum	sterben
		(moriturus)	
187. **pati**	patior	passus sum (L43)	leiden
pérpeti	perpetior	perpessus sum (L18)	erdulden, erleiden
188. **gradi**	gradior	gressus sum[5])(L43)	schreiten
ággredi	aggredior	aggressus sum (L18)	angreifen
ingredi	ingredior	ingressus sum	betreten, einherschreiten

---

[1]) Vgl. plectere (flechten) und § 72 Nr. 3 a.E.
[2]) Vgl. § 72 Nr. 3b β.
[3]) Vgl. aptus (passend).
[4]) Nach pergere (Nr. 45).
[5]) Rückbildung nach den Komposita.

3. Semideponentia

189. fīdere	fīdō	fīsus sum	trauen
cōnfīdere	cōnfīdō	cōnfīsus sum	vertrauen
diffīdere	diffīdō	diffīsus sum	mißtrauen
190. revertī	revertor	revertī	zurückkehren
		reversus	zurückgekehrt
dēvertī	dēvertor	dēvertī (dēversūrus)	einkehren

IV. VERBA ANŌMALA §§ 96 - 102

A. Das Hilfszeitwort sum und Komposita §§ 96 - 97

1. Das Simplex § 96

Präsensstamm: (e) s-

	Indikativ:	Konjunktiv:	Imperativ:	Infinite Verbalformen:
Präsens:	ich bin s-u-m es es-t s-u-mus es-tis s-u-nt	ich sei s-i-m s-ī-s s-i-t s-ī-mus s-ī-tis s-i-nt	es sei! es-te seid!	Infinitiv: es-se (zu) sein Partizip ist nur in absēns und praesēns gebräuchlich
Imperfekt:	ich war er-a-m er-ā-s er-a-t er-ā-mus er-ā-tis er-a-nt	ich wäre es-se-m (auch fo-re-m) es-sē-s (forēs) es-se-t (foret) es-sē-mus es-sē-tis es-se-nt (forent)		
Futur:	ich werde sein er-ō er-i-s er-i-t er-i-mus er-i-tis er-u-nt		es-tō du sollst sein! es-tō er soll sein! es-tōte s-u-ntō sie sollen sein!	Partizip: futūrus, -a, -um, einer, der sein wird (zukünftig) Infinitiv: futūrum, -am, -um (esse) oder fore

Perfektstamm: **fu-**

	Indikativ:	Konjunktiv:	Infinitiv:
Perfekt:	ich bin gewesen	ich sei gewesen	fui-**is**-se
	fu-ī	fu-**er**-ĭ-m	gewesen (zu) sein
	fu-**is**-tī	fu-er-ĭ-s	
	fu-i-t	fu-er-ĭ-t	
	fu-i-mus	fu-er-ĭ-mus	
	fu-**is**-tis	fu-er-ĭ-tis	
	fu-**ēr**-unt	fu-er-i-nt	
Plusquamperfekt:	ich war gewesen	ich wäre gewesen	
	fu-**er**-a-m	fu-**is**-**se**-m	
	fu-er-ā-s	fu-is-sē-s	
	fu-er-a-t	fu-is-se-t	
	fu-er-ā-mus	fu-is-sē-mus	
	fu-er-ātis	fu-is-sē-tis	
	fu-er-a-nt	fu-is-se-nt	
Futur exakt:	ich werde gewesen sein		
	fu-**er**-ō		
	fu-er-i-s		
	fu-er-i-t		
	fu-er-i-mus		
	fu-er-i-tis		
	fu-er-i-nt		

In den Stammformen treten zwei Wurzeln zusammen: im Präsensstamm **es-** (vor Vokalen nach L36 **er-**) oder dessen Schwundstufe (L1) **s-**, im Perfektstamm **fu-** (auch in forem usw. aus *fu-sem; verwandt ist dt. bin, grch. ἔφυν).

Athematische Bildungen (§ 72 Nr. 2 a.E.) im Ind. und Imp. Präs. und im Konj. Impf.: **es** (aus *es-s nach L49), **es-t, es-tis, es-tō, es-sem** usw. (vgl. grch. ἐσ-μέν u.a.).

Zum Konj. Präs. sim usw. vgl. § 76 Nr. 2.

§ 97 2. **Die Komposita von esse**

a)
abesse	absum	āfuī	abwesend sein
adesse	adsum	adfuī (affuī)	anwesend sein, helfen
deesse	dēsum	dēfuī	fehlen, mangeln
inesse	insum	–	darin sein
interesse	intersum	interfuī	dabei sein, teilnehmen
obesse	obsum	obfuī (offuī)	entgegenstehen, schaden
praeesse	praesum	praefuī	an der Spitze stehen, befehligen

superesse	supersum	superfuī	übrig sein, überleben
prōdesse	prōsum	prōfuī	nützen

Der urspr. Auslaut -d der Präposition ist vor vokalischem Anlaut bewahrt, vor konsonantischem ist er nach L42 und L47 geschwunden, also: prō-sum, prō-sim, prō-fuī, aber: prōd-es, prōd-eram, prōd-essem.

b) **posse   possum   potuī   können**

Zusammensetzung von pot(is) bzw. pot(e) (vgl. pot-entia und potes-tās Macht) mit sum: „ich bin mächtig, imstande"; Assimilation nach L42. possem (statt altlat. noch erhaltenem potessem) ist nach possim gebildet, danach der Inf. posse (statt altlat. noch erhaltenem potesse). Das Perf. potuī geht auf ein verschollenes Verbum *potēre zurück (dazu Part. Präs. als Adj. pot-ēns mächtig).

	Ind.	possum potes potest possumus potestis possunt
Präsens	Konj.	possim possīs usw.
	Inf.	posse
Impf.	Ind.	poteram poterās usw.
	Konj.	possem possēs usw.
Futur		poterō poteris usw.
Perfektformen		potuī, potuerim, potueram, potuissem, potuero, potuisse

B. ēsse (edere), edō, ēdī, ēsum essen   § 98

edō und Komposita (§ 89 Nr. 77) bilden verschiedene Formen ohne Themavokal (§ 72 Nr.2 a.E.), ferner den Konj.Präs. mit dem Optativ-Suffix -ī- (§ 76 Nr. 2). Die Angleichung an die „regelmäßige" Flexion (nach emere u.ä.) erfolgte erst in nachklassischer Zeit, zuerst im Konj.Präs.

	Ind.	(com)edō (com)ēs (-edis) (com)ēst (-edit)	
Präsens		(com)edimus (com)ēstis (com)edunt	Im Pass. 3. Ps. Sg. Ind. Präs.: (com)ēstur und Konj. Imp. (com)ēssetur (-ederētur)
	Konj.	(com)edim (com)edīs usw. (-edam, -edās usw.)	
	Imp.	ēs (ede) ēste (edite)	
	Inf.	(com)ēsse (-edere)	
Imperf.:	Ind.	(com)edēbam (com)edēbās usw.	
	Konj.	(com)ēssem (com)ēssēs usw. (-ederem usw.)	
Futur	Ind.	edam edēs usw.	
	Imp.	ēstō ēstōte eduntō	

C. ferre, ferō, tulī, lātum tragen, bringen   § 99

In den Stammformen erscheinen zwei Wurzeln: im Präsensstamm **fer-** (vgl. grch. φέρ-ειν, lat. mit Ablaut fors, dt. „-bar" in fruchtbar u.a.); im Perfektstamm **tul-** (vgl. tollō, grch. ἔ-τλη-ν, dt. duld-en und im Supinstamm dessen Ablautform lā-t- (aus *tlā-t).

Themavokal (§ 72 Nr. 2 a.E.) fehlt vor den Endungen, die mit -r, -s oder -t beginnen. Die 2. Ps.Sg. des Imp.Präs. wird mit Apokope (L36) gebildet: fer. Der Inf.Pass. ferrī ist an den Inf.Akt. ferre (aus *fer-se nach L42) angeglichen.

Die Perfektbildung erfolgte ursprünglich mit Reduplikation, so altlat. noch tetulī; vgl. rettulī (§ 73 Nr. 2a).

		Aktiv:		Passiv:	
Präs.	Ind.	fer-ō fer-s fer-t	fer-i-mus fer-tis fer-u-nt	fer-o-r fer-ris fer-tur	fer-i-mur fer-i-minī fer-u-ntur
	Konj.	fer-a-m	fer-ā-s usw.	fer-a-r	fer-ā-ris usw.
	Imp.	fer	fer-te		
	Inf.	fer-re		Inf. fer-rī	
	Part.	fer-ēns, fer-entis		Ger. fer-e-ndus, -a, -um	
Impf.	Ind.	fer-ē-bam	fer-ē-bā-s usw.	fer-ē-ba-r, fer-ē-bā-ris usw.	
	Konj.	fer-rem	fer-rēs usw.	fer-re-r, fer-rē-ris usw.	
Futur	Ind.	fer-a-m	fer-ē-s usw.	fer-a-r, fer-ē-ris usw.	
	Imp.	fer-tō, fer-tō-te, fer-u-ntō			

In gleicher Weise werden die Komposita flektiert (vgl. L42 und § 19B Nr. 2b):

afferre	áfferō	attulī	allātum	herbeitragen
auferre	auferō	abstulī	ablātum	wegtragen
cōnferre	cōnferō	contulī	collātum	zusammentragen, vergleichen
differre	differō	distulī	dīlātum	verschieben
differre	differō	–	–	sich unterscheiden
efferre	efferō	extulī	ēlātum	hinaustragen
īnferre	īnferō	intulī	illātum	hineintragen
offerre	offerō	obtulī	oblātum	anbieten
perferre	perferō	pertulī	perlātum	ertragen
referre	referō	rettulī	relātum	zurückbringen, melden
tollere	**tollō**	sustulī	sublātum	aufheben, beseitigen

§ 100 D. velle, nōlle, mālle

velle	wollen	volō	voluī
nōlle	nicht wollen	nōlō	nōluī
mālle	lieber wollen	mālō	māluī

nōlō ist aus *ne-volō (vgl. ne-sciō), mālō aus māvolō, *mag(i)s-volō zusammengezogen nach L45 und L34.

Ohne Themavokal (§ 72 Nr. 2 a.E.) sind gebildet die Formen: vel-le, vel-lem usw. (aus *vel-se L42), vul-t, vul-tis (aus *vel-t über vol-t wie in vol-ō, vol-unt, vgl. L5). Zum Konj.Präs. velim usw. s. § 76 Nr. 2, zur 2. Ps.Sg.Präs. vīs das Adj. in-vī-tus, das das Part. zu nōlle ersetzt. Das Part. volēns ist selten.

		volō	nōlō	mālō
Präsens:	Ind.	vīs	nōn vīs	māvīs
		vult	nōn vult	māvult
		volumus	nōlumus	mālumus
		vultis	nōn vultis	māvultis
		volunt	nōlunt	mālunt
	Konj.	velim velīs usw.	nōlim nōlīs usw.	mālim mālīs usw.
	Imp.	—	nōlī, nōlīte	—
	Inf.	velle	nōlle	mālle
Imperfekt:	Ind.	volēbam volēbās usw.	nōlēbam nōlēbās usw.	mālēbam mālēbās usw.
	Konj.	vellem, vellēs usw.	nōllem, nōllēs usw.	māllem, māllēs usw.
Futur:	Ind.	volam, volēs usw.	nōlam, nōlēs usw.	mālam, māles usw.
	Imp.	—	nōlitō, nōlitōte	—

E. fierī, fīō (factus sum) (gemacht) werden, geschehen   § 101

Die meisten Formen des Präsensstammes fi- werden wie die entsprechenden Formen von audīre gebildet, außer daß i (gegen L23) auch vor Vokalen lang bleibt. Ausnahmen: fierī, fierem usw. (mit Themavokal).

	Indikativ	Konjunktiv	Imperativ	Infinitiv
Präsens	fīō fīmus fīs fītis fit fīunt	fīam fīās usw.	fī, fīte	fierī
Imperfekt	fīēbam fīēbās usw.	fierem fierēs usw.		
Futur	fīam, fīes usw.			

Das Partizip Fut. wird durch futūrus, -a, -um, der Infinitiv Fut. durch futūrum, -am, -um (esse) oder fore ersetzt.

fīō dient auch als Passiv zu faciō (§ 93 Nr. 161); in passiver Verwendung lautet der Inf.Fut. factum īrī; außerdem wird von facere das Gerundivum faciendus, -a, -um und das ganze Perfektsystem entlehnt.

§ 102 F. īre, eō, iī, itum gehen

Die Wurzel ist urspr. *ei- (vgl. grch. εἶ-μι), mit Ablaut (L1) ĭ- (in ĭens und ĭtum); ei- wird vor Vokalen zu e, vor Konsonanten zu ī (L11).

Unthematische Bildung ist fast überall durchgeführt. Ind.Impf. und Fut. ī-bam und ī-bō zu ī-re nach dem Verhältnis von laudā-bam und laudā-bō zu laudā-re.

Die Perfektformen werden regelmäßig ohne v gebildet; vor s wird iī- (gewöhnlich) zu ī- zusammengezogen.

	Indikativ:		Konjunktiv:		Imperativ:	Infinitiv:	Partizip:
Präsens	eō ī-s i-t	ī-mus ī-tis e-u-nt	e-a-m e-ā-s e-a-t	e-ā-mus e-ā-tis e-a-nt	ī ī-te	ī-re e-undī usw.	i-ēns, e-untis
Imperfekt	ī-bam, ī-bās usw.		ī-re-m, ī-rē-s usw.				
Futur	ī-bō ī-bis usw.				ītō ītōte euntō	itūrum, -am, -um (esse)	itūrus, -a, -um
Perfekt	iī īstī iit	iimus īstis iērunt	ierim ieris usw.			īsse	
Plqpf.	ieram ierās usw.		īssem, īssēs usw.				
Fut. ex.	ierō ieris usw.						

1. **Passive** Formen kommen nur in der 3. Ps.Sg. vor:

ītur   man geht   eātur   man möge gehen   itum est   man ist gegangen
ībātur   man ging   īrētur   man würde gehen   eundum est   man muß gehen

Inf. īrī mit Supin s. § 173 Nr. 1.

2. Die **Komposita**:

a) Das gleiche **unvollständige** Passiv bilden die **intransitiven** Komposita:

abīre   weggehen   interīre   untergehen
exīre   herausgehen   redīre   zurückgehen

perīre   zugrunde gehen } ist Passiv zu { perdere zugrunde richten
venīre   verkauft werden   vendere verkaufen

Von passiven Formen werden gewöhnlich nur perdendus (vendendus) und perditus (als Adj. „verworfen") bzw. venditus gebraucht.

b) Andere Komposita können auch **transitiv** gebraucht werden und bilden dann ein **vollständiges** Passiv, z.B. adeor ich werde angegangen, adīris, adītur usw., adībar, adībor, adear, adīrer usw. Solche Komposita sind:

adīre   herzu-, angehen   praeterīre vorüber-, übergehen
inīre   hinein-, eingehen   circumīre   herum-, umgehen
subīre   (herangehen), unternehmen   trānsīre   hinübergehen, überschreiten

c) ambīre („herumgehen, sich bewerben") flektiert regelmäßig nach der 4. Konj., also ambiō, ambīs, ambit, ambiam, ambiēbam usw.

3. nequīre (wie die übrigen Formen Rückableitung (§ 16 Nr. 2c) aus nequit, eigtl. neque it „es geht nicht") und quīre „(nicht) können" flektieren wie īre. Häufiger sind nur die Formen nequit, nequeunt, (nōn) queam, nequīret, nōn quīret, nequīre, nequīsse.

V. VERBA DĒFECTĪVA §103

1. Nur im Perfektstamm sind gebräuchlich:

   a) **ōdisse** hassen

ōdī	ich hasse	cum ōderim	da ich hasse
ōderam	ich haßte	ōdissem	ich würde hassen
ōderō	ich werde hassen	ōsūrus	einer, der hassen wird

   b) **meminisse**[1]) sich erinnern, gedenken

meminī	ich erinnere mich	cum meminerim	da ich mich erinnere
memineram	ich erinnerte mich	meminissem	ich würde mich erinnern
meminerō	ich werde mich erinnern	mementō(te)!	gedenke(t)!

   c) **coepisse** angefangen haben
   Formen entsprechend, außerdem ein PPP coeptus angefangen. Vgl. incipere § 93 Nr. 160.

2. Von folgenden Verben sind nur einzelne Formen gebräuchlich:

   a) **aiō**[2]) ich behaupte
   Gebräuchlich sind vom Ind.Präs. die Formen aiō, ais (mit Fragepartikel ain aus aisne nach L46 und L36: „sagst du?", „wirklich?"), ait (auch als Ind.Perf.), aiunt; vom Ind.Impf. alle Formen: aiēbam usw.

   b) **inquit** sagt(e) er (Ind. Präs. und Perf.; in die dir. Rede eingeschoben)
   Die 1. Ps.Sg.Präs. inquam ist urspr. Konj.: „ich will sagen". Die außerdem noch (selten) vorkommenden Formen Ind.Präs. inquīs, inquiunt und Fut. inquiēs, inquiet sind nach der ī-Konjugation gebildet.

   c) **quaesō, quaesumus** (L17) (ich, wir) bitte(n)

   d) **avē(te), salvē(te)** sei(d) gegrüßt!

   e) **cedo** gib her! (Pl. cette nur altlat.)

---

[1]) Vgl. monēre (§ 83 Nr. 7) und comminīscī (§ 95 Nr. 181).
[2]) D.i. aiiō aus *agjō (vgl. prōd-ig-ium Vorzeichen, „Vorhersage").

§ 104 VI. VERBA IMPERSONALIA

Als unpersönliche Verben bezeichnet man diejenigen, die (wenigstens in der betreffenden Bedeutung) für gewöhnlich nur in der 3. Ps.Sg. (bzw. im Inf.) vorkommen.

1. Ihrer Stammformen wegen sind folgende bemerkenswert:

a) Verben, die **Naturerscheinungen** bezeichnen:

ning(u)it	es schneit	(ninxit)	
pluit	es regnet	plu(v)it	pluere
dilucescit	es wird Tag	diluxit	dilucescere
advesperascit	es wird Abend	advesperavit	advesperascere

b) Verben, die eine **Empfindung** bezeichnen:

paenitet	es reut	paenituit	paenitere
piget	es verdrießt	piguit	pigere
pudet	es erfüllt mit Scham	puditum est (puduit)	pudere
taedet	es ekelt	pertaesum est	taedere

Der Imperativ wird durch den Konjunktiv ersetzt: pudeat vos! schämt euch!
Zur persönlichen Konstruktion im Dt. s. § 137.

c) **sonstige** Impersonalia:

(de)decet	es ziemt sich (nicht)	(de)decuit	(de)decere
libet	es beliebt	libuit u. libitum est	libere
licet	es ist erlaubt	licuit u. licitum est	licere
oportet	es ist in der Ordnung	oportuit	oportere

2. Verba, die nur in **bestimmten Bedeutungen** unpersönlich sind, wie:

iuvat	es freut	iuvit	iuvare	(§ 80 Nr. 3)
constat	es ist bekannt	constitit	constare	(§ 80 Nr. 14)
praestat	es ist besser	praestitit	praestare	(§ 80 Nr. 14)
apparet	es ist offenbar	apparuit	apparere	(§ 83 Nr. 18)
evenit,		evenit	evenire	(§ 86 Nr. 16)
accidit,	es ereignet sich	accidit	accidere	(§ 89 Nr. 91)
contingit		contigit	contingere	(§ 89 Nr. 87)
fallit,		fefellit	fallere	(§ 89 Nr. 97)
fugit,	es entgeht	fugit	fugere	(§ 93 Nr. 163)
praeterit		praeteriit	praeterire	(§ 102 Nr. 2b)

Vgl. außerdem § 165 Nr. 2, § 168 Nr. 3.

Dritter Teil: Partikeln

Adverbien s. §§ 50ff. und § 162. Präpositionen s. §§ 157 ff. Konjunktionen s. § 224.
Interjektionen s. § 105.

SATZLEHRE §§ 105 - 264

Syntax (σύνταξις Zusammenordnung) ist die Lehre von der Verbindung der Wörter im Satz und der Sätze untereinander. Sie handelt daher von den Satzgliedern, vom einfachen und vom zusammengesetzten Satz.

ERSTER TEIL: LEHRE VON DEN SATZGLIEDERN §§ 105 - 204

Erster Abschnitt: Bestandteile des einfachen Satzes §§ 105 - 108

I. Subjekt und Prädikat §§ 105 - 107

Vorbemerkungen § 105

Grundbestandteile jedes vollständigen Satzes sind Subjekt (subiectum „das der Satzaussage zugrunde Liegende", „Satzgegenstand") und Prädikat (praedicātum „das Ausgesagte", „Satzaussage").

Der Vokativ

ist eigentlich ein außerhalb des Satzgefüges stehender Satz für sich; er nahm daher ursprünglich die erste Stelle ein. Später wird er jedoch, da unbetont, in den Satz eingeschoben, meist hinter dem ersten Wort. Hinzutreten kann als Vokativpartikel die Interjektion ō, namentlich zum Ausdruck des Affekts.

Die Interjektionen

sind ursprünglich gleichfalls Sätze für sich. Sie bringen keinen klaren Vorstellungsinhalt zum Ausdruck, sondern lediglich eine körperliche oder geistige Empfindung, z.B. au den Schmerz, ōh die Verwunderung, āh die Überraschung. Man unterscheidet diese Naturlaute als primäre Interjektionen des Ausrufs (oder Zurufs wie heus „heda") von den sekundären wie mēherculēs (aus mē Hercules scil. iuvet „möge mir Herkules helfen", „beim H.") oder pol („beim Pollux"). – Interjektionen finden sich vornehmlich in der gesprochenen Sprache, in der Schriftsprache sind nur ō, (e)heu, vae häufiger vertreten. – Von bestimmten Kasusverbindungen sind vor allem zu nennen:

ā tē īnfēlicem!	du Unglücklicher!	ei mihī!	wehe mir!
ō mē miserum!	ich Armer!	iō triumphe!	Triumph!
vae victīs!	wehe den Besiegten!	ecce līberī!	sieh: die Kinder!

A. Das Subjekt § 106

Das Subjekt ist entweder ein im Nominativ stehendes Subjektswort wie Substantiv (homō), substantiviertes Adjektiv (doctī), Pronomen (is), Zahlwort (duo), substantivierter Infinitiv (errāre), oder es ist in der Personalform des Verbums enthalten (ōrā; obtemperātō; vīdī). Vgl. auch § 226 Nr. 3a.

Die Nichtsetzung des Personalpronomens als Subjektswort ist der ursprüngliche Zustand in den idg. Sprachen; die modernen Sprachen sind durch den Verfall der Verbalendungen (vgl. wir geben/sie geben", „je viens/tu viens") zur Beifügung des Pronomens gezwungen. Im Lat. wird es in klass. Schriftsprache nur gesetzt, wenn auf ihm, z.B. in Gegensätzen, ein besonderer Nachdruck liegt (vgl. § 191):

| Familiā meā maximā tū ūteris; egō servum habeō nūllum. | Meine so zahlreiche Dienerschaft verwendest du; ich aber habe keinen einzigen Sklaven. |

An kein bestimmtes Subjekt als Träger der Handlung ist gedacht

a) bei unpersönlichen Verben, bes. den sog. Witterungsimpersonalia[1]) und Empfindungsimpersonalia[2]) (§ 104), z.B.:

| pluit | es regnet |
| taedet | es verdrießt |

b) beim passivischen Impersonale, z.B.:

| concurritur | es entsteht ein Auflauf |

c) bei der 3. Ps.Pl. von Verben des Sagens, wo ein allgemeines Subjekt hominēs o.ä. vorschwebt, z.B.:

| dīcunt, ferunt, trādunt[3]) | es heißt, man sagt, es wird überliefert |

Dem dt. Subjektswort **man** (mit dem Akt.) entspricht im Lat.:

a) das Passiv, und zwar bei transitiven Verben das persönliche, bei intransitiven Verben das unpersönliche Passiv:

reprehendor, reprehendimur	man tadelt mich, man tadelt uns
lūditur	man spielt
labōrandum est	man muß arbeiten

b) die 1. Ps.Pl.Akt., wenn der Redende sich mit einschließt:

| Quae volumus, ea crēdimus libenter. | Was man wünscht, das glaubt man gern. |

c) die 2. Ps.Sg.Konj.Präs. als Anrede an einen angenommenen Zuhörer:

| Nōn oportet vivere, ut edās, sed ēsse, ut vīvas. | Man soll nicht leben um zu essen, sondern essen um zu leben. |

d) die 3. Ps.Ind.Pl.Akt. (s. oben c):

| nārrant | man erzählt |

e) Indefinitpronomina wie quis, aliquis:

| respondēbit aliquis | man wird entgegnen |
| sī quis dīcit | wenn man sagt |

Dem dt. Scheinsubjekt es, gewöhnlich ohne Entsprechung im Lat., entspricht zuweilen rēs:

Male sē rēs habet.	Es steht schlecht.
Rēs in summō discrīmine est.	Es ist sehr gefährlich.
Rēs ad arma dēdūcitur.	Es kommt zur militärischen Entscheidung.

---

[1]) Bei tonat, fulgurat, fulminat, fulget ist auch persönliche Konstruktion (mit dem Gott — nach alter Vorstellung der Wettermacher — als Subjekt) möglich.

[2]) Oft vertritt ein Infinitiv die Stelle des Subjekts: § 165 Nr. 2.

[3]) Vgl. grch. φασί, λέγουσι.

B. Das Prädikat

Das Prädikat wird gebildet durch:

1. ein **Verbum finitum** (verbales Prädikat):

stella lūcet	der Stern strahlt
exercitus appropinquat	das Heer kommt heran

2. ein **Hilfsverbum** mit einem im Nominativ[1]) stehenden **Prädikatsnomen** (nominales Prädikat). Prädikatsnomen ist meistens ein Substantiv oder Adjektiv[2]). Hilfsverba sind:

a) die sog. **Kopula** („Band" zwischen Subjekts- und Prädikatsbegriff) esse[3]):
sapientēs beātī sunt — die Weisen sind glücklich

b) Verba des Eintritts, Erscheinens und Verharrens in einem Zustand (kopulative Verba), wie:

fierī	werden (zu)	dēclārārī	ernannt werden zu
manēre	bleiben	invenīrī	befunden werden als
exsistere	auftreten als	cognōscī	erkannt werden als
nāscī	geboren werden als	habērī,	
dīcī,	} genannt werden,	existimārī,	} gehalten werden für,
appellārī	heißen	putārī,	gelten als
vidērī	erscheinen (als)	iūdicārī	
creārī	gewählt werden zu		

Nēmō doctus nāscitur.	Keiner wird als Gelehrter geboren.
Orestēs, quī rēx fuerat, mendīcus factus est.	Orest, der ein König gewesen war, wurde (zum) Bettler.
Cicerō causae Rosciī patrōnus extitit.	Cicero trat als Anwalt für die Sache des Roscius auf.
Sī tacuissēs, philosophus mānsissēs.	Hättest du geschwiegen, so wärest du ein Weiser geblieben.
Marius septiēs cōnsul creātus est.	Marius wurde siebenmal zum Konsul gewählt.
Nēmō ante mortem beātus habendus est.	Keiner darf vor seinem Tod für glücklich gehalten werden.

---

[1]) Ausnahme vgl. § 165.

[2]) Seltener ein Infinitiv: vīvere est mīlitāre — Leben heißt kämpfen.

[3]) Der Gen., Dat. und Abl. bei esse gilt nur im weiteren Sinne als Prädikatsnomen, da esse hier zum Vollverb tendiert; ähnlich die Verbindung mit einem Adverb.
ita est (= ita sē rēs habet) — so verhält es sich
sī valēs, bene est — wenn du gesund bist, so ist es gut

3. das Prädikatsnomen **o h n e** Kopula. Dieser sog. Nominalsatz ist hauptsächlich in Sentenzen üblich[1]):

Omnia praeclāra rāra.	Alles Großartige ist selten.
Quot hominēs, tot sententiae.	Soviel Köpfe, soviel Sinne.
Minimē mīrum.	(Das ist) kein Wunder.

§ 108 II. Kongruenz (Übereinstimmung) von Subjekt und Prädikat

A. Grundregeln

1. Das **V e r b u m** stimmt mit dem Subjekt in **P e r s o n** und **N u m e r u s** überein:

Scientia prōdest.	Kenntnisse nützen.
In eō sunt omnia.	Davon hängt alles ab.

2. Das **p r ä d i k a t i v e   A d j e k t i v** (oder Partizip) stimmt mit dem Subjekt in **G e n u s, N u m e r u s** und **K a s u s** überein:

Tenebrae obortae sunt.	Finsternis ist eingetreten.

3. Das **p r ä d i k a t i v e   S u b s t a n t i v** stimmt mit dem Subjekt immer im **K a s u s** überein, im **G e n u s** nur, wo es die Form zuläßt (z.B. bei femininem Subjekt feminine Form der Substantiva mobilia, vgl. § 21), im **N u m e r u s**, wo es die Bedeutung zuläßt.

Vollständige Kongruenz:

Mercūrius **i n v e n t o r** lyrae putabātur.	Merkur galt als Erfinder der Laute.
Athēnae omnium doctrinārum **i n v e n t r ī c ē s** fuērunt.	Athen war die Erfinderin[2]) aller Wissenschaften.
Amīcitia virtūtum adiūtrix est, nōn vitiōrum comes.	Die Freundschaft ist der Helfer (auch: die Helferin) im Tugendstreben, nicht Gefährte (auch: Gefährtin) im Laster.
Mors ā poētīs Somnī **s o r o r** appellātur.	Der Tod wird von den Dichtern B r u d e r des Schlafes genannt.

Unvollständige Kongruenz:

Captīvī mīlitum praeda fuērunt.	Die Gefangenen wurden eine Beute der Soldaten.
Rōmānī fuērunt populus fortissimus.	Die Römer waren ein äußerst tapferes Volk.

---

[1]) Vgl. grch. οὐκ ἀγαθὸν πολυκοιρανίη und dt.: Wie der Hirte, so die Herde. Träume, Schäume!

[2]) Obwohl Städtenamen im Dt. Neutra sind (d a s alte Athen) und demgemäß im Prädikatnomen das Mask. „der Erfinder" eintreten müßte, richtet sich der Sprachgebrauch hier nach dem Geschlecht des zugehörigen Gattungsbegriffes „Stadt".

Die gleichen Regeln der Kongruenz gelten auch, wenn bei Umwandlung ins Aktiv Subjekt und Prädikatsnomen in den Akkusativ des Objekts und Prädikatsnomens treten, z.B.:

Mortem poētae Somnī sorōrem appellant.	Den Tod nennen die Dichter den Bruder des Schlafes.

B. Besonderheiten der Kongruenz
1. Hinsichtlich der Person § 108a

1. Ist das Subjekt ein Relativpronomen, das sich auf die 1. oder 2. Person bezieht, so stimmt das Verbum mit der betreffenden Person überein:

Egō sum, quī id fēcī.	Ich bin es, der das getan hat.
Tū es, quī id fēcistī.	Du bist es, der das getan hat.
Egō, quī semper in forō gessī labōrēs.	Ich, der stets auf dem Forum angestrengte Tätigkeit ausgeübt hat, oder: der ich ... ausgeübt habe.

2. Bezieht sich ein gemeinsames Prädikat auf mehrere Subjekte verschiedener Personen, so hat die 1. Person vor der 2., die 2. vor der 3. den Vorrang:

Haec neque egō neque tū fēcimus.[1]	Dies haben weder ich noch du getan.
Sī tū et Tullia valētis, bene est; egō et Cicerō valēmus.	Wenn du und Tullia wohlauf seid, so ist es gut; ich und Cicero sind wohlauf.

Übereinstimmung mit der 3. Person ist nur möglich, wenn sie an Bedeutung voransteht und das andere Subjekt mit umfaßt:

Et tū et omnēs hominēs sciunt.	Du und alle Menschen wissen.

2. Hinsichtlich Genus und Numerus
a) Bei einfachem Subjekt § 108b

1. Die Kongruenz unterbleibt:

   a) beim prädikativen Adjektiv, wenn es substantiviert ist[2]:

Turpitūdō peius est quam dolor.	Die Schmach ist ein größeres Übel als der Schmerz.
Servitūs postrēmum est malōrum omnium.	Unter allen Übeln ist die Knechtschaft das Schlimmste.

dagegen bei nicht substantiviertem Superlativ:

Indus est omnium flūminum maximus.	Der Indus ist der größte aller Flüsse[3].

häufiger steht statt des substantivierten Adjektivs rēs:

Est glōria solida quaedam rēs.	Der Ruhm ist etwas Greifbares.

---

[1]) Vgl. grch. καὶ ἐγὼ καὶ σὺ πολλὰ εἴπομεν.
[2]) Häufiger im Grch.: καλὸν ἡ ἀλήθεια.
[3]) Im Dt. kongruiert der Superlativ nicht mit dem zugehörigen Substantiv, sondern mit dem abhängigen Gen.part.: „Die Zugspitze ist der höchste aller bayrischen Berge".

b) beim Pronomen, wenn es nicht die Beschaffenheit, sondern das Wesen einer Sache bezeichnet:

Aliud ōrātiō est, aliud disputātiō.	Rede und Erörterung sind etwas Verschiedenes.
Quid est exul?	Was versteht man unter einem Verbannten?

2. Kongruenz von pronominalem Subjekt und prädikativem Substantiv:

   a) Ist das Subjekt ein Demonstrativ-, Interrogativ- oder Relativpronomen, so richtet es sich nach dem Prädikatsnomen[1]):

H i c est liber meus.	D a s ist mein Buch.
I s t a quidem vīs est!	D a s ist ja Gewalt!
Q u a e est causa lītis?	W a s ist der Gegenstand des Streites?
Thēbae, q u o d Boeōtiae caput est, in magnō mōtū erant.	Theben, die Hauptstadt Böotiens, war heftig in Bewegung.
aber:	
Thēbae, q u a e in Boeōtiā sitae s u n t.	Theben, das in Böotien liegt.

   b) Ist das Beziehungswort eines Relativsatzes ein allgemeiner Begriff und gibt der Relativsatz einen Eigennamen hierzu, so richtet sich das Relativpronomen in der Regel nicht nach dem Prädikatsnomen, sondern nach dem Beziehungswort:

Nostrī nactī sunt portum, quī appellātur Nymphaeum.	Unsere Soldaten kamen zu einem Hafen, der Nymphaeum heißt.
Fīnēs flūmen dīvidit, quod appellātur Tamesis.	Das Gebiet teilt ein Fluß, der Themse heißt.
aber:	
Est in carcere Rōmānō locus, quod Tulliānum appellātur.	Es gibt im römischen Staatsgefängnis einen Platz, den man das Tullianum nennt.

3. Kongruenz von Prädikatsnomen und kopulativem Verbum:

   a) kann eintreten, wenn das Prädikatsnomen in unmittelbarer Nähe steht:

Nōn omnis error stultitia dīcenda est.	Nicht jeden Irrtum muß man gleich eine Dummheit nennen.
Gēns ūniversa Venetī appellātī sunt.	Der ganze Stamm hieß Veneter.

   b) muß eintreten, wenn ein Infinitiv Subjekt ist:

Contentum suīs rēbus esse maximae s u n t dīvitiae.	Zufriedenheit mit dem, was man hat, i s t der größte Reichtum.

4. Kongruenz des Prädikats mit dem Sinn, nicht der Form des Subjekts (cōnstructiō ad sēnsum):

   a) im gleichen Satz (vorwiegend dichterisch):

Capita coniūrātiōnis secūrī percussī sunt.	Die Anführer der Verschwörung wurden geköpft.
Magna pars vulnerātī aut occīsī sunt.	Ein großer Teil wurde verwundet oder erschlagen.

---

[1]) Ebenso im Grch.: αὕτη ἀρίστη διδασκαλία ἐστίν.

§§ 108b - 108c Kongruenz

Tūra ferant placentque novum pia turba Quirīnum.	Weihrauch soll die fromme Schar dem neuen Quirinus darbringen und ihn gnädig stimmen.

b) im Nebensatz, in dem aus dem Vorhergehenden ein Kollektivbegriff als Subjekt zu ergänzen ist (auch in klass. Prosa):

Cīvitātī persuāsit, ut dē finibus suīs exīrent.	Er überredete den Stamm, sein Gebiet zu verlassen.

b) bei mehreren Subjekten § 108c

1. Bei mehreren durch **P e r s o n e n** gebildeten Subjekten steht das Prädikat:

a) in der Regel im Plural; bei verschiedenem Geschlecht der Subjekte hat das **Mask.** den Vorrang. Entsprechendes gilt für **P r o n o m i n a** (bes. Relativa), die sich auf mehrere Substantive beziehen.

Brūtus et Cassius profectī sunt.	Brutus und Cassius brachen auf.
Iam pridem pater mihī et māter mortuī sunt.	Mein Vater und meine Mutter sind schon lange tot.
Pater et māter, **quī** mortuī sunt.	Vater und Mutter, die tot sind.

b) im Singular:
α) wenn die Subjekte als eine Einheit aufgefaßt werden:

Senātus populusque Rōmānus dedit.	Das römische Volk in seiner Gesamtheit gab.

β) wenn nach dem Prädikat ein zweites Subjekt angehängt wird oder wenn jedes Subjekt einzeln hervorgehoben wird:

Homērus **fuit** et Hēsiodus ante Rōmam conditam.	Homer lebte vor der Gründung Roms und auch Hesiod.
Et proavus et avus Mūrēnae praetor **f u i t**.	Sowohl der Urgroßvater als auch der Großvater des Murena **w a r e n** Prätor.

2. Sind die Subjekte **S a c h e n** (oder Sachen und Personen nebeneinander), so richtet sich das Prädikat:

a) in der Regel nach dem nächststehenden Subjekt. Entsprechendes gilt für **P r o n o m i n a** (bes. Relativa), die sich auf mehrere Substantive beziehen.

Omnibus in rēbus temeritās ignōrātiōque vitiōsa **est**.	In jeder Lage **s i n d** Unbesonnenheit und Unwissenheit vom Übel.
Mūrus et porta fulmine icta **e s t**.	Mauer und Tor **w u r d e n** vom Blitz getroffen.
Ad corporum sānātiōnem multum ipsa corpora et nātūra **v a l e t**.	Bei der Heilung der Körper spielen der Körper selbst und seine Natur eine bedeutende Rolle.
Populī prōvinciaeque līberātae sunt.	Völker und Provinzen sind befreit worden.
Iam tortor atque ipsa tormenta erant dēfessa.	Schon waren der Henkersknecht und selbst die Folterwerkzeuge erschöpft.

Caesar Helvētiōs oppida vīcōsque, quōs incenderant, restituere iussit.

Cäsar ließ die Helvetier die befestigten Plätze und Dörfer, die sie in Brand gesteckt hatten, wieder aufbauen.

b) gelegentlich nach allen Subjekten und tritt in den Plural (bei verschiedenem Genus der Subjekte Neutr.Pl.). Entsprechend bei Pronomina.

Iūstitiae **sunt** adiūnctae pietās, līberālitās, cōmitās.
Mūrus et porta dē caelō tacta **sunt**.
Existit (Sg. nach a.!) morbus aegrōtātiōque, **quae** ēvellī inveterāta nōn possunt.

Eng verwandt mit der Gerechtigkeit sind Frömmigkeit, Freigebigkeit und leutseliges Wesen.
Mauer und Tor wurden vom Blitz getroffen.
Schwäche und Krankheit treten auf, die, wenn sie erst chronisch geworden sind, sich nicht heilen lassen.

Nicht nach dieser Regel, sondern durch Substantivierung des Neutrums erklärt sich:

In temporibus notandīs nox, hōra sunt nātūrālia, fortuita autem sacrificia, diēs festī.

Bei der Zeitbezeichnung sind Nacht und Stunde natürliche Gegebenheiten, Opferfeiern und Feste jedoch Zufallserscheinungen.

§§ 109-181 Zweiter Abschnitt: Ergänzungen des Satzes

Als Satzergänzungen gelten hier (vgl. S. XII) Objekte und Adverbialien. Als Satzergänzungen können dienen: Nomina im reinen Kasus (vgl. Vorbem. zu §§ 112-156), Präpositionalwendungen (hoc pertinet ad rem pūblicam Präpositionalobjekt; sē ad Caesarem cōnferunt notwendiges Adverbiale; ad multam noctem pugnātum est freies Adv.), Nominalformen des Verbums (cupiō proficīscī Objekt; iniūriās ferendō laudem merēberis freies Adv.) und Nebensätze (vgl. B. Vorbem. Nr. 4 zu §§ 234-236); Adverbien kommen meist nur als freie Adverbialien vor (notwendig z.B. in haec ita sunt). – Im weiteren Sinne werden hier auch die Attribute und Prädikativa zu den Satzergänzungen gerechnet, obwohl sie als sekundäre Satzglieder nicht direkt vom Verbum abhängen, sondern unmittelbar ein Nomen des Satzes näher bestimmen.

§§ 109-111 I. Ergänzung von (nominalen) Satzgliedern durch Attribute

§ 109 A. Attribut und Apposition

Die Bestimmung des Substantivs durch ein Adjektiv (oder ein Pronomen, Zahlwort, Partizip) heißt **Attribut** (zu attribuere, „das Zugeteilte"), durch ein Substantiv im gleichen Kasus **Apposition** (zu appōnere, „Hinzufügung"). Im weiteren Sinne spricht man auch von einem Genetiv- (z.B. liber patris § 131 Nr. 1), Ablativ- (z.B. vir summā fortitūdine § 134) und Präpositionalattribut (z.B. discessus ā corpore § 161 Nr. 4).

1. Die Grenze zwischen Substantiv und Adjektiv ist nicht selten unsicher,[1] so bei amīcus, das substantivisch und adjektivisch verwendet werden kann (§ 129), oder bei Ausdrücken wie

exercitus victor, cōpiae victrīcēs
mīlitēs tīrōnēs

das siegreiche Heer, siegreiche Truppen
ungeübte Soldaten, Rekruten

---

[1] Schon in uralter Zeit stehen ursprüngliche Eigenschaftsbezeichnungen in substantivischer Geltung, z.B. lūna (zu lūx) „die Glänzende".

Ursprünglich Adjektive waren die Gentilnamen auf -ius, daher

via Appia	die appische Straße
theatrum Pompeium	das Pompeiustheater

Umgekehrt sind manche Adjektive von Haus aus Substantive[1]), so

vetus (grch. ἔτος)	„jährig", alt
uber (z.B. ager uber)	ein Acker „(der ganz) Fruchtbarkeit (ist)"

Über Adjektive wie frūgi und nēquam s. § 44 Nr. 5.

2. Lobende und tadelnde Adjektive werden mit Eigennamen nicht unmittelbar, sondern mit Beifügung des Pronomens ille oder eines Gattungsnamens verbunden:

Sōcratēs ille (oder: vir) sapientissimus	der weise Sokrates
Corinthus urbs opulentissima	das so reiche Korinth

aber als Beiname:

Alexander Magnus	Alexander der Große

3. Stellung von Attribut und Apposition: § 267 Nr. 1 und 3.

B. Kongruenz von Attribut und Apposition mit dem Bezugswort § 110

1. Das **adjektivische Attribut** stimmt mit dem zugehörigen Substantiv in Genus, Numerus und Kasus überein:

Ōrandum est, ut sit mēns sāna in corpore sānō.	Man muß darum beten, daß in einem gesunden Körper ein gesunder Geist sei.

Superlativische Attribute wie summus, extrēmus, primus (auch medius) u.ä. bezeichnen bei Orts- und Zeitangaben oft nicht das Verhältnis zu anderen gleichartigen Gegenständen, sondern zu den Teilen desselben Substantivs:

summus mōns	der Gipfel des Berges	prīmā lūce	bei Tagesanbruch
in colle mediō	mitten auf dem Hügel	agmen novissimum	der Nachtrab

2. Die **Apposition** stimmt stets im Kasus überein, im Genus und Numerus nur da, wo es der Form bzw. dem Sinn nach möglich ist:

Rōmānī, dominī orbis terrārum.	Die Römer, die Herren der Welt.
Urbs Rōma.	Die Stadt Rom.
Tulliola, dēliciolae nostrae.	Die kleine Tullia, meine ganze Freude.
Philosophia, vītae dux optima.	Die Philosophie, die beste Führerin im Leben.
Invidia, glōriae comes assidua.	Mißgunst, die stetige Begleiterin des Ruhmes.
Thēsaurus rērum omnium, memoria.	Das Gedächtnis, die Schatzkammer für alles.

---

[1]) Vgl. dt. „es ist schade" (ein Schaden), „schuld sein", „mir ist es ernst".

3. **Das auf mehrere Substantive bezogene Attribut** kongruiert in jeder Stellung regelmäßig mit dem nächststehenden Substantiv:

Vir et cōnsiliī magnī et virtūtis.	Ein Mann von großer Besonnenheit und Tapferkeit.
Rēs multae operae ac labōris.	Eine Sache, die viel Mühe und Arbeit kostet.
Ab aurō gazāque rēgiā manūs cohibēbant.	Das Gold und den Schatz des Königs rührten sie nicht an.

Die auf mehrere Substantive bezügliche Apposition steht im Plural; bei verschiedenem Geschlecht der Substantiva hat das männliche den Vorrang:

Gnaeus et Pūblius Scīpiōnēs.	Gnäus und Publius Scipio.
Isara Rhodanusque amnēs.	Die Flüsse Rhône und Isère.
ab Ptolemaeō et Cleopatrā, rēgibus Aegyptī.	von Ptolemäus und der Cleopatra, den Herrschern Ägyptens.

Bei Ortsnamen wird das Prädikat in der Regel auf die Apposition bezogen:

Urbs Syrācūsae pulcherrima omnium Graecārum est.	Syrakus ist die schönste aller griechischen Städte.
Coriolī oppidum captum est.	Die Stadt Corioli wurde genommen.

§ 111 C. Prädikative Zustandsattribute

Adjektive (und appositionelle Substantive) können nicht nur das Bezugswort für sich ohne Beziehung auf das Prädikat bestimmen („Neben ihm saß ein kranker Mann": attributiv) oder das Prädikatsnomen bilden („Der Mann war krank"), sondern auch den Zustand einer Person oder Sache in ihrem Verhältnis zur Verbalhandlung bezeichnen („Der Mann lag krank zu Haus"): Prädikatives Zustandsattribut.

1. **Adjektive**: während das Dt. die unflektierte Form (oder ein adverbielle Bestimmung) wählt, tritt im Lat. volle Kongruenz mit dem Bezugswort ein.

   a) Adjektive zur Bezeichnung eines **körperlichen** oder **seelischen** Zustandes, wie z.B.:

absēns	in Abwesenheit	libēns	gern
praesēns	in Anwesenheit, persönlich	alacer	in froher Stimmung
		incolumis	unversehrt, mit heiler Haut
nūdus	unbekleidet	insciēns ⎫	unwissentlich, ohne (es)
vīvus	zu Lebzeiten	ignārus ⎭	zu wissen
laetus	mit Freude	inopīnāns	nichtsahnend
miser	bekümmert, in trauriger Lage		

Gallī laetī ad castra pergunt.	Froh machten die Gallier sich auf den Weg zum Lager.

§ 111   Attribut und Apposition   125

Marius brevi tempore aut vivum aut mortuum Iugurtham se in potestatem populi Romani redacturum pollicitus est.	Marius versprach, Iugurtha in kurzer Zeit tot oder lebendig den Römern auszuliefern.
Invitus te offendi.	Es war nicht meine Absicht, dich zu kränken.
Viatores etiam invitos consistere cogunt.	Sie nötigen die Wanderer, auch gegen ihren Willen anzuhalten.

b) Adjektive zur Bezeichnung eines **räumlichen** oder **zeitlichen** Verhältnisses, wie z.B.:

medius	als mittlerer, in der Mitte	ultimus	als letzter, zuletzt
totus	ganz	solus	allein
primus	als erster, zuerst		

Consules in provincias diversi abiere.	Die Konsuln gingen nach verschiedenen Richtungen in ihre Provinzen ab.
Summus magistratus annuus creatur.	Der höchste Beamte wird auf ein Jahr gewählt.
Hannibal princeps in proelium ibat, ultimus excedebat.	Hannibal war der erste, der in den Kampf ging, und der letzte, der daraus zurückkehrte.
Britanni ex silvis rari propugnabant.	Die Britannier kämpften in einzelnen Gruppen aus den Wäldern heraus.
Totum me philosophiae trado.	Ich widme mich ganz und gar der Philosophie.

Demnach ist zu unterscheiden:

Adjektiv:

Hanc urbem p r i m u s adii (deinde alii);	ich betrat diese Stadt als erster (dann besuchten sie andere);
hanc urbem p r i m a m adii (deinde alias);	ich betrat diese Stadt als erste (dann andere Städte).

Adverb (vgl. § 68):

P r i m u m hanc urbem ante tres annos adii (deinde superiore mense);	das erstemal betrat ich diese Stadt vor drei Jahren (dann wieder im vergangenen Monat);
hanc urbem p r i m o adire volui (postea omisi).	anfänglich wollte ich die Stadt betreten (später unterließ ich es jedoch).

2. S u b s t a n t i v e , besonders zur Bezeichnung eines Lebensalters oder Amtes. Im Deutschen muß entweder „als" hinzutreten oder es erfolgt Umschreibung.

Quem di diligunt, (is) adulescens moritur.	Jung stirbt, wen die Götter lieben.

Iunius aedem Salutis, quam consul voverat, dictator dedicavit.	Iunius weihte als Diktator den Salustempel ein, den er als Konsul gelobt hatte.

Anmerkung:
Eine Konjunktion wie ut, tamquam, velut tritt nur hinzu, wenn

a) die bloße Ähnlichkeit hervorgehoben werden soll:

Aegyptii canem et felem ut deos colunt.	Die Ägypter verehren Hund und Katze wie Götter.

b) die Apposition begründenden oder einschränkenden Sinn hat:

Alcibiades in dicendo satis exercitatus fuit ut Atheniensis.	Alkibiades war als Athener (d.h. da er A. war, wie bei einem A. nicht anders zu erwarten) ein recht geübter Redner.

§§ 112 - 156 II. Satzergänzungen durch Kasus

Die Satzergänzungen (vgl. S. XII und Vorbem. zu §§ 109 - 181) durch reine Kasus (manchmal im Wechsel mit Präpositionen: vgl. z.B. § 143 Nr. 2) umfassen das Genetiv- (vitiorum obliviscitur), Dativ- (huic rei studet), Akkusativ- (beneficia commemorat) und Ablativobjekt (patientia abutitur), einen Teil der Adverbialien (z.B. Delo proficiscitur) und der freien Angaben (z.B. praedia aliis coluit Dativ des Interesses).

§§ 112 - 122 A. Akkusativ

Trotz der zwei unterschiedlichen Hauptverwendungsweisen des Akkusativs als Objekts- und als Richtungskasus dürfte sprachhistorisch von einer Grundfunktion auszugehen sein: Romam ire „in Richtung auf Rom gehen", civem Romanum verberare „in Richtung auf einen römischen Bürger schlagen".

§§ 112 - 121 1. Akkusativ als Objektskasus

Vorbemerkungen

1. Arten der Objekte

Stehen bei einem Verbum ein Akkusativ- und ein Dativobjekt, so bezeichnet der Akkusativ als der Kasus des näheren oder direkten Objekts[1] die Person oder Sache, auf die die Tätigkeit unmittelbar einwirkt, der Dativ das entferntere oder indirekte Objekt.

Beim Akkusativobjekt unterscheidet man das äußere Objekt, d.h. eine Person oder Sache, die von der Verbalhandlung betroffen wird (z.B. lego librum), und das innere oder Inhaltsobjekt, d.h. eine Sache, die den Inhalt der Verbalhandlung lediglich verstärkt oder eine besondere Erscheinungsform des Verbalvorgangs darstellt (z.B. servitutem servire, Olympia vincere, vgl. §116).

Eine andere Einteilung unterscheidet zwischen affiziertem Objekt, d.h. dem von einer Tätigkeit betroffenen Gegenstand, und dem effizierten Objekt, d.h. der durch die Tätigkeit bewirkten Sache, die wiederum entweder Ergebnis oder Inhalt der Tätigkeit sein kann.

Die Einteilungen überschneiden sich also:
„den Hund schlagen":   äußeres Obj., affiziert
„eine Münze schlagen":   äußeres Obj., effiziert
„eine Schlacht schlagen": inneres Obj., effiziert

---

[1] P.P.P. von obicere: „das (der Handlung) Entgegengeworfene, Gegenüberstehende".

2. Transitive und intransitive Verben

Verba, die mit einem Objektsakkusativ verbunden werden (ihn „regieren"), heißen **Transitiva**[1]), Verba, die kein Akkusativobjekt zu sich nehmen, **Intransitiva** (Gelegentlich und im weiteren Sinne nennt man auch solche Verba, die sich mit einem anderen Kasus als dem Akkusativ verbinden, transitiv, wie ūtor lĭbro, memĭnī labōrum, und intransitiv nur die, die überhaupt mit keinem Objekt verbunden werden können, wie stāre);

Nur transitive Verben bilden ein vollständiges Passiv; bei Umwandlung ins Passiv wird der Objektsakkusativ zum Subjektsnominativ.

Viele transitive Verben werden auch **a b s o l u t** gebraucht, d.h. das Objekt versteht sich aus dem Zusammenhang von selbst und wird deshalb weggelassen. Bei häufigem Gebrauch (namentlich in stehenden Ausdrücken einzelner Berufsgruppen), kann auch das noch in Gedanken zu ergänzende Akkusativobjekt vergessen werden und so das Verbum zum Intransitivum werden[2]):

So wird	eigentlich	durch Auslassung von		zu
surgō	ich erhebe	lumbōs	die Glieder	ich stehe auf
habitō	ich halte öfter	currum, equōs	den Wagen, die Pferde	ich wohne
appellō	ich treibe heran (an Land)	nāvem	das Schiff	ich lande
solvō	ich löse, lichte	ancoram	den Anker	ich segle ab
moveō	ich bewege fort	castra, signa	das Lager, die Feldzeichen	ich breche auf
dūcō	ich führe	exercitum	das Heer	ich ziehe
trāiciō, trānsmittō	ich bringe hinüber	mē, exercitum	mich, das Heer	ich setze über
mereō	ich verdiene	stipendia	den Sold	ich diene

a) Einfacher Objektsakkusativ §§ 112 - 118

α) Äußeres Objekt §§ 112 - 115

Viele gewöhnlich **intransitive** Verba, meist der Bewegung, werden **durch Zusammensetzung mit Präpositionen transitiv**[3]), entstanden wohl dadurch, daß eine ursprünglich mit dem Akkusativ verbundene Präposition zum Verbum gezogen und so der Akkusativ zum Objektskasus wird: moenia circumeō aus moenia circum eō. Dies ist immer der Fall bei circum, praeter, trāns, oft bei ad, ante, in, ob, per, sub (selten und meist nachklassisch bei Präpositionen, die mit dem Ablativ verbunden werden, außer convenīre aliquem zusammenkommen mit, besuchen): §112

Intransitiv		**Transitiv**	
loquī	reden	alloquī	anreden
gradī	schreiten	aggredī	angreifen

---

[1]) Von trānsīre: Verba, die den „Übergang", die Einwirkung, der Handlung vom Subjekt auf das Objekt bezeichnen.

[2]) Vgl. dt.: ich halte, renne, sprenge (ursprünglich: das Pferd), ich wende (das Pferd, Schiff), ich lande (das Schiff), ich spanne an (das Zugtier), ich lege ab (den Mantel); und grch.: ἄγειν (τὸ στράτευμα), ἐλαύνειν (τὸν ἵππον), αἴρειν (τὴν ἄγκυραν), καταλύειν (τὰ ὑποζύγια).

[3]) Vgl. dt.: beklagen, ersteigen, überspringen, umgehen; grch.: διαβαίνειν, διέρχεσθαι, παραπλεῖν, ὑφίστασθαι.

īre	gehen	circumīre	umgehen, umzingeln
		praeterīre	vorbeigehen an, übergehen
		trānsīre	überschreiten
sedēre	sitzen	obsidēre	belagern
crepāre	knarren	increpāre	anfahren, schelten

Hostēs castra circumiērunt et summum locum aggressī sunt.
Die Feinde umzingelten das Lager und griffen den höchsten Punkt an.

Ipsī discendī causā maria trānsmittunt.
Sie selbst überqueren die Meere, um zu lernen.

Mīlitibus fossae erant trānscendendae.
Die Soldaten mußten die Gräben übersteigen.

Redensarten:

adīre { ōrāculum / amīcum }   sich { an ein Orakel / an einen Freund } wenden

aber:

adīre ad amīcum — sich dem Freund nähern (in eigtl. Bedeutg.)

adīre } periculum, labōrem — sich einer Gefahr, Mühe unterziehen
subīre

inīre { foedus — ein Bündnis eingehen
        magistrātum — ein Amt antreten
        cōnsilium — einen Plan fassen
        proelium — ein Gefecht beginnen }

obīre { prōvinciam — eine Provinz bereisen
        mortem — den Tod finden, sterben }

§ 113 Lat. Transitiva, denen dt. gewöhnlich Intransitiva entsprechen

1. Persönlich konstruierte Verba:

		Bemerkungen	
		lokal:	
fugere	fliehen vor		
effugere	entfliehen	(ef)fugere ex urbe	aus der Stadt fliehen
dēficere	(er)mangeln, fehlen	dēficere ā sociīs	von den Verbündeten abfallen
		animō dēficere	den Mut sinken lassen
(ad)aequāre	gleichkommen	auch: gleichmachen, z.B.	
		moenia solō	die Mauern dem Erdboden
		cum virtūte fortūnam	das Glück der Tapferkeit

§ 113 einfacher Objektsakkusativ

sequī	folgen	ebenso die Komposita, außer:	
		obsequī alicuī[1])	jmdm. gehorchen
(ad)iuvāre	helfen	im Passiv persönlich:	
		adiuvor	mir wird geholfen
ulcīscī	(sich) rächen	folgende Konstruktionen:	
		inimīcum	sich rächen am Feind
		patrem	Rache nehmen für den Vater, den V. rächen
		facinus	sich für die Untat rächen, die U. rächen
		iniūriam inimīcī oder: inimīcum prō iniūriā	für das Unrecht am Feind Rache nehmen

Nēmō mortem effugere potest.	Niemand kann dem Tod entrinnen.
Fortēs fortūna adiuvat.	Den Tapferen hilft das Glück.
Ā sociīs adiūtī sumus et equitātū et pedestribus cōpiīs.	Von den Bundesgenossen wurde uns mit Reiterei und Fußtruppen geholfen.
Nōn sōlum vīrēs, sed etiam tēla nostrōs dēficiēbant.	Nicht allein die Kräfte versagten unseren Leuten, auch die Geschosse gingen ihnen aus.
Summam mūrī altitūdinem acervī armōrum adaequābant.	Die aufgehäuften Waffen kamen den höchsten Punkten der Mauer gleich (lagen so hoch wie ...).

Wiedergabe lat. Objektsakkusative durch dt. Präpositionalausdrücke

parāre bellum	(den Krieg vorbereiten)	sich zum Krieg rüsten
dēsīderāre aliquid	(etwas vermissen)	sich nach etwas sehnen
cūrāre aliquid (selten: dē)	(etwas besorgen)	sich um etwas kümmern
respicere aliquid	(etwas berücksichtigen)	Rücksicht auf etwas nehmen
cogitāre aliquid (auch: dē aliquā rē)	(etwas bedenken)	denken an etwas
grātulārī alicui victōriam (auch: dē victōriā)		jmdm. zum Sieg Glück wünschen

2. Unpersönliche Verba:

mē fugit, praeterit aliquid	es entgeht mir, mir ist unbekannt	mē iuvat	mich freut, es gefällt mir
mē fallit	(es täuscht mich) ich weiß nicht	mē decet	es ziemt sich für mich
		mē dēdecet	es steht mir nicht an

außerdem: mē piget, pudet, paenitet, taedet, miseret: § 137.

---
[1]) Dat. nach obtemperāre, oboedīre.

Nēminem vestrum fugit, quam pestiferum sit bellum.	Niemandem von euch ist unbekannt, wie unheilvoll der Krieg ist.
Nōn multum mē fallit, quae sint cōnsilia adversāriōrum.	Ich weiß ungefähr, wie die Absichten der Gegner aussehen.
Quid deceat vōs, nōn quantum liceat vōbīs, spectāre debētis.	Ihr müßt darauf sehen, was sich für euch ziemt, nicht, wieviel euch erlaubt ist.

§ 114 Transitiver und intransitiver Gebrauch von Verben der Gemütsstimmung

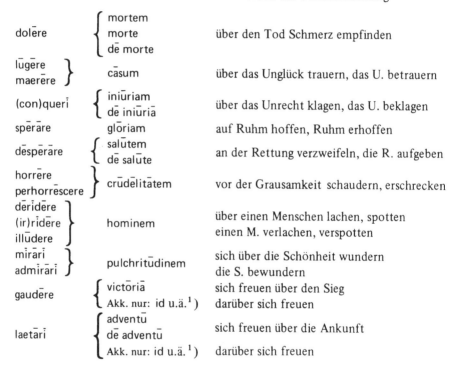

§ 115 Akkusativ des Ausrufs

Ein alleinstehender oder mit Interjektionen verbundener Akk. findet sich in Ausrufen der Verwunderung oder des Schmerzes. Eine Abhängigkeit von einem dem Sprecher ursprünglich vorschwebenden Verbum wie dīcō, vidē o.ä. ist im Einzelfall oft unsicher.

(ō), (heu) mē miserum!	ach ich Unglücksmensch!
ō incrēdibilem audāciam!	welch unglaubliche Frechheit!
prō(h) de(ōr)um fidem (erg.: implōrō)!	bei der Wahrhaftigkeit der Götter!

---
[1]) Vgl. § 116 Nr. 3.

§ 116   einfacher Objektsakkusativ

β) **Akkusativ des Inhalts**   §§ 116 - 118

Der Akkusativ des Inhalts oder inneren Objekts im engeren Sinne kann im wesentlichen   **§ 116**
dreifacher Art sein:

1. Zum Verbum tritt als Objekt ein s t a m m v e r w a n d t e s Substantiv (figūra etymologica), das meistens mit einem Attribut versehen ist[1]):

vērissimum iūsiūrandum iūrāre	einen heiligen Eid schwören
deōrum vītam vīvere	ein Götterleben führen
servitūtem servīre	in Knechtschaft leben
ācerrimam pūgnam pūgnāre	einen heißen Kampf liefern

passivisch:
ācerrima pūgna pūgnāta est   es hat einen heißen Kampf gegeben

Der Ersatz des gleichstämmigen Substantivs durch ein b e d e u t u n g s v e r w a n d t e s ist dichterisch und nachklassisch:

proelium pūgnāre	ein Gefecht liefern
aevum vīvere	ein Leben führen

2. Das Substantiv bezeichnet eine besondere Erscheinungsform des Vorgangs der Verbalhandlung, es stellt einen besonderen Fall des allgemeinen inneren Objekts dar:[2]):

sanguinem sitīre	nach Blut dürsten
iūdicium vincere	in einem Prozeß gewinnen
Olympia vincere	bei den olympischen Spielen siegen

3. Sehr oft wird das innere Objekt vom A k k. N e u t r. e i n e s P r o n o m e n s (seltener eines Zahladjektivs) gebildet, doch sind die Grenzen gegenüber dem adverbialen Gebrauch des Akkusativs (§ 118) nicht genau zu bestimmen, besonders bei cēterum, nihil, multum, plūs, plūrimum:

a) Akkusativobjekt bei gewöhnlich intransitiven Verben:

		aber substantivisch:
id studeō	ich bemühe mich darum	litterīs (§ 124)
id glōrior	ich rühme mich dessen	(dē) victōriā (§ 151 Nr. 2)
cētera tibi assentior	im übrigen stimme ich dir zu	cēterīs dē rēbus
illud nōn dubitō	daran zweifle ich nicht	dē tuā fidē

passivisch:
haec dubitārī nequeunt	daran kann nicht gezweifelt werden	hīs dē rēbus dubitārī nequit

mit kausaler Nuance:
quid mihi invidēs?	worin, warum, „was" beneidest du mich?	commodīs hominum (§ 124)

---

[1]) In klass. Sprache selten, auch dt. nur vereinzelt: einen guten Kampf kämpfen, den Schlaf des Gerechten schlafen; dagegen grch. häufig: πόλεμον πολεμίζειν, δουλείαν δουλεύειν.

[2]) Vgl. dt.: Blut schwitzen, Tränen lachen, einen Walzer tanzen; grch.: Ὀλύμπια νικᾶν.

dichterisch auch mit anderen als Quantitätsadjektiven:

| dulce ridēre | süß lächeln | vgl. § 114 |

b) Akkusativ der Sache bei transitiven Verben neben einem Akk. der Person:

id nōs cōgitis	dazu zwingt ihr uns	ad bellum (unklass.)
id tē prohibeō	daran hindere ich dich	(ā) pūgnā (§ 143 Nr. 2)
id tē admoneō	daran erinnere ich dich	dē eā rē (§ 136)

passivisch:

| multa ostentīs, multa extīs admonēmur | an vieles werden wir durch Wunderzeichen oder durch die Lage der Eingeweide gemahnt. |

vgl. § 119 Nr. 3.

Der Akkusativ der Beziehung (acc. graecus)

ist dichterisch und nachklassisch. Er steht nach Adjektiven und Partizipien auf die Frage „in welcher Hinsicht?", besonders zur Angabe von Körperteilen:

| flāva comās | (blond in bezug auf die Haare) mit bl. H. |
| ōs umerōsque deō similis | in Antlitz und Wuchs einem Gotte gleich. |

§ 117 Akkusativ der Raum- und Zeiterstreckung

Der Akkusativ hat sich aus dem Akk. des Inhalts entwickelt; vgl. dtsch.: „einen schweren Gang gehen", „einen Weg von 5 Kilometern gehen", „5 Kilometer gehen".

1. Auf die Frage „wie hoch, wie tief, wie lang, wie breit?"

| ducentōs pedēs altus[1]), longus, lātus[2]) | zweihundert Fuß[3]) hoch (bzw. tief), lang, breit |
| Ā rectā cōnscientiā nōn oportet digitum (oder unguem) discēdere. | Keinen Zoll darf man abgehen von dem, was das Gewissen als richtig bezeichnet (wörtl.: Finger, Nagel; vgl. M. Claudius: „Und weiche keinen Finger breit ..."). |

Auf die Frage „wie weit entfernt?" steht gewöhnlich der Akk.:

| locus ab hoste circiter passūs sescentōs aberat (oder distābat). | Die Stelle war rund 900 Meter von den Feinden entfernt. |

Möglich ist auch der Abl. (mēnsūrae: § 153, vgl. ebda. die Beispiele), besonders bei spatiō und intervallō.

---

[1]) Urspgl. P.P.P. von alere, also „großgezogen, gewachsen".

[2]) Urspgl. „ausgebreitet".

[3]) Die sog. „numeruslose" Form (= unflektierter Sg.) ist im Dt. bei Zahl- und Maßangaben die Regel, vgl. „10 Grad Kälte", „5 Maß Bier".

§§ 117-119　　einfacher Objektsakkusativ　　133

2. Auf die Frage „wie lange?":

Bestiolae quaedam unum diem vivunt.	Einige kleinere Tiere leben nur einen Tag.
Milites diem noctemque in opere versantur.	Die Soldaten sind Tag und Nacht bei der Arbeit.
Annos iam triginta in foro versaris.	Schon 30 Jahre lang, seit 30 Jahren bist du auf dem Forum tätig.
Mithridates annum iam tertium et vicesimum regnat.	Mithridates herrscht schon das 23. Jahr, d.h. seit 22 Jahren.
decem annos natus	10 Jahre alt

weitere Ausdrucksmöglichkeit:

Cato quartum agebat annum et octogesimum.	Cato stand im 84. Lebensjahr, war 83 Jahre alt.

Adverbiale Akkusative　　§ 118

Nahe verwandt mit dem Akk. des Inhalts ist der adverbiale Gebrauch des Akkusativs:

1. von einigen Pronomina und Adjektiven im Neutr.Sg.: Beispiele s. § 52 Nr. 2. a; außerdem:

id aetatis	in diesem Alter	id temporis	zu dieser Zeit

2. von pars in Wendungen wie

magnam partem	großenteils	maximam p.	größtenteils
maiorem p.	größerenteils	nonnullam p.	zu einem (beträchtlichen) Teil

Suebi non multum frumento, sed maximam partem lacte atque pecore vivunt.	Die Sueben leben wenig von Getreide, vielmehr hauptsächlich von Milch und Fleisch.

Auch non ist aus einem adverbial gebrauchten Inhaltsakk. ne unum („nicht in einem Punkte, in keiner Hinsicht") entstanden, ebenso nihil aus ne hilum („nicht eine Faser, keineswegs"); vgl. weiterhin die Vorbemerkungen zu quod (§ 249) und die adverbial erstarrten Akkusative wie partim, passim u.a. (§ 52 Nr. 3).

b) **Doppelter Objektsakkusativ**　　§§ 119-121

α) **Akkusativ der Person und der Sache**　　§ 119

1. Bei docere (lehren) und celare (verhehlen). Das Sachobjekt wird ausgedrückt durch:

a) in der Regel den Akk.Neutr. eines Pronomens (s. § 116 Nr. 3):

id te celo	das verheimliche ich dir
passivisch:	
id non celaberis	das wird dir nicht verheimlicht werden

b) seltener den Akk. eines Substantivs:

litterās tē docēbō	ich werde dich in den Wissenschaften unterrichten
Lēgātī crūdēlitātem praetōris senātum docent.	Die Abgesandten unterrichten den Senat von der Grausamkeit des Prätors.
Medicus mortem rēgis omnēs cēlāvit.	Der Arzt hielt den Tod des Königs vor allen geheim.

passivisch:
bei docēre in der Bedeutung „jmdn. in Kenntnis setzen von, benachrichtigen" und bei cēlāre s. unter c); bei docēre in der Bedeutung „lehren" nicht üblich bis auf das P.P.P. doctus:

homō et Graecīs doctus litterīs et Latīnīs	ein in grch. und lat. Wissenschaft gut unterrichteter Mann

für die ungebräuchlichen Formen Ersatzwendungen wie:

discere litterās (oder ērudīrī litterīs) ab aliquō	von jmdm. in der Wissenschaft unterrichtet werden

c) eine präpositionale Wendung mit dē bci cēlāre und bei docēre in der Bedeutung „benachrichtigen" gewöhnlich im Aktiv, immer im Passiv:

Dē īnsidiīs cēlāre tē nōluit.	Er wollte dir die Gefahren nicht verheimlichen.

passivisch:

Nōn est dē illō venēnō cēlāta māter.	Jenes Gift wurde der Mutter nicht verheimlicht.
Nōluit dē hīs rēbus Sullam docērī.	Er wollte nicht, daß Sulla von diesen Angelegenheiten unterrichtet werde.

2. Bei **poscere** (fordern) und **flāgitāre** (verlangen):

Caesar Haeduōs frūmentum flāgitāvit.	Cäsar verlangte von den Häduern Getreide.
Verrēs populum pecūniam poposcit.	Verres forderte vom Volk Geld.

Daneben steht die dem Dt. entsprechende Konstruktion aliquid ab aliquō; bei postulāre ist sie die Regel.

3. Bei **ōrāre** (bitten), **rogāre** (fragen, bitten), **interrogāre** (fragen) steht doppelter Akk. nur dann, wenn das Sachobjekt das Neutrum eines Pronomens ist (§ 116 Nr. 3); sonst wird das Sachobjekt bei interrogāre und rogāre mit dē oder einer indirekten Frage, bei ōrāre durch einen Satz mit ut bzw. nē ausgedrückt.

Eine Ausnahme bildet die Formel der Amtssprache

aliquem sententiam rogāre (pass.: sententiam rogātus)	jmdn. um seine Meinung fragen (im Senat)

§§ 119-121　　　　　doppelter Objektsakkusativ

Bedeutungen und Konstruktionen von **quaerere** und **petere**:

quaerere aliquid ab (oder ex) aliquō	jmdn. nach etwas fragen
passivisch:	
ex Titō quaesitum est	Titus wurde gefragt
quaerere aliquem bzw. aliquid	jmdn. bzw. etwas suchen
passivisch:	
Titus quaesitus est	Titus wurde gesucht
petere auxilium ab aliquō	jmdn. um Hilfe bitten (von jmdm. Hilfe erbitten)
petere hostēs	die Feinde angreifen
petere castra	nach dem Lager eilen
petere cōnsulātum	sich um das Konsulat bewerben

β) Akkusativ der Person und des Ortes　　　　　§ 120

Er steht bei den Verben des Hinüberführens traicere, trādūcere, trānsportāre; der Akk. des Ortes war ursprünglich von der Präposition des Kompositums abhängig (vgl. § 112).

Agēsilāus Hellēspontum cōpiās traiēcit.	Agesilaus führte die Truppen über den Hellespont.
passivisch:	
Plērique Belgae antiquitus Rhēnum trāductī sunt.	Sehr viele Belger wurden schon in alter Zeit über den Rhein geführt.
Ausnahme (bei zusätzlicher Angabe des Ziels):	
Caesar Ariovistum admonuit, nē quam multitūdinem hominum amplius trāns Rhēnum in Galliam trādūceret.	Cäsar wies Ariovist nachdrücklich darauf hin, daß er keine größeren Gruppen mehr über den Rhein nach Gallien führen solle.

γ) Akkusativ des äußeren Objekts und des Prädikatsnomens　　　　　§ 121

1. Bei „machen, wählen, (er)nennen" u.ä.:

aliquem cōnsulem facere, creāre	jmdn. zum Konsul machen, wählen
aliquem imperātōrem appellāre, nōmināre, dēclārāre, dīcere	jmdn. zum Feldherrn ernennen
aliquem imperātōrem renūntiāre	jmdn. zum Feldherrn ausrufen
aliquem fēlīcem dīcere	jmdn. glücklich nennen
aliquem certiōrem facere dē aliquā rē	jmdn. von etwas benachrichtigen

Fast nur mit prädikativen Adjektiven verbindet sich reddere (als Passiv dient, wie bei facere, fierī):

vītam beātam reddere	das Leben glücklich machen
Cavarīnum Caesar apud Senonēs rēgem cōnstituerat.	Den Cavarinus hatte Cäsar bei den Senonen als König eingesetzt.
Quī Diōnem vīvum tyrannum vocāverant, eidem mortuum līberātōrem patriae praedicābant.	Die gleichen Leute, die Dion zu seinen Lebzeiten einen Tyrannen genannt hatten, priesen ihn nach seinem Tode als Befreier des Vaterlandes.

Kongruenz nach § 108b Nr. 2a:
Animal plēnum ratiōnis et cōnsiliī, **quem** vocāmus hominem.

Das mit Verstand und Einsicht begabte Lebewesen, das wir Mensch nennen.

2. Bei „halten, beurteilen" u.ä.:

sapientem aliquem putāre, exīstimāre, dūcere, arbitrārī, iūdicāre
habēre

jmdn. für weise halten
halten für

ist in dieser Bedeutung (vgl. dagegen Nr. 3.) im Aktiv selten (meistens mit adjektivischem Prädikatsnomen), häufig aber im Passiv. Dagegen ist

dūcere

halten für

in dieser Bedeutung im Passiv selten, im Aktiv üblich. Substantivische Ausdrücke werden bei habēre meist, bei dūcere und putāre selten mit prō angeknüpft:

incerta prō certīs habēre
falsa prō vērīs habēre
aliquid prō nihilō putāre

Ungewißheiten als Gewißheiten nehmen
Falsches für wahr nehmen
etwas für nichts erachten

Quī parum perspiciunt, malitiam sapientiam iūdicant.

Die weniger Einsichtigen halten Durchtriebenheit für Klugheit.

Kongruenz nach § 108b Nr. 2a:
Timoleōn eam praeclāram victōriam dūcēbat, in quā plūs esset clēmentiae quam crūdēlitātis.

Timoleon hielt nur den Sieg für ruhmvoll, in dem die Milde die Grausamkeit überwog.

3. Bei „haben, nehmen, geben" u.ä.:

aliquem amīcum habēre

jmdn. zum Freund haben, an jmdm. einen Freund haben

comitem aliquem sūmere
comitem aliquem alicui dare

sich jmdn. zum Begleiter nehmen
einen jmdm. zum Begleiter mitgeben

Athēniēnsibus Pȳthia praecēpit, ut Miltiadem imperātōrem sibī sūmerent.

Die Pythia gab den Athenern die Anweisung, sich Miltiades als Feldherrn zu nehmen.

Kongruenz nach § 108 Nr. 3:
Multārum artium ministrās manūs nātūra hominī dedit.

Die Hände hat die Natur dem Menschen als Helfer in vielerlei Kunstfertigkeiten gegeben.

4. Bei „sich zeigen, sich bewähren" u.ä.:

fortem sē praebēre, praestāre
aber nur:
timidum sē praebēre

sich tapfer zeigen

sich ängstlich zeigen

da **praestāre** nur im lobenden Sinne gebraucht wird.

Nicht mit prädikativem Akkusativ, sondern nur mit Adverb oder Präpositionalwendung mit pro wird sē gerere verbunden:

turpissimē sē gerere	sich sehr übel aufführen
prō cīve sē gerere	sich wie ein Bürger verhalten.

2. Akkusativ als Zielkasus § 122

Der Akkusativ der Richtung oder des Zieles steht nach Verben der Bewegung auf die Frage „wohin?":

1. bei Namen von **Städten** und **kleineren Inseln**

Rōmam, Delphōs, Dēlum proficīscī	nach Rom, nach Delphi, nach Delos aufbrechen

Die **größeren Inseln** wie Sardinia, Sicilia, Britannia, Crēta, Euboea werden wie die Ländernamen mit in und Akk. verbunden:

in Britanniam vehī	nach Britannien fahren

Ist das Ziel nicht die Stadt selbst, sondern die nähere Umgebung, so steht ad:

Caesar ad Genavam pervēnit.	Cäsar gelangte in die Nähe von Genf.

Eine mit einem Attribut versehene Apposition tritt hinter, eine alleinstehende Apposition vor den Ortsnamen (im zweiten Falle immer, im ersten gewöhnlich mit der Präp. in):

Tarquiniōs, (in) urbem Etrūriae flōrentissimam, fugere.	Nach Tarquinii, der blühendsten Stadt Etruriens, fliehen.
in urbem Rōmam venīre	in die Stadt Rom kommen

Eine zweite Ortsangabe wird selbständig hinzugefügt, d.h. ebenfalls vom Verbum, nicht, wie im Dt., von der ersten Ortsangabe abhängig gemacht:

Corinthum in Graeciam venīre	nach Korinth in Griechenland kommen.

2. bei **domum** (nach Hause[1]) und **rūs** (aufs Land)

domum īre, dūcere	nach Haus gehen, führen
rūs mittere	aufs Land schicken

Tritt ein Attribut zu domum, so wird, wenn dies Attribut nicht den Besitzer angibt, die Präp. in gesetzt:

in domum veterem	in das alte Haus

aber:

domum nostram, suam, patris	in unser, sein, des Vaters Haus.

3. vgl. Supin I § 173.

---

[1]) Vgl. grch. δόμον ἰέναι, dt. heim (eigtl. „ins Heim") gehen.

B. Dativ

Der Dativ steht auf die Fragen „w e m ? w o f ü r ? w o z u ?" und bezeichnet die Person, seltener die Sache, der eine Handlung gilt; er steht wie im Grch. und Dt. sowohl bei transitiven Verben als Kasus des entfernteren Objekts wie bei intransitiven Verben und Adjektiven.

1. Dativ bei Verben

a) Objektsdativ im engeren Sinne

§ 123 Das Dativobjekt ist abhängig:

1. von transitiven Verben:

alicui aliquid

dare	geben	dīcere	sagen
mittere	schicken	nūntiāre	melden
crēdere	anvertrauen	suādēre[1])	raten
		ignōscere[2])	verzeihen

2. von intransitiven und unpersönlichen Verben, z.B.:

prōdesse	nützen	contingit	es glückt
obesse	hinderlich sein	accidit	es widerfährt
nocēre	schaden	libet	es beliebt, gefällt
servīre	dienen	licet	es ist erlaubt
īrāscī	zürnen	placet	es gefällt (dem Senat, der
appropinquāre	sich nähern	(senātuī)	Senat beschließt)

Wiedergabe lat. Dativobjekte durch dt. Präpositionalausdrücke

respondēre alicui rei	auf etwas antworten
aber:	
respondēre alicui ad aliquid	jmdm. auf etwas antworten
dīcere alicui	zu jmdm. sagen
distribuere (oder dīvidere) praedam mīlitibus	die Beute unter die Soldaten verteilen
conciliāre aliquem alicui	jmdn. mit jmdm. versöhnen
bellum facere alicui	a) Krieg gegen jmdn. anstiften
	b) Krieg gegen, mit jmdm. führen
imperāre alicui	über jmdn. herrschen
aber:	
imperāre cīvitātibus obsidēs, equitēs; frūmentum .	den Gemeinden die Stellung von Geiseln, Reiterei; die Lieferung von Getreide auftragen.

---

[1]) Grundbedeutung: „jmdm. etwas angenehm (suāvis) machen".
[2]) Grundbedeutung: „jmdm. gegenüber Einsicht in etwas haben".

§§ 124 - 125   Objektsdativ im engeren Sinne   139

Lat. Verben mit Dativobjekt, denen dt. gewöhnlich Transitiva entsprechen   § 124

		Bemerkungen
studēre	eifrig betreiben	aber: id studeō (§ 116) darum bemühe ich mich
favēre	begünstigen, fördern	
maledīcere	schmähen	
persuādēre	überreden	passivisch: (id) mihī persuāsum est = (id) mihī persuāsī ich bin (davon) überzeugt
parcere	schonen, sparen	passivisch: templīs parcitur die Tempel werden (Perf.: temperātum (wurden) geschont est)
invidēre	beneiden	invideō superiōribus ich beneide die Höherstehenden invideō commodīs superiōrum ich b. die H. um ihre Vorteile invideō commodīs tuīs ich b. dich um deine Vorteile nōbis invidētur wir werden beneidet
obtrectāre	schmälern, verkleinern	
nūbere (virō)	heiraten	eigtl. (vgl. nūbēs): sich für jmdn. in den Brautschleier hüllen beim P.P.P. auch cum: Terentia nupta cum Cicerōne (oder: nupta Cicerōnī) die mit C. verheiratete Terentia
medērī	heilen	eigtl. (vgl. meditārī): Rat wissen für die Krankheit

Ti. Gracchus studēbat laudī et dignitātī.	Tiberius Gracchus strebte nach Ehre und Würde.
Uticēnsēs Caesaris partibus favēbant.	Die Einwohner von Utica hielten es mit der Partei Cäsars.
Antiochō persuāsit Hannibal, ut in Italiam proficīscerētur.	Hannibal überredete den Antiochus, sich nach Italien aufzumachen.
Capitī fortūnīsque innocentis parcendum est.	Leben und Habe des Unschuldigen müssen geschont werden.
Philosophia medētur animīs.	Die Philosophie ist der Arzt der Seele.

Dativ bei Komposita   § 125

Viele mit Präpositionen zusammengesetzte transitive und intransitive Verben werden mit dem Dativ verbunden; nicht selten jedoch ist der Dativ auf die übertragene Bedeutung beschränkt, während in ursprünglicher Bedeutung die Präposition wiederholt wird.

praeesse rei publicae	an der Spitze des Staates stehen
praeesse magistratui	ein Amt bekleiden
afferre alicui vim	jmdm. Gewalt antun
succedere alicui	jmds. Nachfolger sein
superesse alicui	(„jmdm. übrig sein") jmdn. überleben
supplicare deis	die Götter anflehen

comparare, conferre, componere alicui (rei) **oder:** cum aliquo (aliqua re)	vergleichen mit jmdm. (etwas)
(con)iungere alicui (rei) **oder:** cum aliquo (aliqua re) **oder** (nur im P.P.P.): aliquo (aliqua re)	verbinden
adesse amico[1]) **aber:**	dem Freund beistehen
adesse ad portam	beim Tor anwesend sein
inferre hostibus bellum **aber:**	die Feinde bekriegen
inferre signa in hostes	sich auf den Feind stürzen
inicere alicui spem **aber:**	jmdm. Hoffnung einflößen
se inicere in hostem	sich auf den Feind stürzen
interesse pugnae **oder:** in pugna **aber:**	an der Schlacht teilnehmen
quid interest inter periurum et mendacem?	was ist für ein Unterschied zwischen einem Meineidigen und einem Lügner?
donare puero librum **oder:**	dem Jungen ein Buch schenken
puerum libro	den Jungen mit einem Buch beschenken
circumdare alicui aliquid **oder:**	etwas um jmdn. herumgeben. -legen u.ä.
aliquem aliqua re	jmdn. mit etwas umgeben
induere alicui tunicam **oder** (meistens beim P.P.P.):	jmdm. eine Tunika anlegen
indutus tunica	mit einer Tunika bekleidet
antecedere, anteire, antecellere, praestare alicui **oder:** anteire, antecedere aliquem	jmdn. übertreffen, sich vor jmdm. auszeichnen[2])

---

[1]) Dativ nach auxiliari alicui jmdm. helfen.

[2]) Weitere Ausdrücke für „sich auszeichnen": praestare (inter alios), florere (praeter ceteros).

§§ 125 - 126   Objektsdativ im engeren Sinne   141

Zusatz
Sowohl in ursprünglicher wie übertragener Bedeutung werden mit Präpositionalwendungen konstruiert:

accēdere			
ad urbem	sich der Stadt nähern	ad rem pūblicam	sich dem Staatsdienst widmen
incumbere			
in gladium	sich ins Schwert stürzen	in (oder ad) bonās artēs	sich der Wissenschaft widmen
incidere			
in manūs hostium	in die Hände der Feinde geraten	in morbum	krank werden

Folgende sonst transitive Verba werden bei Bedeutungswechsel mit dem Dativ verbunden: § 126

Akkusativ (und abs.)		Dativ	
	cavēre		
canem, īnsidiās (ā cane, ab īnsidiīs)	sich vor dem Hund, einer Falle hüten	sibī, alicui	für sich, für jmdn. sorgen, achtgeben auf
	prōvidēre, prōspicere		
futūra; frūmentum cōpiīs	die Zukunft voraussehen; im voraus für die Truppen Proviant besorgen	salūtī suae (oder dē salūte)	für das eigene Wohlergehen vorsorgen, Vorsichtsmaßregeln treffen
	cōnsulere		
ōrāculum dē aliquā rē; gravius dē aliquō (oder in aliquem)	das Orakel wegen etwas um Rat fragen; schärfer verfahren gegen jmdn.	cīvibus, fāmae	für die Bürger, seinen Ruf sorgen
	metuere, timēre		
aliquem, īnsidiās	sich vor jmdm., vor einer Falle fürchten	salūtī suae (oder dē salūte)	für sein Wohlergehen besorgt sein
	temperāre, moderārī		
rem pūblicam lēgibus; ab iniūriā temperāre	den Staat durch Gesetze einrichten, ordnen; sich des Unrechts enthalten	cupiditātibus	seine Leidenschaften zügeln, mäßigen

Zusatz
Bedeutungen und Konstruktionen von **convenīre**:
convenīre amīcum — einen Freund besuchen (treffen)
convenīre ad amīcum — bei einem Freund zusammenkommen
aliquid convenit in aliquem (oder alicui) — etwas schickt sich für jmdn.
rēs inter sē conveniunt — die Sachen passen zusammen
pāx convenit inter nōs — wir einigen uns auf den Frieden.

§ 127 **b) Dativ des Interesses**

a) Der dativus commodi oder incommodi

bezeichnet die Person oder Sache, zu deren Gunsten oder Nachteil etwas geschieht[1]):

Tibi seris, tibi metis.	Für dich säst du und für dich erntest du.
Praedia aliis coluit, non sibi.	Für andere bewirtschaftete er die Güter, nicht für sich.
Non scholae, sed vitae discimus.	Nicht für die Schule, sondern für das Leben lernen wir.

Sonderformen

1. Der **dativus ethicus**[2])
bezeichnet beim Personalpronomen der 1. und 2. Person die besondere innere Anteilnahme des Sprechenden an der Handlung; der Gebrauch ist umgangssprachlich[3]):

Tu mihi istius audaciam defendis?	Und da verteidigst du mir noch die Frechheit dieses Mannes?

2. Der **dativus iudicantis**
bezeichnet den örtlichen oder geistigen Standpunkt, von dem aus die Aussage Gültigkeit hat[4]), besonders bei einem Part.Präs.; in klassischer Sprache noch selten:

Caesar Gomphos pervenit, quod est oppidum primum Thessaliae venientibus ab Epiro.	Cäsar kam nach Gomphi, der ersten Stadt in Thessalien für den, der von Epirus kommt.
Ille mihi non est liber, cui mulier imperat.	Unfrei ist in meinen Augen, wer von einer Frau beherrscht wird.

3. Der **dativus auctoris**
als Vertreter von ab m. Abl. zur Angabe der handelnden Person[5]) ist in Prosa nur beim Gerundiv üblich, sonst selten; Entstehung aus einer Bedeutungsverschiebung des Typs „die Sache ist für mich wünschenswert, sichtbar" zu „von mir gewünscht, gesehen":

hoc mihi faciundum est	„das ist etwas für mich, meinerseits, von mir zu Tuendes", muß von mir getan werden
tibi consulatus quaerebatur	von dir wurde das Konsulat erstrebt
res mihi probatur (= placet)	eine Sache findet meinen Beifall

---

[1]) Ebenso im Grch.: οἱ ἄνδρες οἱ τοῖς Λακεδαιμονίοις („für die L.") πράσσοντες und im Dt.: „Die Zeit verging uns schnell".

[2]) Grch. ἦθος Sinnesart, Gemüt.

[3]) Ebenso im Grch.: καί μοι μὴ θορυβήσητε und im Dt.: „Du bist mir der Rechte!"

[4]) Ebenso im Grch.: ὁ λόγος αἰσχρὸς τοῖς σκοπουμένοις.

[5]) Ebenso im Grch., besonders nach Perf. und Plqpf.: πάνθ' ἡμῖν πεποίηται und den Verbaladjektiven auf -τός, -τέος: ποιητέον ἐστὶν ἐμοί.

β) Der dativus possessīvus bei esse
bezeichnet die Person, seltener die Sache, für die etwas vorhanden ist, der etwas gehört[1]); bei materiellen Gütern wird jedoch, außer bei Kollektiva, habēre oder possidēre vorgezogen:

Victīs nūlla erat spēs salūtis.	Die Besiegten hatten keine Hoffnung auf Rettung.
Mercātōribus nūllus erat aditus ad Nerviōs.	Kaufleute hatten keinen Zugang zu den Nerviern.
cum his mihī rēs est	ich habe mit diesen zu tun
opēs mihī sunt	ich habe Vermögen
aber:	
librum habeō, agrum possideō	ich habe ein Buch, einen Acker
mihī est (datur) nōmen Titus	ich heiße Titus
oder (durch Kasusangleichung):	
mihī est nōmen Titō	

c) Dativ des Zwecks (dativus finālis) § 128

Er steht auf die Frage „wozu?" zur Bezeichnung des Zwecks oder der Wirkung, oft mit einem Dativ der Person zum sog. doppelten Dativ[2]) verbunden. Alte erstarrte Zweckdative sind frūgī (§ 109) und das Supin II (§ 173). Abhängigkeit von Substantiven ist selten, z.B.

decemvirī lēgibus scrībundīs (ursprgl. sc. creātī)	das Zehnmännerkollegium zur Aufstellung von Gesetzen (gewählt)

Normalerweise nach folgenden Verben:

1. e s s e („gereichen", dienen)

praesidiō esse	zum Schutz dienen	honōrī esse	zur Ehre dienen
magnae cūrae esse	sich sehr angelegen sein lassen	magnō ūsuī esse	sehr nützlich sein
laudī esse	lobenswert sein	ēmolumentō esse	vorteilhaft sein
rēs mihī magis cordī est	die Sache liegt mir mehr am Herzen		

Als E r s a t z d e s P a s s i v s (§ 206):

invidiae esse	beneidet werden	odiō esse	gehaßt werden

---
[1]) Ebenso im Grch.: Ἐνταῦθα Κύρῳ βασίλεια ἦν καὶ παράδεισος, im Dt. selten: „Mir ist angst (= Angst)", „Ehre sei Gott" (nach dem Lat.).
[2]) Nicht im Grch. und Dt.

Satzergänzungen: Dativ

| Verrēs omnibus cēterīs Siculīs odiō est, ab his sōlis amātur. | Von allen übrigen Sizilianern wird Verres gehaßt, nur von diesen wird er geliebt. |
| Ōdī odiōque sum Rōmānīs. | Ich hasse die Römer und werde von ihnen gehaßt. |

2. dare, tribuere, vertere (anrechnen)

vitiō dare	als Fehler anrechnen	crīminī dare	zum Vorwurf machen
laudī vertere	als lobenswert anrechnen	ignāviae tribuere	als Feigheit auslegen
unklassisch:		dafür klassisch:	
dōnō dare	schenken	dōnum dare	schenken

3. bestimmte Wendungen der Militär- und anderer Sondersprachen

| auxiliō arcessere, venīre, mittere | zu Hilfe rufen, kommen, schicken | colloquiō diem dīcere | einen Termin für eine Unterredung bestimmen |
| receptuī canere | zum Rückzug blasen | colloquiō locum dēligere | einen Platz für eine Unterredung auswählen |

Mihī magnae cūrae est aedīlitās tua.	Deine Stellung als Aedil liegt mir sehr am Herzen.
Sibī ait officium, fidem, dīligentiam semper cordī fuisse.	Pflichttreue, Zuverlässigkeit und Sorgfalt seien ihm, sagt er, immer Herzensbedürfnis gewesen.
Exemplō aliīs esse dēbētis.	Ihr müßt anderen ein Beispiel geben.
Tū id in mē reprehendis, quod Q. Metellō laudī datum est et semper erit maximae glōriae?	Du tadelst das an mir, was einem Q. Metellus ein Lob eingebracht hat und immer sein größter Ruhm sein wird?
Caesar cōpiās praesidiō nāvibus relinquit.	Cäsar läßt Truppen zum Schutz der Schiffe dableiben.

§ 129 **2. Dativ bei Adjektiven**

Viele Adjektive und Adverbien werden mit dem Dativ verbunden, der entweder Objektsdativ wie bei den entsprechenden Verben, z.B. īrātus alicui neben īrāscī alicui, oder dativus commodī ist, z.B.:

salūtāris	heilsam	perniciōsus	verderblich
iūcundus	angenehm	īnfestus	feindlich gesinnt
propinquus	nahe	molestus	beschwerlich

Dativ bei Adjektiven

mit Dativ der Person, aber mit ad und Akk. der Sache:

| aptus | geeignet | idōneus | passend |
| utilis | nützlich | necessārius | notwendig |

mit Dativ oder Genetiv im Positiv und Superlativ, nur mit Dativ im Komparativ:

| amīcus | freundlich | familiāris | vertraut |
| inimīcus | feindlich | | |

mit verschiedener Konstruktion bei verschiedener Bedeutung:

| grātus m. Dat. | angenehm | in (ergā) m. Akk. | dankbar gegen jmdn. |

cōnsilium reī pūblicae salūtāre	ein dem Staat förderlicher Plan
congruenter nātūrae convenienterque vīvere	in völliger Übereinstimmung mit der Natur leben
Est senātōrī necessārium nōsse rem pūblicam.	Für einen Senator ist es unerläßlich, das Staatswesen zu kennen.
aber:	
Angustiae ad īnsidiās aptae sunt (vgl. § 174,3).	Der Engpaß ist für eine Falle geeignet.
amīcus, familiārissimus Cicerōnī	mit Cicero befreundet, sehr vertraut
oder (substantivisch):	
amīcus, familiārissimus Cicerōnis	ein Freund, enger Vertrauter Ciceros
aber nur (adjektivisch):	
amīcior Cicerōnī	mit Cicero mehr befreundet

Über den Wechsel von Gen. und Dat. bei Adjektiven der Gleichheit und Ungleichheit u.a. s. § 135.

C. Genetiv §§ 130 - 140

Der Genetiv bezeichnet:
a) die **Zugehörigkeit** einer Person oder Sache zu einer anderen,
b) den **Bereich**, in den eine Verbalhandlung fällt.
Er kann sowohl von Nomina (Substantiven, Adjektiven, Pronomina) als auch von Verben abhängen, gelegentlich auch von Adverbien.

1. Genetiv bei Substantiven §§ 130 - 134

a) Genetivus partitivus § 130

Er bezeichnet das Ganze, von dem ein Teil angegeben ist. Er steht:

1. neben **Substantiven**, die ein Maß oder eine Menge bezeichnen:

pars hominum	ein Teil der Leute
magna cōpia frūmentī	eine große Menge Getreide(s)
trīticī modiī centum	100 Scheffel Weizen
pecūniae quīnquāgintā talenta	50 Talente Geld

Sofern, wie in den letzten drei Beispielen, der Genetiv den Stoff oder Inhalt bezeichnet, dessen Maß oder Menge das übergeordnete Wort angibt, spricht man auch vom genetivus māteriae; vgl. noch montēs aurī pollicērī „goldene Berge versprechen".

2. neben substantivierten Adjektiven, die ein Maß oder eine Menge bezeichnen (sog. Quantitätsadjektive), jedoch nur, wenn diese im Neutr.Sg. im Nom. oder präpositionslosen Akk. stehen. Solche Quantitätsadjektive sind:

multum, plūs, plūrimum, nimium	viel, mehr, das meiste, zuviel
paul(ul)um, minus, minimum	(ganz) wenig, weniger, sehr wenig
tantum, quantum, aliquantum	so viel, wieviel, ziemlich viel
aliquantum aeris aliēnī	beträchtliche Schulden
paulum lucrī	wenig Gewinn
plūs virium (Gen.: plūrium virium)	mehr Kräfte
tantum ingeniī (Gen.: tantī ingeniī)	soviel Geist

3. neben substantivisch gebrauchten Pronomina im Singular wie: quis, quisquam, quidam, nēmō, alter; nihil, id, idem, hoc, quid, aliquid, quidquid. Stehen die Pronomina im Neutr., so kommt (wie unter 2.) nur der Nom. oder präpositionslose Akk. in Betracht.

quis hominum?	wer von den Menschen?
nēmō mortālium	keiner der Sterblichen, kein Mensch
alter cōnsulum	der eine (der beiden) Konsul(n)
Videant cōnsulēs, nē quid rēs pūblica dētrīmentī (= nē quod dētrīmentum) capiat.	Die Konsuln mögen dafür sorgen, daß der Staat keinen Schaden nimmt! (Notstandsformel)
id temporis (§ 118 Nr. 1)	in dieser Zeit

4. Neben den Quantitätsadverbien (urspr. Nomina: § 52 Nr. 3c) satis, parum, nimis:

parum cibī	zu wenig Nahrung
satis praesidiī	genügend Schutz

aber mit Adjektiv bei konkreten Substantiven häufiger:

satis magna pecūnia	genug Geld
satis multī hominēs	genug Menschen

Von Ortsadverbien hängt ein partitiver Gen. ab in den formelhaften Wendungen[1]):
ubi terrārum?	wo in aller Welt?
quō gentium?	wohin in aller Welt?

Die Verbindung eines Abstraktums mit den Ortsadverbien quō und eō ist nachklassisch:
eō audāciae prōcessit (statt: ad tantam audāciam)	er ging in seiner Kühnheit so weit

5. neben (substantivisch gebrauchten) Komparativen und Superlativen von Adjektiven und Adverbien, sowie bei Ordinalzahlen:

---
[1]) Vgl. dt. ‚woher des Weges?'

§ 130 partitiver Genetiv

maior Nerōnum	der ältere Nero
fortissimī omnium Gallōrum	die tapfersten von allen Galliern
princeps ōrātōrum	der Erste unter den Rednern
Caesar omnium ferē ōrātōrum Latīnē ēlegantissimē loquitur.	Cäsar spricht von fast allen Rednern am erlesensten Latein.
quattuor capitum secundum et tertium	von den vier Kapiteln das zweite und dritte

Der Gen.part. und seine Konkurrenzausdrücke

Konkurrenzausdrücke zum Gen.part. (z.B. „der jüngste der Schüler") sind die attributive Konstruktion (z.B. „der jüngste Schüler") und Präpositionalgefüge (z.B. „der jüngste unter (von) den Schülern").

1. Präpositionalgefüge mit ex und dē (vgl. den frz. Teilungsartikel), bei Superlativen auch mit inter, stehen besonders, wenn das Ganze ein Substantiv im Sg. oder ein undeklinierbares Zahlwort ist, ebenso bei Kardinalzahlen (zu mīlle/mīlia s. § 65 Nr. 3) und pluralischen Zahladjektiven:

quis dē plēbe Rōmānā?	wer von der römischen Plebs?
nēmō ex decem	keiner von den zehn
Ex equitibus nostrīs interficiuntur quattuor et septuāgintā.	Von unseren Reitern fallen vierundsiebzig.
Complūrēs ex Gallīs Caesarem secūtī sunt.	Mehrere von den Galliern schlossen sich Cäsar an.

Jedoch steht der partitive Gen. in der Regel neben ūnus bei Gegenüberstellung zu anderen Teilen, mitunter in Abhängigkeit von multī und plērīque:

Gallia est omnis dīvīsa in partēs trēs, quārum ūnam incolunt Belgae, aliam Aquitānī, tertiam Gallī.	Gallien ist in seiner Gesamtheit in drei Teile geteilt, von denen einen die Belger bewohnen, den andern die Aquitaner und den dritten die Gallier.
plērasque rēs nōmināre	recht viele Dinge nennen

2. Die attributive Konstruktion steht:

a) wenn nicht ausdrücklich das Ganze seinen Teilen gegenübergestellt werden soll (im Dt. wird auch in diesem Fall oft ein Teilungsverhältnis bezeichnet):

maior frāter	der ältere Bruder (von den Brüdern)
septimus fīlius	der siebte Sohn (von den Söhnen)
nēmō senātor	kein(er von den) Senator(en)
duo bella maxima	zwei der größten Kriege
multī (plērīque, nōnnūllī, complūrēs) cīvēs	viele (sehr viele, manche, mehrere) von den Bürgern

b) regelmäßig, wenn der Zahlbegriff die ganze Zahl ausmacht (wo, bes. in altertümlicher Sprache, das Dt. ebenfalls oft einen part. Gen. gebraucht):

trecentī petunt (petimus)	ihrer (unser) dreihundert verlangen
librī, quōs complūrēs ēdidimus	Bücher, deren wir mehrere herausgegeben haben
quot estis?	wie viel sind euer?
paucī sumus	unser sind nur wenige

c) bei uter, uterque, neuter, wenn sie nicht mit einem alleinstehenden Pronomen, sondern mit einem Substantiv verbunden sind:

uterque dux cecidit	jeder von den beiden Führern fiel
aber:	
uterque nostrum, eōrum	jeder von uns (ihnen) beiden, wir (sie) beide

d) gewöhnlich, wenn bei dem Zahlbegriff ein possessives Pronomen (mit oder ohne Substantiv) steht:

quidam noster amīcus	einer von unseren Freunden
multae epistulae tuae (oder: ex epistulīs tuīs)	viele von deinen Briefen
Nostrī circiter septuāgintā cecidērunt.	Von den Unsrigen fielen etwa siebzig.

e) wenn das Ganze durch das substantivierte Neutr. eines Adjektivs der 3. Dekl. bezeichnet wird, ebenso bei aliud; bei Adjektiven der 2. Dekl. ist dagegen sowohl part. Gen. wie auch die attributive Konstruktion möglich:

aliquid īnsigne	etwas Hervorragendes
nihil ūtilius, nihil aliud	nichts Nützlicheres, nichts anderes

aber:

aliquid bonī oder bonum (vgl. § 131 Nr. 2b)	etwas Gutes

Der Gen. partitīvus von nōs und vōs
heißt **nostrum** und **vestrum** (vgl. § 54 Nr. 1 und § 131 a.E.), z.B.:

quis nostrum? uterque vestrum	wer von uns? jeder von euch (beiden)
nostra omnium spēs	
oder (häufiger):	unser aller Hoffnung
omnium nostrum spēs	

§ 131 b) Genetīvus possessīvus

Er bezeichnet den Besitzer und steht:

1. attributiv in Abhängigkeit von Substantiven

domus patris meī	das Haus meines Vaters
aedēs Minervae	der Tempel der Minerva

2. prädikativ in Abhängigkeit von esse (gehören) u.ä.[1]

   a) zur Angabe des eigentlichen Besitzverhältnisses

Praeter Capitōlium atque arcem omnia hostium erant.	Außer dem Capitol und der Burg befand sich alles in der Hand der Feinde.
Mancipia, quae dominōrum sunt facta.	Die Sklaven, die Eigentum ihrer Herren geworden sind.
aliquid diciōnis (oder potestātis) suae facere (= in diciōnem suam redigere)	etwas in seine Gewalt bringen

---

[1] Ebenso im Grch.: ἡ οἰκία τοῦ πατρός ἐστιν, selten im Dt.: „Er ist des Todes", „. . . was des Kaisers ist".

Unterschied gegenüber dem dativus possessivus:

ager patris est	das Feld gehört dem Vater (und nicht der Mutter): der Besitzer wird betont
ager patri est	das Feld gehört dem Vater (außerdem noch das Landhaus, oder: nicht aber das Landhaus): der Besitz wird betont

b) in **übertragener** Bedeutung bei unpersönlichem est, videtur, existimatur u.ä. im Sinne von „es ist (scheint, gilt) jmds. Pflicht, Sache, Gewohnheit; ein Zeichen von; zeugt von, verrät, beweist"

Cuiusvis hominis est errare, nullius nisi insipientis perseverare in errore.	Einem Irrtum zu verfallen, ist jedem Menschen eigen, aber im Irrtum zu verharren ist ein Zeichen von Dummheit.
Duri hominis vel potius vix hominis videtur periculum capitis inferre multis.	Es zeugt von Hartherzigkeit oder vielmehr fast von Unmenschlichkeit, viele in Lebensgefahr zu bringen.
Tempori cedere semper sapientis est habitum.	Sich den Umständen zu fügen hat immer als weise gegolten.

daneben ist der Nominativ möglich:
stultum, stultitia (stulti, stultitiae) est — es zeugt von Dummheit
jedoch bei Adjektiven einer Endung, wo der Nominativ mehrdeutig wäre, nur der Genetiv:
sapientis (sapientiae, sapientia) est — es zeugt von Klugheit

Ersatz des Genetivs der Personalpronomina durch das Possessivum:

est tuum	es ist deine Aufgabe, dir eigentümlich
amicus quidam meus	einer meiner Freunde

mit nominaler Ergänzung im Genetiv:

mea unius opera	durch meine Hilfe allein
nostra ipsorum libertas	unsere eigene Freiheit.

c) Genetivus definitivus[1])   § 132

Er bezeichnet einen allgemeinen Begriff näher durch Beifügung einer besonderen Erscheinungsform des Allgemeinen:

		Auflösung:
virtus iustitiae	die Tugend der Gerechtigkeit	die Gerechtigkeit ist eine Tugend
vox voluptatis	das Wort Vergnügen	„Vergnügen" ist ein Wort
nomen dictatoris	der Titel Diktator	nicht: der D. hat einen Titel, sondern: D. ist ein Titel

---

[1]) Von definire (begrenzen, näher bestimmen); andere Bezeichnungen sind Gen. appositivus (im Sinn einer Apposition stehend), epexegeticus (erklärend, erläuternd), explicativus (erklärend); eine besondere Erscheinungsform ist der Gen. identitatis oder inhaerentiae, der von zwei synonymen Begriffen einen dem anderen unterordnet: ira furoris (heftiger Zorn).

praemium missiōnis	die Belohnung, die in der Entlassung besteht	nicht: die E. findet eine Belohnung, sondern: die E. ist eine Belohnung
mercēs glōriae	Ruhm als Lohn	nicht: der R. findet Lohn, sondern: der R. ist Lohn

Unklassisch ist der Gen. defīn. bei geographischen Bezeichnungen, z.B. urbs Rōmae. Klassisch stattdessen wie im Dt. Apposition: urbs Rōma, flūmen Isara, mōns Iūra.[1])

§ 133   d) Gen. subiectīvus und obiectīvus

Sie bezeichnen, wie im Dt., das Subjekt, bzw., meist abweichend vom Dt.[2]), das Objekt einer Handlung oder Empfindung, die von dem regierenden Substantiv ausgedrückt wird:

	subi.	obi.
victōria Rōmānōrum	der Sieg der Römer	der Sieg über die Römer
amor parentum	die Liebe der Eltern	die Liebe zu den Eltern
dēsiderium amīci	die Sehnsucht des Freundes	die Sehnsucht nach dem Freund
invidia Caesaris	der Neid Cäsars	der Neid auf Cäsar

zusammen:
populōrum spēs pācis	der Völker	Hoffnung auf Frieden
Helvētiōrum iniūria populī Rōmānī	der Helvetier	Unrecht am römischen Volk

bei Pronomina:
amor vester (Poss.)	eure Liebe	—
amor vestrī (Pers.)	—	die Liebe zu euch
amor suī	—	Eigenliebe

zusammen nur mit Ersatz des gen. obi. durch einen Präpositionalausdruck:
vester in nōs amor	eure Liebe	zu uns

auch sonst kann, wenn eine Gesinnung gegen eine Person bezeichnet werden soll, der gen. obi. der Deutlichkeit wegen durch in, ergā, adversus mit Akk. ersetzt werden:
amor in, ergā, adversus parentēs   Liebe zu den Eltern

causā und **grātiā**
die wie eine Präposition verwendet werden, nehmen nur den Genetiv von Substantiven zu sich; statt des Genitivs der Personalpronomina tritt das Possessivum ein[3]):

---

[1]) Vgl. grch.: Τροίης πτολίεθρον, frz. la ville de Paris, engl. the town of Cambridge.

[2]) Heute steht der gen. obi. im Dt. nur nach nōmina agentis oder āctiōnis, die von transitiven Verben abgeleitet sind: prōditor urbis der Verräter der Stadt, expūgnātiō castrōrum die Eroberung des Lagers, ultor iniūriārum der Rächer des Unrechts, simulātiō ēmptiōnis „das Vortäuschen eines Kaufes" (Scheinkauf). Dagegen veraltet: „die Furcht des Herrn".

[3]) Es handelt sich um erstarrte Ablative „aus Ursache" und „um (den bloßen) Dank", wie auch grch. χάριν und dt. „dank" aus Substantiven zu unechten Präpositionen erstarrt sind; also meā causā „wegen (= in) meiner Sache", meā grātiā „um meinen Dank, mir zuliebe".

reī pūblicae causā	um des Staates willen
meā, tuā, nostrā, vestrā causā	um meinet-, deinet- usw. willen
meā ipsīus causā	um meiner selbst willen

e) Genetīvus quālitātis[1]) §134

Er bezeichnet die Eigenschaft oder nähere Beschaffenheit des übergeordneten Substantivums und steht, sowohl attributiv als prädikativ, besonders als Zahl-, Maß-, Art- und Wertbestimmung, stets in Verbindung mit einem Attribut (Adj., Pron., Zahlwort).

1. attributiv:

puer novem annōrum	ein neunjähriger Junge
classis septuāgintā nāvium	eine Flotte von siebzig Schiffen
homō ōrdinis equestris	ein Angehöriger des Ritterstandes
rēs eius modī	derartige Dinge
rēs magnī mōmentī	eine Sache von Bedeutung
rēs nūllīus mōmentī	eine belanglose Sache

2. prädikativ:

Xerxis classis mīlle et ducentārum nāvium longārum fuit.	Die Flotte des Xerxes bestand aus 1200 Kriegsschiffen.
Virum bonum necesse est summae pietātis ergā deōs esse.	Ein anständiger Mensch muß ein hohes Pflichtgefühl gegenüber den Göttern haben.

Verhältnis zum **ablātīvus** quālitātis

Bei Angabe von körperlichen und geistigen Eigenschaften steht auch, ebenfalls mit Attribut, der abl. quālitātis (vgl. § 146). Gelegentlich kann man einen Unterschied in der Verwendung feststellen, insofern der abl. mehr vorübergehende Stimmungen und zufällige Eigenschaften, der gen. mehr dauernde und wesentliche Eigenschaften angibt[2]), doch ist häufig auch kein Bedeutungsunterschied festzustellen, wie in den beiden ersten Beispielen:

homō maximī corporis terribilīque[2]) faciē	ein Mensch von gewaltiger Statur und schrecklichem Anblick
vir magnī ingeniī summāque prūdentiā	ein Mann von hoher Begabung und großer Klugheit

---

[1]) Von quālis (wie beschaffen). Dt. hauptsächlich in gehobener Sprache („kein Mann vieler Worte") und in festen Wendungen („guter Dinge sein").

[2]) Bei Adjektiven auf -is im Gen.Sg. wird fast immer der abl. qual. gesetzt.

Agesilaus et statura fuit humili et corpore exiguo.		Agesilaus war klein und von schmächtigem Körperbau.
Reliquum spatium mons continet magna altitudine.		Ein Berg von großer Höhe nimmt den übrigen Raum ein.
vir maximo animo oder maximi animi		ein hochherziger Mann (bleibende Eigenschaft)
aber nur:		
bono (quieto, tristi) animo esse		guten Mutes (in ruhiger, trauriger Verfassung) sein (vorübergehende Stimmung)

§ 135   2. Genetiv bei Adjektiven

1. als **gen. obiectivus** bzw. **partitivus**

a) bei Adjektiven der Bedeutung: „begierig, kundig, eingedenk, teilhaftig, mächtig, voll" und ihren Gegenteilen

		Bemerkungen
cupidus, avidus gloriae	auf Ruhm erpicht	Gen. nach cupere, das urspr. den Gen. „regierte"
studiosus litterarum	wissenschaftsbeflissen	
(i)gnarus belli	kriegs(un)erfahren	
(im)peritus linguae	sprach(un)kundig	
iuris (iure)consultus	rechtskundig	iure kein urspr. Abl.: aus iuris durch Abfall des Schluß-s und Vokalschwächung (L22). aber vgl. assuetus § 147.
insuetus laborum	an Arbeit nicht gewöhnt	
inscius omnium rerum	in allen Dingen unwissend	
conscius omnium consiliorum	in alle Pläne eingeweiht	
nullius culpae sibi conscius est	er ist sich keiner Schuld bewußt	
(im)memor beneficii	der Wohltat (nicht) eingedenk	Gen. nach meminisse alicuius rei
particeps (expers) rationis	(nicht) vernunftbegabt	Gen. in beiden Fällen von dem zugrundeliegenden Substantiv pars bestimmt
compos mentis	seiner Sinne mächtig	Gen. von dem zugrundeliegenden Nomen potis („Herr") bestimmt
plenus superbiae	voll Stolz	mit Abl. klass. selten; aber onustus (beladen) und confertus (voll) klass. immer, refertus (voll) meist mit Abl.
fertilis fructuum	sehr fruchtbringend	
inops amicorum	arm an Freunden	

§ 135 Genetiv bei Adjektiven

integer vitae scelerisque pūrus	von unbescholtenem Lebenswandel und ohne Schuld	integer: sog. Gen. ‚des Sachbetreffs'; pūrus: wie expers u.a.
egēnus speī	arm an Hoffnung	egēre z.T. mit Gen.

Omnēs immemorem beneficiī ōdērunt.	Alle hassen den, der eine Wohltat vergißt.
Omnia plēna cōnsiliōrum, inānia verbōrum vidēmus.	Alles sehen wir voll von Plänen, aber sparsam mit Worten

b) beim **Partizip Präsens** transitiver Verba, wenn es eine dauernde Eigenschaft bezeichnet; der Gen. erklärt sich hier aus der halb substantivischen Natur solcher Partizipia (z.B. amāns ähnlich wie amātor), z.T. auch durch Analogiekonstruktion nach den bedeutungsverwandten Adjektiven (z.B. appetēns nach cupidus):

amāns patriae	vaterlandsliebend	appetēns glōriae	ehrgeizig
fugiēns labōris	arbeitsscheu	appetentissimus gl.	sehr ehrgeizig

2. als **gen. possessīvus** bei proprius (eigen) und sacer (heilig)[1])

Īnsula Dēlus Apollinis sacra[1]) putābātur.	Die Insel Delos war dem Apollo heilig (geweiht), wie man glaubte.
Hoc proprium virtūtis existimant.	Dies halten sie „für etwas der Tapferkeit Eigentümliches", für ein besonderes Zeichen von Tapferkeit.

mit Possessīvum statt Gen. des Personalpronomens:

mea propria culpa	meine eigene Schuld
tua propria facultās	die dir eigene, deine besondere Geschicklichkeit

Genetiv o d e r Dativ bei

		Bemerkungen
(dis)similis	(un)ähnlich	aber nur Gen. bei vērī similis und den Personalpronomina meī, tuī, suī, nostrī, vestrī (aber hōrum oder hīs) similis (meines-, deinesgleichen usw.). Steht der Gen., so ist similis substantivisch aufgefaßt („ein Bild von". vgl. den Gen. bei amīcus § 129).
aequālis	gleich, zeitgenössisch	
superstes	überlebend	
(dis)pār	(un)gleich	der Dat. überwiegt; Gen. bes. von Pron. (suī, cuius).
contrārius	entgegengesetzt	bei substantivischem Gebrauch („Gegenteil von") kann der Gen. stehen
commūnis	gemeinsam	der Dat. überwiegt; er ist die Regel, wenn durch cum oder inter ausgedrückt wird, mit wem etwas gemeinsam ist
sacer	heilig	Dat. nur vor- und nachklassisch.

---

[1]) Vgl. grch. ἱερὸς τῶν θεῶν.

Patris similis est filius.		Der Sohn ist ein Abbild des Vaters.
Canis nonne similis lupo?		Der Hund ist doch wohl dem Wolf ähnlich.
Multa sunt civibus inter se communia.		Bürger haben vieles miteinander gemeinsam.
Hoc est natura commune animantium.		Dies ist das den Lebewesen von Natur aus Gemeinsame.

3. Genetiv bei Verben

a) Bei den Verben des Erinnerns, Erwähnens, Vergessens

		Bemerkungen:
meminisse	sich erinnern	Ist das Objekt eine Sache, so kann es auch im Akk.[1]) stehen; Akk.Obj. der Person nur in der Bedeutung „noch im Gedächtnis haben". Gelegentlich auch das Objekt durch de m. Abl. ausgedrückt.
oblivisci	vergessen	Bei sächlichem Objekt auch Akk.
mihi in mentem venit	mir kommt in den Sinn, fällt ein	Im Nominativ gewöhnlich nur das Neutrum von Pronomina und Adjektiven sowie res.
admonere aliquem	jmdn. erinnern	Genetiv vor allem dichterisch und nachklass.; klass. de m. Abl. bzw. bei neutralem Pronomen Akk.
reminisci	sich erinnern	hauptsächlich von Sachen, gewöhnlich mit Akk., selten mit Gen.
recordari[2])	sich erinnern	mit Gen. sehr selten, gewöhnlich mit de oder, bei sächlichem Objekt, mit Akk.
mentionem facere	erwähnen	gewöhnlich mit Gen., seltener mit de.

Memini neque umquam obliviscar noctis illius.	Ich erinnere mich jener Nacht und werde sie nie vergessen.
Est proprium stultitiae aliorum vitia cernere, oblivisci suorum.	Es ist ein Kennzeichen der Dummheit, die Fehler anderer zu sehen, die eigenen jedoch zu vergessen.
Officia meminisse debet is, in quem conlata sunt.	An die Dienste soll der denken, dem sie erwiesen wurden.
Obliviscor tuas iniurias.	Deine ungerechte Handlungsweise vergesse ich.

---

[1]) Zum Wechsel zwischen Akk. und Gen.: Der Genetiv bezeichnet den Bereich, dem der Gegenstand der Erinnerung angehört, der Akk. direkt das Objekt.

[2]) Eigtl.: „sich etwas ins Gedächtnis (cor) zurückrufen".

Cinnam meminī, vīdī Sullam.	Cinna habe ich noch im Gedächtnis, Sulla habe ich gesehen.
Illīus mihī temporis venit in mentem.	Jene Zeit kommt mir in den Sinn.
aber:	
Haec mihī in mentem veniēbant.	Das kam mir immer wieder (§ 212 Nr. 2) in den Sinn.
Putāvī eā dē rē tē esse admonendum.	Ich glaubte, dich daran erinnern zu müssen.
aber:	
illud tē admoneō	daran erinnere ich dich
Adversae rēs admonuērunt religiōnum.	Unglücksfälle erinnerten an die Pflichten gegenüber den Göttern.

b) Bei den unpersönlichen Ausdrücken der Empfindung § 137

	dt. persönlich:
piget, pudet, paenitet, taedet (atque) miseret	sich ärgern, sich schämen, bereuen, Ekel empfinden, Mitleid haben.[1]

steht die Person, die etwas empfindet, im Akk., die Person oder Sache, auf die sich die Empfindung bezieht, im Gen. (des Bereichs)

Mē nōn sōlum piget stultitiae meae, sed etiam pudet.	Meine Dummheit ärgert mich nicht nur, sondern ich schäme mich ihrer auch.

bei pudet auch die Person, vor der man sich schämt, im Gen.:
pudet mē deōrum hominumque	ich schäme mich vor Göttern und Menschen
Suae quemque fortūnae maximē paenitet.	Jeder ist mit seinem Schicksal höchst unzufrieden.
taedet tē vītae	du bist lebensüberdrüssig
mē tuī miseret	du tust mir leid

entsprechend das persönliche miserērī:
miserēre nostrī,[2] amīcōrum	erbarme dich unser, der Freunde

bei neutralem Pronomen wird der Gegenstand der Empfindung Subjekt:
hoc mē paenitet	ich bereue dies

auch ein Infinitiv, seltener A.c.I. bzw. indir. Fragesatz, bei paenitet auch ein quod-Satz, kann den Inhalt der Empfindung ausdrücken:
Pudeat tē id dīcere.	Du solltest dich schämen, das zu sagen.
Ait sē paenitēre, quod animum tuum offenderit.	Er sagt, es tue ihm leid, daß er dich beleidigt habe.

---

[1]) Die entsprechende Konstruktion im Dt. selten und veraltet: „ihn erbarmte des Volkes".

[2]) Miserēre nōbīs ist spätl. nach Analogie von ignōscere. Dagegen regiert miserārī (etwas bejammern) den Akk.

§ 138 c) Bei den Verben der Gerichtssprache (verba iūdiciālia)

1. Der Gegenstand der Verhandlung steht im Genetiv (des Sachbetreffs)

z.B.:

aliquem accūsāre, arguere, īnsimulāre	ambitūs	jmdn. der unlauteren Amtsbewerbung beschuldigen, anklagen, bezichtigen
cum aliquō agere	fūrtī	gegen jmdn. wegen Diebstahls klagen, verhandeln
aliquem arcessere	maiestātis	jmdn. wegen Hoheitsverletzung gerichtlich belangen, vor Gericht fordern
aliquem convincere, coarguere	facinoris	jmdn. einer Untat überführen
aliquem damnāre, condemnāre	pecūlātūs	jmdn. wegen Unterschlagung verurteilen
aliquem absolvere	prōditiōnis	jmdn. von der Anklage des Hochverrats freisprechen

nicht selten wird der Genetiv ersetzt durch Präpositionalausdruck:

dē vī[1]	wegen Gewaltanwendung
dē venēficiīs[2]	wegen Giftmischerei
dē repetundīs[3]	wegen Erpressung
inter sicāriōs	wegen Meuchelmord

beide Konstruktionen:

Prōmulgāta lēx est, ut et dē vī et maiestātis damnātī ad populum prōvocent.	Es ist ein Gesetz veröffentlicht worden, daß sowohl die wegen Gewalttätigkeit wie auch die wegen Hoheitsverbrechen Verurteilten vor dem Volk in die Berufung gehen können.

2. Die Strafe steht nur ausnahmsweise im Gen., und zwar bei capitis und Quantitätsadjektiven:

aliquem damnāre; arcessere, accūsāre; absolvere	capitis	jmdn. zum Tod verurteilen; auf Tod und Leben anklagen; von der Todesstrafe freisprechen

---

[1] Vīs hat keinen Gen.Sg.
[2] Die „schwerfälligen" Gen. auf -ōrum, -ārum werden, wenn möglich, gemieden.
[3] Erg.: pecūniīs, d.h. wörtl. „wegen der zu erstattenden Gelder".

damnāre	minōris, octuplī[1]	zu einer geringeren Strafsumme, zum achtfachen Betrag verurteilen

gewöhnlich jedoch steht die **Strafe** im **Ablativ** (instrūmentī § 147):

multāre aliquem	pecūniā, exiliō, morte	jmdn. mit einer Geldbuße, der Verbannung, dem Tode bestrafen
singulōs quīnquāgēnīs mīlibus HS damnāre.		(die Angeklagten) zu je 50 000 Sesterzien verurteilen

d) Als Genetivus pretiī (des Wertes) § 139

1. bei den Verben des Geltens und Wertens

esse, fierī	wert sein, gelten
aestimāre, facere, putāre, dūcere	schätzen, achten

jedoch nur zur Bezeichnung der **allgemeinen** Wertangabe durch die Quantitätsadjektive:

magnī, plūris, plūrimī (permagnī)	hoch, höher, am höchsten (viel …)
parvī, minōris, minimī	gering, geringer, am geringsten
nihilī	für nichts
tantī, tantīdem, quantī	so hoch, ebenso hoch, wie hoch
Mea mihi cōnscientia plūris est quam omnium sermō.	Mein gutes Gewissen ist mir mehr wert als das Gerede aller Leute.
Sī callidī rērum aestimātōrēs prāta et āreās quāsdam magnī aestimant, quantī est aestimanda virtūs!	Wenn gewitzte Vermögensschätzer schon gewisse Wiesen und Bauplätze hoch veranschlagen, wie hoch ist dann erst die Tugend zu veranschlagen!
tantī nōn est	etwas ist nicht so viel wert, d.h. lohnt nicht die Mühe
nihilī esse	„keine Faser", d.h. nichts, wert sein

aber auch:

prō nihilō esse; putāre, habēre	wertlos sein; für wertlos halten

2. bei den Verben der Kaufhandlung

emere	kaufen	vendere, vēnīre	verkaufen, verkauft werden
condūcere	mieten	locāre	vermieten, verdingen
(cōn)stāre	kosten	licērī	bieten auf

jedoch nur bei den vergleichenden und fragenden Angaben
plūris, minōris, tantī, tantīdem, quantī

---

[1]) Es handelt sich hier um den gen. pretiī (§ 139), nicht den ‚forensischen'.

Vendō meum nōn plūris quam cēterī, fortasse etiam minōris.	Ich verkaufe meinen Besitz nicht zu einem höheren Preis als die übrigen, vielleicht sogar zu einem niedrigeren.
Alibī tantīdem frūmentum ēmit, quantī domī vendiderat.	Andernorts kaufte er Getreide zum gleichen Preis ein, zu dem er es zu Hause verkauft hatte.

Die übrigen allgemeinen Wertbestimmungen stehen im Ablativ:

parvō (seltener bene), minimō emere	billig (günstig), sehr b. kaufen
magnō (bene), plūrimō vendere	teuer (günstig), sehr t. verkaufen
magnō (male) emere	teuer (ungünstig) kaufen
Agrī magnō vēniērunt.	Das Land wurde teuer verkauft.
Parvō famēs cōnstat, magnō fastīdium.	Hunger kostet wenig, ein verwöhnter Geschmack aber kommt teuer zu stehen.

Zusatz

Eine bestimmte, durch ein Substantiv bezeichnete Wertangabe steht sowohl bei den Verben des Geltens und Wertens als auch bei den Verben der Kaufhandlung immer im Abl. (instrūmentī):

zu 1:

Cum esset trīticī modius dēnāriīs V, praetor aestimāvit dēnāriīs tribus.	Obwohl der Preis für einen Scheffel Weizen 5 Denare betrug, veranschlagte der Praetor ihn auf 3.

zu 2:

Praecō parvā mercēde conductus est.	Für geringen Lohn wurde ein Ausrufer eingestellt.
Caesar ēdocet, quantō dētrīmentō cōnstet victōria.	Cäsar stellte klar, wie viele Verluste der Sieg kosten würde.

Auch grātīs stāre (darnach dare, facere) nichts kosten (umsonst geben, tun) ist eine adverbielle Erstarrung aus dem Abl. grātiīs („um bloßen Dank").

§ 140 e) Bei **interest** (es liegt in jmds. Interesse)

1. steht die Person, für die etwas von Wichtigkeit ist, im **Genetiv**; an Stelle der Personalpronomina jedoch erscheint der Abl.Sg.Fem. der Possessiva[1]):

Rōmānōrum interest	es liegt im Interesse der Römer
meā, tuā, (suā)[2] ... interest	es ist für mich, dich ... wichtig

aber nur:

omnium vestrum interest	es liegt in euer aller Interesse;

---

[1]) Der Abl. ist von dem seiner Entstehung nach umstrittenen, jedenfalls aber einen Kasus von rēs enthaltenden rēfert (es ist wichtig) bezogen.

[2]) Bei Reflexivität:

suā putant interesse	sie glauben, es sei für sie wichtig

2. wird die Sache, die von Wichtigkeit ist, fast nie durch ein Substantiv ausgedrückt, sondern durch den Infinitiv bzw. (bei verschiedenem Subjekt) den AcI
oder: eine indirekte Wort- oder (meistens disjunktive) Satzfrage
oder: ein neutrales Pronomen wie id, illud, quod, quid?

3. wird der Grad des Interesses ausgedrückt durch
    die Genetive (pretiī §139)   magnī, parvī, tantī, quantī
oder: Adverbien wie   magnopere, magis, maximē
oder: adverbiale Akk. (§ 116) wie   multum, plūs, plūrimum, tantum, quantum, paulum, nihil;

4. wird die Sache, wofür etwas von Wichtigkeit ist, durch einen Präpositionalausdruck mit ad bezeichnet.

Id meā minimē interest, rēfert.	Daran ist mir gar nicht gelegen.
Interest omnium rēctē facere.	Es liegt im Interesse aller, richtig zu handeln.
Existimant nihil interesse hominum scīre, quid sit futūrum.	Man meint, die Kenntnis der Zukunft sei für die Menschen nicht wichtig.
Quid Milōnis intererat interficī Clōdium?	Welches Interesse hätte Milo an der Ermordung des Clodius haben können?
Permagnī (maximē) nostrā interest tē hīc esse.	Deine Anwesenheit hier ist für uns von allerhöchster Wichtigkeit.
Philosophī quīdam putant ad aciem mentis aliquid interesse, quō cibō ūtāmur.	Einige Philosophen sind der Auffassung, für die Geistesschärfe komme es einigermaßen auf die Art der Nahrung an.

D. Ablativ §§ 141 - 156

Der Ablativ steht auf die Fragen
1. „w o h e r ? w o v o n ?"   als   abl. sēparātīvus
2. „w o m i t ? w o d u r c h ?"   als   abl. instrūmentī
3. „w o ?" und „w a n n ?"   als   abl. locī und temporis.

Diese drei Hauptgruppen entsprechen den drei verschiedenen Kasus, die im lateinischen Ablativ zusammengeflossen sind: eigentlicher Ablativ, Instrumentalis und Lokativ (vgl. § 22).

1. Ablativ der Trennung (sēparātīvus) §§ 141 - 144

a) Der Ablativ des örtlichen Ausgangspunktes § 141

Er steht nach Verben der Bewegung auf die Frage: „w o h e r ?" (vgl. Akk. auf die Frage: „wohin?" § 122 und Abl. locī auf die Frage: „wo?" § 154)

1. bei Namen von **Städten** und **kleineren Inseln**

Rōmā, Thēbīs, Dēlō proficīscī	von Rom, von Theben, von Delos aufbrechen.

Verbindung mit Präpositionen entsprechend § 122:

a) bei größeren Inseln:

ex Sardiniā proficīscī	von Sardinien aufbrechen

b) bei Angabe nicht der Stadt selbst, sondern der näheren Umgebung:

dux discessit ā Brundisiō	der Anführer verließ den Hafen von Br.
Metellus ab Zamā discēdit (vgl. jedoch § 143.3)	Metellus zieht von dem belagerten Zama ab

c) bei Hinzutreten einer Apposition:

ex oppidō Gergoviā	aus der Stadt Gergovia
Tusculō, ex clārō mūnicipiō	aus der berühmten Stadt Tusculum
Arīminō ex Umbriā	aus Ariminum in Umbrien

Auch bei Angabe der Entfernung steht die Präposition:

Zama quīnque diērum iter ā Carthāgine abest.	Zama ist fünf Tagereisen von Karthago entfernt.
longē ā, prope ā, procul ā Syrācūsīs	weit entfernt von, nahe bei, fern von Syrakus

2. bei **domō** (von Hause) und **rūre** (vom Lande)

Verbindung mit Präpositionen entsprechend § 122 bei einem Attribut, das nicht den Besitzer angibt:

ex domō vetere abīre	aus dem alten Haus fortgehen

aber:

domō meā, tuā, patris abīre	aus meinem, deinem, des Vaters Haus fortgehen.

§ 142 b) Der Ablātīvus orīginis (der Herkunft)

Er steht bei **nātus** und **ortus** (geboren, abstammend) zur Bezeichnung von **Eltern** und **Stand**:

parentibus humilibus nātus	von Eltern aus niederem Stand (stammend)
Apollō Iove nātus et Lātōnā	Apollo, der Sohn Jupiters und Latonas
nōbilī genere nātus	aus vornehmer Familie (stammend)
summō ortus locō	von bester Herkunft

Verbindung mit Präpositionen

a) **ab**: besonders zur Bezeichnung der **entfernteren** Abstammung bei ortus

māternum genus ab rēgibus ortum est	die Familie der Mutter stammte von Königen ab

b) **dē**: besonders in der Wendung

homō dē plēbe	ein Mann aus dem Volke

c) **ex**: gelegentlich bei Angabe der Eltern, **regelmäßig** bei einem **Pronomen**

Servius Tullius ex servā Tarquiniēnsī nātus	Servius Tullius, Sohn einer Sklavin aus Tarquinii
Venus, ex quā Cupīdō nātus est	Venus, deren Sohn Cupido war

Inschriftlich häufig zur Angabe der Tribus, aus der jmd. stammt:
Sex(tus) Pompeius Sp(urii) f(ilius) Col(lina zu erg. tribū ortus)[1])   Sextus Pompeius, Sohn des Spurius, aus der Collinischen Tribus

c) Der Ablātivus separātivus im engeren Sinne § 143

Er steht bei den **Ausdrücken der Trennung** z.T. allein, z.T. in Verbindung mit einer Präposition.

1. **Bloßer Ablativ** ist die Regel

a) bei den **Verben des Beraubens, Befreiens, Entbehrens u.ä.**

prīvāre, spoliāre, exuere }	berauben	solvere	loslösen
		vacāre;	frei sein;
		carēre	entbehren
nūdāre	entblößen	egēre	
fraudāre;	betrügen um;	indigēre [2]) }	bedürfen
līberāre	befreien	interdīcere alicui aquā et ignī [3])	jmdn. verbannen („Wasser und Feuer untersagen")
levāre	erleichtern		

Damnātī omnī honōre prīvantur.	Die Verurteilten verlieren jede Ehrenstelle.
Omnī spē salūtis spoliātus est Antōnius.	Für Antonius gibt es keine Hoffnung auf Rettung mehr.
Verrēs fāna omnibus dōnīs ornāmentīsque nūdāvit.	Verres stahl aus den Tempeln alle Weihgeschenke und jeglichen Schmuck.
Caecilius magnā pecūniā fraudātus est.	Cäcilius wurde um eine hohe Summe betrogen.
Brūtus dominātū rēgiō rem pūblicam līberāvit.	Brutus hat den Staat von der Königsherrschaft befreit.
Nūlla vītae pars vacāre officiō potest.	Kein Lebensbereich kann frei von Pflichten sein.
Vacāre culpā magnum est sōlācium.	Es ist ein beruhigendes Gefühl, frei von Schuld zu sein.

b) bei **Adjektiven** der entsprechenden Bedeutung

nūdus	entblößt von	inānis [2])	leer von
līber, vacuus }	frei von	orbus	verwaist

---
[1]) Der eingeklammerte Text stellt die Ausschreibung des auf der Inschrift abgekürzten Textes dar.
[2]) Auch mit Gen. möglich.
[3]) Abl. nach prīvāre u.ä.

| Robustus animus et excelsus omni est liber cura et angore. | Ein starker und hochgemuter Charakter ist frei von aller Sorge und Angst. |
| Animus perturbationibus vacuus homines beatos efficit. | Das Freisein von Leidenschaften macht die Menschen glücklich. |

Verbindung mit ab
ist möglich
bei den Ausdrücken des Befreiens und Freiseins (oft liber, vacuus, seltener solutus, vacare, liberare)
ist notwendig
bei den Ausdrücken des Befreiens und Freiseins, wenn im Abl. eine Person steht

liber a curis oder curis	frei von Sorgen
populus liberatus a regibus	das von den Königen befreite Volk
nudus sum a propinquis.	ich bin ohne Verwandte

2. Bloßer Ablativ oder ab (de, ex) mit Abl. ist möglich bei den Verben des E n t f e r - n e n s und A b h a l t e n s

z.B.:

(se) abstinere	(ab) iniuria	sich enthalten	des Unrechts
desistere	(de, ab) sententia	ablassen	von seiner Meinung
arcere, prohibere	(ab) urbe	fernhalten	von der Stadt
(de-, ex-)pellere	(de, ex) Italia	vertreiben	aus Italien
movere	(de) senatu	entfernen	aus dem Senat
(ex)cedere	(e, de) vita	scheiden	aus dem Leben

fast immer mit de
| decedere | de scaena | abtreten | von der Bühne |

immer ohne Präp.
| abire, se abdicare | magistratu | niederlegen | ein Amt |

immer mit ab bei Personen:
| Atticus Ciceronem exulantem admonuit, ut manus a se abstineret. | Als Cicero sich im Exil befand, mahnte Atticus ihn, nicht Selbstmord zu begehen. |

Konstruktionen von intercludere (abschneiden)
entweder
| aliquem (ab) oppido, re frumentaria | jmdn. von der Stadt, Versorgung |
oder
| alicui viam, aditum, fugam | jmdm. den Weg, Zugang, Flucht |

Konstruktionen von alienus
mit ab in der Bedeutung „abgeneigt"
| alieno esse animo ab aliquo | jmdm. abgeneigt sein |
e n t s p r .: | aliquem ab aliquo abalienare | jmdn. einem entfremden |
mit (meist bei Personen) oder ohne ab in der Bedeutung „unangemessen"
| hoc alienum ducunt (a) maiestate sua | sie halten dies für unvereinbar mit ihrer Majestät |

selten mit Dat.
Ignōrātiō aliēna est nātūrae deōrum.   Unwissenheit verträgt sich nicht mit dem
                                        Wesen der Götter.

3. **ab** mit Abl. ist die Regel
bei den mit **dis-** und **sē-** zusammengesetzten Komposita

distinguere, discernere	vēra ā falsīs	unterscheiden	Wahres vom Falschen
differre	ā bēstiīs	sich unterscheiden	von den Tieren
sēparāre, sēiungere	alium ab aliō	trennen	den einen vom andern
discēdere	ab urbe	weggehen	aus der (Nähe der) Stadt
(vgl. § 141 Nr. 1b)			

ebenso:
| abhorrēre | ā perīculīs | zurückschrecken | vor Gefahren |
| abesse | ā patriā | fern sein | von der Heimat |

mit **ab** oder **cum** (nach den entsprechenden Gegenteilen cōnsentīre u.ä.):
| dissentīre, discordāre, dissidēre | ā (cum) Sullā | uneins sein | mit Sulla |

d) Der Ablātīvus comparātiōnis (des Vergleichs)   § 144

Er steht in gleicher Bedeutung wie **quam** (als) mit einem N o m i n a t i v oder A k k u s a t i v. Er bezeichnet den Ausgangspunkt der Beurteilung; z.B. heißt maior sum frātre eigentlich „vom Bruder aus gerechnet bin ich größer, älter", d.h. „als der Bruder".

Alius aliō (= quam alius) magis errāvit.	Einer irrte noch mehr als der andere.
Bonī cōnsulis est suam salūtem posteriōrem salūte commūnī (= quam salūtem c.) dūcere.	Ein guter Konsul ist, wer sein persönliches Wohl dem der Allgemeinheit hintansetzt.
Quid est in homine ratiōne dīvīnius?	Gibt es etwas Göttlicheres im Menschen als die Vernunft?
Nihil est bellō cīvīlī miserius.	Bürgerkrieg ist das Unseligste, was es gibt.

immer abl. comp., wenn das verglichene Wort R e l a t i v p r o n o m e n ist:
| Praevēnerat fāma, quā nihil est celerius. | Zuvor war bereits das Gerücht angekommen, das Schnellste, was es gibt. |

immer quam, wenn das verglichene Wort in anderem Kasus als Nom./Akk. steht:
| Quīlibet eō equō, quō cōnsuēvit, libentius ūtitur quam novō. | Jeder bedient sich seines gewohnten Pferdes lieber als eines neuen. |
| Cūr mihi magis suscēnsētis quam istīs? | Warum seid ihr auf mich mehr erbost als auf jene Leute da? |

ebenfalls **immer quam** nach multō minus, paulō plūs, multō plūs u.ä.

Stehende und sprichwörtliche Wendungen:

opīniōne, exspectātiōne, spē celerius	wider Erwarten schnell
plūs aequō (iustō, solitō)	ungebührlich (ungewöhnlich) viel
vītā cārior	lieber als das Leben
melle dulcior	honigsüß
lūce (sōle) clārior	sonnenklar
onus Aetnā gravius	eine zentnerschwere Last

Nach **plūs, minus, amplius, longius** werden verglichene Zahl- und Maßangaben mit quam (bzw. bei Nom./Akk. mit abl.comp.) angefügt; oft bleibt quam auch weg, ohne daß sich der Kasus des dabeistehenden Nomens ändert:

mit quam:

Zeuxis et Polygnōtus nōn sunt ūsī plūs quam quattuor colōribus.	Zeuxis und Polygnotus verwendeten nicht mehr als vier Farben.

mit abl. comp. (statt acc. temp.):

Mīlitēs amplius hōris quattuor fortissimē pūgnāvērunt.	Die Soldaten kämpften über vier Stunden mit großer Tapferkeit.

quam ausgelassen ohne Kasusänderung:

Gallī nōn longius mīlia passuum octō absunt.	Die Gallier sind nicht mehr als 12 km entfernt.
cum equīs plūs quingentīs	mit über 500 Pferden.
spatium nōn amplius pedum sescentōrum	eine Entfernung von nicht mehr als 600 Fuß.
nātus plūs quam decem annōs oder: maior decem annīs.	älter als zehn Jahre.

2. Der Ablativ als Vertreter des Instrumentalis

Die beiden Hauptgruppen sind der Ablativ der Gemeinschaft und der Abl. des Mittels und Werkzeugs. Zur ersten Gruppe gehören der Abl. der Begleitung (comitātivus § 145), der Art und Weise (modī § 146) mit den Untergruppen des Abl. der äußeren Erscheinung und der begleitenden Umstände, sowie der Abl. der körperlichen oder geistigen Eigenschaft (quālitātis § 134); zur zweiten der eigentliche Abl. des Mittels und Werkzeugs (instrūmentī § 147 ff.), des Preises (pretiī § 139), der Ursache (causae § 151), der Beziehung (respectūs oder līmitātiōnis § 152), sowie des Maßes (mēnsūrae oder discrīminis § 153). Eine genaue Trennung der einzelnen Arten ist jedoch nicht immer möglich.

a) Ablativ der Gemeinschaft

§ 145 α) Der Ablātīvus comitātīvus (der Begleitung)

Er steht nur bei einer durch ein allgemeines Attribut (Adj. oder Pronomen) bestimmten Truppenmacht neben Verben der Bewegung; doch kann auch hier cum stehen, das in allen anderen Fällen notwendig ist:

Caesar omnibus cōpiīs in Sēquanōs proficīscitur.	Cäsar bricht mit allen Truppen ins Gebiet der Sequaner auf.
oder:	
. . . cum omnibus cōpiīs . . .	

§§ 145 - 146　　　　　　　　instrumentaler Ablativ　　　　　　　　165

aber nur:
... cum exercitū ...　　　　　　　(ohne Attr.)
... cum tribus legiōnibus ...　　　(bestimmtes Attr.)

cum febrī domum rediī　　　　　fieberkrank kam ich nach Haus
cum ferrō vēnistis　　　　　　　ihr seid bewaffnet gekommen.

β) Der Ablātivus modi (der Art und Weise)　　　　　　§ 146
Er steht teils mit, teils ohne cum:

1. v o r w i e g e n d o h n e cum, wenn ein adjektivisches Attribut dabei steht:

summō (cum) studiō dēfendere　　　mit höchstem Eifer verteidigen

s t e t s o h n e cum in Verbindung mit einem Attribut die Substantive animus, mēns, cōnsilium; modus, mōs, ritus, ratiō, condiciō, lēx;

hāc ratiōne	auf diese Weise	ritū deōrum	wie Götter
eō cōnsiliō	in der Absicht	hāc condiciōne	mit der Bedingung
aequō animō	gleichmütig	eā lēge	mit der Bedingung
mōre ferārum	nach Art der Tiere	modō servōrum	auf sklavische Art

2. m i t cum, wenn ein Attribut fehlt:

cum virtūte vīvere　　　　　　　tugendhaft leben
cum voluptāte audīre　　　　　　mit Freuden hören

jedoch o h n e cum trotz fehlenden Attributs bei bestimmten, fast adverbiell erstarrten Substantiven, wie z.B.:

iūre	mit Recht	iniūriā	zu Unrecht
dolō	listig	fraude	betrügerisch
cāsū	zufällig	ōrdine	der Reihe nach
sponte	freiwillig	voluntāte	mit Willen
silentiō	in der Stille	speciē	unter dem Schein
vī	mit Gewalt		

Ablativ der äußeren Erscheinung
o h n e cum bei Attribut:
hōc ōrnātū (vestītū) incēdere　　　in dieser Kleidung gehen
nūdō corpore pūgnāre　　　　　nackt kämpfen
manibus passīs grātiās agere　　　mit ausgestreckten Händen Dank sagen
m i t cum bei fehlendem Attribut:
cum togā venīre　　　　　　　　mit der Toga bekleidet kommen

Ablativ der begleitenden Umstände
o h n e cum gewöhnlich bei:
tuō commodō (incommodō)　　　zu deinem Vorteil (Nachteil)
tantō damnō　　　　　　　　　mit so großem Schaden
m i t cum sonst auch bei Attribut:
Signum abstulit magnō cum gemitū cīvitātis.　　Unter lautem Jammer der Bevölkerung nahm er das Standbild weg.

multīs cum lacrimīs　　　　　　unter vielen Tränen
magnō (cum) perīculō　　　　　unter großer Gefahr

§§ 147-153 b) Ablativ des Mittels und Werkzeugs

§ 147 α) Der Ablativus instrumenti im engeren Sinne

Er steht auf die Fragen „womit?" „wodurch?" bei S a c h e n und bei Personen, die als bloßes Werkzeug in der Hand des Subjekts vorgestellt werden:

Utrimque eminus fundis, sagittis reliquisque telis pugnabatur.	Auf beiden Seiten wurde mit Schleudern, Pfeilen und sonstigen Wurfgeschossen aus der Distanz gekämpft.
Boni est oratoris multa auribus accepisse, multa vidisse.	Ein guter Redner muß viel gehört und viel gesehen haben.
Plebs muneribus placatur.	Durch Geschenke läßt sich das Volk beschwichtigen.
Personen als Werkzeug gedacht: Gladiatoribus et bestiariis obsidere rem publicam.	Mit Gladiatoren und Tierkämpfern den Staat terrorisieren.

P e r s o n e n, die Vermittler einer Handlung sind, werden durch per oder durch Umschreibung mit opera, auxilio bezeichnet; Personen, die Urheber einer passivisch ausgedrückten Handlung sind (seltener einer intransitiven im passivischen Sinne) werden durch ab bezeichnet, ebenso persönlich gedachte Sachen:

Vermittler: Ambiorix Caesaris opera stipendio liberatus est.	Ambiorix wurde durch Cäsar(s Bemühungen) von der Tributzahlung befreit.
Caesar id per nuntios comperit.	Cäsar erfuhr dies durch Boten.
Tribunorum auxilio consules dilectum habent.	Mit Hilfe der Tribunen veranstalten die Konsuln eine Einberufung.
persönlicher Urheber: Plebs a consule placatur.	Das Volk wird vom Konsul beschwichtigt.
Hominis liberaliter educati est velle bene audire a bonis.	Das Bemühen, von den Guten gelobt zu werden, verrät einen Menschen von guter Erziehung.
persönlicher Urheber und Vermittler: Per quos et a quibus occidebantur?	Durch wen und von wem wurden sie umgebracht (wer führte die Morde aus und wer ordnete sie an)?
persönlich gedachte Sache: Brevis a natura vita nobis data est.	Ein nur kurzes Leben ist uns von der Natur geschenkt.

Vom Deutschen abweichende instrumentale Auffassung:

carne et lacte vīvere, vēscī	von Fleisch und Milch leben
tībiīs canere	(auf der) Flöte blasen
āleā lūdere	Würfel spielen
lectīcā ferrī	sich in einer Sänfte tragen lassen
equō, nāve, currū vehī	reiten, zur See fahren, im Wagen fahren
pedibus īre	zu Fuß gehen
proeliō lacessere	zum Kampf reizen
proeliō vincere, dēcertāre	eine Schlacht gewinnen, einen Entscheidungskampf liefern
fugā salūtem petere	sein Heil in der Flucht suchen
artibus, litterīs ērudīre	in den Wissenschaften unterrichten

aber: bei einem b e s t i m m t e n Unterrichtsfach:

in iūre cīvīlī ērudīre	im bürgerlichen Recht unterrichten
aliquid memoriā tenēre	im Gedächtnis behalten
armīs (oder in armīs) (sē) exercēre	im Gebrauch der Waffen (sich) üben
assuē(fac)tus labōre assiduō	an ständige Arbeit gewöhnt (nachkl. auch Dat.)
baculō nītī	sich auf einen Stock stützen
scientiā continērī	auf Wissen beruhen
contentus suō	mit dem Seinigen zufrieden
victōriā frētus	im Vertrauen auf den Sieg
cōnfīsus virtūte legiōnis	im Vertrauen auf die Tapferkeit der Legion

aber cōnfīdere häufiger mit Dat.

Abl. īnstr. bei den Ausdrücken des A u s s t a t t e n s u.ä. §148

1. Bei den Verben

i m p l ē r e , complēre	anfüllen
z.B. nāvem mīlitibus } complēre	ein Schiff bemannen
turrim armātīs	einen Turm besetzen
i n s t r u e r e , ōrnāre, imbuere[1]	ausstatten, ausrüsten, versehen (mit)
a b u n d ā r e , affluere	Überfluß haben (an)
a f f i c e r e aliquem	jmdn. versehen (mit)
z.B. honōribus, beneficiīs	Ehren, Wohltaten erweisen
laetitiā, cūrā, dolōre	Freude, Sorge, Schmerz bereiten
pass.: dolōre afficī	Schmerzen haben
praemiō	belohnen
suppliciō	hinrichten

---
[1] Eigtl. „benetzen, tränken mit".

2. Bei den Adjektiven und Partizipien

onustus, refertus (vgl. § 135)	beladen, voll von, reich an
praeditus	versehen mit, begabt mit
(in)dignus¹) aliquā rē (aliquō)	(un)würdig einer Sache (Person)

Cūpae pice complentur.	Die Fässer werden mit Pech gefüllt.
Īnstruar cōnsiliīs idōneīs ad hoc negōtium.	Ich kann mir manchen guten Rat für diese Aufgabe geben lassen.
Amplissimīs honōribus abundābis.	Man wird dich mit großen Ehren überhäufen.
Adulēscentibus bonā indole praeditīs sapientēs senēs dēlectantur.	Kluge alte Herren haben an gut veranlagten jungen Leuten ihre Freude.
Sē dignum maiōribus suīs praebuit.	Er zeigte sich seiner Vorfahren würdig.

§ 149 Abl. instr. bei ūtī, fruī, fungī (und Komposita) und potīrī
(zum Akk. vgl. § 175)

occāsiōne ūtī	eine Gelegenheit nutzen
lēnitāte abūtī	die Milde mißbrauchen
familiāriter ūtī aliquō	mit jmdm. freundschaftlich verkehren
amīcō ūtī aliquō	jmdn. zum Freund haben
lībertāte fruī	die Freiheit genießen
mūnere fungī	ein Amt verwalten
oppidō potīrī	sich einer Stadt bemächtigen
mit Gen. selten außer in der Verbindung	
rērum potīrī	sich der Herrschaft bemächtigen

Multī deōrum beneficiō perversē ūtuntur.	Viele machen einen völlig verkehrten Gebrauch von der Wohltat der Götter.
Omnibus in vītā commodīs fruuntur.	Zu Lebzeiten genießen sie alle Annehmlichkeiten.
L. Crassus magnificentissimā aedīlitāte fūnctus est.	L. Crassus zeigte als Aedil eine prächtige Amtsführung.
Omnī Macedonum gazā potītus est Paulus.	Paulus bemächtigte sich des gesamten Schatzes der Mazedonier.

§ 150 Abl. (nach dem abl. instr. bei ūsus est gebildet) bei opus est
Die Person oder Sache, die man nötig hat, steht im Ablativ, im Nominativ gewöhnlich nur dann, wenn die Sache ein neutrales Pronomen oder Adjektiv ist:

Magistrātibus opus est.	Behörden sind notwendig.
Quid tibī operā nostrā opus est?	Wozu brauchst du unsere Hilfe?

---

¹) Verbalnomen zu decet (L 3): mē dignum est = mē decet, d.h. eigtl. „geziert".

§§ 150 - 151   instrumentaler Ablativ   169

Cōnsultant, quid opus factō¹) sit.   Sie überlegen, was zu tun notwendig ist. (was geschehen muß).

Multa mihi opus sunt = unpersönl.
multīs rēbus mihi opus est. } Ich brauche vieles.

Ablātīvus pretii s. § 139.

β) Der Ablātīvus causae (des Grundes) §151

Er bezeichnet die äußere Ursache oder den inneren Beweggrund einer Handlung und steht auf die Frage „weshalb?" (öfter im Wechsel mit Präpositionen wie besonders ex § 159 Nr. 5, daneben propter § 158 Nr. 20, ob § 158 Nr. 14, dē § 159 Nr. 4, prae § 159 Nr. 7):

1. Allgemein:

labōrāre	leiden
morbō, vitiīs	an einer Krankheit, an Gebrechen
(ex) invidiā alicuius	durch jmds. Mißgunst
ex capite, ex aere aliēnō	Kopfweh haben, von Schulden bedrängt werden
vgl. aeger morbō, pedibus, (ex)vulnere	krank, podagrakrank, kr. durch eine Verwundung
famē perīre	verhungern
fessus aetāte, bellō	altersschwach, vom Krieg erschöpft
mōre īnstitūtōque maiōrum	nach Brauch und Sitte der Vorfahren
(ex) cōnsuētūdine suā	nach seiner Gewohnheit
meā sententiā, meō iūdiciō	meiner Ansicht nach, Meinung nach
tuō arbitrātū, iussū, hortātū	nach deinem Gutdünken, Befehl, Anregung
Luxuriā atque avāritiā Verris classis populī Rōmānī ā praedōnibus capta et incēnsa est.	Wegen Verres' Verschwendung und Habgier ist eine römische Flotte von Piraten gekapert und in Brand gesetzt worden.
Domitius naufragiō periit.	Domitius kam durch einen Schiffbruch um.
Servus metū poenae aufūgit.	Der Sklave floh aus Angst vor Strafe.

Oft tritt zum Abl. ein Part.Perf.Pass., das im Dt. meist unübersetzt bleibt:

spē impulsus	von der Hoffnung angetrieben	in der Hoffnung
cupiditāte inductus	von dem Verlangen verleitet	aus Verlangen
metū coāctus	von der Furcht gezwungen	aus Furcht
timōre perterritus	von der Furcht in Schrecken gesetzt	aus Furcht
īrā incēnsus	von Zorn entbrannt	aus Zorn
aviditāte īnflammātus	von Habgier entflammt	aus Habgier

---

¹) Ein Part. Perf. Pass. ist in dieser Konstruktion selten; etwas häufiger außer factō nur properātō (§ 233a a.E.), tacitō, quaesītō, cōnsultō, mātūrātō.

2. Bei den Verben der Trauer und Freude u.ä.:

gaudēre, laetārī aliquā rē	sich über etwas freuen
glōriārī, sē iactāre aliquā rē	sich einer Sache rühmen, sich brüsten
dolēre, maerēre aliquā rē	über etwas Schmerz empfinden, trauern
entsprechend maestus aliquā rē	über etwas betrübt

Iūmentīs Gallī maximē dēlectantur.	Die Gallier haben hauptsächlich Freude an Pferden.
Doleō tantā calamitāte miseriāque.	Dies schreckliche Unglück betrübt mich.
Palam exultāre laetitiā coepit.	Sie wurde vor Freude in aller Öffentlichkeit ganz ausgelassen.

Glōriārī, sē iactāre (seltener dolēre, laetārī) werden auch mit dē verbunden; über dolēre, maerēre mit Akk. vgl. § 114.

§ 152 γ) **Der Ablātīvus respectūs oder limitātiōnis**[1]) (der Beziehung)

Er bezeichnet das Gebiet, für das eine Handlung oder ein Zustand Geltung hat, und steht auf die Frage „in welcher Hinsicht?":

1. Bei Verben namentlich des Übertreffens und (vergleichenden) Beurteilens:

excellere, vincere, superāre	übertreffen in
aequāre, adaequāre	gleichkommen an
iūdicāre, mētīrī, seltener aestimāre	bemessen nach (auch mit ex)
außerdem:	
stāre prōmissīs	„beständig sein hinsichtlich des Versprechens" = sein V. halten
dēficere, cadere animō	„versagen hinsichtlich des Mutes" = mutlos werden

Populus Rōmānus animī magnitūdine excellit.	Die Römer zeichnen sich durch Hochherzigkeit aus.
Rēmī apud Caesarem grātiā Haeduōs adaequābant.	Die Remer kamen, was die Gunst bei Cäsar anbelangt, den Häduern gleich.
Multī nātūrīs differunt, voluntāte autem similēs sunt.	Viele unterscheiden sich nur hinsichtlich ihres Wesens, nicht des Wollens.
Nōn tōtā rē, sed temporibus errāstī.	Du hast dich nur, was die Zeit, nicht was das Ganze angeht, geirrt.
Cōnsilium ūtilitāte reī p. mētiar.	Ich will den Plan an seinem Nutzen für den Staat messen.

---

[1]) Vgl. līmes, -itis m die Grenzlinie; die Angabe im Abl. ist das Mittel zur Beschränkung der Aussage.

§§ 152 - 153   instrumentaler Ablativ   171

Ex veritate pauca, ex opinione multa aestimat vulgus.	Das Volk beurteilt nur wenig nach dem wahren Sachverhalt, viel aber nach Ansichten.

2. Bei Adjektiven, Partizipien und Substantiven:

mente captus	verrückt	grandis	hochbetagt
oratione locuples	reich im Audruck	maior	älter
altero pede¹) claudus	an einem Fuß lahm	maximus } natu	älteste
		minor	jünger
		minimus	jüngste

barbari lingua et natione	Barbaren in Sprache und Abstammung
oppidum Remorum nomine Bibrax	eine Stadt der Remer namens Bibrax
classis mille numero ²) navium	eine Flotte von 1000 Schiffen „an Zahl"
loca natura edita.	von Natur aus hochgelegene Punkte.
Milites praesidio sunt specie consuli, re et veritate nobis.	Die Soldaten dienen scheinbar dem Konsul, in Wirklichkeit uns zum Schutz.
Vite quid potest esse cum fructu laetius tum aspectu pulchrius?	Es gibt doch nichts, das reicher an Ertrag und vor allem schöner anzuschauen ist als der Weinstock!

Über den Acc. graecus auf die Frage „in welcher Hinsicht?" vgl. § 116.

δ) Der Ablativus mensurae oder discriminis (des Maßes oder Unterschiedes)   § 153

Er gibt bei Komparativen und komparativischen Begriffen (z.B. malle lieber wollen) das Maß an, durch das der Unterschied zwischen den verglichenen Größen bezeichnet wird, und steht auf die Frage „um wie viel?":

1. Bei Adjektiven und Adverbien:

dimidio minor	um die Hälfte kleiner, halb so groß
aliquanto melior	bedeutend besser
nihilo minus	um nichts weniger, nichtsdestoweniger
quanto tutior - tanto longior	um wie viel sicherer — um so viel länger
quo propior - eo crassior	je näher — desto dichter
duobus digitis longior	um zwei Finger länger oder (als abl. comp.): länger als zwei F.

¹) Vgl. pedibus aeger § 151 Nr. 1.
²) Vgl. saepenumero oft.

decem annīs ante, post¹⁾	zehn Jahre zuvor, später
paulō ante, post	
nachkl. auch brevī ante, post	um weniges früher, später

Trānseunt Rhēnum trigintā mīlibus passuum īnfrā eum locum.	Sie überqueren den Rhein 45 km unterhalb dieser Stelle.

2. Bei Verben des Übertreffens und des (räumlichen oder zeitlichen) Abstandes:

multō praestāre, superāre	um vieles, weit übertreffen, überragen
biduī spatiō abesse, distāre ab	um eine Strecke von zwei Tagesreisen entfernt sein

Sulmō ā Corfīniō VII mīlium intervallō abest.	Sulmo liegt (um eine Entfernung von) 10 km von Corfinium entfernt.
Castra Cleopatrae nōn longō spatiō ā Ptolemaeī castrīs distābant.	Das Lager Kleopatras war nur (um) ein kurzes Stück von dem des Ptolemäus entfernt.
Terra multīs partibus sōlis magnitūdine superātur.	Die Sonne übertrifft die Erde mit ihrer Größe um ein Vielfaches.

Verschiedene Möglichkeiten der Entfernungsangabe:

tribus mīlibus (abl.mens.) passuum
oder:
intervallō (abl.mens.) trium mīlium passuum
oder:
tria mīlia (Akk.d.räuml. Ausd.) passuum
} ā flūmine cōnsistere { 3000 Schritte vom Fluß entfernt haltmachen

aber, wenn der Ausgangspunkt nicht angegeben ist:
ā tribus mīlibus passuum castra pōnere.   3000 Schritte entfernt ein Lager aufschlagen.

§§ 154 - 156   3. Der Ablativ des Ortes und der Zeit (Lokativ)

Vorbemerkungen

Im Idg. wurde die örtliche und zeitliche Lage durch den Lokativ bezeichnet. Dieser ist im Grch. und Dt. im Dativ aufgegangen, im Lat. teils mit eigener Kasusendung auf -ī in Ortsadverbien wie hī-c, Zeitausdrücken wie her-ī, vesper-ī, Ortsangaben wie Rōmae (aus Rōmā-i) u.a. erhalten (vgl. οἴκο-ι zu Hause, χαμα-ί am Boden), teils im Ablativ des Ortes aufgegangen (§ 154 Nr. 1), der neben dem Lokativ jedoch auch den Instrumentalis (§ 154 Nr. 2-4) fortsetzt.

---

¹⁾ Vgl. § 157 Vorbem. Nr. 1.

a) Der Ablativus loci (des Ortes) § 154

Er steht **ohne** Präposition auf die Frage „wo?":

1. Bei Namen von **Städten** und **kleineren Inseln**, soweit sie nicht Singularia der 1. und 2. Deklination sind; bei diesen ist die alte Lokativform auf -ī erhalten

		aber:	
Carthāgine	in Karthago	Rōmae	in Rom
Athēnīs	in Athen	Corinthī	in Korinth
Delphīs	in Delphi	Cyprī	auf Zypern

Verbindung mit Präpositionen entsprechend § 122 (vgl. § 141):

a) bei größeren Inseln
versārī in Siciliā — sich in Sizilien aufhalten
b) bei Angabe der Umgebung
pūgna a(pu)d Cannās facta — die Schlacht bei Cannae
c) bei Hinzutreten einer Apposition
in ipsā Alexandreā — in Alexandrien selbst
in oppidō Citiō — in der Stadt Citium
aber: Rōmae, (in) urbe celeberrimā — in der berühmten Stadt Rom

Lokative sind auch **domī** (zu Hause), **rūrī** (auf dem Land) und **humī** (auf dem Boden)

domī nostrae, domī Caesaris — in unserem, Caesars Haus
aber (vgl. § 122):
in illā domō — in jenem Haus
domī mīlitiaeque, bellī domīque — in Krieg und Frieden
aber:
in bellō, in pāce — im Krieg, im Frieden

2. In der festen Verbindung

terrā marīque — zu Wasser und zu Lande
aber einzeln:
in terrā, in marī — auf dem Lande, auf dem Wasser

3. Bei **locus** (Ort, Lage, Zustand, Buchstelle) in Verbindung mit einem Attribut; jedoch ist hier auch in möglich, wenn auch seltener

locō salūbrī	in gesunder Lage	meliōre locō esse	in besserer Lage sein
locō idōneō	an passender Stelle	locō alicuius	an jmds. Stelle
multīs locīs	an vielen Stellen	(in) locō, suō locō	zu rechter Zeit

4. Gewöhnlich auch bei **tōtus** in Verbindung mit Ortsangaben

tōtā (in) urbe	in der ganzen Stadt	tōtō orbe terrārum	auf der ganzen Erde

§ 155 Vom Deutschen abweichende Ortsbestimmungen

1. Bei den Verben des **Setzens, Stellens, Legens, Rechnens**, die gleichzeitig eine Bewegung und den Ruhepunkt am Ende der Bewegung bezeichnen, faßt der Lateiner den Zeitpunkt der Ortsruhe ins Auge („wo?"), der Deutsche die Bewegung („wohin?"):

mīlitēs in mūrō pōnere, collocāre	Soldaten auf die Mauer postieren
cohortēs in fronte cōnstituere	Kohorten in die vordere Linie stellen
hīc cōnsistere, cōnsīdere	sich hierher stellen, setzen
humī prōsternere	zu Boden strecken
in lectō accumbere	sich auf das Ruhebett legen
spem in virtūte pōnere	die Hoffnung auf die Tüchtigkeit setzen
aliquid in bonīs numerāre	etwas unter die Güter rechnen

2. Bei den Verben des **Ankommens, Versammelns, Meldens** u.ä. faßt der Lateiner umgekehrt die Bewegung ins Auge („wohin?"), der Deutsche dagegen den Ruhepunkt am Ende der Bewegung („wo?"):

hūc, eō advenīre	hier, dort ankommen
Rōmam, in urbem convenīre	in Rom, in der Stadt zusammenkommen
in forum concurrere	auf dem Markt zusammenlaufen
in, ad vīllam dēvertī	im Landhaus einkehren
cōpiās in ūnum locum cōgere	die Truppen an einem Ort zusammenziehen
aliquid Rōmam nūntiāre	etwas in Rom melden
appellere[1]) ad (in) Āfricam	in Afrika landen
in silvās sē abdere	sich in den Wäldern verbergen

aber beim P.P.P., das das Ergebnis der Handlung, den Ruhepunkt, bezeichnet:

in tabernāculīs abditī	zurückgezogen in ihren Zelten

3. In manchen Fällen, bes. bei den Verben des **Anfangens, Hängens** u.ä., faßt der Lateiner den Ausgangspunkt der Handlung ins Auge („woher?"), der Deutsche dagegen den Ort, wo sich die Handlung abspielt („wo?"):

unde incipiam?	wo(mit) soll ich beginnen?
ab Iove prīncipium	Iuppiter möge den Anfang (nur: von Dichtungen) bilden!
ōrdīrī, incipere ab aliquā rē	mit etwas beginnen
ex arbore pendēre	an einem Baum hängen
ex equō pūgnāre	zu Pferde kämpfen (vom Pferd aus)
stāre, esse ab aliquō	auf jmds. Seite stehen
Ephesō nāvem cōnscendere	sich in Ephesus einschiffen
ā tergō, ā fronte, ā latere	im Rücken, vorn, an der Seite

---

[1]) Erg. nāvem (vgl. die Vorbemerkungen zum Akk. als Objektskasus).

Ortsruhe oder Ausgangspunkt ist möglich bei der Ortsangabe von Briefen:
Brundisii (-siō) Kalendīs Maiīs [1])   (aus) Brindisi, den 1. Mai

b) Der Ablātivus temporis (des Zeitpunktes) §156

Er steht **ohne** Präposition auf die Fragen „wann?", „innerhalb welcher Zeit?" bei Substantiven, die einen eigentlichen Zeitbegriff enthalten:

nocte, noctū [2])	nachts	temporibus, aetāte,	zur Zeit unserer
vespere, vesperī [2])	abends	memoriā patrum	Vorfahren
lūce, lūcī [2])	am hellen Tage	primō mēnse	im ersten Monat
prīmā lūce	bei Tagesanbruch	annō decimō	im zehnten Jahr
aestāte	im Sommer	hōrā sextā	zur sechsten Stunde
hieme	im Winter	lūdīs	zur Zeit der Spiele
initiō, principiō	zu Anfang	comitiīs	z.Z. der Wahlen
ortū sōlis	bei Sonnenaufgang	trigintā annīs	innerhalb 30 Jahren
occāsū sōlis	bei Sonnenuntergang	quadrīduō	innerhalb 4 Tagen d.h. entweder: vor oder: nach 4 Tagen
tempore	zur rechten Zeit		

Andere Substantive, die nicht eigentliche Zeitbezeichnungen sind, stehen, wenn sie als solche gebraucht werden, im bloßen Abl. nur dann, wenn sie ein Attribut bei sich haben:

prīmā pueritiā	in früher Kindheit	**aber:**	in pueritiā
summā senectūte	im hohen Alter	**aber:**	in senectūte
bellō Persārum	im Perserkrieg	**aber:**	in bellō (vgl. § 154 Nr. 1)

Verbindung mit Präpositionen:
a) bei Multiplicatīva
bis in diē   zweimal am Tag   ter in annō   dreimal im Jahr
b) bei Betonung der besonderen zeitlichen Umstände
in hōc tempore,⎫ in dieser kritischen   in summā senectūte   trotz des hohen Alters
discrīmine   ⎭ Lage

III. Satzergänzungen mit Hilfe von Präpositionen §§ 157-161

Vorbemerkungen § 157

1. Zur **Herkunft** der Präpositionen
Die Präpositionen sind ursprünglich **Adverbien**, die dazu dienten, die durch das Verbum und die Kasus angedeuteten Beziehungen (insbesondere die räumlichen) noch zu verdeutlichen. Diese ursprüngliche Selbständigkeit engte sich im Laufe der Entwicklung dann ein, indem die Adverbien entweder mit Nomina eine festere Beziehung eingingen und als Präpositionen bestimmte Kasus

---

[1]) Erg. litterae datae.
[2]) Lokativ. Vgl. Vorbem. zu § 154.

"regierten", oder indem sie mit Verben als Präverb zu Komposita zusammenwuchsen: vgl. dt. z.B. das ursprüngliche Ortsadverb „durch" als Präverb in „die Stadt durchlaufen", als Präposition in „durch die Stadt laufen". Doch wie im Dt., z.B. in „durch und durch", adverbialer Gebrauch möglich ist, so sind im Lat. ebenfalls manche ererbten Präpositionen noch als Adverbien in Geltung, z.B.

satis superque dīcere	mehr als genug (eigtl. „g. und darüber") reden
decem annīs ante, post (vgl. antequam, postquam)	zehn Jahre vorher, hinterher
propter adesse	nahe sein
exemplum īnfrā scrīptum est	das Beispiel ist weiter unten aufgezeichnet
ut suprā dēmōnstrāvimus	wie ich weiter oben gezeigt habe
contrā disserere	„gegenteilig", das Gegenteil erörtern
quae extrā, circum sunt	was außerhalb, ringsum gelegen ist

Erst nachträglich ist ad (nach circiter) adverbial geworden in Fällen wie

occīsīs ad hominum mīlibus quattuor	wobei ungefähr 4000 Menschen ums Leben kamen.

2. Zur Stellung der Präpositionen
Der Name („Voranstellungen": praepōnere) trifft nur einen Teil des Sachverhalts. Ursprünglich war die Stellung frei bzw. enklitisch hinter dem Beziehungswort wie z.B. in quoad (§ 258), mēcum (§ 54), quōcum (§ 57) – vgl. dt. „womit, darüber, mir gegenüber" –, doch ist die Voranstellung die Regel. Regelmäßig nachgestellt (Anastrophe) werden die unechten Präpositionen (Nominalformen) causā und gratiā (§ 133) – vgl. dt. „der Kürze halber, meinetwegen" –, sonst ist die Nachstellung nur bei Dichtern häufiger. Auch in Prosa nicht selten ist die Zwischenstellung wie

magnō cum gemitū	mit lautem Jammer	quemadmodum	wie
multīs dē causīs	aus vielen Gründen	quamobrem	weshalb

3. Zu den Präpositionen in Zusammensetzungen
Während Präpositionen als Bestandteile von Nominalkomposita wie z.B. in trāns-fuga, per-magnus (§ 19) und von Adverbialkomposita wie z.B. in post-eā, inter-eā, praeter-eā verhältnismäßig selten sind, spielen sie eine große Rolle in der Verbalkomposition.

a) Lautliche Veränderungen
Als Nebenformen erscheinen

abs - neben ā- und ab-:
ā-volāre (fortfliegen), ab-esse (fort sein), abs-trahere (wegziehen)

prŏ- neben prō- (vor Vokal prōd-):
prō-ferre (vorbringen), prōd-esse (nützen), prŏ-ficīscī (aufbrechen)

con- (urspr. com-, vor Vokal co-) statt cum:
con-vocāre (zus.rufen), com-pōnere (zus.stellen), co-emere (zus. kaufen)

por- als Ablautform neben per-:
por-rigere (ausbreiten), pol-licērī (versprechen)

Konsonantenschwund zeigt sich u.a. bei
asportāre (aus abs-; wegtragen)
ostendere (aus *obs- zu ob; zeigen)
sustinēre (aus *subs- zu sub; aushalten)
trādūcere (aus trāns-; hinüberführen)

Assimilation
accurrere (herbeilaufen), surripere (stehlen) u.a.: s. L42

untrennbare Präpositionen
amb-īre (herumgehen), dis-cēdere (weggehen) u.a.: s. § 19 B Nr. 2b.

b) Bedeutung in Zusammensetzungen
Die Präpositionen dienen dazu, den Verbalbegriff zu vervollständigen und zu verdeutlichen; mitunter wird im Dt. eine umschreibende Übersetzung dieser Funktion am ehesten gerecht:

	combūrere	gänzlich verbrennen
	dēcertāre	bis zur Entscheidung kämpfen
	dēvincere	entscheidend schlagen
	ēdicere	öffentlich bekanntgeben
	pernegāre	hartnäckig leugnen
	perspicere	deutlich sehen
	pervenīre	glücklich ans Ziel gelangen
	surripere	heimlich entwenden

A. Präpositionen mit Akkusativ § 158

1. ad zu, bei, an

örtlich:	ad urbem proficiscī	sich auf den Weg zur Stadt machen
	ad Rhēnum properāre	zum Rhein eilen
	ad cūriam stāre	bei der Kurie stehen
	ad Misēnum castra habēre	bei Misenum sein Lager haben
zeitlich:	(ūsque[1])) ad centēsimum annum	bis zum 100. Jahr
modal:	ad trecentōs	gegen dreihundert
	ad haec respondit	hierauf antwortete er
	ad clāmōrem venīre	auf den Lärm hin kommen
	ad ūnum omnēs	alle bis auf den letzten Mann
	ad verbum	wörtlich

2. adversus (seltener -sum)[2]) gegenüber, gegen

örtlich:	cōpiās adversus collem īnstruere	die Truppen gegen den Hügel hin aufstellen
Gesinnung freundl. u. feindlich:	est pietās iūstitia adversum deōs	Pietas ist gerechtes Verhalten gegenüber den Göttern

3. ante[3]) vor

örtlich:	ante oculōs habēre	vor Augen haben
zeitlich:	ante lūcem	vor Tagesanbruch
	ante urbem conditam	vor Stadtgründung

4. apud bei

örtlich:	apud exercitum esse	beim Heer sein
	apud Pompēium esse	im Hause des Pompeius sein

---

[1]) Ūsque (eigtl. „in einem fort") wird zu ad, seltener zu ab und ex zur Betonung des End- bzw. Ausgangspunktes gesetzt („bis zu" bzw. „ganz von – her"): ūsque ad illum diem, ūsque ex ultimā Syriā.

[2]) Eigtl. „zugewendet": erstarrter Nom.Sg.Mask. (Akk.Neutr.) des P.P.P. Vgl. ad Ōceanum versus; in forum versus; Rōmam versus.

[3]) Grch. ἀντί, dt. in Antwort, Antlitz.

	multum valēre (posse) apud aliquem	viel Einfluß bei jmdm. haben
	apud Xenophontem legitur	bei Xenophon findet sich
	apud iūdicēs loquī	vor den Richtern sprechen
	apud maiōrēs nostrōs factum est	bei unseren Vorfahren geschah es
	incrēdibilis apud Tenedum pugna	die gewaltige Schlacht bei T.

5. **circā** und **circum**[1]) rings(her)um
örtlich:	lēgātōs circā vīcīnās gentēs mittere	Gesandte bei den benachbarten Stämmen herumschicken
	urbēs, quae circum Capuam sunt	die Städte um Capua

5. a) **circiter**[2]) (ungefähr) um
zeitlich:	circiter Īdūs Septembrēs	um den 13. September

6. **citrā**[3]) diesseits
örtlich:	citrā flūmen	auf dieser Seite des Flusses

7. **contrā**[4]) gegen(über)
örtlich:	contrā Galliam	Gallien gegenüber
Gesinnung (feindlich):	contrā nātūram (Gegens. secundum)	wider die Natur
	contrā opīniōnem	unerwartet

8. **ergā** gegen
Gesinnung (freundl.):	perpetua ergā populum R. fidēs	immerwährende Treue zum röm. Volk

9. **extrā**[4]) außerhalb
örtlich:	intrā extrāque mūnītiōnēs	innerhalb und außerhalb der Befestigungen
übertragen:	extrā tē ūnum	dich allein ausgenommen
	extrā modum	über das Maß hinaus, maßlos

10. **infrā**[4]) unterhalb
örtlich:	infrā oppidum	unterhalb der Stadt
zeitlich:	Homērus nōn infrā Lycūrgum fuit	Homer hat nicht nach L. gelebt
übertragen:	ūrī sunt magnitūdine paulō infrā elephantōs	Die Auerochsen stehen an Größe nur wenig den Elefanten nach

11. **inter** zwischen, unter
örtlich:	inter montem et flūmen	zwischen Berg und Fluß

---

[1]) Eigtl. „im Kreis", erstarrter Akk.
[2]) Zu circum wie propter zu prope.
[3]) Erstarrter Abl.Sg.Fem. Daneben cis amtssprachlich: cis et uls Tiberim.
[4]) Erstarrter Abl.Sg.Fem.

§ 158　　　　　　Präpositionen mit Akkusativ

zeitlich:	inter decem annōs	während zehn Jahren
übertragen:	inter omnēs ēminēre	unter allen hervorragen
	inter sē	untereinander, gegenseitig

12. intrā [1]) innerhalb
örtlich:	intrā mūrōs	innerhalb der Mauern
zeitlich:	intrā vīcēsimum annum	vor Ablauf von neunzehn Jahren

13. iuxtā [2]) dicht bei, neben
örtlich:	sepultus est iuxtā viam	er wurde neben der Straße begraben

14. ob vor – hin, entgegen, wegen
örtlich:	ob oculōs versātur mihī	er schwebt mir vor Augen
übertragen:	ob eam rem, ob eam causam	deswegen

15. penes[3]) bei, in der Gewalt von
übertragen:	servī penes accūsātōrem fuerant	die Sklaven hatten sich in der Gewalt des Anklägers befunden

16. per durch
örtlich:	iter per prōvinciam facere	seinen Weg durch die Pr. nehmen
	equitēs per ōram dispōnere	die Reiter über die Küste hin verteilen
zeitlich:	per decem diēs	zehn Tage lang
übertragen:	per lēgātōs comperīre	durch Gesandte erfahren
	per deōs[4]) tē obsecrō	ich beschwöre dich bei den Göttern
	per mē licet	meinethalben
	per lēgēs licet	es besteht kein gesetzlicher Einwand
	per somnum prōvidēre	im Schlaf voraussehen
	per litterās	schriftlich
	per vim	gewaltsam
	per iocum	im Scherz
	per causam	unter dem Vorwand
	per fidem[5]) aliquem fallere	gegen das Treueversprechen jmdn. hintergehen
	per sē	an und für sich, von sich aus

---

[1]) Erstarrter Abl.Sg.Fem.
[2]) Wohl Abl.Sg.Fem. eines Superlativs *iugistā zum Verbalstamm iung-ō, also eigtl. „dicht angefügt".
[3]) Eigtl. „im Innern", vgl. penitus, penātēs.
[4]) Eigtl. „vermittels (der Anrufung) der Götter".
[5]) Eigtl. „vermittels des gegebenen (erg. aber nicht gehaltenen) Treueversprechens".

Satzergänzungen: Präpositionen § 158

17. **post** hinter, nach
örtlich:	post mē erat Aegīna, ante mē Megara	hinter mir lag A., vor mir M.
zeitlich:	post hominum memoriam	seit Menschengedenken

18. **praeter** vorbei – an, über – hinaus
örtlich:	cōpiās praeter castra trānsdūcere	die Truppen am Lager vorbeiführen
übertragen:	praeter cēterōs flōrēre	vor allen anderen in Blüte stehen
	praeter cōnsuētūdinem	gegen die Gewohnheit
	praeter nātūram	widernatürlich
	omnēs praeter ūnum	alle außer einem
	praeter sē dēnōs addūcere	außer sich je zehn mitbringen

19. **prope** nahe bei
örtlich:	prope castra	in der Nähe des Lagers
	propius, proximē Italiam	näher, sehr nahe an Italien
	statt prope Siciliam auch prope ā Siciliā	nahe bei Sizilien

20. **propter** nahe bei, wegen
örtlich:	īnsulae propter Siciliam	die Inseln in der Nähe Siziliens
übertragen:	in metū sum propter tē	deinetwegen bin ich in Angst
	propter Cicerōnem urbs incēnsa nōn est	Cicero war es zu danken, daß die Stadt vom Brand verschont blieb

21. **secundum**[1]) längs, gemäß, nächst
örtlich:	secundum flūmen	den Fluß entlang
zeitlich:	secundum comitia	unmittelbar nach den Wahlen
übertragen:	secundum tē nihil est mihī amīcius sōlitūdine	nächst dir ist die Einsamkeit mein bester Freund

22. **suprā**[2]) oberhalb, über
örtlich:	suprā subterque terram pūgnāre	über und unter der Erde kämpfen
zeitlich:	suprā septingentēsimum annum	über 700 Jahre

23. **trāns**[3]) jenseits, über – hinüber
örtlich:	trāns Rhēnum incolere	jenseits des Rheines wohnen
	trāns Alpēs trānsferre	über die Alpen hinüberschaffen

24. **ultrā**[2]) jenseits, über – hinaus

---

[1]) Adverbiell erstarrter Akk. des Inhalts von secundus „folgend".

[2]) Erstarrter Abl.Sg.Fem.

[3]) Erstarrter Nom.Sg. des Part.Präs. von *trāre (vgl. intrāre), „überschreitend:"

örtlich:	alteri qui citrā, alteri qui ultrā lapidem quinquāgēsimum sunt	die einen, die diesseits, die anderen, die jenseits des 500. Meilensteines sind
übertragen:	Est modus, quem ultrā prōgredī nōn oportet	Es gibt ein Maß, daß man nicht überschreiten darf.

B. Präpositionen mit Ablativ § 159

1. **ab, ā, abs**[1]) von – weg, her, aus

örtlich:	ab urbe discēdere	aus der Stadt fortgehen
	procul ā castrīs	fern vom Lager
zeitlich:	ab ōvō usque ad māla	von Anfang bis Ende[2])
	ā pueritiā	von Kindesbeinen an
	ab urbe conditā	seit Gründung der Stadt
	ā colloquiō dīgredī	gleich nach dem Gespräch weggehen
	quārtus philosophus ab Aristotele	der vierte Ph. von A. an gerechnet
übertragen:	dēfendere, tuērī ab aliquō	vor jmdm. schützen
	appellāre aliquem ab (ex) aliquō	jmdn. nach jmdm. benennen
	bene audīre ab aliquō	in gutem Ruf bei jmdm. stehen

vgl. §§ 141, 142, 143, 147, 153, 155 Nr. 3, 158 Nr. 19.

2. **cōram**[3]) in Gegenwart von

	cōram mē	in meiner Anwesenheit

3. **cum** mit

Begleitung:	cum amīcō esse	mit dem Freund zusammensein
	cum legiōnibus venīre (vgl. § 145)	mit Legionen kommen
	cum librō esse	ein Buch bei sich haben
	lēgātōs cum auctōritāte mittere	bevollmächtigte Gesandte schicken
	cum hostibus pūgnāre	gegen die Feinde kämpfen
	rēs mihi est tēcum	ich habe es mit dir zu tun
	sēcum addūcere	bei sich führen
	commūnicāre aliquid cum aliquō	jmdm. etwas mitteilen
zeitlich:	cum prīmā lūce domum venīre	mit Tagesanbruch heimkehren
begleitende Umstände:	aliquem cum cruciātū necāre	jmdn. unter Folterungen töten

4. **dē** von – herab, über

örtlich:	dē mūrō colloquī	von der Mauer herab sich besprechen

---

[1]) Ā nur vor Konsonanten, abs in: abs tē.
[2]) Eigtl. „vom Ei (als der Vorspeise) bis zu den Äpfeln (als Nachtisch)"
[3]) Wohl aus *co(m) ōre („im Angesicht"), Endung nach palam, Konstr. mit Abl. nach praesente (mē).

	dē nāve dēsilīre	vom Schiff hinabspringen
	dē cīvitāte ēicere	verbannen
zeitlich:	mediā dē nocte auxilia mittere	noch mitten in der Nacht Hilfstruppen schicken
	dē tertiā vigiliā	noch während der 3. Nachtwache
übertragen:	dē animī bonīs disputāre	über innere Güter (Werte) sprechen
	dē pāce venīre	des Friedens wegen kommen
	dē aliquā rē dīcere, agere u.ä.	über etwas reden, verhandeln
	gravī dē causā	aus gewichtigem Grund
	dē alicuius sententiā id facere	gemäß jmds. Meinung das tun
	dē suō	aus eigenen Mitteln
	supplicium sūmere dē aliquō	jmdn. hinrichten
	dē mē āctum est	um mich ist es geschehen
	bene merērī dē aliquō	sich große Verdienste um jmdn. erwerben

5. **ex, ē**[1]) aus

örtlich:	arma ē manibus extorquēre	die Waffen aus den Händen reißen
zeitlich:	ex eō tempore	seit der Zeit
	ex cōnsulātū in Galliam proficīscī	unmittelbar nach dem Konsulat nach Gallien aufbrechen
	aliud ex aliō	eins nach dem andern
übertragen:	pōcula ex aurō	Becher aus Gold
	ex quō factum est	daher geschah es
	ex eādem causā	aus eben dem Grunde
	ex senātūs sententiā	nach Senatsbeschluß
	meā ex sententiā	nach meinem Wunsch
	ex parte	zum Teil
	ē vestigiō (extemplō)	sofort
	ex inopīnātō	unvermutet
	ex tempore dīcere	aus dem Stegreif sprechen

vgl. §§ 141, 142, 143, 151.

6. **palam**[2]) offen vor (dicht. und nachkl.)

palam populō	in Gegenwart des Volkes

7. **prae** vor

örtlich:	prae sē ferre	vor sich hertragen, zur Schau tragen

---

[1]) Ē nur vor Konsonanten (aber immer: ex quō).
[2]) Eigtl. „ausgebreitet", vgl. pandere.

hindernder Grund:	prae maerōre } prae lacrimīs } loquī nōn potuit¹⁾	vor Schmerz } vor Tränen } konnte er nicht reden
Vergleich:	Gallīs prae magnitūdine corporum suōrum brevitās nostra contemptuī est.	Angesichts ihrer eigenen Körpergröße machen sich die Gallier über unsere kleine Statur lustig

8. **prō** vor, für²⁾

örtlich:	cōpiās prō oppidō collocāre	Truppen vor der Stadt postieren
	prō rōstrīs	vorn auf der Rednertribüne
übertragen:	prō lēgibus, prō libertāte pūgnāre	für die Gesetze, d. Freiheit kämpfen
	prō cōnsule	an Stelle eines K.s, ehemaliger K.
	virī erant prō mūrīs	die Männer dienten als Mauer
	pecūniam prō vectūrā solvere	für die Passage zahlen
	prō virīlī parte	nach besten Kräften
	prō temporibus	den Zeitverhältnissen entsprechend
	prō cīve sē gerere	sich als Bürger benehmen

9. **sine** ohne

sine pennīs volāre (sprichwörtl.)	ohne Flügel fliegen
sine dubiō	zweifelsohne
sine causā	grundlos
sine (ūllā) morā	unverzüglich, ohne zu zögern

C. Präpositionen mit Akkusativ oder Ablativ § 160

1. **in**

a) mit Akk.: in, an, auf, nach (Frage: ,,wohin?'')

örtlich:	ad urbem vel potius in urbem īre	zur oder vielmehr in die Stadt gehen
	in forum versus	in Richtung auf das Forum
	in Britanniam vehī (vgl. § 122)	nach Britannien fahren
zeitlich:	in diem vīvere	in den Tag hinein leben
	in singulōs annōs	Jahr für Jahr
	in praesēns	für jetzt
	in futūrum	für die Zukunft
	in posterum	für künftig
	in perpetuum	auf immer
	in diēs	täglich, von Tag zu Tag

---

¹⁾ Nur in negativen Sätzen; positives ,,vor Tränen verstummte er'' hieße also lacrimīs (abl. caus.) obmūtuit.

²⁾ Grundbedeutung ,,nach vorn'', also prō mūrīs pūgnāre eigtl. ,,nach vorn von den Mauern aus gerechnet (abl.sēpar.) kämpfen'', die Mauern im Rücken der Kämpfenden, während ante mūrōs pūgnāre die Kämpfenden, die die Mauern vor Augen haben, bezeichnen kann.

Gesinnung (freundl. u. feindlich):	amor in patriam	Vaterlandsliebe
	impietās in deōs	Gottlosigkeit
Wendungen:	in lātitūdinem, in altitūdinem	in die (in der) Breite, Höhe
	mīrum in modum	wunderbarerweise
	in ūniversum	im allgemeinen
	in speciem	zum Schein
	invicem	abwechselnd

b) mit Abl.: in, an, auf (Frage: „wo?")

örtlich:	in senātū dīcere	im Senat sprechen
	corōnam in capite habēre	einen Kranz auf dem Kopf tragen
	in quibus erat Catilīna	unter ihnen war Catilina
	in numerō sapientium habērī, dūcī	unter die Weisen gerechnet werden
	excubāre in armīs	bewaffnet Wache halten
zeitlich:	in pāce (vgl. § 156)	im Frieden
	ter in annō	dreimal jährlich
Umstände:	in invidiā, in timōre, in spē esse	mißliebig sein, fürchten, hoffen
	in rēbus secundīs, adversīs	im Glück, im Unglück
	exercēre mentem in aliquā rē	seinen Geist in etwas üben
	in īnfirmissimā valētūdine	trotz großer Gebrechlichkeit
	magnō in aere aliēnō	inmitten, d.h. trotz großer Schulden
	laudāre aliquem in aliquā rē	jmdn. wegen etwas loben

2. sub

a) mit Akk.: unter (Frage: „wohin?")

örtlich:	exercitum sub iugum mittere	das Heer unter das Joch schicken
	sub montem succēdere	an den Fuß des Berges rücken
zeitlich:	sub noctem nāvēs solvere	um die Nachtzeit die Anker lichten

b) mit Abl.: unter (Frage: „wo?")

örtlich:	sub terrā habitāre	unter der Erde wohnen
bildlich:	sub diciōne, imperiō alicuius esse	in jmds. Gewalt sein
	sub manū esse	zur Hand sein

3. super

a) mit Akk. (klass.): über, oben auf

örtlich:	super tumulum statuī	auf dem Hügel aufgestellt werden

b) mit Abl. (dicht. u. nachkl.): über, in betreff

übertragen:	multa super Priamō rogitāre	viel über Pr. wissen wollen

D. Bemerkungen zum Gebrauch der Präpositionen §161

1. Gehört eine Präposition zu **m e h r e r e n N o m i n a**, so wird sie meist nur wiederholt, wenn jedes Nomen für sich hervorgehoben werden soll; sonst steht die Präposition nur beim ersten Glied:

et prō mē et prō tē	sowohl für mich als auch für dich
in virtūte aut vitiō	in Tugend oder Laster
in eādem urbe, quā ...	in der gleichen Stadt, in welcher ...

2. Gehören mehrere Präpositionen zu **e i n e m N o m e n**, so muß das Nomen wiederholt oder durch is wieder aufgenommen werden:

ante cēnam et post cēnam	vor und nach der Mahlzeit
oder: ... et post eam	

Nur bei einigen festen Formeln oder wenn die zweite Präposition auch als Adverb gebraucht wird, findet sich einmalige Setzung des Nomens ohne Wiederaufnahme:

cis et uls Tiberim	diesseits und jenseits des Tiber
intrā extrāque mūnītiōnēs	innerhalb und außerhalb der Befestigungen
Et in corpore et extrā sunt quaedam bona.	Es gibt gewisse Güter im körperlichen Bereich und außerhalb.

3. Das unmittelbare **N e b e n e i n a n d e r** zweier Präpositionen wird vermieden:

ā lēgātīs ad Caesarem missīs nuntiātur	von den zu Caesar geschickten Gesandten wird berichtet

Nur bei präpositionalen Verbindungen, die als ein Wort angesehen werden, ist es möglich:

ā prō cōnsule mittitur	er wird vom Prokonsul geschickt
in ante diem V. Kal. Nov. (§ 276)	auf den 28. Oktober

4. Die im Dt. häufige Verbindung zweier Substantive durch eine Präposition findet sich im Lat. gewöhnlich nur bei bestimmten Gruppen von Präpositionalattributen und im sog. „geschlossenen" Ausdruck.

a) bei folgenden Gruppen:

Stoff und Herkunft	simulācra ex aere	Standbilder aus Erz
	homō dē plēbe	ein Mann aus dem Volk
Zusammengehörigkeit und Gegenteil	statua cum īnscrīptiōne	eine Statue mit Inschrift
	cum dignitāte ōtium	ehrenvolle Mußezeit
	exercitus sine duce	ein Heer ohne Führer
	homō sine cēnsū	ein Mensch ohne Vermögen
Ortsangaben (bes. neben Verbalsubstantiven)	excessus ex vītā	Tod
	aditus ad portam	Zugang zum Tor
	vgl. discessus Narbōne	der Abzug aus Narbo

vgl. §§ 158 Nr. 2; 160 Nr. 1a

b) im „geschlossenen" Ausdruck:

Marcelli ad Nōlam proelium	der Kampf des Marcellus bei Nola
tuus in mē amor	deine Liebe zu mir
clādēs ab hostibus accepta	die Niederlage durch die Feinde
castra ante oppidum posita	das Lager vor der Stadt

In den meisten übrigen Fällen deutscher Präpositionalattribute finden sich im Lat. jedoch andere Ausdrucksweisen, z.B.:

a) Genetive: s. §133.

b) Adjektive:

bellum pirāticum	der Krieg mit den Seeräubern
bellum domesticum	der Krieg im Innern
bellum nāvāle	der Krieg zur See
praedium suburbānum	das Gut nahe an der Stadt
rēs urbānae	die Ereignisse in der Stadt
labōrēs diurnī nocturnīque	Anstrengungen bei Tag und Nacht

c) Relativsätze:

cāritās, quae est inter nātōs et parentēs	die Liebe zwischen Eltern und Kindern
liber, quī est dē animō	das Buch über die Seele

§ 162 IV. Satzergänzungen durch Adverbien

Die Adverbien sind wie die Präpositionen unveränderliche Wortformen (meist erstarrte Kasus: § 51), welche Verben, dann auch Adjektive und andere Adverbien, in ähnlicher Weise näher bestimmen wie das attributive Adjektiv das zugehörige Substantiv. Im Einzelnen ist folgendes zu bemerken:

1. Esse in der Bedeutung „sich verhalten" mit Adv.: s. S. 117 Anm. 3.

2. Die attributive Verwendung von Adverbien zur näheren Bestimmung eines Substantivs (vgl. dt. das Buch dort, die Sitzung gestern) ist nur möglich bei Zwischenstellung:

discessus tum meus	meine Abreise damals, meine damalige Abreise
multae circā cīvitātēs	viele Stämme ringsum, viele umliegende Stämme
vir vērē Rōmānus	ein Römer in Wahrheit, ein echter Römer

Freier (nach gr. Muster) bei Dichtern:

neque ignārī sumus ante malōrum	und wir kennen die früheren Leiden gut

3. Ortsadverbiale statt eines Pronomens mit Präposition ist umgangssprachlich und Kanzleistil, z.B.

is unde (= ā quō) petitur	„der, woher (von dem) man etwas verlangt", d.i. der Angeklagte im Zivilprozeß

4. **A d v e r b d e s U r t e i l s**: Gelegentlich, bes. bei male und bene, bezeichnet das Adverb nicht so sehr die Umstände der Handlung als vielmehr das Urteil des Sprechenden über diese Handlung, z.B.

male reprehendunt	sie tun unrecht, wenn sie tadeln (tun schlecht daran, zu ...)
īnsipienter spērat	es ist eine Dummheit von ihm, zu hoffen

5. Vielfach zieht der Lateiner dort, wo der Deutsche Adverbien verwendet, andere Ausdrucksweisen vor, u.a.:

a) Prädikative Adjektive: s. § 111.

b) Verbalkomposita: s. § 157.

c) Verben:

soleō legere	ich lese gewöhnlich
nōn dubitō dare	ich gebe unbedenklich
fierī potest, ut domī sit	möglicherweise ist er daheim
accidit, ut esset lūna plēna	es war zufällig Vollmond

entsprechend:

coepisse	allmählich	vidērī	anscheinend
nōn dēsistere	unaufhörlich	appāret	offenbar
properāre	schleunigst	cōnstat	bekanntlich

Hendiadyoin (grch. ἕν διὰ δυοῖν „ein" – Begriff – „durch zwei" – Begriffe –):

fundere atque fugāre	völlig in die Flucht schlagen
ōrāre atque obsecrāre	inständig bitten

d) Nebensätze:

dum haec geruntur	unterdessen
quae cum ita sint bzw. essent	unter diesen Umständen, demnach
quod nī ita esset bzw. fuisset	andernfalls, sonst

V. Satzergänzungen durch Nominalformen des Verbums §§ 163 - 181

Vorbemerkungen §163

Die Nominalformen des Verbums (§ 70) nehmen eine Mittelstellung zwischen Nomen und Verbum ein. Die v e r b a l e Natur zeigt sich darin, daß sie die gleichen Ergänzungen wie das verbum fīnītum erhalten (tē amāre, tē amāns wie tē amō) und daß sie Adverbien zu sich nehmen (valdē amāns wie valdē amō), die n o m i n a l e in der adjektivischen Verwendung von Partizip und Gerundivum und in der substantivischen von Infinitiv, Gerundium und Supinum.

A. Infinitiv §§ 164 - 172

Vorbemerkungen §164

Der Infinitiv hat, wie sich noch in seiner syntaktischen Verwendung als Subjekt (vgl. § 106) und Objekt zeigt, nominalen Ursprung: Er ist hervorgegangen aus einem erstarrten Lokativ des Zieles eines Verbalabstraktums und hat somit ursprünglich finale Bedeutung, wie sie z.B. noch durchscheint in:

dō bibere	ich gebe zum Trank, zum Trinken, zu trinken

188　　　　Satzergänzungen: Nominalformen des Verbums　　　　§§ 164 - 165

Der substantivische Charakter ging jedoch früh verloren, während die verbale Kraft zunahm. Sie zeigt sich vor allem darin, daß

1. ein Adverb hinzutreten kann:

honestē vīvere summum bonum est　　　　ein anständiges Leben ist das höchste Gut

2. der Infinitiv seine Ergänzung im gleichen Fall wie das verbum finitum erhält:

Rēctē regere rem p. ars difficillima est.　　　Das richtige Lenken des Staates ist eine äußerst schwierige Kunst.
Hīs rēbus rēctē ūtī necesse est.　　　Die richtige Anwendung dieser Hilfsmittel ist unerläßlich.

Eine Neubelebung des substantivischen Charakters des Infinitivs ist in schwächerem Maße eingetreten als im Dt., wo der Artikel die Substantivierung stark unterstützt: das Lesen, des Lesens..., während im Lat. die Deklination nur mit Hilfe der Ersatzformen des Gerundiums (§ 174) durchgeführt werden kann. Gleichsam als Ersatz für den fehlenden Artikel wird gelegentlich ein Pronominalattribut zum substantivierten Inf. gesetzt, z.B.

Ipsum illud aemulārī nōn est inūtile.　　　Schon dieses Wetteifern ist nützlich.

ähnlich mit Gliederungsverschiebung (§ 226 Nr. 2c):

Id iniūstissimum est, iūstitiae mercēdem quaerere.　　Das ist in höchstem Maße ungerecht, für die Gerechtigkeit Lohn haben zu wollen.

§§ 165 - 166　**1. Bloßer Infinitiv**

§ 165　**a) Der Infinitiv als Subjekt**

Der Infinitiv steht als Subjekt wie im Deutschen

1. bei e s s e und ähnlichen kopulativen Verben (habērī, vidērī, putārī) in Verbindung mit einem Prädikatsnomen wie

facile est	es ist leicht	scelus est	es ist ein Verbrechen
tempus est	es ist Zeit	turpe est	es ist schändlich
mōs est	es ist Sitte	indignum est	es ist empörend
cōnsuētūdō est	es ist Brauch	nōn ferendum est	es ist unerträglich
operae pretium est	es lohnt sich	pār est	es ist angemessen
stultum est (-ltī)	es ist dumm	aequum est	es ist billig
sapientis est	es ist klug	cōnsentāneum est	es ist natürlich
laus est	es ist löblich	ūtile est	es ist nützlich

2. bei sonstigen u n p e r s ö n l i c h e n A u s d r ü c k e n wie

piget mē	mich verdrießt	decet	es geziemt sich
pudet mē	ich schäme mich	mihi placet	ich beschließe
interest	es ist wichtig	mihi vidētur	ich beschließe
refert	es ist wichtig	iuvat	es freut, es nützt
opus est	es ist nötig	prōdest	es nützt
necesse est	es ist nötig	expedit	es ist zweckdienlich
oportet	es gehört sich	condūcit	es ist zuträglich
libet	es beliebt	praestat	es ist besser

§§ 165 - 166 Infinitiv

Pulchrum est digitō mōnstrārī.	Es ist schön, wenn die Leute mit dem Finger auf einen hinweisen.
Negōtium magnum est nāvigāre.	Zur See zu fahren ist eine schwierige Sache.
Pārēre auspiciīs necesse est.	Den Vogelzeichen muß man gehorchen.
Hospitem arcēre tēctō apud Germānōs nefās putābātur.	Es galt bei den Germanen als großes Unrecht, einen Gastfreund nicht ins Haus aufzunehmen.
Cōnfīdere decet, timēre nōn decet.	Es gehört sich, zuversichtlich, aber nicht, ängstlich zu sein.
Quid iuvat scīre futūrum?	Was nützt es schon, die Zukunft zu kennen?
Cicerō Rōmānīs morī potius quam servīre praestāre cēnsēbat.	Cicero war der Ansicht, daß zu sterben für die Römer besser sei als Sklaven zu sein.
Līberē dīcere libet.	Es beliebt (mir), frei meine Meinung zu sagen.

Das Prädikatsnomen steht beim Subjektsinfinitiv im Akkusativ:

Prōdest iūcundum esse (urspr. zu erg.: aliquem)	Es ist vorteilhaft, beliebt zu sein.
Rēbus suīs contentum esse ea vēra est fēlīcitās.	Zufriedenheit mit dem, was man hat, ist das wahre Glück.
Mediōs esse nōn licēbit.	Neutral zu bleiben, wird nicht möglich sein.

beim Dativ der Person nach licet ist auch Kasusangleichung möglich:

Nunc tibi licet ōtiōsō esse.	Jetzt darfst du müßig sein.

b) Der Infinitiv als Objekt § 166

Der Infinitiv steht als Objekt wie im Deutschen bei den Verben, die ein Geschehen nur modifizieren, also für sich eine unvollständige Aussage enthalten und einer Ergänzung bedürfen: es sind dies besonders die Verben des Könnens, Sollens, Wollens, Bewirkens, Unterlassens u.ä., wie:

posse	können	audēre	wagen
(ne)quīre	(nicht) können	studēre, nītī	sich bemühen,
(ne)scīre	(nicht) verstehen	contendere	suchen
discere	lernen	aber mit ut:	
dēbēre	müssen	operam dare	sich Mühe geben
velle	wollen	festīnāre,	
nōlle	nicht wollen	properāre,	sich beeilen
mālle	lieber wollen	mātūrāre	

nur mit Subst.:		pergere, perseverāre }	fortfahren
praeferre	etwas vorziehen		
cupere	wünschen	solēre	pflegen
dēsīderāre	verlangen	cōnsuēscere	sich gewöhnen
aber mit ut:		satis habēre	zufrieden sein
optāre, petere	wünschen	**aber** nur mit Abl.:	
incipere, coepisse, īnstituere, exōrdīrī }	anfangen, beginnen	contentum esse	zufrieden sein
		parum habēre	unzufrieden sein
		cūnctārī	zögern, zaudern
		dubitāre (§ 239)	Bedenken tragen
parāre	sich anschicken	verērī, timēre } (§ 236)	sich scheuen
parātum esse	bereit sein		
cōgitāre	gedenken	selten (und meistens negiert):	
in animō habēre	im Sinn haben	(nōn) recūsāre (§ 236)	sich (nicht) weigern
statuere, dēcernere, animum indūcere }	beschließen (vgl. § 234 a.E.)	dēsistere, dēsinere }	ablassen, aufhören
		omittere, praetermittere }	unterlassen
cōnārī	versuchen		

aber klass. nicht mit Inf., sondern mit aliquid oder sī:
experīrī

Praeterita mūtāre nōn possumus.	Wir können die Vergangenheit nicht ändern.
Rēgulus ad supplicium redīre māluit quam fidem hostī datam fallere.	Regulus wollte lieber mit der Gewißheit, mit dem Tod bestraft zu werden, zurückkehren als sein dem Feind gegebenes Wort brechen.
Festīnā ad nōs venīre!	Beeil dich, zu uns zu kommen (komm schnell)!
Mīlitēs trānsīre flūmen nōn dubitāvērunt.	Die Soldaten hatten keine Bedenken, über den Fluß zu setzen.
Caesar hostēs longius prōsequī veritus est.	Cäsar scheute sich, die Feinde weiter zu verfolgen.

Das Prädikatsnomen steht beim Objektsinfinitiv im Nominativ (vgl. § 108):

Omnēs beātī esse volumus.	Wir alle wollen glücklich sein.
Mālim vidērī nimis timidus quam parum prūdēns.	Lieber will ich, daß man mich für überängstlich als für zu unbedacht hält.
Clōdius tribūnus plēbis fierī cupit.	Clodius will Volkstribun werden.
Hīs temporibus salvī esse nōn possumus.	In diesen Zeiten können wir nicht davonkommen.

Umwandlung ins Passiv

Während die echten Modalverben wie „können, wollen, sollen, müssen" u.a. im Lat. und Dt. ohne weiteres einen passiven Infinitiv zu sich nehmen (hoc fierī potest, dēbet dies kann, muß getan werden), ist dies bei denen, die nur z.T. modal verwendet werden, im allgemeinen nicht möglich (nicht: „er beschloß, operiert zu werden", sondern: „er beschloß, sich o. zu lassen" oder „man beschloß, ihn zu o."). Abweichend vom Dt. nimmt jedoch aus dieser Gruppe incipere einen passiven Inf. zu sich und tritt im Perfektstamm selbst ins Passiv:

Präsens Akt.:
hanc rem agere incipiō   ich beginne diese Sache auszuführen

Präsens Pass.:
haec rēs agī incipit   man beginnt diese Sache auszuführen

Perf.Pass. persönlich (auch bei dēsinere):
haec rēs agī coepta, dēsita est   man begann, hörte auf diese S. auszuführen

Perf. Pass. unpersönlich:
disputārī coeptum, dēsitum est   man begann, hörte auf zu erörtern

aber aktive Form bei medialem Infinitiv:
iūdicia fierī coepērunt, dēsiērunt   die Prozesse begannen, hörten auf

Die Abhängigkeit des Infinitivs von Adj. und Part.
ist dichterisch und nachkl.:

audāx omnia perpetī   entschlossen alles zu ertragen
indocilis pauperiem patī   der es nicht lernen kann, bescheiden zu leben
peritus obsequī   erfahren im Gehorsam

Phraseologische Verwendung der Modalverben im Dt.:
Nicht selten wählt der Dt. auch dort Modalverben, wo sie so ohne Nachdruck sind („phraseologisch" von φράσις, d.h. als bloße Redensart), daß der Lat. sich mit dem einfachen Verbum ohne Modifizierung begnügt, z.B.:

nōn inveniō	ich kann nicht finden	spērō	ich darf hoffen
fateor	ich muß gestehen	nōn vereor	ich brauche nicht zu fürchten
tantum dīcō	ich will nur so viel sagen	persuādeō	ich weiß zu überreden
nōn negō	ich muß zugeben	iūre poscō	ich kann mit Recht fordern

2. Der Accūsātīvus cum īnfīnītīvō (A c I)

Vorbemerkungen

§ 167

Zur Entstehung

1. Ursprünge

Für die Entstehung des A c I ist von dem Ursprung des Infinitivs als dem Lokativ des Zieles eines Verbalabstraktums auszugehen. So hat in dem Satz iubeō tē venīre das regierende Verb iubeō in seiner ursprünglichen Bedeutung „antreiben" zwei einem doppelten Akkusativ vergleichbare Ergänzungen: die Person tē, auf die sich die Handlung des Antreibens richtet, und die Sache venīre, die das Ziel des Antreibens ist; also eigentlich: „ich treibe dich zum Kommen an". Ähnlich verhält es sich bei den kausativen (d.h. zu einer Handlung bzw. Unterlassung veranlassenden) Verben

cōgere	zwingen	sinere, patī	lassen
assuēfacere	gewohnen	prohibēre	abhalten
docēre	lehren	vetāre aliquem	einem verbieten

Cēterās nātiōnēs pārēre assuēfēcit.	Er gewöhnte die übrigen Völker „an das Gehorchen".
Num tē emere coēgit?	Er hat dich doch wohl nicht „zum Kaufen" gezwungen?
Trānsalpīnās gentēs vītem serere nōn sinimus.	Wir lassen die Völker jenseits der Alpen keine Weinstöcke anpflanzen.
Menāpiī Germānōs Rhēnum trānsīre prohibuērunt.	Die Menapier hielten die Germanen „vom Überqueren" des Rheines ab.
Dux mīlitēs ab opere discēdere vetuit.	Der Anführer hinderte die Soldaten „am Weggehen" von der Arbeit.

2. Ausbildung

In dem Satz doceō tē sapere kann der Inf. sowohl von seiner urspr. finalen Bedeutung her verstanden werden („ich unterrichte dich zum Weisesein, damit du weise wirst") als auch als Stellvertreter eines Sachobjekts ohne finalen Nebensinn neben dem persönlichen Objekt tē wie in doceō tē sapientiam („ich lehre dich Weisheit"). Keine finale Auffassung des Infinitivs ist dagegen mehr möglich bei einem übergeordneten Verbum der Wahrnehmung wie videō tē venīre, wo der Inf. zwar auch ein Sachobjekt vertritt, aber weniger in der Abhängigkeit für sich vom übergeordneten Verbum als vielmehr in der Zugehörigkeit zum Akk. gesehen wird, wie es deutlicher wird an dem Paralleltyp videō tē venientem. Ganz eng schließlich wird die Einheit, zu der Akk. und Inf. sich verbinden, wenn keiner von beiden mehr für sich als Objekt von dem übergeordneten Verbum abhängig gedacht werden kann wie nach dem Intransitivum cōnfīdō tē ventūrum esse oder nach dem unpers. necesse est tē venīre. Je mehr nun Inf. und Akk. sich aus der Beziehung als selbständiges Objekt zum übergeordneten Verbum lösen und zusammenwachsen, desto leichter können sie gleichsam wie Prädikat und Subjekt eines entsprechenden Nebensatzes erscheinen: die so entstandene Konstruktion nennt man A c I.

Zur Konstruktion

1. Das **Prädikatsnomen** neben dem Inf. tritt in den **Akk.**; desgleichen die auf den Subjektsakkusativ bezüglichen Attribute und mit Vergleichungspartikeln angereihte weitere „Subjekte":

Victor urbem incolumem esse passus est.	Der Sieger ließ die Stadt ungeschoren.
Spērō fīliōs multa in rē p. bona vīsūrōs esse.	Ich hoffe, daß die Kinder viel Gutes im Staat erleben werden.
Per Cicerōnem rem pūblicam cōnservātam esse cōnstat.	Es ist bekannt, daß der Staat durch Cicero gerettet worden ist.
Decet cāriōrem nōbīs esse patriam quam nōsmet ipsōs.	Das Vaterland muß uns teurer sein als wir uns selbst.
Platōnem ferunt dē animōrum aeternitāte sēnsisse idem quod Pȳthagoram.	Plato soll über die Unsterblichkeit der Seelen die gleiche Ansicht gehabt haben wie Pythagoras.

§ 167 A c I 193

2. Auch wenn das Subjekt des übergeordneten Verbs und des Infinitivs das gleiche ist, wird dies durch das **persönliche Fürwort** als **Subjektsakkusativ** ausgedrückt (im Gegensatz zum Grch. und Dt., wo oft auch der bloße Inf. erscheint):

Profiteor mē suscēpisse magnum onus.	Ich gestehe, eine große Last auf mich genommen zu haben.
Arbitrantur sē hoc beneficium ei dēbēre.	Sie glauben, ihm diesen Gefallen schuldig zu sein.

Weglassung des aus dem Zusammenhang leicht zu ergänzenden Subjekts findet sich öfter in der Umgangssprache, in der Schriftsprache (gewöhnlich) nur zur Vermeidung der gleichen Form des Pronomens (vgl. auch § 169):

Pollicentur sēsē ei dēditūrōs.	Sie versprechen sich ihm auszuliefern.

3. Da der A c I nicht als Nebensatz, sondern als Satzglied gilt (nicht durch ein Komma abgetrennt!), stehen daher bei Beziehung auf das Subjekt die **Reflexivpronomina** (s. Beispiel Nr. 2) und **suus**:

Respondit sēsē in suō iūre impedīrī.	Er antwortete, daß er in der Ausübung seines Rechtes behindert werde.

4. Ist bei den Verben des **Veranlassens** und **Verhinderns** die Person, der etwas befohlen oder verboten wird, nicht genannt, dann erscheint der Inf. (abweichend vom Dt.) im **Passiv**:

mit Angabe der beauftragten Person:

Caesar milītēs castra mūnīre iubet, vetat.	Cäsar befiehlt, verbietet den Soldaten, das Lager zu befestigen.

ohne Angabe der beauftragten Person:

Caesar castra mūnīrī iubet, vetat.	C. befiehlt, verbietet, das L. zu befestigen.
Fūrem lūce occīdī vetant XII tabulae.	Die Zwölftafelgesetze verbieten, einen Dieb bei Tageslicht hinzurichten.
Germānī vīnum ad sē importārī omnīnō nōn sinunt.	Die Germanen lassen unter keinen Umständen zu, daß man bei ihnen Wein einführt.
Ūrī sē patiuntur vēnātōrēs.	Die Jäger lassen sich (von der Sonne) verbrennen.
Dictātor iussit bona rei prōscrībī.	Der Diktator gab Befehl, das Hab und Gut des Angeklagten zu beschlagnahmen.

5. Bei den umschreibenden Formen des Verbums (Perf.Pass., Fut.Akt., Gerundivum) wird die Kopula esse oft weggelassen (ebenso beim N c I § 172):

Antōnius mortem Caesaris ulcīscendam putat.	Antonius meint, daß der Tod Cäsars gerächt werden muß.
Sē itūrum negat.	Er sagt, daß er nicht gehen werde.

§ 168   a) **Verwendung des A c I**

1. Bei den Verben der **sinnlichen** und **geistigen Wahrnehmung** (verba sentiendi) sowie des **Sagens** und **Meinens** (verba dicendi) wie:

audīre	hören	cōnfīdere	vertrauen
vidēre	sehen	dīcere	sagen
animadvertere	bemerken	negāre	sagen, daß nicht
intellegere	einsehen	dēclārāre	erklären
sentīre	fühlen	affirmāre	versichern
cōgnōscere	erkennen	contendere	behaupten
comperīre	erfahren	profitērī	offen behaupten
accipere	vernehmen	scrībere	schreiben
meminisse	sich erinnern	trādere	überliefern
oblīvīscī	vergessen	auctōrem esse	berichten
scīre	wissen	nūntiāre	melden
putāre		certiōrem facere	benachrichtigen
exīstimāre	glauben,	docēre	lehren
crēdere	meinen	persuādēre	überzeugen
arbitrārī		simulāre	sich stellen, als ob
opīnārī		pollicērī	versprechen
suspicārī	vermuten	prōmittere	verheißen
spērāre	hoffen	glōriārī	sich rühmen

Patēre tua cōnsilia, Catilīna, nōn sentīs?	Merkst du denn nicht, Catilina, daß deine Pläne kein Geheimnis sind?
Nōn possum oblīvīscī meam hanc esse patriam, mē hōrum esse cōnsulem.	Ich kann nicht vergessen, daß dies Vaterland mir, ich diesen Leuten als Konsul gehöre.
Negō quemquam vestrum dīcere posse sē hoc nōndum audīvisse.	Niemand von euch kann, so behaupte ich, sagen, er habe dies noch nicht gehört.
Equitēs nūntiant auxilia venīre.	Die Reiter berichten, die Hilfstruppen seien im Anmarsch.
Imperātor simulāvit sēsē angustiīs reī frūmentāriae adductum castra movēre.	Der Befehlshaber tat so, als wolle er wegen Proviantschwierigkeiten weiterziehen.
Tē id fēcisse glōriārī solēs.	Gewöhnlich rühmst du dich, dies getan zu haben.

Soll jedoch nicht eine Tatsache, sondern eine **Aufforderung** ausgesagt werden, so steht nach den verba dīcendī ein Finalsatz mit ut: § 234.
Partizip nach Verben der sinnlichen Wahrnehmung: § 179.

2. Bei den Verben des Gefühls und der Gefühlsäußerung (verba affectūs) wie:

laetāri	} sich freuen	gemere	klagen
gaudēre		angi	sich ängstigen
dēlectāri		queri	sich beklagen
mīrāri	sich wundern	indignāri	unwillig sein
admīrāri	bewundern	aegrē ferre,	} ungehalten sein
dolēre	} trauern	graviter ferre,	
lūgēre		molestē ferre	

Scīpiōnem esse nātum et nōs gaudēmus et haec cīvitās, dum erit, laetābitur.
Über die Geburt Scipios freuen wir uns, und der Staat wird sich darüber freuen, solange er besteht.

Doluī pācem repudiāri.
Es schmerzte mich, daß das Friedensangebot zurückgewiesen wurde.

Iniūriam tibi factam quereris.
Du beklagst dich, daß dir Unrecht geschehen ist.

Admīrātus sum et molestē tulī cōnsulātum in istum collātum esse.
Ich habe mich gewundert und geärgert, daß man dem Menschen das Konsulat übertragen hat.

Konjunktionalsätze mit quod nach den verba affectūs: § 250.

3. Bei (vorwiegend Urteil oder Feststellung enthaltenden) unpersönlichen Ausdrücken wie:

cōnstat	es ist bekannt	mē fugit	es entgeht mir
appāret	es ist klar	mē fallit	ich weiß nicht
vērisimile est	es ist wahrscheinlich	mē praeterit	mir ist unbekannt
perspicuum est	es ist deutlich	opīniō est	die Meinung herrscht
manifēstum est	es liegt auf der Hand	spēs est	es besteht Hoffnung
apertum est	es ist offenbar	prōverbium est	das Sprichwort sagt

Pompēium Cicerōnī amīcissimum fuisse cōnstat.
Bekanntlich war Pompeius mit Cicero eng befreundet.

Perspicuum est nātūrā nōs ā dolōre abhorrēre.
Es ist einsichtig, daß die Natur uns Schmerzen meiden läßt.

Fuit fāma Themistoclem venēnum suā sponte sūmpsisse.
Das Gerücht wollte wissen, daß Th. von sich aus Gift genommen habe.

b) A c I im Wechsel mit bloßem Infinitiv § 169

1. Nach **velle, nōlle, mālle, cupere, studēre** steht bei gleichem Subjekt der bloße Infinitiv (§ 166), dagegen (bei studēre selten) der A c I bei verschiedenem Subjekt.

gleiches Subjekt:
Et bonī et beātī volumus esse. — Wir wollen gut und glücklich sein.
verschiedenes Subjekt:
Parentēs līberōs suōs beātōs esse volunt. — Die Eltern wollen, daß ihre Kinder glücklich sind.

Doch ist auch bei gleichem Subjekt der A c I möglich, besonders wenn der Infinitiv im Passiv steht oder durch ein Prädikatsnomen erweitert ist:

sē metuī volunt — sie wollen gefürchtet werden
cupiō mē esse clēmentem — ich wünsche milde zu sein
grātum sē vidērī studet — er bemüht sich, dankbar zu erscheinen

Finale Objektsätze mit ut nach velle, (id) studēre: § 234.

2. Auch bei den § 165 Nr. 1 und 2 angeführten und ähnlichen **unpersönlichen Ausdrücken** steht statt des bloßen Infinitivs der A c I, wenn statt des allgemeinen oder aus dem Zusammenhang zu ergänzenden Subjekts ein bestimmtes eingeführt wird:

allgemeines Subjekt – Inf.:
Oportet lēgibus obtemperāre. — Man muß den Gesetzen gehorchen.

bestimmtes Subjekt – A c I:
Oportet cīvēs lēgibus obtemperāre. — Die Bürger müssen den Gesetzen gehorchen.

zu erg. Subjekt – Inf.:
Q. Cicerō respondet nōn esse cōnsuētūdinem populī R. accipere ab hoste armātō condiciōnem. — Q. Cicero antwortet, daß es bei den Römern nicht üblich sei, sich von einem Feind in Waffen Bedingungen diktieren zu lassen.

bestimmtes Subjekt – A c I:
Mōs est Athēnīs laudārī in cōntiōne eōs, quī sint in proeliīs interfectī. — In Athen herrscht die Sitte, daß die im Kampf Gefallenen eine öffentliche Lobrede erhalten.

zu erg. Subjekt – Inf.:
Cīvitātibus Germānōrum maxima laus est quam lātissimē circum sē sōlitūdinēs habēre. — Für die germanischen Stämme gilt es als höchster Ruhm, in möglichst großem Umkreis um sich herum Ödland zu haben.

bestimmtes Subjekt – A c I:
Maximam putant esse laudem quam lātissimē ā suīs fīnibus vacāre agrōs. — Sie halten es für den höchsten Ruhm, wenn möglichst große Gebiete um ihre eigenen unbewohnt sind.

zu erg. Subjekt – Inf.:
Patriae condūcit piōs habēre cīvēs in parentēs. — Es ist gut für das Vaterland, Bürger zu haben, die ihre Eltern ehren.

bestimmtes Subjekt – A c I:
Omnibus populīs pācem esse expedit. — Es ist gut für alle Völker, wenn Frieden herrscht.

Bloßer Konjunktiv bei necesse est und oportet: § 226.
Bloßer Inf. oder A c I bei interest: § 140.

3. Verschiedene Konstruktion bei unterschiedlicher Bedeutung:

Inf.:	**A c I:**
	contendō
vincere	hoc nunquam factum esse
ich versuche zu siegen	ich behaupte, daß dies nie geschehen ist
	cōgitō
manēre	hoc fieri posse
ich gedenke zu bleiben	ich meine, daß dies geschehen kann
	sciō
vincere	tē hoc dīxisse
ich verstehe zu siegen	ich weiß, daß du das gesagt hast
	statuō, cōnstituō, dēcernō
scrībere	virtūtem esse appetendam
ich beschließe zu schreiben	ich stelle fest, daß die Tugend erstrebenswert ist.

c) Ergänzungen zur Lehre vom A c I § 170

1. Tempus des Infinitivs

Der Inf. Präs. bezeichnet die mit der Handlung des Hauptverbums gleichzeitige oder noch andauernde Handlung, der Inf. Fut. bezeichnet eine zukünftige, der Inf. Perf. eine zur Aussage des übergeordneten Verbums vorzeitige (abgeschlossene) Handlung:

crēdō crēdēbam } tē hoc intellegere	ich glaube, du verstehst dies ich glaubte, du verstündest dies
crēdō crēdēbam } tē hoc intellectūrum esse	ich glaube, du wirst dies verstehen ich glaubte, du werdest dies verstehen
crēdō crēdēbam } tē hoc intellēxisse	ich glaube, du hast dies verstanden ich glaubte, du habest dies verstanden

Besonderheiten:

1. Statt des Inf. Fut. kann auch Umschreibung mit fore ut oder mit posse eintreten; diese ist notwendig, wenn von einem Verbum ein Inf. Fut. nicht gebildet werden kann:

Putāmus fore, ut id eōs paeniteat. Wir glauben, sie müssen dies noch bereuen.

Ersatz des Inf.Fut.Pass. durch das 1. Supin: § 173.
Der Inf. Fut. II des Pass. wird durch fore mit Part.Pass. ersetzt:

Dicēbant omnia, quae postulāsset, ab sē fore parāta.	Sie sagten, es werde alles, was er gefordert habe, von ihnen bereitgestellt sein.

entsprechend beim Deponens:

Sciō mē satis adeptum fore, sī ex hōc perīculō ēvāserō.	Ich weiß, daß ich genug erreicht habe(n werde), wenn ich dieser Gefahr entronnen bin.

2. Nach den Verben des Hoffens, Versprechens und Drohens steht, soweit die Handlung des Infinitivs in die Zukunft fällt, der Inf. Fut. (im Dt. meist Inf. Präs.); nur die Hilfsverba posse und velle werden auch im Sinne eines Inf.Fut. gebraucht.

nachzeitig:	Spērō vōs ventūrōs esse	Ich hoffe, ihr kommt
nachzeitig:	Rēgulus sē reditūrum iūrāvit	Regulus schwor, zurückzukehren
gleichzeitig:	Iūrābat ita sē rem habēre	Er schwor, daß es so sei.

3. Wegen der präsentischen Natur von meminī („ich habe in Gedanken gegenwärtig") hat es auch zur Bezeichnung vergangener Handlungen in der Regel den Inf.Präs. nach sich:

Ā prīmō tempore aetātis iūrī studēre tē meminī.	Es ist mir gegenwärtig, daß du von früher Jugend an Rechtswissenschaften studiert hast.

4. Dichterisch und nachkl. zuweilen Inf.Perf. statt Inf.Präs.:

Nē mihi . . . carpere somnōs neu dorsō nemoris libeat iacuisse per herbās.	Möchte ich keinen Gefallen daran finden, den Schlaf zu genießen oder auf waldigem Hügel im Gras zu liegen.

2. Genus des Infinitivs

Trifft neben einem Infinitiv ein Subjekts- mit einem Objektsakkusativ zusammen, so tritt zur Vermeidung der Zweideutigkeit Umwandlung ins Passiv ein. Berühmtes Beispiel für beabsichtigte Zweideutigkeit ist ein Orakel des Apoll an Pyrrhus bei Ennius:

Aiō tē, Aiacidā, Rōmānōs vincere posse.	Ich behaupte, Aeacusnachkomme, daß du die Römer (aber auch: die Römer dich) besiegen kannst (können).

(eindeutig:
aiō Rōmānōs ā tē vincī posse).

3. Absolute Verwendung des Infinitivs

Der freistehende A c I des Ausrufs findet sich zuweilen in erregter Rede:

Tēne haec posse ferre!	Daß du das ertragen kannst!

§ 171 Übersetzungsmöglichkeiten des A c I

Putō mē tibi obligātum esse:
1. Ich glaube, daß ich dir verpflichtet bin   Konjunktionalsatz mit „daß"
2. Ich glaube, dir verpflichtet zu sein   Infinitiv (nur bei gleichem Subjekt)
3. Ich glaube, ich bin dir verpflichtet   Nebensatz ohne Einleitung

4. Ich bin, wie ich glaube, dir verpflichtet	Hauptverbum als Vergleichssatz eingeschoben
5. Ich bin meiner Meinung nach dir verpflichtet	Hauptverbum als Präpositionalausdruck
6. Ich glaube an eine Verpflichtung dir gegenüber	Infinitiv substantiviert

Die freieren Übersetzungen Nr. 4-6 werden notwendig, wenn der A c I mit einem Relativsatz verschränkt ist: § 245 Nr.1.

3. Der Nōminātīvus cum īnfīnītīvō (N c I) § 172

Werden bestimmte Verben, die im Aktiv den A c I bei sich haben, ins Passiv umgesetzt, so wird aus dem (ursprünglich als Objekt dienenden) Akkusativ der aktiven das Subjekt der passiven Konstruktion: N c I oder persönliche Konstruktion.

1. bei den Verben des Veranlassens und Verhinderns (§ 167 Nr. 1):

aktivisch:
Amor cōgit mē hoc facere.   Die Liebe zwingt mich, dies zu tun.

passivisch:
Amōre cōgor hoc facere.   Von der Liebe werde ich gezwungen, d.z.t.

aktivisch:
Fabrōs pontem rescindere iussit.   Er befahl den Pionieren, die Brücke abzureißen.

passivisch:
Fabrī pontem rescindere iussī sunt.   Die Pioniere wurden beauftragt, d.B.a.

persönliche Konstr. selbst bei nicht genannter beauftragter Person:
Pōns rescindī iussus est.   Man befahl, die Brücke abzureißen.

Senātus sententiam dīcere vetābātur.   Dem Senat wurde verboten, sein Votum abzugeben.

Milō accūsāre Clōdium nōn est situs.   Man ließ Milo nicht den Cl. anklagen.
Parentēs adīre ad fīliōs prohibentur.   Man hindert die Eltern daran, ihre Kinder zu besuchen.

discere als Pass. zu docēre (§ 119):
Discimus ā philosophīs rērum causās   Wir lernen (werden belehrt) von den
exquīrere.   Philosophen, nach den Ursachen von allem zu forschen.

Auch das Prädikatsnomen erscheint im Nominativ:
Omnēs virī armātī convenīre cōguntur.   Alle Männer werden gezwungen, sich in Waffen zu versammeln.

2. bei vidērī (scheinen), das immer persönlich konstruiert wird im Gegensatz zum Dt., wo sowohl persönliche („du scheinst zu zögern") als auch unpers. Konstruktion („es scheint, daß du zögerst") möglich ist:

Nōn omnēs beātī sunt, quī beātī esse videntur.	Nicht alle sind glücklich, die es zu sein scheinen.
Pauca mihī videntur esse dīcenda.	Nur wenig scheint mir zu sagen notwendig.
Idem tū vīsus es dīcere.	Du schienest das gleiche zu meinen.

(mihī) videor: „ich glaube (schmeichle mir)"

Fēlīx esse sibi quidem vidēbātur.	Er selbst wenigstens glaubte, glücklich zu sein.

mihī vidētur: „ich beschließe" Konstruktion nach § 169 Nr.2.

3. **bei einigen Verba dīcendī und sentiendī**. Passivische Formen wie dīcor, exīstimor, putor, nūntior u.ä. werden gewöhnlich nur in den nicht zusammengesetzten Formen des Präsensstammes mit N c I verbunden, doch beschränkt sich die pers. Konstr. meist (bei trāditur, trāduntur; fertur, feruntur immer) auf die 3. Person:

Thalēs prīmus dēfectiōnem sōlis praedīxisse fertur.	Thales soll als erster eine Sonnenfinsternis vorhergesagt haben.
Epamīnōndās fidibus praeclārē cecinisse dīcitur.	Man berichtet, daß E. ganz vorzüglich die Leier gespielt habe.
Philosophī quīdam dīcere exīstimantur melius quam facere.	Von manchen Philosophen glaubt man, daß sie besser reden als handeln.
Caesar ā Gergoviā discessisse audiēbātur.	Man hörte von Cäsar, daß er Gergovia verlassen habe.
Lūsisse putāmur.	Man glaubt, wir hätten gespielt.
Bellum iniūstum esse iūdicābātur.	Der Krieg wurde als ungerecht angesehen.
Deī beātī et aeternī esse intelleguntur.	Die Götter werden als selig und ewig lebend verstanden.

Die unpersönliche Konstruktion ist bei den mit esse zusammengesetzten Formen die Regel (z.B. dīcendum est), bei Erweiterung durch ein Hilfsverb oder Adverb (dīcī potest; rēctē putātur) notwendig, vgl.:

Sōcratēs sapiēns fuisse trāditur	Daß S. weise war,	wird überliefert
Sōcratem sapientem fuisse trāditum est		wurde überliefert.

§ 173 B. Supina

Vorbemerkungen

Die Supina sind Kasus von abstrakten Verbalsubstantiven auf -tus (bzw. -sus) nach der 4. Deklination, die der Bedeutung nach dem substantivierten Infinitiv nahestehen. Die Bezeichnung (nach grch. ὕπτιον „zurückgebogen", übertragen: „passivisch") ist unscharf, da nur das Supinum II passivischen Charakter hat. Im Grch. und Dt. sind entsprechende Wortformen nicht vorhanden.

1. Supinum I

Das Supinum I ist ein alter Akkusativ der Richtung (§ 122), der nur nach Verben der Bewegung u.ä. zur Bezeichnung des Zweckes steht; seine verbale Natur verrät sich darin, daß er als Ergänzung ein Objekt haben kann.

§ 173　　　　　　　　　　　　Supin

venatum, salutatum, cubitum ire	zur Jagd, Begrüßung, Ruhe gehen
pabulatum mittere	zum Futterholen schicken
nuptum dare	zur Frau geben
auxilium postulatum venire	kommen, um Hilfe zu fordern
Iste noctu domum vicini venit furatum.	Der da kam nachts ins Haus des Nachbarn, um zu stehlen.
Haedui legatos ad Caesarem mittunt rogatum auxilium.	Die Häduer schicken Gesandte zu Cäsar mit der Bitte um Hilfe.

In Verbindung mit dem pass. Inf. iri dient das Sup. I als Ersatz für den fehlenden Inf. Fut. Pass. (§ 170 Nr. 1); aus dieser Entstehung erklärt sich, daß die Endung -um stets unverändert bleibt:

spero { librum missum iri / tabellam missum iri / litteras missum iri }　　ich hoffe, daß { das Buch / die Tafel / der Brief } geschickt wird

(eigtl.: „ . . . daß man ans Schicken geht")

andere Ausdrucksmöglichkeiten statt des Sup. I:

mittere milites 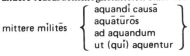 Soldaten zum Wasserholen schicken

2. Supinum II

Das Supinum II ist möglicherweise ein alter finaler Dativ (§ 128), sicher in der ganz seltenen Form auf -ui[1]), unsicher in der üblichen Form auf -u. Es steht nach den Adjektiven und festen Wendungen

facilis	leicht		
difficilis	schwierig		
mirabilis	wunderbar	fas est	es ist Recht
incredibilis	unglaublich	nefas est	es ist Unrecht
optimus u.ä.	(am besten)		

hauptsächlich in den Supinformen

auditu	zu(m) hören	factu	zu(m) tun
cognitu	zu(m) erkennen	intellectu	zu(m) einsehen
dictu	zu(m) sagen	memoratu	zu(m) berichten

Hoc facile est intellectu.	Dies ist leicht „zum Verstehen", zu verstehen.

---

[1]) Z.B. istaec lepida sunt memoratui „das ist hübsch zum Berichten"; Abl. dagegen liegt vor in memoratu dignum „erwähnenswert".

Hoc est incrēdibile dictū.	Das klingt unglaublich.
Britannī optimum factū esse dūxērunt frūmentō commeātūque Rōmānōs prohibēre.	Die Britannier hielten es für das beste (zu tun), die Römer von dem Nachschub an Proviant und sonstigen Dingen abzuschneiden.

andere Ausdrucksmöglichkeiten statt des Sup. II:
facile est diiūdicāre
facile est ad diiūdicandum   } es läßt sich leicht entscheiden
rēs facile diiūdicātur

§§ 174 - 176 C. Gerundium und Gerundivum

Vorbemerkungen

1. Das Gerundium[1]) wird gebraucht als Ersatz der obliquen Kasus des Inf.Präs. Akt.[2]); wie bei diesem (vgl. §164) können hinzutreten

   a) ein Adverb:

cupiditās beātē vīvendī	das Verlangen, glücklich zu leben (nach einem glücklichen Leben)

   b) eine Ergänzung im gleichen Fall wie beim verbum finitum (s. jedoch § 175).

2. Das Gerundivum ist ein passivisches Verbaladjektiv, das die Notwendigkeit (und Möglichkeit[3])) einer Handlung bezeichnet, z.B.

homō laudandus	ein zu lobender Mensch ein lobenswürdiger, löblicher Mensch ein Mensch, der gelobt werden muß

3. Die Frage der Priorität ist noch nicht unumstritten beantwortet; manches spricht dafür, daß sich das Gerundium erst aus dem Gerundivum entwickelt hat. Wie die altertümlichen Formen secundus „folgend", oriundus „abstammend" u.a. (vgl. das Suffix -bundus in moribundus „sterbend") zeigen, dürfte die Gerundivform zunächst vom Deponens (bzw. Medium: § 69 Nr. 5) ausgegangen sein (im Sinne eines Part.Präs.); die gleichen Formen zeigen auch, daß die Bedeutung der Notwendigkeit (nōtiō necessitātis) des Gerundivums erst nachträglich entwickelt ist.

---

[1]) Abgeleitet von gerundī (modus) als einem Musterbeispiel dieser Form (die Endung -ium nach participium).

[2]) Im Grch. und Nhd. steht dafür der durch den Artikel substantivierte Infinitiv (bzw. ein Verbalsubstantiv auf -ung).

[3]) Vgl. die grch. Verbaladjektive auf -τός und -τέος; außerdem die Bedeutungsentwicklung von invictus „unbesiegt" zu „unbesieglich".

1. Das Gerundium ohne Objekt

1. im Genetiv
    a) neben Substantiven:

genus dīcendī	die Art des Redens, die Art zu reden
nōmen carendī	das Wort Entbehren (gen. defin. § 132)
studium discendī	der Eifer zu lernen, Lerneifer (gen. obi. §133)
Caesarī colloquendī causa vīsa nōn est.	Cäsar hielt einen Anlaß zu einer Unterredung nicht für gegeben.

   b) neben Adjektiven, die den Genetiv regieren (§135):

cupidus dominandī	begierig zu herrschen, herrschsüchtig
Dumnorix īnsuētus nāvigandī mare timēbat.	Die Seefahrt nicht gewohnt, fürchtete Dumnorix das Meer.

   c) neben causā und gratiā (§ 133):

iūdicandī causā	des Urteilens wegen, um zu urteilen
Doctī discendī causā maria trāmittunt.	Um zu lernen, überqueren die Gelehrten die Meere.

2. (selten) im Dativ (fīnālis §128):

scrībendō adesse	zum Schreiben dasein
solvendō nōn esse	„zum Zahlen nicht dasein", d.h. zahlungsunfähig sein

3. im Akkusativ nur neben ad (und seltener in):

parātus ad dīmicandum	bereit zum Kämpfen, kampfbereit
locus ad īnsidiandum idōneus	ein Platz, der sich eignet, eine Falle zu stellen
Nōn sōlum ad discendum prōpēnsī sumus, vērum etiam ad docendum.	Wir sind nicht nur zum Lernen geneigt, sondern auch zum Lehren.

4. im Ablativ
    a) ohne Präposition (instrumental):

nandō salūtem petere	sich durch Schwimmen zu retten suchen
Multī patrimōnia effūdērunt inconsultē largiendō.	Viele haben ihr ererbtes Vermögen durch unüberlegtes Schenken verschleudert.

   seltener neben Adjektiven (Abl. līmitātiōnis):

P. Scīpiō Latīnē loquendō cuivis pār erat.	In der Beherrschung der lat. Sprache konnte es P. Scipio mit jedem aufnehmen.

   b) mit den Präpositionen in und dē, seltener ex und ab:

dē bene vīvendō disputāre	über ein gutes Leben diskutieren

| Mē metus in scrībendō impedit. | Furcht hindert mich beim Schreiben. |
| Vix mē teneō ab accūsandō. | Kaum kann ich mich beherrschen, nicht Anklage zu erheben. |

§ 175 **2. Verbindung mit einem Akkusativobjekt**

Bei transitiven Verben besteht zuweilen eine Wahlmöglichkeit zwischen der Verwendung des Gerundiums und des Gerundivums. Während das aktive Gerundium das zugehörige Objekt „regiert", ist das passive Gerundivum dem zugehörigen Nomen als Attribut untergeordnet. Im einzelnen gelten folgende Regeln:

1. Das **Gerundium**
   a) k a n n stehen
   α) im Genetiv, besonders bei Objekten im Plural (auf diese Weise wird die Aufeinanderfolge mehrerer „schwerer" Endungen des Gen.Pl. vermieden), z.B.:

| Spatium pīla in hostēs coniciendī nōn erat (statt: pilōrum coniciendōrum). | Es war kein Raum, die Wurfspieße gegen die Feinde zu schleudern. |

   β) im präpositionslosen Ablativ, besonders bei Gegensätzen, z.B.:

| Iniūriās ferendō maiōrem laudem quam ulcīscendō merēberis. | Durch das Ertragen von Beleidigungen wirst du größeres Lob verdienen als durch Rachenehmen. |

   b) m u ß stehen
   α) wenn das Objekt durch das Neutr. eines Pronomens gebildet wird:

| cupiditās id videndī | das Verlangen, dies zu sehen |
| nihil agendō | durch Nichtstun |

   β) wenn das Objekt durch das Neutr. (meist Pl.) eines Adjektivs gebildet wird:

| ars vēra ac falsa diiūdicandī | die Kunst, Wahres und Falsches zu unterscheiden |

aber:
cupiditās vērum und vērī investīgandī — das Verlangen, die Wahrheit aufzuspüren
(da der Sg. vērum auch sonst häufig substantivisch gebraucht wird).

2. Das **Gerundivum**
   a) k a n n in den unter 1.a genannten Fällen stehen, und zwar häufiger als das Gerundium, z.B.:

| cōnsilium relinquendae Italiae / Italiam relinquendī | der Plan, Italien zu verlassen |
| crīminibus īnferendīs / crīmina īnferendō dēlectārī | am Vorbringen von Beschuldigungen sein Vergnügen finden |

§ 175 Gerundium und Gerundiv

beide Konstruktionen nebeneinander:

Germānis neque cōnsiliī habendī (Sg.: Gerundivum) neque arma capiendī (Pl.: Gerundium) spatium datum est.	Den Germanen wurde keine Zeit gelassen, sich zu beraten oder zu den Waffen zu greifen.

b) muß stehen

α) im Dativ, d.h. wenn das zur Wahl stehende Gerundium im Dativ stünde. Hauptsächlich kommt dies in formelhaften Wendungen der Verwaltungssprache vor:

reī gerendae diem dīcere (statuere, praestituere)	einen Termin für die Ausführung einer Handlung bestimmen
magistrātibus creandīs comitia habēre (ēdīcere)	eine Versammlung zur Wahl von Beamten abhalten (anberaumen)
decemvirī lēgibus scrībendīs (-bun-)	ein Zehnmännerkollegium zur Abfassung von Gesetzen
Vestae colendae virginēs praeerant.	Dem Vestakult standen Jungfrauen vor (den V. versahen J.).

β) bei Abhängigkeit von Präpositionen, d.h. wenn das zur Wahl stehende Gerundium von einer Präposition abhängig wäre:

Ad bella suscipienda Gallōrum alacer ac prōmptus est animus.	Die Gallier sind schnell entschlossen dazu, einen Krieg anzufangen.
In cōnservandā patriā fuit crūdēlis (aber: in cōnservandō aliquid s. Nr. 1bα)	Bei der Rettung des Vaterlandes war er grausam.
Multa sunt dicta ab antīquīs dē contemnendīs rēbus hūmānīs.	Es gibt viele Äußerungen der Alten über die Geringschätzung der irdischen Dinge.
Virtūs cōnstat ex hominibus tuendīs.	Die Virtus besteht im Schützen von Menschen.

Besonderheiten:

1. Intransitive Verba können außerhalb des Nominativs (s. § 176 Nr. 1b) nur im Gerundium verwendet werden; die Beifügung einer Ergänzung ist selten, z.B.:

Scaevola cōnsulentibus respondendō studiōsōs audiendī docēbat.	Scaevola unterrichtete seine Hörer durch die Erteilung von Rechtsbescheiden an Fragesteller.
In parcendō ūnī malum pūblicum fīet.	Durch die Schonung eines Einzelnen wird ein Nachteil für die Allgemeinheit entstehen.

2. Die (im Altlatein zwar vielfach den Akk., gewöhnlich aber) den Abl. „regierenden" Deponentien ūtī, fruī, fungī, vescī und potīrī werden in der Gerundivkonstruktion außer im Nom. (§ 176 Nr. 1b) als Transitiva behandelt, z.B.:

in mūneribus fungendīs dīligentiam adhibēre	bei der Verwaltung von Ämtern Sorgfalt walten lassen
spēs potiundōrum castrōrum (gegen § 175 Nr. 1aα)	die Hoffnung, sich des Lagers bemächtigen zu können

dē ūtendā pecūniā disputāre	sich über die Verwendung des Geldes besprechen

aber:

his rēbus ūtendum est (Nom.)	diese Dinge muß man gebrauchen

3. In Beziehung auf den Genitiv der Personalpronomina (§ 54 Nr. 1) endigt auch die Gerundivform ohne Rücksicht auf Genus und Numerus stets auf -ī:

Tuī plācandī est cōpia, ō dea.	Es ist die Möglichkeit gegeben, dich, Göttin, zu versöhnen.
Vestrī adhortandī causā adsum.	Ich bin da, um euch aufzumuntern.
Gallī suī pūrgandī grātiā lēgātōs mittunt.	Die Gallier schick(t)en Gesandte, um sich zu rechtfertigen.

§ 176 3. Prädikativer Gebrauch des Gerundivums

1. im Nominativ neben der Kopula esse
   a) persönlicher Gebrauch bei transitiven Verben;

Epistula scrībenda est.	Der Brief muß geschrieben werden.
Vulnera sānanda sunt.	Die Wunden müssen geheilt werden.
Iniūriae oblīvīscendae sunt.	(Erlittenes) Unrecht soll man vergessen.

b) unpersönlicher Gebrauch bei intransitiven (und absolut gebrauchten transitiven) Verben:

Scrībendum est.	Es muß geschrieben werden, man muß schreiben.
Vulneribus medendum est.	„Es muß auf Heilung gesonnen werden für die Wunden".
Iniūriārum oblīvīscendum est.	„Es muß Vergessen walten (im Bereich) des Unrechts".

Ein Dativ bezeichnet entweder die handelnde Person (Dat. auctōris § 127) oder das entferntere Objekt; würde durch das Zusammentreffen beider eine Zweideutigkeit entstehen, so kann der Dat. auct. ersetzt werden durch ā mit Abl.

Dat. auct.:

Agricolae ager colendus est.	Der Bauer muß den Acker bestellen.
Līberīs obtemperandum est.	„Es muß gehorcht werden von den Kindern".

aber Objektsdat.:

Parentibus obtemperandum est.	„Es muß gehorcht werden den Eltern".

beide Dative:

Cēterīs populī Rōmānī auctōritātī pārendum est.	Die übrigen müssen der Autorität des röm. Volkes gehorchen.

aber:

Eī ā mē grātiam referendam sciō.	Ich weiß, daß ich ihm danken muß.

2. im Akkusativ bei den Verben des Gebens, Nehmens, Bittens, Besorgens u.ä. wie:

dare	geben	suscipere	auf sich nehmen
tradere	übergeben	redimere	übernehmen
(per)mittere	überlassen	conducere	mieten
concedere	zugestehen	poscere	fordern
sumere	nehmen	curare	lassen
accipere	annehmen		

Trado tibi librum legendum.   Ich übergebe dir das Buch „als ein zu lesendes", zum Lesen.

Verres municipem quendam vasa inspicunda poposcit.   Verres forderte von einem Bürger die Gefäße zur Besichtigung.

Caesar pontem faciendum curavit.   Cäsar ließ[1]) eine Brücke bauen.

Consules porticum restituendam locaverunt.   Die Konsuln gaben die Wiederherstellung der Säulenhalle in Auftrag.

passivisch:

Porticus a consulibus restituenda locata est.   Die Wiederherstellung der Säulenhalle wurde von den K. in Auftrag gegeben.

bei stärkerer Betonung des Zwecks ad mit Gerundium:

Propones filio tuo exempla ad imitandum.   Du wirst deinem Sohn Beispiele zur Nachahmung vor Augen stellen.

Zusammenfassende Übersicht:

	Gerundium	Gerundivum
Nom. [Inf.]	[(epistulam) scribere libet]	epistula scribenda est
Gen.	(epistulas) scribendi tempus est	epistulae scribendae t. e.
Dat.	scribendo adesse	epistulae scribendae operam dare
Akk. [Inf.]	[(epistulam) scribere nolo]	epistulam scribendam suscipio
Akk. m. Präp.	ad scribendum paratus sum	ad epistulam scribendam p. s.
Abl.	(epistulam) scribendo tempus consumo	epistula scribenda t.c.
Abl. m. Präp.	in scribendo impedior	in epistula scribenda impedior

D. Partizip

Vorbemerkungen

1. Das Partizipium nimmt, wie der Name sagt (von particeps, Übersetzg. von μετοχή „Teilnahme"), teil an den Eigenheiten des Nomens, insofern es wie ein Adjektiv ver-

---

[1]) Für „lassen" im Sinne von „veranlassen" auch: Caesar pontem fieri iussit und pontem fecit (besonders dann, wenn die ausführende Person mit per eingeführt ist, steht das lat. Vb. finitum an Stelle des im Dt. von „lassen"abhängigen Infinitivs: Caesar suos per Antonium cohortatus est „C. ließ seinen Soldaten durch A. Mut machen"); „lassen" im Sinne von „zulassen": sinere, pati, concedere, permittere; im Sinne von „darstellen": facere, inducere. (§ 179β Nr. 2).

wendet wird, und des Verbums, insofern es Objekte zu sich nimmt (im Aktiv und Deponens); zur Verbindung des Part. Praes. mit Genetiv s. § 135.

2. Gegenüber dem großen Reichtum an ererbten Partizipien im Grch. sind im Lat. nur für das Part. Praes. und Fut. Aktiv (und Deponens) sowie für das Part. Perf. Passiv (und Deponens) besondere Formen vorhanden.

3. Fehlende Partizipien werden ersetzt:

Omnēs, quī adsunt, cōnsentiunt.	Alle Anwesenden	stimmen zu.
Omnēs, quī aderant, cōnsentiēbant.		stimmten zu.
Philosophus cum diū dēlīberāvisset, respondit (= philosophus diū meditātus ...).	Nach langer Überlegung antwortete der Philosoph.	
Rēgulus cum Carthāginem revertisset, cruciātus est (= Rēgulus Carthāginem reversus ...).	Nach Karthago z u r ü c k g e k e h r t, wurde Regulus gefoltert.	
servī quī poenās effūgērunt (= servī poenīs ēlāpsī)	die der Strafe e n t r o n n e n e n Sklaven	
hūc postquam advēnī	hier a n g e k o m m e n	

4. Einige Part. Perf. haben aktive Bedeutung:

prānsus, cēnātus, pōtus, iūrātus	einer, der gefrühstückt, gespeist, getrunken, geschworen hat

Es handelt sich um Verbaladjektive auf -to-, die an sich weder Genus noch Tempus ausdrücken, vgl. dt. „trunken", „ein Geschworener".

§ 178 **1. Zeitformen des Partizips**

Die Partizipien kennzeichnen wie die Infinitive nicht die Zeit an sich, sondern das zeitliche Verhältnis des Partizips zum verbum finītum:

1. Das P a r t. P r a e s e n s bezeichnet die mit der Haupthandlung g l e i c h z e i t i g e oder a n d a u e r n d e Handlung:

properāns veniō	eilend(s) komme ich
properāns veniam	eilend(s) werde ich kommen
properāns vēnī	eilend(s) kam ich

2. Das P a r t. P e r f e k t (Pass. und Dep.) bezeichnet die zur Haupthandlung v o r - z e i t i g e oder vor der Haupthandlung v o l l e n d e t e Handlung:

reversus cognōscō	zurückgekehrt erkenne ich
reversus cognōscam	zurückgekehrt werde ich erkennen
reversus cognōvī	zurückgekehrt erkannte ich

§ 178 Partizip

3. Das Part. Futur bezeichnet die im Verhältnis zur Haupthandlung zukünftige oder bevorstehende Handlung (vgl. jedoch § 179a Nr. 2 und § 180a a.E.):

spectātūrus adsum	um zu sehen, bin ich da
spectātūrus aderō	um zu sehen, werde ich da sein
spectātūrus aderam	um zu sehen, war ich da

Part. Perf. bei Gleichzeitigkeit:

Pass.:

Bezeichnung der Gleichzeitigkeit durch das Part. Perf. findet sich nur ausnahmsweise, so bei Gegenüberstellung mit dem Part. Präs. Akt.

Poenus obsessō quam obsidentī similior fuit.	Der Punier glich eher einem Belagerten als einem Belagernden.

und bei Partizipien, die adjektivische Geltung haben, wie:

spērātus	erhofft	exoptātus	erwünscht
laudātus	löblich	contemptus	verächtlich

Sonst aber ist diese Erscheinung im Dt. verbreiteter („da fährt ein von vier Pferden gezogener Wagen") als im Lat., das das fehlende Part.Präs.Pass. durch Nebensätze ersetzt:

Adimus (adiimus) urbem, quae ā barbarīs incolitur (-lēbātur).	Wir kommen (kamen) zu einer von Barbaren bewohnten Stadt.
Urbs, quae ā nōbīs obsidētur, cōpiīs abundat.	Die von uns belagerte Stadt ist reich an Vorräten.

aber bei wirklicher Vorzeitigkeit:

Urbs diū obsessa expugnāta est.	Die lange belagerte Stadt (d.h. nach langer Belagerung) wurde erobert.

Deponens:

Die Part. Perf. mancher Deponentien und Semideponentien stehen im Sinne eines Part. Präs. (Reste der alten Tempusindifferenz des Verbaladjektivs auf -to-):

ratus, arbitrātus	in der Meinung
admirātus	voll Verwunderung
veritus	aus Furcht
ūsus	unter Benutzung
secūtus	folgend
gāvīsus	voll Freude

2. Der Gebrauch des Partizips §§ 179 - 180

Nach der Beziehung zum verbum finitum sind drei Verwendungsweisen des Partizips zu unterscheiden:

1. a) Parvīs glōriābātur tabellīs exstīnctus nūper in longā senectā Labeō. — Der kürzlich in hohem Alter verstorbene Labeo hatte eine Vorliebe für Miniaturmalerei.

2. a) Exstīnctae utrimque flammae sunt. — Die Feuer wurden auf beiden Seiten gelöscht.

3. a) Terruit animōs hominum ignis in aede Vestae exstinctus.	Das erloschene Feuer (Das Erlöschen des Feuers) im Vestatempel erschreckte die Gemüter.
1. b) Germānicus catervās Germanōrum cis Rhēnum colentium Caecīnae trādit.	Germanicus überstellt(e) Truppen von diesseits des Rheins wohnenden Germanen an Caecina.
2. b) Homērus Lāertam colentem agrum facit.	Homer läßt Laertes sein Feld bestellen.
3. b) Rūra colentēs Biturīges ab equitātū oppressī sunt.	Die Bituriger wurden bei der Feldarbeit von der Reiterei überfallen.

zu 1.: Das Partizip hat keinerlei Beziehung zum vb. finitum, sondern charakterisiert lediglich sein Bezugswort: a t t r i b u t i v e s P a r t i z i p.

zu 2.: Das Partizip gibt eine notwendige Ergänzung zum für sich allein unvollständigen oder mißverständlichen Prädikat, entweder auf das Subjekt (2. a)) oder auf das Objekt (2. b)) bezogen: p r ä d i k a t i v e s P a r t i z i p.

zu 3.: Das Partizip gibt die Umstände an, in denen sich das Bezugswort zur Zeit der Prädikatshandlung befindet; es ist also wie 2. auch auf das Prädikat bezogen, bezeichnet aber anders als 2. ein neben dem Prädikat selbstwertiges Geschehen: a d v e r b i a l e s P a r t i z i p.

Zur Terminologie:

Die Bezeichnungen für die verschiedenen Verwendungen des Partizips sind nicht einheitlich: So wird vielfach auch das adverbiale Partizip wegen seiner Beziehung auf das vb. finitum ‚prädikativ' genannt; andere unterscheiden zwischen dem Partizip als P r ä d i k a t s n o m e n neben der Kopula esse und dem Partizip als P r ä d i k a t i v u m, d.h. als Zusatz zum Prädikat sowohl des Typs 3. als auch des Typs 2. b); die Bezeichnung participium coniūnctum als Abgrenzung gegenüber dem sog. Abl. absolūtus oder A(blātivus) c(um) p(articipiō) (§ 180) bleibt gemeinhin auf das adverbiale Partizip des Typs 3. beschränkt, obwohl auch die Partizipien der anderen Typen mit einem Glied des übergeordneten Satzes „verbunden" sind.

§ 179 a) Attributives und prädikatives Partizip

α) Das attributive Partizip

1. Für rein attributive Partizipien, die wie ein attributives Adjektiv eine dauernde Eigenschaft bzw. Tätigkeit (Part.Präs.) oder einen (durch eine vorangehende Handlung erreichten) Zustand (Part.Perf.) des Bezugswortes bezeichnen, gilt die Regel von der zeitlichen Abhängigkeit des Partizips vom vb. finitum (§ 178) im strengen Sinne nicht, vgl. außer oben 1.a und 1.b z.B.:

Graecīs Macedoniam accolentibus metus minuitur.	Bei den an den Grenzen Makedoniens wohnenden Griechen wird die Furcht weniger (nicht: „während sie wohnen ...").

§ 179 Partizip

Laelius īnsulam obiectam portuī Brundisīnō tenuit.	Laelius hielt die vor dem Hafen von Brindisi liegende Insel besetzt (nicht: „nachdem die Insel..."")

dichterisch:

Timēs, quid rēgnāta Cȳrō Bactra parent.	Du bist voll Sorge, was das (einst) von Cyrus beherrschte Baktra im Schilde führt (nicht: „was nach dem Ende der Herrschaft des Cyrus...").

2. Das Part.Fut. in attributiver Verwendung ist in klass. Zeit fast ganz auf das adjektivierte futūrus beschränkt (z.B. aetās futūra eine künftige Zeit); die attributive Verwendung anderer Part.Fut. ist dichterisch und nachklass.:

Rem ausus est Cocles plūs fāmae habitūram ad posterōs quam fideī.	Cocles wagte etwas, das bei der Nachwelt mehr Ruhm als Glauben finden sollte.

3. Die klass. Prosa zeigt eine gewisse Abneigung gegen nicht adjektivierte attributive Partizipien, d.h. gegen solche, die nicht so sehr eine Eigenschaft oder einen Zustand als vielmehr eine (andauernde oder vorausgegangene) Tätigkeit bezeichnen, die zum vb. fīnītum in keiner Beziehung steht. Stattdessen werden Relativsätze vorgezogen, regelmäßig z.B. bei folgenden dt. Partizipien:

klass.:
Ad ea castra, quae suprā dēmōnstrāvimus, contendit.	Er zog zu dem o b e n e r w ä h n t e n Lager.

nachklass.:
Ad praedictās hostium latebrās succēdit.	Er rückt(e) zu dem o b e n e r w ä h n t e n Schlupfwinkel der Feinde vor.

klass.:
Cum iīs cōpiīs, quās suprā scrīpsimus (dīximus, commemorāvimus), profectus est.	Er brach mit den o b e n g e n a n n t e n Truppen auf.

nachklass.:
In dextrā parte est fōns suprā scrīptus.	Rechter Hand befindet sich die o b e n g e n a n n t e Quelle.

ähnlich:
iūs cīvīle quod vocant (appellant, dīcunt)	das s o g e n a n n t e bürgerliche Recht
Xenophōntis liber, quī Oeconomicus īnscrībitur	Xenophons „Oikonomikos" b e t i t e l t e s Buch

4. Die Grenzen zwischen attributivem und adverbialem Part. sind nicht immer genau zu bestimmen; auch die Übersetzg. mit einem dt. Relativsatz oder Part. (gegenüber einem Konjunktionalsatz beim adverbialen Part.) ist kein verläßlicher Anhalt: Crēscentem sequitur cūra pecūniam kann sowohl verstanden werden als „dem wachsenden Reichtum (dem Reichtum, der wächst) folgt die Sorge" (attr.) als auch als „wenn das Vermögen wächst..." (adverb.).

β) Das prädikative Partizip

1. im **Nominativ** in Verbindung mit der Kopula esse:
   a) Das Part. P r ä s. A k t. wird gegenüber der einfachen Form (audiēns sum - audiō) nur verwendet, wenn es in adjektivischer Geltung einen dauernden Zustand bezeichnet:

| Servus dominō dictō audiēns sit. | Der Sklave soll seinem Herrn gehorsam sein. |

Verbindung dieses Partizips mit Gen. s. § 135 Nr. 1b

b) Das Part. Fut. Akt. bildet in dieser Verbindung die coniugātiō periphrastica āctīva, die gegenüber der einfachen Form (laudātūrus sum - laudābō), welche die Zukunft neutral bezeichnet, von einer unmittelbaren Zukunft gebraucht wird, welche vom Sprecher als beabsichtigt oder in anderer Weise subjektiv gefärbt dargestellt wird; vgl. § 74 Nr. 1c.

c) Das Part. Perf. Pass. hat in dieser Konstruktion keine einfachen Formen als Konkurrenz.

2. im **Akkusativ**:

a) Das Part. Präs. Akt. findet sich vor allem bei Verben der sinnlichen Wahrnehmung sowie bei facere, inducere in der Bedeutung „darstellen, lassen"; während bei facere ein Inf. an Stelle des Part. seltener ist, ist dies bei den Verben der Wahrnehmung häufig: bei der Partizipialkonstruktion liegt der Nachdruck auf der Wahrnehmung der im Verlauf begriffenen Handlung, bei der ∧ c I-Konstruktion (s. § 168 Nr. 1) auf dem Inhalt der Verbalhandlung unter Zurücktreten der Sinneswahrnehmung.

α) Partizip:

Laelium potius audiam dīcentem quam quemquam prīncipem Stōicōrum.	Lieber möchte ich Laelius sprechen hören als irgendeinen bedeutenden Stoiker.
Dīc, hospes, Spartae nōs tē hīc vīdisse iacentēs.	Sage, Gastfreund, in Sparta, du habest uns hier liegen gesehen.
Xenophōn Sōcratem facit disputantem fōrmam dei quaerī nōn oportēre.	Xenophon läßt Sokrates auseinandersetzen, daß man nach der Gestalt Gottes nicht fragen dürfe.
In Catōne Maiōre Cicerō Catōnem senem indūxit disputantem.	Im Cato Maior hat Cicero den alten Cato als Sprechenden eingeführt (ließ redend auftreten).

β) Infinitiv:

Lentulus dissuāsit, sīcut ipsum dīcere audīvistis.	Lentulus riet ab, wie ihr ihn selbst sagen gehört habt.
Id tē velle videō.	Ich sehe ein, daß du das willst.
Audieram virōs sē in mediōs hostēs iniēcisse.	Ich hatte vernommen, daß die Männer sich mitten unter die Feinde gestürzt hatten.
Homērus Herculem apud īnferōs convenīrī facit ab Ulixe.	Homer läßt Odysseus in der Unterwelt dem Herkules begegnen.

§§ 179-180   Partizip   213

γ) Wechsel der Konstruktion ist selten:

Polyphēmum Homērus cum ariete colloquentem facit eiusque laudāre fortūnas.	Homer stellt den Polyphem dar, wie er sich mit seinem Widder unterhält und dessen Geschick lobt.
Ūnō aspectū intuērī potestis alterōs cīvēs dē capite dīmicantēs, alterōs dē sē nihil timēre.	Mit einem Blick könnt ihr sehen, wie die einen Bürger um ihr Leben kämpfen, daß aber die anderen sich überhaupt nicht fürchten.

b) Das Part. Perf. Pass. findet sich klassisch prädikativ im Akk. (abgesehen von den nicht seltenen Fällen nach verba sentiendi u.a., wo es wegen des oft ausgelassenen *esse* von der AcI-Konstruktion nicht zu unterscheiden ist: videō tē perturbātum) fast nur in dem militärischen Fachausdruck *aliquem missum facere* (jmdm. den Abschied geben) sowie nach *habēre* und *tenēre*:

aliquid explōrātum (cognitum) habeō (Ausgangspunkt des umschreibenden Perf. Akt. moderner Sprachen: s. § 211 Nr. 1 a.E.)	„ich halte etwas als erkundet fest", halte für ausgemacht
Clōdius vī oppressam cīvitātem tenēbat.	Clodius hielt die Bürgerschaft durch Gewaltanwendung unter Druck.

b) Das adverbiale Partizip als Participium coniūnctum und im Ablātīvus absolūtus   § 180

α) Das Participium coniūnctum

Das adverbiale Partizip gibt die Umstände an, in denen sich das Bezugswort zur Zeit der Prädikatshandlung befindet; es vertritt die verschiedensten Nebensätze, so Temporal-, Kausal-, Modal-, Kondizional- und Konzessivsätze: diese können (neben anderen Möglichkeiten: § 181) auch in der dt. Übersetzg. erscheinen, z.B.:

temp.:

Cincinnātō arantī nūntiātum est eum dictātōrem esse factum.	Dem Cincinnatus wurde, während er pflügte, gemeldet, daß er zum Diktator ernannt worden sei.
Cēnātō mihi et dormientī epistula tua reddita est.	Als ich gegessen hatte und schlief, wurde mir dein Brief gebracht.

kaus.:

Cīvitātēs magnīs affectae beneficiīs Pompēium dīligēbant.	Die Gemeinden liebten Pompeius, weil sie von ihm mit Wohltaten überhäuft worden waren.
Hasdrubal veritus, nē dēderētur, discessit.	Weil er befürchten mußte, ausgeliefert zu werden, ging Hasdrubal fort.

mod.:

Solō senēscere sē dīxit multa in diēs addīscentem.	Solo sagte, er werde älter, indem er viel Tag für Tag hinzulerne.

kond.:

Mendācī homini nē vērum quidem dīcentī crēdere solēmus.	Einem Lügner pflegen wir nicht einmal zu glauben, w e n n er die Wahrheit sagt.

konz.:

P. Scīpiō Ti. Gracchum mediocriter labefactantem statum reī pūblicae interfēcit.	P. Scipio ermordete Ti. Gracchus, o b - w o h l dieser doch nur wenig am Bestand des Staates rüttelte.

Die adverbiale Verwendung des Part.Fut. ist dichterisch und nachkl., z.B.:

Hamilcar exercitum in Hispāniam trāiectūrus dīs sacrificāvit.	Als Hamilcar im Begriff stand, das Heer nach Sp. hinüberzubringen, opferte er den Göttern.

β) Der sog. Abl. absolūtus

1. Für die Entstehung des Abl. abs. ist von einem Instrumentalis mit Attribut auszugehen, vgl. z.B.:

Invocat deōs capite opertō (s. § 146 a.E.).	Sie ruft die Götter an mit verhülltem Haupt.
Rēgēs coāctīs omnibus cōpiīs (s. § 145) castra oppūgnant.	Die Könige greifen mit der ganzen versammelten Streitmacht das Lager an.

Die Einzelheiten der Ausbildung des Abl. abs. sind nicht ganz sicher, so etwa die Anknüpfung an andere Verwendungsweisen des Abl. wie z.B. den Abl. temp.:

Nāvigābimus vēre ineunte (s. § 156).	Wir werden im beginnenden Frühling eine Seereise machen.

2. Die Entwicklung ging jedoch dahin, daß sich der Abl. allmählich vom zugehörigen Verbum löste und auch in solchen Fällen verwendet wurde, wo er durch die Satzfügung an und für sich nicht gefordert war: er wurde dann als vom übrigen Satzgefüge „losgelöst" (abl. absolūtus) empfunden[1]). Ähnlich wie das Part. coniūnctum ermöglicht er die Angabe näherer Umstände verschiedener Art in knapper Form:

temp.:

Pȳthagorās Superbō rēgnante (s. § 44 Nr. 4) in Italiam vēnit.	Pythagoras kam nach Italien, a l s Superbus regierte.
Hīs cōnfectīs rēbus Caesar in citeriōrem Galliam revertit.	N a c h d e m dies geschehen war, kehrte Cäsar ins diesseitige Gallien zurück.

kaus.:

Trēverī dēspērātīs nostrīs rēbus domum contendērunt.	D a die Treverer unsere Sache verloren gaben, machten sie sich auf den Heimweg.

mod.:

Germānī rēnōnum tegimentīs ūtuntur magnā corporis parte nūdā (s. Nr. 3).	Die Germanen tragen Felle als Kleidung, w o b e i ein großer Teil des Körpers nackt bleibt.

---

[1]) Im Grch. erscheint in gleicher Verwendung der Genetīvus absolūtus, im Dt. lassen sich absolute Wendungen wie „gesetzt den Fall" vergleichen.

kond.:
Religione sublata fides quoque tollitur.	Wenn religiöse Bindungen schwinden, schwindet auch die Treue.

konz.:
Caesar oppidum paucis defendentibus expugnare non potuit.	Cäsar konnte die Stadt nicht einnehmen, obwohl nur wenige sie verteidigten.

3. Anstatt des Partizips kann auch ein Prädikatsnomen stehen:

Tarquinio rege (= regnante)	unter der Regierung des Tarquinius
Cicerone consule	als C. Konsul war, unter dem Konsulat des C.
Pompeio auctore	„wobei P. der Veranlassende war", auf Veranlassung des P.
natura duce	„wenn die Natur Führerin ist", unter Führung der Natur
patre ignaro	ohne Wissen des Vaters
Hannibale vivo	zu Lebzeiten Hannibals
caelo sereno	bei heiterem Himmel, bei gutem Wetter
salvo capite	mit heiler Haut, ohne Lebensgefahr
m e i n v i t o hoc fecisti	g e g e n hast d u das getan
aber:	m e i n e n
i n v i t u s exclusus sum	W i l l e n wurde i c h ausgeschlossen

4. Auch ein bloßes Substantiv oder substantiviertes Partizip bildet mitunter (klass. selten) den Abl. abs.:
Auspicato tribuni creati sunt.	Nach der Vogelschau wurden die Tribunen gewählt.

nachklass.:
audito, cognito, comperto, nuntiato mit A c I	nachdem man gehört hatte ... usw.

Verbindung mehrerer Partizipien
Kopulative Verbindung ist nur möglich, wenn die Part. auf gleicher Stufe stehen:
Helvetii commutato consilio a t q u e itinere converso Romanos lacessere coeperunt.	Als die Helvetier ihren Plan geändert hatten u n d umgekehrt waren, begannen sie, die Römer zum Kampf herauszufordern.

aber (vgl. § 268 Nr. 3):
Caesar contionatus apud milites conclamantibus omnibus, imperaret quod vellet, naves solvit.	Als Cäsar vor den Soldaten gesprochen hatte u n d alle ihm zuriefen, er solle nach seinem Ermessen befehlen, ließ er die Anker lichten.

Zu den Pronomina im Part.coni. und Abl. abs.
1. Da sowohl das Part. coni. als auch der Abl. abs. Satzglieder sind (Fehlen des Kommas!), muß für das auf das Subjekt bezügliche Pronomen der 3. Ps. das Reflexivum gebraucht werden: Beispiele s. § 193 Nr. 1.

2. Pronomina, deren Beziehung auf das Subjekt sich aus dem Zusammenhang ergibt, werden meist nicht eigens ausgedrückt:

Rem mandātam nē malitiōsē gesseris.	Hat man dir eine Angelegenheit anvertraut, so führe sie nicht in betrügerischer Absicht aus.
Quis est, quī ad bellum īnflammātō animō futūrus sit spē pācis oblātā?	Wer wollte kriegslüstern sein, wenn sich ihm die Aussicht auf Frieden bietet?

3. Das Beziehungswort zum Part. des Abl. abs. wird jedoch stets ausgedrückt:

eō profectō	nachdem er (dieser) abgereist war.

Zur Übersetzg. dt. Präpositionalausdrücke und Nebensätze durch lat. Partizipien
1. Präpositionalausdrücke:
Sie werden vor der Übersetzg. in ein entsprechendes Partizip oder einen Nebensatz umgewandelt („nach dem Sieg über A." – „als A. besiegt worden war").

2. Nebensätze:
   a) Die den Nebensatz einleitende Konjunktion (bzw. das Relativpronomen) bleibt unübersetzt.
   b) Das finite Verbum des Nebensatzes wird ein Partizip (Präs. bei Gleichzeitigkeit, Perf. bei Vorzeitigkeit).
   c) Bezieht sich das Subjekt des dt. Nebensatzes auf ein Nomen des übergeordneten Satzes, so steht im Lat. das Part. coni., d.h. das Partizip wird mit dem Beziehungswort in Kasus, Genus und Numerus in Übereinstimmung gebracht.
   d) Bezieht sich das Subjekt des dt. Nebensatzes auf kein Nomen des übergeordneten Satzes, so steht der Abl. abs., d.h. das Subjekt wird in den Ablativ, das Verbum in ein damit übereinstimmendes Partizip gesetzt.

§ 181 3. Zur Übersetzung lat. Partizipien

Da im Lat. Partizipialkonstruktionen weit häufiger sind als im Dt., ist die Übersetzung meist abweichend zu gestalten. Das lat. Partizip wird wiedergegeben:

1. durch **unter- und beigeordnete Sätze**:
Da das Lat., abgesehen vom Deponens, kein aktives Vergangenheitspartizip hat, sind manche Part.Perf.Pass. als sog. ‚kryptoaktive' Part. zu verstehen, d.h. sie sind die in passive Form gekleidete Bezeichnung einer eigentlich aktiv vom Subjekt des Satzes ausgeübten Tätigkeit. Bei der dt. Übersetzung empfiehlt sich daher in manchen Fällen Umwandlung ins Aktiv.

a) durch **Nebensätze**: Beispiele s. § 180 α und β, außerdem:

mit Umwandlung ins Aktiv:

Caesar victō Pompēiō Aegyptum adiit.	Als Cäsar Pompeius besiegt hatte, zog er nach Ägypten.
Ob amīcitiam summā fidē servātam glōriam capiēs.	Weil du die Freundschaft mit großer Treue gehalten hast, wirst du Ruhm ernten.
Omnium rērum nātūrā cognitā levāmur superstitiōne.	Wenn wir das Wesen aller Dinge erkannt haben, werden wir frei vom Aberglauben.

§ 181   Partizip   217

bei negiertem Partizip Übersetzg. mit „ohne daß, ohne zu":

Rōmānī nūllō hoste prohibente in castra revertērunt.	Die Römer kehrten ins Lager zurück, ohne daß ein Feind sie daran hinderte.
Voluptātēs turpēs nōn ērubēscēns persequitur.	Ohne zu erröten, geht er schlimmen Vergnügungen nach.

mit Umwandlung ins Aktiv:

Caesar nūllā interpositā morā Apollōniam proficīscitur.	Ohne zu zaudern, macht(e) Cäsar sich auf nach Apollonia.
Hostēs rē īnfectā sē recēpērunt.	Ohne etwas ausgerichtet zu haben, zogen die Feinde sich zurück.

b) durch beigeordnete Sätze:

Mīlitibus expositīs nāvēs remittēbantur.	Die Soldaten wurden ausgeschifft u n d die Schiffe zurückgeschickt.
Cōnfectō iam labōre exercitū Caesar cōnstitit.	Das Heer war schon von der Anstrengung erschöpft; d e s h a l b ließ C. haltmachen.
Philosophus ille multa alia peccāns in deōrum opīniōne turpissimē lābitur.	Jener Philosoph irrt z w a r auch sonst oft, am schmählichsten a b e r entgleist er bei seinen Gottesvorstellungen.

mit Umwandlung ins Aktiv:

Gallī locīs superiōribus occupātīs itinere exercitum prohibēre cōnantur.	Die Gallier besetzten höhergelegene Punkte u n d versuchten d a d u r c h, das Heer am Durchgang zu hindern.
Mīlitēs agrīs hostium vastātīs (= agrōs h. dēpopulātī) in castra revertērunt.	Die Soldaten verwüsteten die Felder der Feinde u n d kehrten d a n n ins Lager zurück.

2. durch nominale Wendungen:

a) durch Verbalsubstantive:

suspiciō acceptae pecūniae	der Verdacht auf Annahme von Geld
paulō post urbem captam	kurz nach Einnahme der Stadt
ab urbe conditā	seit Gründung der Stadt
rēgem mortuum dēflēre	den Tod des Königs beweinen
Angēbant Hamilcarem Sicilia Sardiniaque āmissae.	Der Verlust Siziliens und Sardiniens machte Hamilcar Sorge.

b) durch Präpositionalausdrücke:

veritus	aus Furcht
moriēns	im Sterben
nāscēns	bei der Geburt, im Entstehen

convīvīs spectantibus	vor den Augen der Gäste
dolō ūsus	mit einer List
mē absente	in meiner Abwesenheit
magnō prōpositō praemiō	unter Aussetzung einer hohen Belohnung
magnō cōnfectō itinere	nach einem Eilmarsch

Verbindung mehrerer Partizipialkonstruktionen:

Oppidānī longō interpositō (2. b) spatiō nactī (1. a) occāsiōnem ērumpendī puerīs mulieribusque in mūrō dispositīs (1. b) ipsī manū factā (1. a) in hostium castra inrūpērunt.	Als sich den Stadtbewohnern nach geraumer Zeit die Gelegenheit zu einem Ausfall bot, verteilten sie die Jungen und die Frauen auf die Mauer, während sie selbst einen Kommandotrupp bildeten, und brachen ins Lager der Feinde ein.

ANHANG

§§ 182 - 204 Syntaktisch-stilistische Eigentümlichkeiten im Gebrauch der lat. Nomina

§§ 182 - 186 **I. Substantive**

§ 182 **A. Besonderheiten im Gebrauch des Numerus** (vgl. § 23)

1. Bei Bezeichnung von Lebewesen, auch von Pflanzen und Früchten, steht mitunter statt des Plurals der k o l l e k t i v e Singular, wenn mehr die Masse ins Auge gefaßt werden soll als die Einzelnen:

Rōmānus sedendō vincit.	Die Römer siegen durch Abwarten.
Mīles perīclitātur.	Die Soldaten sind in Gefahr.
Fabā Pȳthagoreī abstinent.	Die Pythagoräer essen keine Bohnen.
Caesar Haeduōs frūmentum flāgitat.	Cäsar fordert von den H. Getreide.

dagegen frūmenta mehr die einzelnen auf dem Halm stehenden Arten:

Frūmenta in agrīs mātūra nōn erant.	Das Getreide auf den Feldern war noch nicht reif.

In anderen Fällen dagegen findet sich statt des dt. Singulars der Pl., so besonders bei paarweise gesehenen Körperteilen und bei distributiver Beziehung des Genannten auf mehrere Dinge oder Personen:

pedibus ire	zu Fuß gehen
alicui aures praebere	jmdm. sein Ohr leihen
milites terga verterunt	die Soldaten wendeten (den Rücken) sich zur Flucht
multi naufragia fecerunt	viele erlitten Schiffbruch
animos militum incendere	den Mut der Soldaten anfeuern

dagegen Sing. in formelhaften Wendungen:

bono animo estote	seid guten Mutes
animo deficiunt	(„hinsichtlich des Mutes versagen"), sie werden mutlos.

2. Einzahlwörter können besonders in folgenden Fällen im Plural gebraucht werden:

a) Eigennamen von Personen, die als Vertreter einer Gattung gelten:

Solones	Männer wie Solon
Maecenates	(kunstfördernde) Männer wie Maecenas

b) Stoffnamen zur Bezeichnung einzelner Arten oder daraus verfertigter Stücke (vgl. „Hölzer, Tuche, Weine, Salze"):

aera, aerum n	Kunstwerke aus Erz
carnes, -ium f	Fleischstücke
vina, -orum	Weinsorten

c) Naturerscheinungen:

nives, -ium f	Schneemassen
imbres, -ium m	Regengüsse

d) Abstrakta zur Bezeichnung der einzelnen Arten oder Äußerungen eines Begriffs:

mortes	Todesarten
suspiciones	Verdachtsgründe
conscientiae	Gewissensbisse
omnes aegritudines et formidines	alle Arten von Ärger und Schrecken
fortitudines	tapfere Handlungen

In der Dichtersprache werden viele andere Bezeichnungen einer Einheit im Plur. gebraucht (poetischer Plur.), so regna das Reich u.a.

B. Besonderheiten im Gebrauch von Abstrakta und Konkreta § 183

1. Verbalsubstantiva, besonders die auf -io, bezeichnen zunächst ein Geschehen und sind als solche Abstrakta. Sie unterliegen jedoch manchen Bedeutungsverschiebungen und können dadurch auch in den Bereich der Konkreta überwechseln.

a) Neben der Handlung können Ergebnis, erreichter Zustand u.ä. bezeichnet werden:

cōgitātiō	das Denken	und:	der Gedanke
ōrātiō	das Reden	und:	die Rede
possessiō	das Besitzen	und:	(meist Pl.) die Besitzungen
cēnsus	die Schätzung	und:	das Vermögen

In anderen Fällen kann dagegen durch verschiedene Bildungen zwischen Handlung und erreichtem Zustand, Ergebnis u.ä. unterschieden werden (wie im Dt.: „die Verzeichnung – das Verzeichnis"):

prōmissiō	– prōmissum	Versprechen	als Handlung und als Versprochenes
postulātiō	– postulātum	Forderung	als Handlung und als Gefordertes
āctiō	– āctus	Darstellung	als Handlung und als Dargestelltes
inventiō	– inventum	Erfindung	als Handlung und als Erfundenes

Aber auch beide Bildungen ohne Bedeutungsunterschied kommen vor:

concursiō	– concursus	Zusammentreffen, Auflauf

b) Neben der Handlung können Art und Weise, Mittel u.ä. oder (besonders in verneinten Sätzen) die Möglichkeit einer Handlung bezeichnet werden:

dēfēnsiō	Verteidigung, Verteidigungsmittel, Verteidigungsmöglichkeit
cūrātiō	Heilung, Heilverfahren
cautiō	Vorsicht, Vorsichtsmaßregel

c) Verbalsubstantiva, bei denen der Träger der Handlung gar nicht genannt wird oder in den Hintergrund tritt, können eine passivische Färbung erhalten:

in oblīviōnem venīre	in „das Vergessen der Leute", Vergessenheit kommen
cum admīrātiōne īre	unter „Bewundertwerden", Bewunderung gehen
offēnsiō	das „Beleidigtsein", die Verstimmung

2. **Eigenschaftsbezeichnungen**, Charakteräußerungen u.ä. im Wechsel mit Personen und Handlungen:

a) Die Eigenschaft steht für die aus ihr hervorgehende Handlung:

avāritia	habgieriges Handeln
āmentia	unsinniges Tun
furōrēs	tolles Treiben

Fehlen Eigenschaftsbezeichnungen, so werden statt dessen Charakteräußerungen oder Umschreibungen mit animus verwendet:

mōrēs bonī	guter Charakter	animus anxius	Ängstlichkeit
vitia	Lasterhaftigkeit	animus aequus	Gleichmut
		animus angustus	Pedanterie

b) Die Eigenschaft steht für die Person, bei welcher sie vorherrscht:

Prōvincia ad summam stultitiam nēquitiamque vēnit.	Die Provinz kam in die Hand der größten Dummköpfe und Bösewichte.
maiestās tua u.ä.	Eure Majestät (Kaiseranrede seit Horaz)

c) Die Gefühlsäußerung steht statt der Person, die Gegenstand dieser Äußerung ist:

L. Antōnius, odium omnium hominum	L. Antonius, den alle Menschen hassen
meum dēsīderium	mein geliebtes Mädchen („Gegenstand meiner Sehnsucht").

§§ 184 - 185   Substantive   221

3. Manche Bezeichnungen von Gemütszuständen und Eigenschaften können sowohl in o b j e k -   § 184
t i v e m als auch s u b j e k t i v e m Sinne verwendet werden, z.B.:

	objektiv:	subjektiv:
ordo	Ordnung	Ordnungssinn, Ordnungsliebe
communitas	Gemeinschaft	Gemeinsinn
veritas	Wahrheit	Wahrhaftigkeit, Wahrheitsliebe
libertas	Freiheit	Freiheitssinn

Sensus wird nur hinzugefügt, wenn der Begriff der Empfindung wesentlich ist, z.B.:

omnem sensum humanitatis amittere	allen Sinn für Menschlichkeit verlieren

4. Das Lateinische neigt im allgemeinen weniger als das Deutsche dazu, Sachbegriffe zum Subjekt   § 185
einer Handlung zu machen, die an und für sich nur Personen zukommt:

haec verba testimonio sunt	diese Worte beweisen
his rebus effectum est	diese Umstände bewirkten
Cicero vigilantia sua Romam servavit }	Ciceros Wachsamkeit rettete Rom.
Ciceronis vigilantia Roma servata est	

Die dem Dt. entsprechende Personifikation findet sich vor allem in gehobener Sprache und festen
Wendungen (besonders der Gesetzessprache):

lex iubet, vetat	das Gesetz befiehlt, verbietet
proverbium monet	das Sprichwort mahnt
aber:	
ut est in proverbio	wie das Sprichwort sagt
necessitas cogit	die Notlage zwingt
historiae narrant	die Geschichte erzählt

5. Häufig erscheint dort, wo im Dt. ein L ä n d e r name steht, im Lat. ein V ö l k e r name, teils
weil die Bewohner gemeint sind, teils weil neben dem Völkernamen ein besonderer Ländername
nicht existiert oder ungebräuchlich ist:

Athenienses cum Spartanis saepe bella gesserunt.	Athen führte oft mit Sparta Krieg.
Ausnahme:	
Graecia haec summa duxit.	Der grch. Geist hat das für das Höchste gehalten.
Pelopidas legatus in Persas profectus est.	Pelopidas machte sich als Gesandter auf den Weg nach Persien.
Caesar impedimenta in Treveros[1]) mittit, ipse in Menapios proficiscitur.	Cäsar schickte den Troß ins Trevererland, er selbst machte sich auf den Weg ins Land der Menapier.

6. Oft steht im Lat. statt der Person ein bezeichnendes Substantiv:

corpus (bei mehreren: corpora) exercere	sich üben
animos audientium commovere	die Zuhörer rühren
memoriae mandare	sich einprägen
precibus alicuius obsequi	jmdm. willfahren
mores alicuius depingere	jmdn. beschreiben
virtutem amici magni aestimare	den Freund hochschätzen

---

[1]) So kommt der Völkername Treveri zur Bedeutung des Ortsnamens „Trier"; besonders häufig
auf gallischem Boden, z.B. Atrebates „Arras".

§ 186 C. Zurückhaltung des Lateinischen in der Anwendung von Substantiven

Sowohl der Vorrat an Substantiven als auch die Neigung zu substantivischer Gestaltung der Rede ist im Lat. insgesamt geringer als im Deutschen. Hauptsächliche Merkmale dieses Unterschiedes sind:

1. Dem dt. Substantiv entsprechen im Lat. andere Ausdrücke, besonders verbale Wendungen:

Infinitiv: § 164
A c I: § 171 Nr. 6
Partizip: § 181 Nr. 2
Nebensatz: § 233 ff.
Adjektiv: § 110 f.

2. Das dt. Substantiv stellt eine Erweiterung gegenüber dem lat. Ausdruck dar:

a) Auf schon genannte Personen wird durch das bloße Pronomen verwiesen:

hic (bzw. is, ille)	dieser Mann (Redner, Feldherr . . .)
iste (in der Gerichtsrede)	der Angeklagte

b) Das Neutr. eines Pronomens oder Adjektivs entspricht deutschen Abstrakta allgemeinerer Bedeutung:

id cōnstat	die Tatsache, Grundsatz steht fest
illud Catōnis	der Ausspruch, Wort Catos

c) Andere deutsche Erweiterungen:

nūlla (nē minima quidem) spēs	kein Schimmer von Hoffnung
nihil studiī	keine Spur von Begeisterung
in iūre	auf dem Gebiet des Rechts
stultī est (§ 131)	es ist ein Zeichen von Dummheit
gaudia (§ 182)	Äußerungen der Freude
oppūgnātiō (§ 183)	Art und Weise der Belagerung
sunt, quī . . . (§ 242)	es gibt Menschen, die . . .

§§ 187 - 190 II. Adjektive

§§ 187 - 188 A. Besonderheiten im Gebrauch der Adjektive

§ 187 1. Der Lateiner vermeidet es gewöhnlich, Adjektive, die an und für sich Eigenschaften lebender Wesen bezeichnen, neben Sachbegriffe zu setzen (vgl. § 185 Nr. 4). Statt dessen steht:

a) Umschreibung durch plēnus:

fuga timōris simul calliditātisque plēna	eine feige und zugleich schlaue Flucht

b) ein kopulativ beigefügtes synonymes Substantiv (Hendiadyoin):

metus ac timor	feige Furcht
nātūra pudorque	natürliche Zurückhaltung
quae iuventūte geruntur et vīribus	Tätigkeiten, die jugendliche Kraft erfordern

Die dem Dt. entsprechende Ausdrucksweise kommt jedoch gelegentlich vor:

sermōnēs doctī	kluge Reden
ērudīta tempora	gebildete Zeiten
ōrātiō fortis et virīlis	eine mutige, furchtlose Rede

2. Für manche Eigenschaftsbezeichnung ist im Lat. ein entsprechendes Adjektiv entweder nicht vorhanden oder in der Verwendung beschränkter als im Dt.; in solchen Fällen finden sich besonders folgende Ausdrucksweisen:

a) Hendiadyoin: s. § 187.

b) Genetiv des entsprechenden Substantivs:

vīrēs corporis et animī	körperliche und geistige Kräfte
praecepta philosophiae, philosophōrum	philosophische Lehrsätze
rērum pūblicārum ēversiōnes	politische Umwälzungen
ager hostium[1])	feindliches Land

vgl. auch § 134.

c) (selten) Präpositionalausdrücke:

vir sine metū	ein furchtloser Mann

vgl. auch § 161 Nr. 4.

d) (zwischengestellte) Adverbien: s. § 162 Nr. 2.

e) adjektivisch verwendete Substantive: s. § 109.

f) abstrakte Substantiva (mit dem Beziehungswort im Gen.), wenn auf der Eigenschaftsbezeichnung der Nachdruck liegt:

Dēcertandum est cōnfestim: lēgātōrum tardītās repudianda est.	Der Kampf muß sofort stattfinden, eine zeitraubende Gesandtschaft kommt nicht in Frage.
Agricolae dolent praeteritā vernī temporis suāvitāte aestātem autumnumque vēnisse.	Die Bauern bedauern es, wenn nach dem Ende des schönen Frühlings Sommer und Herbst da sind.

3. Den zahlreichen dt. Verbaladjektiven auf -lich, -ig, -bar entsprechen im Lat. nur z.T. Adjektive auf -(b)ilis, sonst besonders folgende Ausdrücke:

a) Part.Perf.Pass., häufig mit Negationen:

incorruptus	unbestechlich
invictus	unbesiegbar
indomitus	unbezähmbar

vgl. auch § 178.

b) Gerundivum: s. Vorbemerkungen zu § 174.

c) sinnverwandte Adjektive:

arduus	unzugänglich	iūcundus	erfreulich
obscūrus	unverständlich	aeternus	unvergänglich

d) facilis ad mit Gerundium:

māteriēs facilis ad exārdēscendum	leicht entzündlicher Stoff
cibus facillimus ad concoquendum	leicht verdauliches Essen
homō facilis ad temere crēdendum	ein leichtgläubiger Mensch

e) Relativsatz:

quod fierī potest	möglich
quod cernī potest	sichtbar

4. Der adjektivische Gebrauch des Part.Präs. ist im Lat. insgesamt beschränkter als im Dt., wo mehr Transitiva (z.B. „reizend", „rührend", „empörend", „drückend") dadurch, daß nicht mehr

---

[1]) Hostīlis bedeutet in der Regel „feindlich gesinnt".

nach dem Objekt gefragt wird, zu Absoluta geworden sind. So finden sich Übereinstimmungen zwischen beiden Sprachen vorwiegend im Bereich der Intransitiva, z.B.:

studium ārdēns	glühender Eifer
perīculum imminēns	drohende Gefahr

während an Stelle objektsloser deutscher Transitiva das Lat. andere Ausdrucksweisen bevorzugt, z.B.:

speciēs flēbilis	ein rührender Anblick
vōcēs gravēs	kränkende Worte
mōrēs asperī	ein abstoßender Charakter
argūmentum grave oder certum	ein überzeugender Beweis
praesentium voluptātum blanditiae	lockende Vergnügungen des Augenblicks

5. Im Gegensatz zum Dt. erscheint im Lat. k e i n Adjektiv, wo

a) das deutsche Adjektiv mehr oder minder tautologisch ist:

ūsus	praktische Erfahrung
speciēs	äußerer Schein
nātūra	inneres Wesen

b) die Eigenschaftsbezeichnung so bedeutsam ist, daß ihr substantivischer Rang zukommt (vgl. oben Nr. 2f):

levitās	leichtfertiges Wesen
indignitās	empörendes Benehmen
diūturnitās	lange Dauer

c) die Eigenschaft durch das Diminutivsuffix ausgedrückt ist:

febricula	leichtes Fieber
agellus	ein armseliges Stück Land

6. Unterschiedliche Anwendungsbereiche des Adjektivs am Beispiel von magnus und „groß":

magnus		groß	
clādēs magna	schwere Niederlage	Gelehrter	homō doctissimus
causae magnae	zwingende Gründe	Gerede	multus sermō
argūmentum magnum	schlagender Beweis	Liebe	amor singulāris
magnae cōpiae	viele Truppen	Kammer	cella ampla

§ 189 B. Substantivische Verwendung von Adjektiven (und Partizipien)

1. M a s k u l i n a :

a) im S i n g u l a r ist die Substantivierung seltener; sie findet sich hauptsächlich in folgenden Fällen:

beim kollektiven Singular

Rōmānus	die Römer	sapiēns	der (d.h. die) Philosoph(en)

beim Gen. possessīvus neben esse (vgl. § 131)

stultī est	es ist dumm	invidī est	es zeugt von Neid

neben einem Pronomen, soweit die Pronomina nicht selbst substantivisch aufzufassen sind (vgl. § 203)

hic doctus	dieser Gelehrte

Sonst tritt gewöhnlich homō, vir o.ä. zum Adjektiv:

homō doctus	ein Gelehrter	vir avārus	ein Geizhals

§ 189 Adjektive

b) Im **Plural** ist die Substantivierung durchaus üblich:

boni	die Guten	sapientēs	die Weisen
doctī	die Gelehrten	aegrōtī	die Kranken

2. **Neutra** gewöhnlich nur im Nom. und Akk.:

a) Im **Singular**:

bonum	das Gute
vērum dīcere	die Wahrheit sagen
decōrum spectāre	den Anstand wahren

Gebrauch anderer Kasus als des Nom. und Akk. besonders:
im Gen. part. (vgl. § 130):

| aliquid bonī | etwas Gutes |

in präpositionalen Wendungen:

dē imprōvīsō	unversehens
dē integrō	von neuem
ē contrāriō	im Gegenteil
ā prīmō ad extrēmum	von Anfang bis Ende
in tūtō esse	in Sicherheit sein
in pūblicum prōdīre	öffentlich auftreten
dē mediō tollere	aus dem Weg räumen

im Abl. comp. (vgl. § 144) und mens. (vgl. § 153):

| plūs aequō | ungebührlich |
| multō minus | um vieles weniger |

bei Gegenüberstellungen:

| melius ā dēteriōre distinguere | das Bessere vom Schlechteren scheiden |

beim P.P.P. mancher Verba wie dictum, factum, scrīptum u.a.:

| dēlictī reus | des Vergehens angeklagt |
| facētē (oder: facētī) dictī memor | in Erinnerung an den Witz |

b) Im **Plural**:

bona	Güter
ūtilia	Vorteile
maiōra concupīscere	Höheres erstreben

Gebrauch anderer Kasus als des Nom. und Akk. besonders:
bei Gegenüberstellungen:

| vēra ab falsīs dīiūdicāre | Wahres vom Falschen trennen |

beim P.P.P. der o.a. Verba:

| prō suīs factīs pessimīs | für seine schlimmen Taten |

sonst jedoch Hinzufügung von rēs:

| omnibus in rēbus | in allem |

Die Hinzufügung eines Gen. part. zum substantivierten Neutr. ist vorwiegend dichterisch und nachklassisch:

| per caelī caerula | durch des Himmels Blau |
| obstantia silvārum | die gegenüberliegenden Wälder |

3. Hauptsächlich umgangssprachlich und dichterisch ist die Substantivierung durch Ellipse (ἐλλείπειν „mangeln", d.h. Fehlen eines zugehörigen Begriffes):

dextra (sc. manus)	die Rechte (sc. Hand)
fera (sc. bēstia)	wildes Tier (vgl. „Wild")
merum (sc. vīnum)	ungemischter Wein
continēns (sc. terra)	Festland

§ 190 C. Zur Komparation

1. Bei einem Vergleich z w e i e r Gegenstände, wo sich im älteren Dt. und in heutiger Umgangssprache der Superlativ findet („Ein Vater hatte zwei Söhne. Der älteste war verheiratet"), verwendet das Lat. stets den K o m p a r a t i v :

Duās accēpī epistulās; respondēbō priōrī prius.	Ich erhielt zwei Briefe; den ersten will ich zuerst beantworten.

Zum Komparativ
beim Vergleich zweier Eigenschaften eines Gegenstandes: § 247 Nr. 1a.E.
beim Abl. comp. in sprichwörtlichen Wendungen: § 144

Zum Superlativ
bei quisque: § 202 Nr. 1c
bei lobenden und tadelnden Appositionen: § 109
bei Vergleichen mit tam – quam: § 246 Zusatz Nr. 2.

2. V e r s t ä r k u n g e n
des Komparativs: multō u.ä. (s. § 153), etiam, vel („noch, sogar").
des Superlativs: longē („bei weitem"), vel („selbst, sogar"), unklass. multō; außerdem quam, facile, ūnus (omnium):

quam celerrimē	so schnell als möglich
quam prīmum	so bald als möglich
facile optimus imperātor	entschieden, unstreitig der beste Führer
bellum maximum omnium (vor Relativsatz notwendig), quae Rōmānī umquam gessēre	der bei weitem größte aller je von den Römern geführten Kriege.

§§ 191 - 204 III. Pronomina

§§ 191 - 192 A. Personal- und Possessivpronomina

§ 191 Das P e r s o n a l p r o n o m e n (in der 3. Person durch is ersetzt) wird als Subjektswort nur gesetzt, wenn es betont ist (vgl. § 106), also bei Gegensätzen, unwilligen Fragen und Beteuerungen:

Praedia mea tū possidēs, egō aliēnā misericordiā vīvō.	Meine Häuser und Grundstücke hast du, ich aber muß von der Barmherzigkeit anderer Leute leben.

Et tū negās?	Und da kannst du noch leugnen?
Tū vērō sapienter (sc. fēcistī)!	Wahrhaftig, weise gehandelt!

Wegfall des Personalpronomens beim Partizip: § 180 a.E.
Kongruenz bei mehreren Subjektspronomina verschiedener Person: § 108 a Nr. 2.

1. Das auf das Subjekt bezügliche **P o s s e s s i v p r o n o m e n** wird meist nicht gesetzt, wenn es sich aus dem Zusammenhang von selbst versteht: § 192

manūs lavō	ich wasche meine (mir die) Hände
membris ūti	seine Gliedmaßen gebrauchen
ōs aperire	seinen Mund auftun

2. Es wird seinem Beziehungsworte vorangestellt, wenn es betont ist („eigen"):

meīs oculīs vīdī	ich habe es mit eigenen Augen gesehen
meā sponte id fēcī	ich habe das aus eigenem Antrieb getan
Scīpiō factus est cōnsul bis, prīmum ante tempus, iterum suō tempore.	Scipio war zweimal Konsul, einmal vor der gesetzlichen Zeit, dann zur gehörigen (rechtmäßigen) Zeit.
(suō) locō	an gehöriger Stelle, am rechten Ort
meō iūre dīcō	ich sage es mit Fug und Recht
in der Anrede nur bei vertraulichem Charakter: mī Attice	mein lieber Atticus

Possessivum statt Gen. subi. und poss.: § 131.

B. Personale und possessive Reflexiva §§ 193 - 194

1. **D i r e k t e** Reflexivität bei Bezug auf das Subjekt des gleichen Satzes, also auch bei Infinitiv- und Partizipialkonstruktionen, die als Satzglieder gelten: § 193

Iūstitia per **s e s ē** colenda est.	Die Gerechtigkeit muß man um ihrer selbst willen pflegen.
Manlius iussit filium **s u u m** secūrī percutī.	Manlius ließ seinen (eigenen) Sohn hinrichten.
Caesar Galliam temptārī **s ē** absente nōlēbat.	Cäsar wollte Gallien während seiner Abwesenheit keiner Gefahr aussetzen.
Valerius **s ē** praesente dē **s ē** ter sortibus cōnsultum dīcēbat.	Valerius sagte, man habe dreimal über ihn (seinetwegen) einen Bescheid des Stäbchenorakels eingeholt, und zwar in seiner Anwesenheit.
Dīcunt **s u a m** esse eam pecūniam, **s i b i** ā cīvitātibus conlātam in ūsum **s u u m**.	Sie behaupten, ihnen gehöre diese Geldsumme, ihnen hätten die Städte sie zur Verwendung für sich überlassen.

Gen. von is bei Nichtreflexivität in der 3. Person:

Helvētiī Germānōs aut s u ī s (refl.) fīnibus prohibent aut ipsī in e ō r u m (nicht refl.) fīnibus bellum gerunt.	Die Helvetier lassen die Germanen nicht in ihr (der H.) Land oder führen gar in deren (der G.) Land selbst Krieg.

2. **Indirekte** Reflexivität in innerlich abhängigen Nebensätzen (s. § 227 Nr. 2) in Bezug auf das Subjekt des übergeordneten Satzes:

Dēiotarus ad Caesarem vēnit ōrātum, ut s i b ī ignōsceret.	Deiotarus kam mit der Bitte zu Cäsar, ihm zu vergeben.
Cassius cōnstituit, ut lūdī absente s ē fīerent s u ō nōmine.	Cassius beschloß, daß während seiner Abwesenheit in seinem Namen Spiele stattfinden sollten.
Decima legiō Caesarī grātiās ēgit, a) quod dē s ē optimum iūdicium fēcisset (Standpunkt der Soldaten, inn. abh.)	Die 10. Legion dankte Cäsar, weil er s i e so gut beurteilt h a b e
b) quod dē e ā optimum iūdicium fēcerat (Standpunkt des Erzählers, nicht inn. abh.).	weil er s i e so gut beurteilt h a t t e.

3. Zuweilen kann nur der Zusammenhang entscheiden, ob das Reflexivum in einem Nebensatz sich auf das Subjekt des übergeordneten Satzes bezieht (indirekte Reflexivität) oder auf das des Nebensatzes selbst (direkte Reflexivität):

Caesar mīlitēs cohortātus est, ut s u a e pristinae virtūtis memoriam retinērent.	Cäsar forderte die Soldaten auf, seine (ind. refl.) bzw. ihre (dir. refl.) früher bewiesene Tapferkeit nicht zu vergessen.

4. Das Reflexivum (häufiger das possessive, seltener das personale) kann sich auch auf **oblique** Kasus desselben Satzes beziehen, besonders in der Bedeutung „sein eigen" oder in Verbindung mit quisque:

Caesar Fabium cum s u ā legiōne remittit in hīberna.	Cäsar schickte Fabius mit der ihm (dem F.) unterstehenden Legion ins Winterlager.
Cōnsidium Gaetūlī, s u ī comitēs, in itinere concīdunt.	Den Considius töteten die Gätuler, seine eigenen Begleiter, auf der Reise.
Iūstitia s u u m cuique distribuit.	Die Gerechtigkeit teilt jedem das Seine zu.

5. Das Reflexivum wird zuweilen auf ein nicht ausgesprochenes, aber in Gedanken vorschwebendes Subjekt bezogen:

Habenda est ratiō nōn s u a sōlum, sed etiam aliōrum.	Man soll nicht nur an sich, sondern auch an andere denken.
Calamitātem aut propriam s u a m aut temporum querī mediocris est animī.	Das persönliche Unglück oder die schlechten Zeiten zu beklagen, verrät nicht eben innere Größe.

Bezeichnung des reziproken (wechselseitigen) Verhältnisses: §194

1. durch das Reflexivum in Verbindung mit ipsī:

Sē ipsī adhortantur.	Sie ermuntern sich gegenseitig.

2. durch inter nōs, vōs, sē:

Cīvitātēs inter sē fidem et iūsiūrandum dant.	Die Stämme geben sich gegenseitig ein mit (einem) Eid bekräftigtes Treueversprechen.

3. durch wiederholtes alter bei zwei bzw. alius bei mehr Personen:

Alter alterī inimīcus auxiliō fuit.	Die beiden Feinde halfen einander.[1]
Alius alium timet.	Sie fürchten sich gegenseitig.

4. durch Wiederholung des Substantivs (besonders umgangssprachlich):

Manus manum lavat.	Eine Hand wäscht die andere.
Tantum nātūra ā nātūrā distat.	So verschieden sind die Naturen untereinander.

C. Demonstrativa §§ 195-198

1. **hic** bezeichnet (als Demonstrativum der 1. Person) das, was dem Sprechenden örtlich und zeitlich zunächst liegt, z.B.: §195

hae litterae	dieser Brief hier
haec cīvitās	unsere Stadt
hae rēs	die irdischen Dinge
hic diēs (vgl. hodiē)	der heutige Tag
hic poēta	unser (gerade behandelter) Dichter
haec tempora	die jetzigen Zeitverhältnisse
haec hāctenus	soweit über den erwähnten Punkt
haec locūtus est	er sprach folgendes

Verstärkung durch tam (bzw. tantus, tot statt magnus, multī):
haec tanta, tam exitiōsa coniūrātiō	diese große, gefährliche Verschwörung

2. **iste** bezeichnet (als Demonstrativum der 2. Person) das, was dem Angeredeten (z.B. dem Briefempfänger) zunächst liegt; oft vom Prozeßgegner in verächtlichem Sinne. Z.B.:

istae (tuae, vestrae) litterae	dieser dein Brief
ista subsellia	die Bänke in deiner Nähe
istī philosophī	die von dir erwähnten Philosophen

3. **ille** bezeichnet (als Pronomen der 3. Person) dás, was dem Sprechenden ferner liegt, oft mit dem Nebenbegriff des Berühmten, allgemein Bekannten, z.B.:

---
[1]) Vgl. grch. ἄλληλα aus ἄλλα ἄλλα, dt. „einander" aus „ein(er) (den) ander(en)".

illae litterae	jener Brief
illa tempora	die damaligen Zeiten
ille M. Cato	der berühmte Cato (vgl. § 109)
illud Solonis	der bekannte Ausspruch Solons

Meum studium in rem p. iam illo tempore ostendi.	Meine politischen Interessen habe ich schon damals (seinerzeit) gezeigt.
Q. Catulus non antiquo illo more, sed hoc nostro eruditus.	Q. Catulus, nicht in jenem alten, sondern in unserem heutigen Sinne gebildet.
Eisdem oculis hic sapiens, de quo loquor, quibus iste vester, caelum terram mare intuebitur.	Dieser unser Philosoph wird Himmel, Erde und Meer mit gleichen Augen ansehen wie der von euch erwähnte.

Bei Verweis auf zwei vorher genannte Dinge bezeichnet hic das zuletzt (näherliegend), ille das zuerst (fernerliegend) Angeführte:

Scitum est illud Catonis: melius de quibusdam acerbos inimicos mereri quam eos amicos, qui dulces videantur: illos verum saepe dicere, hos numquam.	Klug ist der Ausspruch Catos, daß sich gegenüber manchen Menschen harte Feinde ein größeres Verdienst erwürben als Freunde, die gefällig schienen: erstere sagten oft die Wahrheit, letztere nie.

§ 196 **is, ea, id** entspricht als abgeschwächtes Demonstrativpronomen der 3. Person dem dt. „er, sie, es".

1. Es w e i s t auf etwas bereits Erwähntes z u r ü c k (anaphorischer Gebrauch)

   a) bei Anfügung eines neuen Satzes:

Oppido Caninus legatus praeerat. Is naves nostras reduxit.	In der Stadt war der Legat Caninus Befehlshaber. Dieser Mann (vgl. § 186 Nr. 2a) brachte unsere Schiffe zurück.

   b) bei Anfügung einer zusätzlichen Bestimmung zu einem Nomen oder zu dem ganzen Satz (durch id) in Verbindung mit et, atque, -que bzw. neque:

Plura sunt orationum genera eaque (= et ea quidem) diversa.	Es gibt mehrere Arten von Reden, und zwar recht unterschiedliche.
Quaestionem habuit pecuniae idque per triduum.	Über das Geld führte er eine Untersuchung, und zwar drei Tage lang.

2. Es w e i s t auf ein folgendes Relativum oder einen Konsekutivsatz v o r a u s (präparativer Gebrauch):

Milites nostri ea celeritate procurrerunt, ut hostes impetum sustinere non possent.	Unsere Soldaten stürmten mit solcher Schnelligkeit los, daß die Feinde dem Angriff nicht standhalten konnten.

§§ 196 - 197 Pronomina

Nicht gesetzt wird das Pronomen im Gegensatz zum Dt.:

a) bei Vergleichen, wenn ein zweiter vom Substantiv abhängiger Genetiv angereiht wird:

Multō ācriōrem improbōrum interdum memoriam esse sentiō quam bonōrum.	Es kommt mir so vor, als sei das Gedächtnis schlechter Menschen zuweilen sehr viel besser als d a s der Guten.

Auch Wiederholung des Substantivs ist möglich, besonders bei Kasusverschiedenheit:

Quis est, quī possit cōnferre vītam Trebōniī cum (vītā) Dolabellae?	Wer könnte das Leben des Trebonius mit d e m des Dolabella vergleichen?

Auch kann der zweite von dem Substantiv abhängige Genetiv in den Kasus des Substantivs selbst treten; es entsteht die sog. comparātiō compendiāria¹):

Nātūra hominis ā reliquīs animantibus differt.	Die Natur des Menschen unterscheidet sich von d e r der übrigen Lebewesen.

b) bei Anknüpfung eines gleichen (seltener ungleichen) Objektskasus:

Caesar animōs prīncipum permulsit et cōnfirmāvit (Ausnahme: e ō s que cōnfirmāvit).	Cäsar beruhigte die Führer und ermunterte s i e .

c) beim Partizip: s. § 180 a.E.

Gelegentlich steht das D e m o n s t r a t i v u m (auch Relativum) s t a t t e i n e s a b h ä n g i g e n G e n., besonders häufig bei genus und numerus:

hāc (oder eā) īrā incēnsus	aus Zorn h i e r ü b e r
ea mentiō, quae mentiō	die Erwähnung d i e s e r Dinge
amīcitia est ex eō genere, quae prōsunt	die Freundschaft gehört in die Reihe d e r D i n g e , die Nutzen bringen
in eō numerō Sulla est	zu der Gruppe d i e s e r L e u t e gehört S.

idem (Identitätspronomen: ,, e b e n d e r s e l b e , d e r n ä m l i c h e '') wird gebraucht, wenn von demselben Begriff eine neue, sei es gleichartige (dt. ,,zugleich"²)) § 197

---

¹) Compendium ,,Ersparnis, Abkürzung", also verkürzter Vergleich, d.h. aus dem Grundtyp ,,A des X im Vergleich mit A des Y" wird über die Auslassung ,,A des X im Vergleich mit — des Y" die Kurzform ,,A des X im Vergleich mit Y".

²) Im Gegensatz hierzu bezeichnet p a r i t e r die gleiche A r t u n d W e i s e , ū n ā den gleichen O r t und simul die gleiche Z e i t :

Rēs urbānās vōbīscum pariter tuēbimur.	Für die Stadt werden wir ebenso wie ihr sorgen.
Duo familiārēs iter ūnā fēcērunt.	Zwei Freunde machten zusammen eine Reise.
Hoc Scīpiō adeō celeriter fēcit, ut simul adesse et venīre nūntiārētur.	Scipio tat dies so schnell, daß die Nachricht, er sei da, zugleich mit der Nachricht, er sei im Anzuge, eintraf.

oder gegensätzliche (dt. „dennoch, trotzdem, gleichwohl") Aussage gemacht wird, z.B.:

Cicerō ōrātor fuit īdemque philosophus.	Cicero war Redner und Philosoph in einer Person.
Nihil est līberāle, quod nōn idem iūstum.	Nichts verdient die Bezeichnung freigebig, das nicht zugleich auch gerecht ist.
Vōbīs in vestrīs causīs sevēritās odiō est, eandem laudātis, cum dē nōbīs iūdicātis.	Geht es um euch, dann mögt ihr Strenge nicht, aber ihr lobt sie, wenn ihr über uns zu befinden habt.
Quīdam nimis magnum studium in rēs obscūrās cōnferunt eāsdemque nōn necessāriās.	Manche verlegen sich mit übergroßem Eifer auf die Erforschung dunkler, aber keineswegs notwendiger Dinge.

§ 198 **ipse** dient zur nachdrücklichen Betonung eines Begriffes im Gegensatz zu anderen („e r s e l b s t u n d k e i n a n d e r e r"), z.B.:

ipse dīxit (sagten die Pythagorāer)	er selbst (Pythagoras) hat es gesagt
ipsa spēs	schon die Hoffnung, die bloße Hoffnung
ipsa virtūs	sogar die Tugend
tum ipsum	gerade damals
ipsōs decem diēs	genau, gerade, ganze 10 Tage lang
sub ipsīs rādīcibus montis	unmittelbar am Fuß des Berges
ex ipsā caede fūgērunt	sie entflohen unmittelbar dem Blutbad
valvae sē ipsae aperuērunt	die Türflügel öffneten sich von selbst

Die Betonung des Gegensatzes zu anderen kann jedoch schwinden und ipse gebraucht werden, wenn von verschiedenen Gegenständen die gleiche Aussage gemacht wird (dt. „gleichfalls, ebenso"), z.B.:

Hic philosophus ipse iam prīdem est reiectus.	Dieser Philosoph ist ebenfalls (wie andere Ph.) schon längst widerlegt.
ähnlich item: (zu nōn item vgl. § 219):	
Litterae mittuntur ā patre, item ab amīcīs.	Der Vater schickt einen Brief, ebenso die Freunde.

Der Kasus von ipse richtet sich nach dem des Gegensatzes (zum Gen. neben Possessiva vgl. § 131), aber oft wird (besonders neben einem Reflexiv) der Nominativ von ipse einem obliquen Kasus vorgezogen:

Nōn potest exercitum is continēre imperātor, quī sē ipse nōn continet.	Ein Feldherr, der sich selbst nicht im Zaum hält, kann auch sein Heer nicht im Zaum halten.

§§ 199-204 D. Indefinita und Pronominaladjektive

§ 199 1. **aliquis** (substantivisch) und **aliquī** (adjektivisch) stehen in der Bedeutung „i r g e n d e i n e r" in der Regel nur in Sätzen mit b e j a h e n d e m Sinn; dienen sie zur nachdrücklichen Hervorhebung („irgendeiner von Wichtigkeit"), so können sie auch in verneintem Zusammenhang vorkommen:

aliquis nūntiāvit	(irgend) jemand meldete
nōn sine (= cum) aliquā spē	nicht ohne alle Hoffnung
aber (§ 200):	
sine ūllā spē	ohne jede Hoffnung
bei ungefähren Zahlangaben:	
trēs aliquī aut quattuor Graecī	so ungefähr drei oder vier Griechen
hervorhebend:	
esse (in) aliquō numerō	einigermaßen etwas[1]) gelten
sine aliquō vulnere	ohne erhebliche (nennenswerte) Verluste
aber:	
sine ūllō vulnere	ohne jeden Verlust

2. **quis** (substantivisch) und **quī** (adjektivisch) stehen in gleicher Bedeutung meist enklitisch nach nē, sī, nisi und nach Relativen und Fragewörtern:

Quō quis versūtior et callidior, hōc invīsior est.	Je gewitzter und verschlagener einer ist, desto mehr wird er gehaßt.
seltener in Hauptsätzen, bes. in der Wendung:	
dīxerit quis (vgl. Nr. 3)	es könnte einer sagen
bei nachdrücklicher Hervorhebung auch hier aliquis:	
Caesar obsidēs retinendōs nōn cēnsuit, nē aliquam daret timōris suspiciōnem.	Cäsar wollte die Geiseln nicht festhalten, um auch nicht den leisesten Verdacht zu erwecken, er habe Angst.

3. **quispiam** („irgendwer") kommt häufiger nur in der Wendung vor:

dīxerit quispiam (vgl. Nr. 2)	es könnte einer sagen

quisquam (subst.) und **ūllus** (adj.) sind ihrer Bedeutung nach ein verstärktes aliquis: „überhaupt irgend einer"; sie stehen in Sätzen, die wirklich oder dem Inhalt nach v e r n e i n t sind: § 200

Nōlō quemquam exīstimāre.	Ich will nicht, daß irgendeiner meint (= ich will, daß keiner meint).
Nihil umquam cuiquam dēbuit.	Nie schuldete er einem etwas.

---

[1]) Dt. „etwas" neben prädikativen Adjektiven entspricht lat. nicht aliquid, sondern dem Neutrum des einfachen Adjektivs oder rēs (§ 108):
Sit ista rēs magna.	Es mag das etwas Großes sein.
Pulchrum est in scientiā excellere.	Es ist etwas Schönes, sich durch seine Kenntnisse auszuzeichnen.

| Negō id ūllō modō fierī posse. | Ich behaupte, daß dies auf keine Weise möglich ist. |

dem Inhalt nach verneint:

| Hoc quisquam dēfendet? | Wird denn das irgendwer verteidigen? (Sinn: niemand wird es verteidigen) |
| Aut nēmō aut sī quisquam Catō sapiēns fuit. | Entweder war niemand weise, oder wenn irgendeiner: dann Cato. |

§ 201 **quidam** („ein gewisser") bezeichnet eine bestimmte Person oder Sache, die man nicht näher bezeichnen will oder kann:

| philosophus quīdam | ein (gewisser) Philosoph |
| Ēloquentia aut arte paritur aliquā aut exercitātiōne quādam aut nātūrā. | Wortgewandtheit entsteht entweder durch irgendein Können oder durch ein gewisses Maß von Übung oder durch natürliche Begabung. |

im Plural oft soviel wie „einige, manche" (nōnnūllī, aliquot):

| philosophī quīdam | manche Philosophen |

neben Adjektiven steigernd („geradezu") oder abschwächend („sozusagen"):

| īnsatiābilis quaedam cupiditās | ein geradezu (wahrhaft, ganz) unersättliches Verlangen |

§ 202 1. **quisque** (und seltener **ūnusquisque**) bezeichnet den einzelnen von mehreren („jeder einzelne"), während omnis kollektiv „jeder" im Sinne von „insgesamt, alle" bedeutet:

| Verrēs accessit ad argentum; contemplārī ūnumquidque coepit. | Verres machte sich an das Silbergeschirr heran und begann, jedes einzelne Stück zu untersuchen. |
| Omnis virtūs laudanda est. | Jede Tugend ist lobenswert. |

Die Anwendung von quisque ist auf bestimmte Fälle beschränkt; es steht enklitisch in Anlehnung an:

a) ein Reflexivpronomen:

| Rēs familiāris sua quemque dēlectat. | Ein jeder hat Freude an seinem Besitztum. |

b) ein Relativ- (vgl. § 246) oder Fragepronomen:

| Quid dē quōque virō et cui dīcās, vidē! | Gib nur acht, was du von einem Menschen und wem du es erzählst! |
| quotus quisque? | „jeder wievielte", d.h. wie wenige? |

c) einen **Superlativ**:

Optimum quidque rārissimum est.	Das Beste ist immer das Seltenste.
optimus quisque	gerade die Besten, alle Guten

d) eine **Ordinalzahl**:

quīntō quōque annō	in jedem 5. Jahr, alle vier Jahre

2. **uterque** („jeder von zweien") bezeichnet jeden von beiden für sich, während **ambō** beide zusammen bezeichnet:

Utrīque nostrum grātum faciēs.	Du wirst (jedem von) uns beiden einen Gefallen tun.

Plural, wenn auf jeder Seite (von zweien) mehrere stehen:

Dux ab utrīsque mīlitibus audītus est.	Die Soldaten auf beiden Seiten konnten den Anführer hören.

3. **quīvīs** und **quīlibet** (von zweien: **utervīs**): „jeder beliebige":

quāvīs ratiōne	auf jede beliebige Weise
Mihi utrumvīs satis est.	Mir genügt jedes von beiden, welches du willst.

4. Verallgemeinernde Relative als Indefinita gebraucht:

Quōcumque in locō quisquis est.	Wo auch immer irgendeiner ist.
Quae sānārī poterunt, quācumque ratiōne (sc. poterō) sānābō.	Was heilbar ist, will ich auf jede mögliche Art und Weise heilen.

§ 203   **nēmō** („niemand") und **nihil** („nichts") sind substantivisch, **nūllus** („kein") adjektivisch. Doch steht nēmō (wie auch quisquam und aliquis) auch bei adjektivischen und substantivischen Personenbezeichnungen:

nēmō Rōmānus, nēmō doctus	kein Römer, kein Gelehrter
nēmō cīvis neben: nūllus cīvis	kein Bürger

Während im Dt. auch bei Verneinung der Satzaussage oder eines Adjektivs „kein" weitgehend „nicht" ersetzt, bleibt nūllus auf die Verneinung eines Substantivs beschränkt; sonst steht nōn:

iste fūr nōn est	der da ist k e i n Dieb
cōpiās nōn habēmus	wir haben k e i n e Truppen
rēs nōn vulgāris	k e i n alltägliches Ereignis
aber:	
nūlla fuit iūsta causa, cūr ...	es gab keinerlei gerechten Grund, weshalb ...

§ 204 **alius** („e i n a n d e r e r") wird von mehreren, **alter** („d e r e i n e" bzw. „d e r a n d e r e") von zweien gebraucht:

Est proprium stultitiae aliōrum vitia cernere, oblīviscī suōrum.	Es gehört zur Dummheit, die Fehler der anderen zu sehen, die eigenen aus den Augen zu verlieren.
Aliīs cōnsilium, aliīs animus, aliīs occāsiō dēfuit: voluntās nēminī.	Einigen fehlte Besonnenheit, anderen Mut, wieder anderen die Gelegenheit, niemandem aber der Wille.
Aliae legiōnēs aliā in parte hostibus resistēbant.	Einige Legionen leisteten hier, andere dort dem Feind Widerstand.
Vērus amīcus est tamquam alter īdem.	Ein wahrer Freund ist gleichsam unser zweites Ich.
Duo numerī, quōrum uterque plēnus, alterā alterā dē causā, habētur.	Zwei Zahlen, von denen jede für vollkommen gehalten wird, die eine aus diesem, die andere aus jenem Grunde.

Frage- und Relativpronomina s. §§ 233 und 240.

ZWEITER TEIL
LEHRE VOM EINFACHEN UND ZUSAMMENGESETZTEN SATZ §§ 205 - 264

Erster Abschnitt: Der einfache Satz §§ 205 - 222

I. Genus, Tempus und Modus des Verbums §§ 205 - 218

A. Genera des Verbums §§ 205 - 206

1. Deponens §205

1. Die lat. Deponentia setzen teilweise das (im Grch. noch weitaus vollständiger erhaltene) idg. Medium fort, das die Möglichkeit bietet, die enge Beziehung einer Handlung auf das Subjekt nicht durch Reflexivpronomina o.ä., sondern durch ein eigenes Genus verbī auszudrücken. Bei einzelnen Verben ist die Beziehung auf das Subjekt so vorherrschend geworden (vgl. dt. „ich beeile mich", aber nicht: „ich beeile dich"), daß allein die mediale Form vorkommt: eigentliche D e p o n e n t i e n . Ist jedoch eine aktive Form vorhanden und kann sich die Tätigkeit des Verbs sowohl auf das Subjekt wie auch auf fremde Objekte beziehen, dann spricht man, wenn die Subjektsbeziehung nicht durch das Aktiv und ein Reflexivum, sondern durch das mit den passiven Formen identische Medium ausgedrückt wird, von M e d i o p a s s i v a (z.B. movērī „sich bewegen", mūtārī „sich ändern").

2. Nach der Art der Beziehung, die die Handlung zum Subjekt hat, unterscheidet man:

a) d i r e k t - r e f l e x i v e r Gebrauch, wenn Subjekt und Objekt der Handlung gleich sind; besonders bei den Verben der Körperpflege, Bekleidung, Bewegung:

ōrnor	ich schmücke mich	vertor	ich wende mich
lavor	ich wasche mich	vehor	(„ich transportiere mich") ich fahre
cingor	ich umgürte mich	feror	(„ich trage mich") ich eile

b) i n d i r e k t - r e f l e x i v e r Gebrauch; wenn das Subjekt die Handlung für sich, an sich o.ä. ausführt; im Lat. nur noch spärlich vertreten:

pīgneror	ich lasse mir verpfänden	liceor	ich biete für mich

3. In vielen anderen Fällen dagegen sind diese ursprünglichen Verhältnisse verwischt, und das formal erstarrte Medium ist nicht mehr Ausdruck einer besonderen Beziehung auf das Subjekt, sondern einem gewöhnlichen Aktiv gleichwertig, wie viele transitiv gebrauchte Deponentien zeigen.

4. Da das mediale Part.Präs. im Lat. ausgestorben ist, benutzen die eigentlichen Deponentia das aktive Part. (z.B. sequēns). Auch einige Mediopassiva folgen diesem Ge-

brauch, so daß z.B. minuēns auch „sich verringernd", ferēns auch „losstürmend", vehēns auch „fahrend" heißen kann. Selbst andere aktive Formen können für das Medium eintreten, so movēre „sich bewegen", rēs in bonum vertunt „die Dinge wenden sich zum Guten".

5. Umgekehrt wird zuweilen ein Part.Perf. von Deponentien passivisch gebraucht:

pactus	abgemacht	necopinātus	unvermutet
partītus	geteilt	ratum habēre	als gültig betrachten
dimēnsus	abgemessen		

Semideponentien: s. § 78 Nr. 3.

§ 206 2. Passiv

Für das fehlende Passiv von Deponentien und einigen anderen Verben können eintreten:

1. s i n n v e r w a n d t e Verba:

zu		dient als Passiv
aggredī	angreifen	petī
pollicērī	versprechen	prōmittī
ūtī (s. Nr. 2)	gebrauchen	adhibērī
facere, reddere	machen	fierī
docēre (§ 119)	lehren	discere
perdere (§ 102)	zugrunde richten	perīre
vendere (§ 102)	verkaufen	vēnīre

2. U m s c h r e i b u n g e n :

zu		dient als Passiv
admīrārī	bewundern	{ admīrātiōnem habēre, movēre, admīrātiō est alicuius
ōdisse	hassen	odiō esse, in odiō esse
ūtī (s. Nr. 1)	gebrauchen	ūsuī esse
oblīvīscī	vergessen	oblīviōne obruī, dēlērī, exstinguī

Unpersönliches Passiv: s. §§ 69, 106, 124.
Wiedergabe des lat. Passiv im Dt. durch:
Aktiv: §§ 106 („man"), 181 Nr. 1, 185 Nr. 4;
Reflexive Verben: § 205 Nr. 1, 2;
Phraseologische Verben wie:

cōgī	sich genötigt sehen
dēterrērī	sich abschrecken lassen
nōn impedīrī	sich nicht hindern lassen
dūcī	sich leiten lassen
addūcī	sich bewogen, bemüßigt fühlen

B. Tempora, Aktionsarten und Aspekte

§§ 207 - 213

Die lat. Tempora dienen drei Aufgaben: Sie bezeichnen einmal die Zeit eines Verbalvorganges, entweder von der Gegenwart des Sprechenden aus gesehen oder auf die Zeit eines anderen Geschehens bezogen, zum anderen haben sie, bes. Imperfekt und Perfekt, teilweise die Fähigkeit bewahrt, die Art eines Vorgangs zu bezeichnen.

1. Aktionsart und Aspekt

§ 207

1. Der Vorgang, den ein Verb bezeichnet, kann entweder länger andauern oder in einem Augenblick vor sich gehen. Danach unterscheidet man d u r a t i v e Verben wie z.B. amāre, fugere, sequī (lieben, fliehen, folgen) und p u n k t u e l l e [1]) Verben wie z.B. venīre, mittere, dare (kommen, schicken, geben). Soll nun bei einem durativen Verbum, z.B. sequī (folgen), nicht der ganze Verlauf des Geschehens, sondern etwa nur der Endpunkt ins Auge gefaßt werden, so kann dies außer durch Umschreibungen durch ein Präfix geschehen: cōnsequī (erreichen)[2]); ähnlich bei der Bezeichnung des Anfangspunktes einer durativen Handlung: tacēre - conticēre (schweigen - verstummen). Solche punktuellen Verben, die lediglich den Beginn eines an sich durativen Vorganges bezeichnen, nennt man i n k o h a t i v e oder i n g r e s s i v e, solche, die nur den Abschluß bezeichnen, p e r f e k t i v e oder r e s u l t a t i v e Verben.

Umgekehrt kann es darauf ankommen, die Dauer eines an sich punktuellen Geschehens zu betonen: auch hier bietet die Sprache die Möglichkeit, durch Suffixe einem punktuellen Verb Dauerbedeutung zu verleihen, z.B. dt. „sticheln" als fortwährendes „stechen", lat. factitāre als fortwährendes facere. Solche durativen Verben, die die dauernde Wiederholung eines an sich punktuellen Vorganges bezeichnen, nennt man i t e r a t i v.

Diese gleichsam objektiv schon mit der Bedeutung des Verbums gegebene Verlaufsform der Verbalhandlung bezeichnet man als **Aktionsart**.

2. Die Aktionsarten können im Lat. jedoch teilweise noch durch Tempora bezeichnet werden[3]). So bezeichnet das Imperfekt eine unvollendete, andauernde Handlung, das

---

[1]) Häufig auch als perfektive Verben bezeichnet.

[2]) Vgl. den Gegensatz bei Cicero:

Cuius reī facultātem cōnsecūtum esse mē nōn profiteor, secūtum esse prae mē ferō.   Daß ich die Fähigkeit hierzu erreicht hätte, will ich nicht behaupten, daß ich sie aber erstrebt habe, möchte ich offen bekunden.

[3]) Dies war die vorwiegende Aufgabe der Tempora im Idg., nicht die Bezeichnung der Zeitstufe. Deutlicher hat diese ursprünglichen Verhältnisse das Grch. bewahrt, wo für den Aorist, der außerhalb des Indikativs zeitstufenlos ist und nur die Aktionsart bezeichnet, und das Perfekt verschiedene Formen bestehen, während im Lat. beide idg. Tempora im Perf. zusammengeflossen sind. Doch wird auch das lat. Perf. mitunter zeitstufenlos gebraucht (vgl. Potentialis § 216, Prohibitiv § 217).

historische Perfekt dagegen eine sogleich zur Vollendung kommende Handlung, wie z.B. in ferēbam (ich trug) - tulī (ich brachte), so daß die durativen Verben an sich dem Imperfekt, die punktuellen dem hist. Perfekt zugeordnet sind. Erscheint nun aber ein punktuelles Verb wie z.B. dare im Imperf., dann kann dies nur heißen, daß der Sprecher den Vorgang des Gebens als nicht abgeschlossen betrachtet, entweder weil der Betreffende noch mit dem Geben beschäftigt ist (l i n e a r), oder weil er zu geben versucht, aber niemand annimmt (k o n a t i v), oder weil der Vorgang des Gebens sich vielfach wiederholt (i t e r a t i v). Erscheint andererseits ein duratives Verb wie z.B. legere im hist. Perf., so will der Sprecher es nicht als andauernde Handlung, sondern punktuell darstellen, sei es, daß er nur den Abschluß ins Auge faßt (p e r f e k t i v), sei es, daß Anfang, Verlauf und Ende für ihn aus dem zeitlichen Abstand heraus in einem Punkt zusammenfallen (k o m p l e x i v). Diese besondere Art, wie sich unter bestimmten Umständen ein Verbalvorgang dem Sprecher darstellt, nennt man **Aspekt**.

2. Zeiten

§ 208

Die zeitliche Bestimmung eines Geschehens kann von zwei Bezugspunkten erfolgen:

1. von der G e g e n w a r t d e s S p r e c h e n d e n aus gehört ein Geschehen einer der drei Zeitstufen Gegenwart, Vergangenheit, Zukunft an: s e l b s t ä n d i g e r oder a b s o l u t e r T e m p u s g e b r a u c h.
In bezug auf die Zeitstufen sind zu unterscheiden:
Haupttempora: Präsens, Futur I und II, präsentisches Perfekt
Nebentempora: historisches und konstatierendes Perfekt, Imperfekt, Plusquamperfekt

2. von der Z e i t e i n e r a n d e r e n H a n d l u n g aus gesehen ist ein Geschehen entweder gleichzeitig, vorzeitig oder nachzeitig: b e z o g e n e r oder relativer T e m p u s g e b r a u c h. Stets bezogen gebraucht werden das Plusquamperfekt und das Fut. II (Ausnahmen: § 210 Nr. 4, § 211 Nr. 1).

§ 209 a) Präsens

Das Präsens bezeichnet (weitgehend mit dem Dt. übereinstimmend)

1. Ereignisse der G e g e n w a r t, sowohl einmalige wie auch wiederholte (a k t u e l l e s Präs.), daneben, bes. in Sprichwörtern, für alle Zeiten gültige allgemeine Wahrheiten (g e n e r e l l e s Präs.).
Auch kann das Präsens Ereignisse oder Zustände bezeichnen, die bereits in der Vergangenheit begannen und zum Dauerzustand geworden sind (r e s u l t a t i v e s Präs.), z.B.:

Platō docet	Plato lehrt
liber īnscrībitur dē amīcitiā	das Buch ist betitelt „d.a."

| urbe portus cingitur et continētur | der Hafen ist von der Stadt ringsum eingeschlossen. |

2. Ereignisse der **Vergangenheit**: Der Sprecher verlegt seinen Standpunkt in die Vergangenheit und macht dadurch das Geschehen gegenwärtig (**historisches Präs.**).

3. Ereignisse der **Zukunft**, jedoch nur umgangssprachlich, an Stelle des Futurs oder des deliberativen Konjunktivs der gehobenen Sprache, z.B.:

| Tuēminī castra, egō reliquās portās circumeō. | Schützt ihr das Lager, ich will sofort zu den übrigen Toren eilen. |
| Quid mī auctor es? Advolōne an maneō? | Was rätst du mir? Soll ich hineilen oder bleiben? |

b) Futur I und II § 210

Das Futur I bezeichnet die in der Zukunft eintretende (und verlaufende) Handlung, das Futur II die in der Zukunft vollendete Handlung:

| crās veniam | morgen werde ich kommen |
| crās vēnerō | morgen werde ich gekommen sein |

1. Ursprünglich waren das Fut. I und II nur durch die Aktionsart geschieden: das Fut. I war durativ (faciam „ich werde mit der Ausführung beschäftigt sein"), das Fut. II punktuell, und zwar perfektiv (fēcerō „ich werde zur Ausführung bringen"). Daher stand das Fut. II zunächst zeitlich gleichbedeutend mit dem Fut. I, und noch in klass. Zeit finden sich potuerō, voluerō u.a. als nicht bezogene Zeiten im Sinne eines einfachen Futurs.

2. Umschreibungen des Futurs hauptsächlich durch:

coni. periphr.:	missūrus sum	ich „stehe unmittelbar davor" zu schicken
	aber: mittam	ich werde (zu gegebener Zeit) schicken
velle u. Inf.:	mittere volō	ich bin entschlossen (bereit) zu schicken.

3. Die Neigung des Dt., das Futur durch das Präsens zu ersetzen und die besonders im Futur umständliche Bezeichnung der Vorzeitigkeit zu unterlassen, teilt das Lat. nicht (vgl. jedoch § 209 Nr. 3):

| crās librum tibi **mittam** | morgen **schicke** ich dir das Buch |
| plūra **scrībam**, sī plūs ōtiī **habuerō** | ich **schreibe** mehr, wenn ich mehr Zeit **habe**. |

4. Selbständiger Gebrauch des Fut. II außer den Fällen unter Nr. 1 noch bei Präteritopräsentien wie nōverō u.a. (s. § 211 Nr. 1).

c) Perfekt § 211

Das lat. Perfekt ist aus dem (1) idg. Perfekt und dem (2) idg. Aorist hervorgegangen (§ 73 Nr. 2). Dies zeigt sich noch in seiner Doppelnatur als (1) präsentisches und (2) historisches Perfekt.

1. Als **präsentisches** Perfekt bezeichnet es einen Vorgang der Vergangenheit, der zwar abgeschlossen ist, aber dessen Ergebnis in der Gegenwart des Sprechenden fortbesteht (resultativ); das präs. Perf. gilt als Haupttempus.

nōvī[1])	ich habe kennengelernt und weiß nun
cōnsuēvī	ich habe mich gewöhnt und pflege nun
meminī	ich gedenke
ōdī	ich hasse
periī	ich bin verloren
vīcimus	wir sind Sieger

Eine Abart des präs. Perf. liegt vor, wenn der Vorgang in der Vergangenheit so endgültig abgeschlossen ist, daß gerade in seiner unwiederbringlichen Vergangenheit der Bezug zur Gegenwart des Sprechers liegt:

Fuit ista rēs pūblica quondam, fuit ista sevēritās in iūdiciīs!	Es gab einmal jenes Staatswesen, jene Strenge in der Gesetzgebung (aber jetzt sind sie dahin)!
Fuimus Trōes, fuit Īlium!	„Wir waren Troer! Troja hat gestanden" (Schiller).

Soll weniger die in der Vergangenheit abgeschlossene Handlung als mehr der dadurch für die Gegenwart des Sprechers erreichte Zustand betont werden, so kann statt des präs. Perf. das P.P.P. mit habēre eintreten — ein Gebrauch, der die Grundlage des mit „haben" umschriebenen Perfekts vieler moderner Sprachen bildet:

tē cognitum habeō (§ 179β Nr. 2b)	„ich habe dich als erkannten", d.h. ich (habe dich kennengelernt und) kenne dich durch und durch.

2. Als **historisches** Perfekt bezeichnet es einmalige Ereignisse der Vergangenheit, die zwar ebenfalls abgeschlossen, aber nicht auf den Standpunkt des Sprechenden bezogen sind, sondern denen der Sprecher distanziert gegenübersteht. Es ist damit das eigentliche **Tempus der Erzählung** von punktuellen Geschehnissen (im Gegensatz zum Imperfekt, das durative Verhältnisse beschreibt); das hist. Perf. gilt als Nebentempus.

Caesar in hiberna in Sēquanōs exercitum dēdūxit; hībernīs Labiēnum praeposuit; ipse in citeriōrem Galliam profectus est.	Cäsar zog mit dem Heer ins Winterlager ins Gebiet der Sequaner, überließ Labienus dort das Kommando und begab sich selbst ins diesseitige Gallien.

Ein nicht im Rahmen einer Erzählung stehendes Perfekt, das eine vollendete Tatsache der Vergangenheit vom Standpunkt der Gegenwart des Sprechenden aus schlechthin feststellt, beurteilt oder als Erfahrungstatsache hinstellt (oft mit saepe, multī, solēre u.ä.), bezeichnet man als **konstatierend**; es gilt ebenfalls als Nebentempus.

Rēctē fēcistī.	Das hast du richtig gemacht.

---

[1]) Entsprechend tritt für die Vergangenheit das Plusquamperfekt, für die Zukunft das Fut. II ein: nōveram ich wußte, nōverō ich werde wissen.

Multi saepe cum obesse vellent, profuerunt et cum prodesse, obfuerunt.[1])	Schon viele haben, obwohl sie schaden wollten, Nutzen gebracht und, obwohl sie Nutzen bringen wollten, Schaden gebracht.

historischer Infinitiv
In lebhafter Darstellung von Vorgängen und Zuständen der Vergangenheit wird auch der Infinitiv Präsens (sog. historischer Infinitiv) gebraucht, mitunter im Wechsel mit Imperfekt, hist. Präsens, seltener Perfekt:

Verres a Diodoro erepta sibi vasa dicebat; minitari absenti Diodoro, vociferari palam, lacrimas interdum vix tenere.	Verres behauptete, die Gefäße seien ihm von Diodorus gestohlen, drohte diesem, als er nicht da war, schrie vor allen Leuten laut auf und war manchmal dem Weinen nahe.

d) Imperfekt § 212

Das Imperfekt ist das Tempus der durativen Aktionsart in der Vergangenheit. Daher wird es gebraucht:

1. vorwiegend zur Darstellung eines l i n e a r e n Geschehens, das abläuft, ohne daß sein Anfang oder Ende ins Auge gefaßt würden. Am häufigsten wird das Imperfekt so zur Schilderung von Zuständen bei Eintritt einer vergangenen Handlung oder zur Schilderung von Umständen (Ortsangaben, Verhältnissen, Stimmungen und Ansichten der Personen) verwendet, die den Hintergrund der Haupthandlung abgeben:

Cum Caesar in Galliam venit (Eintritt der Haupthandlung), alterius factionis principes erant (angetroffener Zustand) Haedui, alterius Sequani.	Zu der Zeit, als Cäsar nach Gallien kam, waren die Führer der einen Partei die Häduer, die der anderen die Sequaner.
Tumulum si occupavisset Caesar, ab oppido se interclusurum adversarios confidebat („innerer Zustand"). Hoc sperans legiones ex castris educit (Haupthandlung im hist. Präs.).	Cäsar war überzeugt, die Gegner von der Stadt abschneiden zu können, wenn er den Hügel besetze. In dieser Hoffnung ließ er die Legionen aus dem Lager marschieren.

2. zur Darstellung von Sitten, Einrichtungen und gewohnheitsmäßigen Handlungen, unter i t e r a t i v e m Aspekt:

Ut Romae consules, sic Carthagine quotannis annui bini reges creabantur.	Wie in Rom Konsuln, so wurden in Karthago jährlich zwei Sufeten auf ein Jahr gewählt.

aber:

consules creati sunt	es wurden (einmalige Handlung zu bestimmtem Zeitpunkt) Konsuln gewählt

---
[1]) Entspricht dem gnomischen Aorist im Grch.

| Cato dicēbat. | Cato sagte immer, pflegte zu sagen. |
| Celeriter quae opus erant reperiēbat. | Immer fand er schnell heraus, worauf es ankam. |

3. zur Darstellung einer Handlung, deren Verlauf nicht zum Abschluß kommt, weil sie im Ansatz oder im Versuch steckenbleibt: k o n a t i v e r Aspekt:

| Veniēbātis in Africam, sed prohibitī estis in prōvinciā vestrā pedem pōnere. | Ihr versuchtet, nach Afrika zu kommen, aber ihr wurdet daran gehindert, den Fuß in eure Provinz zu setzen. |

Dieser konative Aspekt kann auch im Präsens, bes. im Partizip, vorkommen:

| Sextius lātum clāvum dīvō Iūliō dante nōn recēpit. | Sextius nahm die Senatorenwürde, die der göttliche Iulius ihm anbot, nicht an. |
| Hominēs dum impetrant, quod sibī volunt, bonī sunt. | Solange die Menschen das, was sie haben möchten, zu erreichen versuchen, sind sie gut. |

§ 213 **e) Plusquamperfekt**

Das Plusquamperfekt bezeichnet eine in der Vergangenheit vollendete Handlung in Beziehung zu einer anderen (ausdrücklich genannten oder aus dem Zusammenhang zu ergänzenden) Handlung:

| Caesar ab urbe proficīscitur Brundisiumque pervenit. Eō equitātum omnem venīre iusserat. | Cäsar verließ Rom und kam nach Brindisi. Dorthin hatte er die gesamte Reiterei beordert. |

Tempora des Briefstils
Da im lat. Briefstil die Tempora vom Standpunkt des Empfängers aus gesetzt zu werden pflegen, steht (namentlich bei den Verben des Schreibens und Schickens) eine im Augenblick des Schreibens gegenwärtige, aber beim Empfang des Briefes vergangene Handlung häufig in der Vergangenheit:

| Cum mihī dīxisset Caecilius quaestor puerum sē Rōmam mittere, haec scrīpsī raptim. | Da mir der Quästor Cäcilius gerade sagt(e), er schicke einen Jungen nach Rom, schreibe ich in Eile diese Zeilen. |
| Proficīscēbar inde, cum hoc ad tē litterārum dedī. | Ich bin gerade im Begriff, von hier aufzubrechen, während ich dies Brieflein an dich schreibe. |

§§ 214 - 218 **C. Modi**

Im Lat. sind nur drei Modi erhalten: Indikativ, Konjunktiv und Imperativ. Der Indikativ ist der Modus der Wirklichkeit oder der in ihrem Verhältnis zur Wirklichkeit unbestimmt gelassenen Annahme (§ 259 Nr. 1), der Konjunktiv der Modus der Vorstellung (des als möglich, gewollt oder unwirklich dargestellten Verbalvorganges), der Imperativ der Modus des Befehls.

1. Indikativ

§ 214

Die Verwendung des Indikativs stimmt im Lat. und Dt. weitgehend überein; abweichend vom Dt. steht im Lat. jedoch der Indikativ (mit dem durch die Zeitstufe erforderten Tempus):

1. bei einem **nicht wirklichen Geschehen**, das als möglich, nötig, erlaubt, erwartet, vorzuziehen, beinahe eingetreten u.ä. **beurteilt** wird. Der Lateiner legt hier den Nachdruck auf das wirkliche Bestehen der Möglichkeit, Notwendigkeit usw. (bzw. betrachtet bei paene und prope die Adverbien allein zur Bezeichnung der Nichtwirklichkeit als ausreichend), der Deutsche läßt die Nichtwirklichkeit des Geschehens auch auf den Modus der Beurteilung abfärben:

possum; poteram, potuī [1]	ich könnte; ich hätte können
dēbeō; dēbēbam, dēbuī	ich müßte; ich hätte müssen
oportet, opus est, necesse est	man müßte
oportēbat, oportuit, opus erat usw. [2]	man hätte müssen
decuit	es hätte sich gehört
melius est; melius erat, melius fuit	es wäre besser; es wäre besser gewesen
officium erat	es hätte die Pflicht bestanden
longum est	es würde zu weit führen
difficile est	es wäre zu schwierig
dīmicandum fuit	man hätte kämpfen müssen
mālueram	ich hätte vorgezogen
paene dīxī [3] (nachkl. auch prope)	beinahe hätte ich gesagt
nōn multum āfuit, quīn ...	es hätte nicht viel gefehlt, und ...
Id iam prīdem factum esse oportuit.	Das hätte schon längst geschehen müssen.
Possum dīcere dē aliīs multīs rēbus, sed nōlō esse longus.	Ich könnte noch über vieles andere sprechen, aber ich möchte nicht weitschweifig sein.

2. bei einem **wirklichen Geschehen**, das als unvermutet u.ä. **beurteilt** wird:

numquam putāvī, putāram	ich hätte nie geglaubt
nōn spērābam	ich hätte nicht erwartet

3. bei **rhetorischen Fragen**, die eine bestimmte Aussage enthalten:

quis umquam putāvit, arbitrātus est?	wer hätte je geglaubt?
quis nōn audīvit?	wer hätte nicht gehört?
quis dubitat?	wer möchte zweifeln?
quis ignōrat?	wer wüßte nicht?
Quid in eiusmodī rē fierī potuit?	Was hätte in solcher Lage schon geschehen können?

---

[1] Statt possum steht zuweilen auch possim oder possem (statt potuī auch potuissem).

[2] Entspr. grch. ἔδει, χρῆν „es wäre nötig (gewesen)", ἐξῆν „es wäre erlaubt gewesen" u.a.

[3] Auch hier (vgl. Vorbem. zu §§ 214 - 218 und § 259 Nr. 1) zeigt sich, daß der Indikativ die Verbalhandlung modal indifferent bezeichnen kann.

§§ 215-217 **2. Konjunktiv**

1. Im lateinischen Konjunktiv sind idg. Optativ und Konjunktiv in der Bedeutung und teilweise auch in der Form (vgl. § 76 Nr. 2) zusammengeflossen[1]): der idg. Optativ wird fortgesetzt im lat. Konjunktiv als Wunsch- und als Vorstellungsmodus, der ursprüngliche Konjunktiv erscheint als Aufforderungsmodus.

2. Als Negation erscheint:

nē : beim Konjunktiv als Modus des Wunsches und der Aufforderung.
nōn : beim Konjunktiv als Modus der Vorstellung und beim Deliberativ.
nēve : bei Anschluß eines negierten Konjunktivs (und Imperativs) nach vorausgehendem nē.
neque : bei Anschluß eines negierten Konjunktivs (oder Imperativs) ohne vorausgehendes nē.

§ 215 **a) Konjunktiv als Modus des Wunsches (Optativ)**

Negation: nē

1. Erfüllbare oder als erfüllbar gedachte Wünsche, die oft mit utinam (nē) oder velim (nōlim, mālim) eingeleitet werden, haben in der Zeitstufe der

Gegenwart: Konj. Präsens
Vergangenheit: Konj. Perfekt

valeās!	mögest du gesund sein!
velim scrībās!	schriebest du doch!
Id ōmen dī āvertant!	Gott verhüte es!
Utinam negent!	Daß sie doch nein sagten!
Utinam vērē augurāverim!	Möchte ich doch richtig vorausgesagt haben!

Die 1. Ps. Konj. Präs. steht fast nur bei Beteuerungen, z.B.:

moriar oder nē vīvam	ich will des Todes sein
nē sim salvus	es soll mir schlecht gehen
ita vīvam, putāvī	so wahr ich lebe, ich habe es geahnt

2. Als unerfüllbar oder unerfüllt vorgestellte Wünsche, die stets mit utinam oder vellem (nōllem, māllem) eingeleitet werden, haben in der Zeitstufe der

Gegenwart: Konj. Imperfekt
Vergangenheit: Konj. Plusquamperfekt

---

[1]) Auch im Dt. sind beide Modi im Konj. vereint, der aber formal den Optativ fortsetzt; getrennt erhalten sind sie im Grch.

§§ 215 - 216   Modi   247

vellem manērēs!	bliebest du doch! (aber du bleibst nicht)
vellem mānsissēs!	wärest du doch geblieben!
vellem nē veritus essēs!	hättest du doch kein Bedenken getragen!
nōllem id dīxissēs!	hättest du das doch nicht gesagt!
Utinam L. Caesar valēret, Servius Sulpicius vīveret!	Stünde es doch um L. Cäsar gut, wäre doch Servius Sulpicius noch am Leben!
Utinam filii nē dēgenerāssent ā gravitāte patriā!	Wären die Söhne doch nicht so weit von der Besonnenheit ihres Vaters entfernt!
Utinam rēs p. stetisset n e c in hominēs ēvertendārum rērum cupidōs incidisset!	Hätte das Staatswesen doch Bestand gehabt und wäre es nicht den Revolutionären in die Hände gefallen!

Eine Abart des Wunschmodus liegt vor, wenn nicht ein echter Wunsch, sondern eine Einräumung bezeichnet wird: coni. concessīvus (vgl. dt. „möge kommen, was da wolle"). Das Verbum steht hierbei gewöhnlich an der Spitze des Satzes; Negation ist nē. Es steht für die Zeitstufe der

      Gegenwart: Konj. Präsens
      Vergangenheit: Konj. Perfekt

neget (sānē)	mag er immerhin leugnen
negāverit	mag er auch geleugnet haben
Dīcātur sānē ēiectus esse Catilīna ā mē, dummodo eat in exilium.	Mag man immerhin sagen, daß ich Catilina vertrieben habe: wenn er nur ins Exil geht!
Fueris sānē tribūnus plēbis: quō iūre lēgem dē capite cīvis indemnātī tulistī?	Du magst Volkstribun gewesen sein: hattest du deshalb das Recht, ein Gesetz einzubringen, durch das das Leben eines Bürgers ohne Verurteilung bedroht wurde?
Nē sit sānē summum malum dolor, malum certē est.	Zugegeben, daß der Schmerz nicht das schlimmste Übel ist: ein Übel ist er gleichwohl.

Vgl. die Konzessivsätze § 263.

b) Konjunktiv als Modus der Vorstellung (Potentialis und Irrealis)   § 216

Negation: **nōn**

1. **Potentialis:** Die Aussage ist zwar als m ö g l i c h gedacht, aber nur angenommen oder in der Form einer gemilderten Behauptung ausgedrückt. Es steht für die Zeitstufe der

      Gegenwart: Konj. Präsens oder (zeitstufenlos) Perfekt
      Vergangenheit: Konj. Imperfekt

Gegenwart

existimem, existimaverim	ich möchte vermuten, darf wohl vermuten
credas	man möchte glauben, glaubt wohl
quis hoc credat?	wer möchte das glauben?
dixerit (ali)quis, quispiam	es könnte einer sagen
pace tua (bona venia) dixerim	ich erlaube mir zu bemerken
quis non fateatur?	wer möchte nicht zugeben?

Vergangenheit
hauptsächlich auf gewisse Wendungen beschränkt wie:

crederes	man hätte glauben können
diceres	man hätte sagen können
videres, cerneres	man hätte sehen können
vix intellegeres	man hätte wohl kaum verstanden
non putaretis	ihr hättet wohl nicht geglaubt
Quis tum auderet dicere reum iure condemnatum esse? Quis nunc audet negare?	Wer hätte damals zu behaupten gewagt, der Angeklagte sei zu Recht verurteilt? Und wer wagte jetzt, dies abzustreiten?

Häufigere **Ersatzformen** zur Milderung einer Behauptung statt durch den Coni. potentialis sind forsitan und fortasse oder Verba des Glaubens:

a) forsitan (aus fors sit an; mit Konj.), fortasse (Ind. oder Konj.)

Forsitan quaerendum sit.	Man wird wohl fragen müssen.
Dolent fortasse et anguntur.	Sie sind wohl traurig und ärgerlich.
Riserit aliquis fortasse hoc praeceptum.	Es könnte einer über diese Vorschrift lachen.

b) Verba des Glaubens u.ä.

Quanto illum maerore esse profligatum putatis?	Welch tiefe Trauer mag wohl jener empfunden haben?
Quid Caesarem putamus acturum fuisse?	Was hätte wohl Cäsar getan?
haud scio (dubito) an (§ 233b Nr. 3)	möglicherweise, vielleicht, wohl

2. **Irrealis**: Der Vorgang wird als **unwirklich** (infolge einer nicht verwirklichten Bedingung vereitelt) hingestellt. Es steht wie im Dt. für die Zeitstufe der

Gegenwart: Konj. Imperfekt
Vergangenheit: Konj. Plusquamperfekt[1])

Gegenwart

sine duce errares	ohne Führer gingest du in die Irre
non errares	du würdest nicht irren

---

[1]) Altlat. und später dicht. steht zur Bezeichnung der Vergangenheit (entsprechend dem Potentialis § 216 Nr. 1) auch der Konj. Imperfekt, klass. fast ausschließlich im Vordersatz der hypothetischen Periode (§ 259 Nr. 3).

Nōn quemvīs hoc idem interrogārem; respondēret enim alius fortasse minus sapienter.	Ich würde nicht jeden beliebigen hiernach fragen; ein anderer nämlich würde vielleicht weniger klug antworten.

Vergangenheit

(fortasse) dubitāvissēs	du hättest (vielleicht) gezweifelt
O philosophia dux, quid vīta hominum sine tē esse potuisset (vgl. S. 245 A. 1.)	Was wäre ohne dich, du Wegweiserin Philosophie, aus dem Leben der Menschen geworden?

Vgl. die Konditionalsätze § 259 Nr. 2 und 3.

c) Konjunktiv als Modus der Aufforderung (Hortativ, Iussiv, Prohibitiv) § 217

Negation: nē

1. **Hortativ**: Aufforderung an die 1. Ps. Pl. im Konj. Präsens:

eāmus!	laßt uns gehen, gehen wir!
nē difficilia optēmus!	laßt uns nicht zu Schwieriges wünschen!
Etiam in rēbus prosperīs superbiam fugiāmus!	Seien wir auch im Glück nicht hochmütig!
Teneāmus cursum n e q u e ea signa audiāmus, quae receptuī canunt!	Laßt uns die Richtung beibehalten und nicht auf die Signale hören, die zum Rückzug auffordern!

2. **Iussiv**: Aufforderung an die 3. Ps. Sg. und Pl. im Konj. Präsens:

sē quisque nōscat!	jeder lerne sich selbst kennen!
alter alterī nē invideat!	einer beneide den anderen nicht!
Videant cōnsulēs, nē quid rēs pūblica dētrimentī capiat!	Die Konsuln sollen zusehen, daß der Staat keinen Schaden nimmt!
Nē id nōn pudeat sentīre, quod pudeat dīcere!	Man schäme sich auch, das zu denken, was zu sagen man sich schämt.
Rēs familiāris augeātur ratiōne n e c libīdinī pāreat.	Man soll sein Vermögen mit Überlegung mehren und es nicht dem Vergnügen dienstbar machen.

Vorwiegend umgangssprachlich ist der Iussiv der 2. Person: bei Geboten an bestimmte Personen klass. nur im Briefstil, an unbestimmte Personen bei Cicero nur:

Istō bonō ūtāre, dum adsit; cum absit, nē requīrās.	Dieses Gut gebrauche man, solange es da ist; hat man es aber nicht mehr, dann soll man es auch nicht zurückwünschen.

Auch der Iussiv der Vergangenheit ist selten (2. und 3. Ps.; Imperf. und Plusquamperf.):

Quid facere dēbuistī? Restitissēs.	Was hättest du tun sollen? Du hättest Widerstand leisten sollen.
Male dīcēbat; potius dīceret...	Die Aussage war schlecht. Vielmehr hätte er sagen sollen...

3. **Prohibitiv**: Verbot an die 2. Ps. im Konj. Perfekt (zeitstufenlos!):

nē dubitāveris!	zweifle nicht!
nē sīs commōtus!	reg dich nicht auf!
nihil (nē quid) scrīpseris!	schreib nichts!
Adversāriō meō dā istum patrōnum, deinde mihi nēminem dederis!	Gib den Anwalt da meinem Gegner und mir gib gar keinen!
Ista nē ascīveris nēve fuerīs commentīciīs rēbus assēnsus!	Billige das nicht und gib der Lüge nicht deine Zustimmung!
Perge scrībere nec meās litterās expectāris!	Schreib nur weiter und warte nicht auf einen Brief von mir!

Konj. Präsens nur bei unbestimmtem Subjekt (vgl. oben Nr. 2):

āctum nē agās!	Man kümmere sich nicht um Dinge, die längst erledigt sind.

Statt nē mit Konj. Perf. auch nōlī(te) mit Inf. (höflicheres Verbot):

nōlī verērī!	fürchte nicht!
nōlīte arbitrārī!	glaubt nicht!
Nōlī impudēns esse nec mihi molestiam exhibēre!	Sei nicht unverschämt und mach mir bitte keine Schwierigkeiten.

Als Abart des Konjunktivs der Aufforderung läßt sich der **Deliberativ** oder Dubitativ verstehen: Rückfrage auf eine vorangegangene Aufforderung („du sollst..." – „ich soll...?" bzw. „soll ich...?"). Die Negation ist **nōn**. Es steht für die Zeitstufe der

Gegenwart:	Konj. Präsens
Vergangenheit:	Konj. Imperfekt

Gegenwart

quid faciam?	was soll ich tun?
Quid nunc? Rogem tē, ut veniās? Nōn rogem?	Was jetzt? Soll ich dich bitten zu kommen? Soll ich dich nicht bitten?
Hunc egō nōn dīligam? Nōn admīrer?	Und diesen sollte ich nicht lieben? nicht bewundern?

Vergangenheit

Quid facerem? An ego nōn venīrem?	Was hätte ich tun sollen? Oder hätte ich nicht kommen sollen?
Cūr Caesar fortūnam experīrētur?	Warum hätte Cäsar sein Glück aufs Spiel setzen sollen?

Zusammenfassende Übersicht

	Konj. Präsens	Konj. Imperfekt	Konj. Perfekt	Konj. Plusquampfkt.
Wunsch	Optativ (erf.) Gw.	Optat. (unerf.) Gw.	Optativ (erf.) Vg.	Optat. (unerf.) Vg.
Wunsch	Konzessivus Gw.		Konzessivus Vg.	
Vorstellung	Potentialis Gw.	Potentialis Vg.	Potentialis Gw.	
Vorstellung		Irrealis Gw.		Irrealis Vg.
Aufforderung	Hortativ Gw. Iussiv Gw.	(Iussiv Vg.)	Prohibitiv Gw.	(Iussiv Vg.)
Aufforderung	Deliberativ Gw.	Deliberativ Vg.		

3. Imperativ §218

1. Der **Imperativ I** (P r ä s e n s) drückt einen (meist in unmittelbarer Gegenwart auszuführenden) Befehl an die 2. Ps. aus. Er wird in klass. Prosa nicht mit einer Negation verbunden (statt dessen nē mit Konj. Perf. oder nōlī(te) mit Inf.: § 217 Nr. 3).

| Abī! | Geh weg! |
| Age nunc, refer animum, sīs (= sī vīs), ad vēritātem! | Nun los! Laß deine Gedanken doch zur Wirklichkeit zurückkehren! |

Verstärkungen affirmativ bes. durch fac[1]), negativ durch cavē:

| fac (ut) veniās! | komm auf jeden Fall, unbedingt, doch |
| cavē putēs! | glaube ja nicht! |

2. Der **Imperativ II** (F u t u r) drückt einen erst in näherer oder fernerer Zukunft auszuführenden Befehl aus und steht daher hauptsächlich in allgemeinen Vorschriften (besonders der Gesetzessprache) sowie im Anschluß an ein Futur (für die 3. Ps. tritt gewöhnlich der Konj. Präsens ein: § 217 Nr. 2).

| Pārētō lēgibus! | Du sollst den Gesetzen gehorchen! |
| Sī in iūs vocat, ītō! | Wenn er (der Prozeßgegner) dich vor Gericht ruft, sollst du gehen. |

---

[1]) Vgl. dt. ma. „Mach, daß du kommst!"

Iūsta imperia suntō!	Die Befehlsgewalt soll gerecht ausgeübt werden.
Sī quid acciderit, scrībitō!	Sollte etwas vorfallen, dann schreib!
Respondētō ad ea, quae rogārō!	Antworte auf das, was ich frage.

Die negierte Form ist auf die Gesetzessprache beschränkt:

Impius nē audētō plācāre dōnīs īram deōrum!	Ein Frevler soll es nicht wagen, mit Gaben den Zorn der Götter zu besänftigen.
Dōna nē capiuntō nēve (§ 215 Vorbem. 2) dantō!	Geschenke sollen sie (die Beamten) weder nehmen noch geben.
Auspicia servantō nec (§ 215 Vorbem. 2) plūs quam semel dē singulīs rēbus cōnsuluntō!	Sie sollen die Auspizien berücksichtigen und nicht mehr als einmal über jede Sache beraten.

Imperativ II gebraucht für den nicht vorhandenen Imperativ I:

scītō(te)!	wisse(t)!
mementō(te)!	gedenke(t)!

ähnlich statt selteneren es:

estō!	sei!

II. Arten des einfachen Satzes

Man unterscheidet Aussage-, Ausrufe-, Aufforderungs- (Wunsch- und Befehls-) und Fragesätze.

§ 219 A. Aussagesätze

Die Aussagesätze stehen meist im Indikativ, bei einer bloß als möglich hingestellten Aussage im potentialen Konjunktiv (§ 216), bei einer als unwirklich hingestellten Aussage im irrealen Konjunktiv (§ 216). Hervorhebende Partikeln sind profectō, sānē („wirklich, fürwahr").

Negationen

Die ererbte Negation ist ne, die als Negation des Verbums jedoch nur in den Komposita nesciō, nequeō, nōlō, als Satznegation in nefās est („es ist nicht recht") und in necesse est („es ist kein Ausweichen, ist notwendig") erhalten ist. Verdrängt wurde ne frühzeitig durch nōn, das aus ne und dem Akk. des Inhalts ūnum zusammenwuchs (*n'oinom, altlat. noenum).

1. **nōn** ist die eigentliche, vor dem Verbum stehende Satznegation.

2. **haud** verneint einen einzelnen Begriff, ein Verbum nur in gewissen Wendungen wie haud sciō, haud dubitō u.ä. Auch als Begriffsnegation zieht die klass. Sprache jedoch nōn vor (nōn magna pecūnia).

3. **nihil, numquam, nūllō modō** und **minimē** (in Antworten auch minimē vērō) werden nur selten und mehr umgangssprachlich als verstärkte Negationen verwendet. Zu minus als gemilderter Negation in quōminus, sī minus vgl. §§ 236 Nr. 2 und 261 Nr. 1 b.

Im Gegensatz zum Dt. wird im Lat. das Verbum wiederholt, wenn einer negierten Aussage die gleiche positiv gegenübergestellt wird, z.B.:

Est aliquid, quod nōbīs nōn liceat, liceat illīs.	Es gibt etwas, das uns nicht erlaubt ist, wohl aber jenen.

Das gleiche geschieht, wenn der verneinte Begriff im zweiten Glied steht; doch kann statt dessen auch nōn item (vgl. § 198) ohne Wiederholung des Verbums eintreten, z.B.:

Ex propinquitāte benevolentia tollī potest, ex amīcitiā nōn potest; oder: ... ex amīcitiā nōn item.	In einer verwandtschaftlichen Bindung kann die Zuneigung fehlen, nicht aber in der Freundschaft.

Doppelte Negationen § 220

1. Doppelte Negation in einem Satz ergibt eine (verstärkte) Bejahung (Litotes § 265 Nr. 2), z.B.:

nōn possum nōn	ich kann nicht umhin	nōn ignōrō (nōn nesciō)	ich weiß wohl
nōn negō	ich gebe gern zu	nōn nōlō	ich habe Lust
numquam nōn	jedesmal	nēmō (nūllus) nōn	jeder
aber:		aber:	
nōnnumquam	zuweilen	nōnnūllus, nōn nēmō	mancher

2. Zwei Negationen, die sich nicht aufheben, sondern eine verstärkte Verneinung ergeben, sind umgangssprachlich (dt. veraltet: „Unsre Weiber haben nie kein Geld"), z.B.:

Iūrā tē nōn nocitūrum esse nēminī![1]	Schwöre, daß du keinem schaden wirst!

3. Wird die allgemeine Negation (nōn, nūllus, nihil u.a.) im folgenden durch nē — quidem oder neque — neque in ihre Teile zerlegt, so heben sich die Negationen nicht auf, sondern der Sinn bleibt verneint, z.B.:

Numquam Scīpiōnem nē minimā quidem rē offendī.	Niemals habe ich Scipio gekränkt, nicht einmal in einer Kleinigkeit.
Nūlla vītae pars neque forēnsibus neque domesticīs in rēbus vacāre officiō potest.	Kein Bereich des Lebens, weder der öffentliche noch der häusliche, kann frei von Pflichten sein.
Nēmō umquam neque poēta neque ōrātor fuit, quī quemquam meliōrem quam sē arbitrārētur.	Es hat nie einen Dichter oder Redner gegeben, der irgendwen für besser hielt als sich selbst.

Während im Dt. nach einer Negation ein zweiter verneinter Begriff nicht nur, wie im Lat. durch aut, durch „oder" angeknüpft werden kann, sondern auch durch „und", ist dies im Lat. (außer bei ganz eng zusammengehörigen Begriffen) nicht üblich; stattdessen steht aut oder neque:

Nihil tam vīle neque (aut) tam vulgāre est.	Nichts ist so billig u n d so gewöhnlich.

entsprechend in der eine Verneinung nur umschreibenden rhetorischen Frage:

Quid est levius a u t turpius?	Was ist leichtfertiger u n d schmählicher?

---

[1] Vielleicht erklärlich aus der Zusammenziehung zweier Sätze: „... daß du keinen Schaden anrichten wirst, daß du niemandem schaden wirst".

B. Ausrufesätze

Haupttypen sind:
1. Akkusativ des Ausrufs: § 115;
2. Freistehender A c I: § 170 Nr. 3;
3. Fragesatz als Ausruf, z.B.:
   Quanta maris est pulchritūdō!   Wie schön ist doch das Meer!
   Quam hoc nōn cūrō!   Wie wenig kümmert mich das!

C. Aufforderungssätze

Haupttypen sind:
1. Wunschsätze: § 215;
2. Befehlssätze: §§ 217, 218.

§§ 221 - 222   D. Fragesätze

Die Fragesätze haben die gleichen Modi wie die Aussagesätze (§ 219), dazu den deliberativen Konjunktiv (§ 217) in zweifelnden Fragen. Die Verneinung ist **non**. Man unterscheidet die Wort- oder Ergänzungsfragen, die nach einer Person, Sache oder Umstand fragen, und die Satz- oder Bestätigungsfragen, die einen Sachverhalt klären wollen. Letztere können einfach oder doppelt sein.

§ 221   1. Wortfragen und einfache Satzfragen

1. Die Wort- oder Ergänzungsfragen werden durch ein Fragepronomen oder Frageadverb eingeleitet, z.B.:

Quis Rōmam condidit?   Wer hat Rom gegründet?
Quandō veniet?   Wann kommt er?
Ubi occīsus est Sex. Roscius?   Wo hat man Sex. Roscius umgebracht?

quid bedeutet oft „wie? warum?" (Akk. des Inhalts: § 116 Nr. 3), z.B.:
Quid mē dēcipis?   Warum, was suchst du mich zu täuschen?
Quidnī iste neget (Deliber.)?   Warum sollte er auch nicht leugnen?

Einkleidung von (verneinten) Behauptungen in rhetorische Fragen:
Quis est quī dubitet?   Wie möchte jemand zweifeln?
Quae nātiō nōn cōmitātem dīligit? Wo gäbe es ein Volk, das Freundlichkeit nicht
                                  zu schätzen wüßte?
Quid est in homine ratiōne dīvinius? Gibt es im Menschen etwas Göttlicheres als die
                                     Vernunft?

2. Die Satz- oder Bestätigungsfragen werden gewöhnlich durch Fragepartikeln eingeleitet, die erkennen lassen, welche Antwort der Fragende erwartet:

a) **-ne** (enklitisch an das betonte Wort angefügt), wenn der Redende nicht zum Ausdruck bringen will, ob er eine **bejahende** oder **verneinende** Antwort erwartet:

Vīsne mēcum ambulāre?	Willst du mit mir spazierengehen?
(Antwort: volō oder nōlō)	
Estne quisquam tam dēsipiēns, ut hoc crēdat?	Ist denn jemand so dumm, dies zu glauben?[1]
Vidēsne, ut in prōverbiō sit ōvōrum inter sē similitūdō?	Weißt du nicht, daß es sprichwörtlich ist: „Sie gleichen sich wie ein Ei dem anderen"?[1]

b) **nōnne**, wenn eine **bejahende** Antwort erwartet wird:

Quid? Canis nōnne similis est lupō?	Ist nicht der Hund dem Wolf recht ähnlich? (Der Hund ist doch wohl ...)

c) **num**[2]), wenn eine **verneinende** Antwort erwartet wird:

Num dubitās?	Du zweifelst doch nicht etwa?
Numquis (oder: ecquis) id dīxerit?	Sollte das einer behaupten? Bestimmt niemand.
Certē nēmō.	

In unwilligen und erstaunten Fragen kann die Fragepartikel fehlen:

Egō tibi īrāscerer?	Ich hätte dir gezürnt?
Pompēī virtūtēs quantae et quam multae sunt! Et quisquam dubitābit, quīn huic hoc tantum bellum permittendum sit?	Wie groß und zahlreich sind doch die Vorzüge des Pompeius! Und da wollte einer zweifeln, daß man diesem Mann diesen gefährlichen Krieg übertragen muß?

Die **Antwort „ja"** wird durch ita (est), etiam, sānē, certē, oder durch Wiederholung des Verbums, die **Antwort „nein"** durch nōn mit Wiederholung des Verbums oder durch minimē (vērō), nihil minus ausgedrückt:

Probāsne hoc cōnsilium? — Antwort: probō bzw. nōn probō.	Billigst du diesen Plan? — Ja bzw. nein.

2. Doppelfragen

Die disjunktive[3]) oder Doppelfrage stellt die Beantwortung zweier Möglichkeiten zur Wahl. Das zweite Glied wird durch **an** eingeleitet, im ersten steht entweder **utrum** oder **ne** oder auch (seltener) keine Fragepartikel.

---

[1]) Daß der Fragende eine bestimmte Antwort erwartet, verrät der Inhalt der Frage, ohne daß der Fragende dies durch die Form andeutete.

[2]) Wahrscheinlich mit dem um das deiktische Suffix -c(e) erweiterten nun-c identisch (vgl. tum — tunc), also num rīdēs? urspr. „lachst du jetzt wirklich?".

[3]) Disiungere trennen, gegenüberstellen.

Utrum populus Romanus libentius sanciet Pompeium an Antonium?	Wird das römische Volk lieber den Pompeius oder den Antonius bestätigen? (eigtl.: „wen von beiden ..., den Pompeius oder Antonius?")
Quid respondere cogitas? Utrum factum negabis an tibi hoc licitum esse defendes?	Was gedenkst du zu antworten? Willst du die Tat leugnen oder zur Verteidigung anführen, daß es dir erlaubt gewesen sei?
Uter nostrum popularis est? Tune an ego?	Wer von uns beiden steht auf seiten des Volkes, du oder ich?
Possumus hoc teste quod dicimus obtinere an aliqua firmiora aut graviora quaerenda sunt?	Können wir mit diesem Zeugen unsere Worte beweisen, oder bedarf es noch stärkerer und gewichtigerer Beweise?

Bildet die Negation des ersten Teils den zweiten Teil, so steht an non mit oder ohne Wiederholung des Verbums, selten necne (ohne Wiederholung):

Pater eius rediit an non?	Ist sein Vater schon zurück, oder nicht?
Sunt haec tua verba necne?	Sind das deine Worte oder nicht?

Wird nicht eine echte Gegenfrage eingeführt, sondern die erste Frage nur ergänzt, so steht aut (vgl. § 220 a.E.):

Voluptas melioremne efficit aut laudabiliorem virum?	Macht das Vergnügen einen Mann etwa besser und löblicher?

An wird auch in einfachen direkten Fragen gebraucht, und zwar

1. wenn der Redende sich selbst unterbricht, um einem etwaigen Einwand des Hörers zu begegnen, z.B.:

Oratorem irasci minime decet, simulare non dedecet. An tibi irasci tum videmur, cum quid in causis acrius dicimus?	Keineswegs darf der Redner in Zorn kommen, aber so tun als ob, ist ihm nicht verboten. Oder sollte es etwa scheinen, daß ich dann wirklich zornig bin, wenn ich im Prozeß mal einen schärferen Ton anschlage?
Mors timenda non est. An id existimas malum, quod omnibus est commune?	Den Tod braucht man nicht fürchten. Oder solltest du das für ein Übel halten, was alle gleichmäßig trifft?

häufig:

an credis, an negas? u.ä. (stets im Indikativ)	Oder meinst du, leugnest du etwa ... ?

2. um eine vorausgehende allgemeine Frage fortzuführen oder in Form einer Frage eine Antwort anzureihen, z.B.:

Quid te prohibet hoc facere? An times invidiam posterorum?	Was hindert dich denn, dies zu tun? Fürchtest du etwa den Unwillen der Nachwelt?
Quidnam beneficio provocati facere debemus? An imitari agros fertiles, qui multo plus efferunt, quam acceperunt?	Was müssen wir, wenn man uns zuerst Wohltaten erwiesen hat, tun? Doch wohl – wie fruchtbare Äcker – viel mehr geben, als wir empfangen haben.

Zweiter Abschnitt: Der zusammengesetzte Satz §§ 223 - 264

Ein zusammengesetzter Satz ist eine Aussageeinheit von zwei oder mehr Teilsätzen. Sind diese Teilsätze gleichgeordnet, dann bilden sie zusammen eine S a t z r e i h e , sind sie einander über- und untergeordnet (Haupt- und Nebensatz), dann bilden sie zusammen ein S a t z g e f ü g e .

I. Die Satzreihe §§ 223 - 225

Obwohl das Bauprinzip der Beiordnung oder Parataxe (παρατάσσω danebenstellen, danach lat. Koordination) in der Wortreihung wie in der Reihung gleichartiger Nebensätze ebenso erscheinen kann, versteht man im engeren Sinne unter P a r a t a x e nur die Reihung von Hauptsätzen. Diese können entweder asyndetisch (ἀ-σύν-δετον[1] das Nichtverbundene), d.h. u n v e r b u n d e n nebeneinander gestellt oder durch beiordnende Bindewörter (koordinierende Konjunktionen) v e r b u n d e n sein. In längeren Ausführungen ist der Lateiner weit mehr als der Deutsche bestrebt, den gedanklichen Zusammenhang auch durch verbindende Konjunktionen oder durch demonstrative und relative Verbindungen herzustellen (Satzverknüpfung).

A. Unverbundene Satzreihen (und Satzteile) § 223

1. Asyndetische Anordnung von S ä t z e n findet sich in der Schriftsprache vornehmlich in folgenden Fällen:

a) in lebhafter Schilderung wird die schnelle Folge verschiedener Ereignisse gemalt: Asyndeton ēnumerātīvum (vgl. dt. ,,alles rennt, rettet, flüchtet"), z.B.:

Vēnī, vīdī, vīcī   Ich kam, sah und siegte.

b) in affektischer Sprache werden Synonyma gehäuft: As. cōpulātīvum, z.B.:

Abiit, excessit, ēvāsit, ērūpit   Er ist auf und davon, entkommen und verschwunden.

c) z.T. unter umgangssprachlichem Einfluß werden zwei logisch nicht gleichwertige, sondern in bestimmtem Verhältnis zueinander stehende Sätze asyndetisch nebeneinander gestellt; so bei Imperativ oder Iussiv und nachfolgendem Futur (klassisch nicht durch et, allenfalls durch iam verbunden) zur Bezeichnung eines konditionalen Verhältnisses oder beim Schluß aus dem Gegenteil (klassisch immer asyndetisch) zur Bezeichnung eines adversativen Verhältnisses (As. adversātīvum), z.B.:

Haec reputent istī: vidēbunt   Sollen sie sich dies einmal überlegen, u n d sie werden sehen (wenn sie . . .)

---

[1]) Gegensatz: πολυ-σύν-δετον das Vielverbundene, d.h. Verbindung sämtlicher Glieder einer Reihe durch Konjunktionen.

Lege, (iam) intelleges.	Lies, und du wirst erkennen.
Hoc pueri possunt, viri non poterunt (vgl. § 221 a.E.)?	Kinder können dies, und Männer sollen es nicht können? (Während Kinder ...)

2. Asyndetische Anordnung von Satzteilen findet sich häufig in formelhaften Wendungen, außerdem bei Jahresbezeichnung durch die Konsulnamen (wenn die Vornamen genannt sind), z.B.:

dextrā sinistrā	zur Rechten und zur Linken
summī īnfimī	hoch und niedrig
velim nōlim	ich mag wollen oder nicht
sērius ōcius	früher oder später
hūc illūc	hierhin und dorthin
L. Pīsōne A. Gabīniō cōnsulibus	unter dem Konsulat des L. Piso und A. Gabinius.

Adversatives Asyndeton bei nachdrücklicher Gegenüberstellung:

Commorandī nātūra dēversōrium nōbīs, nōn habitandī dedit.	Die Natur hat uns (auf Erden nur) einen zeitweiligen Aufenthaltsort, nicht einen dauernden Wohnsitz gegeben.

Die im Dt. häufige monosyndetische Anreihung beim letzten von mehr als zwei Gliedern erfolgt im Lat. nur mit -que, nicht mit et, außerdem ist auch polysyndetische Reihung möglich, z.B.:

asyndetisch:
equitēs nāvēs frūmentum   Reiterei, Schiffe und Getreide

monosyndetisch:
equitēs nāvēs frūmentum **que**

polysyndetisch:
(**et**) equitēs **et** nāvēs **et** frūmentum

Kein echtes Asyndeton liegt vor, wenn von zwei Adjektiven bei einem Substantiv eines eine begriffliche Einheit mit dem Substantiv bildet; sind die Adjektive jedoch gleichwertig, so werden sie klass. durch et verbunden:

multae **et** magnae virtūtēs	viele bedeutende Vorzüge.
multī fortissimī virī	viele Helden.

B. Verbundene Satzreihen (und Satzteile)

§ 224a 1. Kopulative (anreihende, verknüpfende) Konjunktionen

et, -que, atque und

et hat zuweilen (besonders dicht. und nachkl.) auch die Bedeutung „auch":

sed **et** aliī	doch auch andere

§ 224a Konjunktionen

-que verbindet meist eng zusammengehörige (synonyme oder gegensätzliche) Begriffe, z.B.:

domī bellīque; terrā marīque	in Krieg und Frieden; zu Wasser und zu Lande
senātus populusque Rōmānus	Senat und Volk von Rom

atque[1]) (ac nur vor Konsonanten außer h) verbindet gleichfalls meist zusammengehörige Begriffe, oft mit Hervorhebung des zweiten Gliedes, z.B.:

dī atque hominēs	Götter und Menschen
paucī atque admodum paucī.	wenige, ja sehr wenige

atque nach Ausdrücken der Gleichheit und Verschiedenheit: § 247 Nr. 2.
atque is u.ä.: § 196 Nr. 1b.

etiam   auch, sogar (steigernd)

etiam maior (§ 190 Nr. 2)	noch größer
atque etiam	und auch
etiam atque etiam	immer wieder
quīn etiam	ja sogar
etiam (tum)	noch (von der Vergangenheit)

aber:

adhūc	noch (von der Gegenwart)

quoque   auch (nachgestellt)
In der Regel tritt quoque zum Nomen, etiam zum Verb.

neque, nec   und nicht, auch nicht

neque quisquam (ūllus)	und keiner
neque quicquam	und nichts
neque umquam (usquam)	und niemals (nirgends)
neque (auch: nōn) enim	denn nicht
neque vērō (tamen), auch: nōn autem, nōn tamen	aber nicht

Nostrī hostēs in fugam dedērunt neque longius prōsequī potuērunt.	Unsere Soldaten schlugen die Gegner in die Flucht, konnten sie a b e r n i c h t weiter verfolgen (ohne zu ... können).

et nōn steht nur, wenn die Negation besonders hervorgehoben werden soll und nur ein einzelnes Wort verneint wird, außerdem immer in der Berichtigung („und nicht vielmehr"):

vir bonus et nōn illitterātus	ein anständiger und nicht ungebildeter Mann
sī iūdicēs et nōn parricīdae patriae nōminandī sunt	wenn sie als Richter und nicht vielmehr als Vaterlandsmörder zu bezeichnen sind

---
[1]) Aus ad que „und dazu".

nēve (neu): Vorbem. 2 zu § 215; Vorbem. 3 zu § 234.

nē – quidem nicht einmal, selbst – nicht

In der Regel ist nē – quidem nur durch ein Wort, das betont negiert wird, getrennt, durch zwei Wörter, wenn es sich um eine Präposition mit ihrem Kasus oder um einen Begriff in zwei Worten handelt:

ac (et) nē hoc quidem	und auch das nicht
nē ex virō quidem	nicht einmal von einem Manne
nē rēs pūblica quidem	nicht einmal der Staat.

§ 224b 2. Disjunktive (ausschließende) Konjunktionen

aut, vel, -ve, sīve oder

a u t (Grundbedeutung „andererseits") schließt eine von zwei Möglichkeiten aus:

Hīc vincendum aut moriendum est.	Hier gibt es nur Sieg oder Tod.

aut zur Weiterführung einer negativen Aussage: § 220 a.E.

v e l (urspr. wohl 2. Ps.Sg. von velle, also „willst du") stellt die Wahl zwischen zwei Möglichkeiten frei:

Officium praetermissum imprūdentiae vel neglegentiae excūsātiōne dēfenditur.	Pflichtvergessenheit entschuldigt man mit Unwissenheit oder Nachlässigkeit.

Als Adverb dient vel beim Komparativ und Superlativ teils zur Beschränkung („wohl, schon"), teils zur Steigerung („selbst, sogar"), z.B.:

vel maximē	gar sehr
ingenium vel mediocre	schon ein mittelmäßiges Talent
vel audīre satis est	auch nur zu hören ist schon genug

- v e steht meist bei Quantitätsbegriffen:

ūnus plūrēsve	einer oder mehrere
magis minusve	mehr oder weniger

s ī v e , s e u (eigentlich Einleitung des zweiten Teils eines disjunktiven Bedingungssatzes: „oder wenn", vgl. § 259 Nr. 1) ist in der Bedeutung „oder" klass. selten und hauptsächlich auf Wendungen beschränkt wie:

seu quis alius	oder irgendein anderer
sīve adeō	oder gar
seu potius (berichtigend wie: vel, vel potius, atque adeō)	oder vielmehr

3. Adversative (entgegensetzende) Konjunktionen §224c

sed[1])	aber; sondern (nach negativem Vorderglied)
vērum[2])	aber, sondern
autem (nachgestellt)	aber; ferner, nun (die Rede weiterführend)
at, attamen	jedoch (bei lebhaftem Einwand und scharfem Gegensatz)
atquī[3])	und doch, nun aber (bes. im Untersatz des Syllogismus)
tamen[4])	doch, dennoch, gleichwohl
vērō[5]) (nachgestellt)	aber, vollends
nihilōminus	nichts destoweniger

4. Kausale (begründende) Konjunktionen §224d

nam, namque (meist vor Vokalen), **enim** (nachgestellt), **etenim** — denn, nämlich, ja

nam und enim dienen auch zur Erhärtung einer Behauptung durch Einführung von Beispielen aus der Geschichte und dem Menschenleben, z.B.:

Vīvō Catōne iam multī ōrātōrēs fuērunt; nam et A. Albīnus disertus fuit (et aliī).	Zu Catos Zeiten schon gab es viele Redner; so verstand es z.B. A. Albinus, sich gewählt auszudrücken, und ...

quippe, nempe, nīmīrum	nämlich
scīlicet, vidēlicet[6])	natürlich (meist ironisch)

Diese Adverbien werden ebenfalls oft zur Begründung verwendet.

5. Konklusive (folgernde) Konjunktionen §224e

itaque[7]), **igitur**[8]) (nachgestellt)	daher, also
ergō[9])	folglich (bes. bei Schlußfolgerungen)
proinde	demnach (in Aufforderungen)

---

[1]) Nebenform der Präposition *sēd („von sich aus, abgesondert"), von der noch das Präfix sē in sēcēdere u.a. erhalten ist: vgl. § 19 a.E.

[2]) Ursprüngl. ein Satz: vērum (est) „es ist wahr, (indes) ...".

[3]) Eigtl. „aber wie?" (vgl. aliōquī, cēterōquī sonst).

[4]) Eigtl. „auch so noch" (vgl. tam so).

[5]) Wörtl. „in Wirklichkeit, wahrhaftig".

[6]) Aus scīre licet, vidēre licet.

[7]) Eigtl. „und so", daher nicht mit et (ebenso igitur). Zur Betonung vgl. § 5.

[8]) Wohl abgeschwächt aus agitur („es handelt sich darum") in quid agitur? „worum handelt es sich? Was nun? Was also?"

[9]) Aus *ē rogō („aus der Richtung"); ähnlich die Präposition ergā (§ 158 Nr. 8).

§ 225 6. Korrespondierende (einander entsprechende) Konjunktionen

et — et (dicht. auch **-que — -que**)	sowohl — als auch, teils — teils, einerseits — andererseits
et — neque	einerseits — andererseits nicht
neque — et	einerseits nicht — andererseits
neque — neque	weder — noch, ebensowenig — wie
neque aut — aut	und weder — noch
aut — aut	entweder — oder
vel — vel	sei es daß — oder daß, entweder — ode
cum — tum[1])	sowohl — als besonders
tum — tum, modo — modo	bald — bald
non modo / **non solum** / **non tantum** (seltener) } — sed etiam / — verum etiam	nicht nur — sondern auch
non modo non — sed (etiam)	nicht nur nicht — sondern sogar
non modo (solum) non — sed ne — quidem	nicht nur nicht — sondern nicht einmal
Id non modo non feci, sed ne passus quidem sum. (vgl. tantum abest § 237)	Ich habe das nicht nur nicht getan, sondern nicht einmal zugelassen = weit entfernt, das getan zu haben, habe ich es nicht einmal zugelassen = ich habe das ja nicht einmal zugelassen, geschweige denn, daß ich es getan hätte.

Tritt das gemeinsame Prädikat beider negativer Glieder erst zu dem zweiten Gliede, so steht die Verbindung non modo — sed ne — quidem, z.B.:

Non modo irasci sed ne dolere quidem mihi licet.	Ich darf nicht nur nicht zürnen, sondern nicht einmal betrübt sein.

§§ 226 - 264 II. Das Satzgefüge

§ 226 Vorbemerkungen

Die Unterordnung oder Hypotaxe (ὑποτάσσω unterordnen, danach lat. Subordination) ist im Lat. wie im Grch., Dt. und anderen Sprachen aus der Beiordnung hervorgegangen, jedoch ist die Entwicklung bereits vor Beginn der Überlieferung im wesentlichen abgeschlossen. Vgl. die Vorbemerkungen zu den einzelnen Arten der Nebensätze.

Einteilung der Nebensätze

1. nach ihrem **Inhalt**:
   a) Behauptungssätze
   b) Begehrssätze
   c) Fragesätze

---

[1]) Eigtl. „wenn (schon) — dann (erst recht)".

§ 226 Einteilung der Nebensätze 263

2. nach der Art der die Unterordnung einleitenden (bzw. nicht vorhandenen) Pronomina oder Konjunktionen:

   a) indirekte Fragesätze   eingeleitet durch: Fragewörter

   b) Relativsätze   eingeleitet durch: Relativpronomina, -adverbien

   c) Konjunktionalsätze   eingeleitet durch: Konjunktionen

Die meisten unterordnenden Konjunktionen stammen von relativen Adverbien, so z.B. quod, quia, quam, cum (aus quom), ubi, ut; andere sind durch Gliederungsverschiebung (vgl. dt. „ich weiß das: Du kommst" – „ich weiß, daß du kommst") aus dem regierenden Satz in den abhängigen übergetreten, so z.B. simulac, dum, quamvis.

   d) partikellose Nebensätze

Der Ursprung des bloßen Konjunktivs aus der Beiordnung ist in manchen Fällen noch deutlich zu erkennen: volō faciās ist ursprünglich eine Satzreihe („möchtest du es doch tun! Ich will es"); jedoch zeigt das nicht mehr auf die Parataxe zurückführbare negative Gegenstück nōlō faciās, daß der konjunktivische Satz (schon vor Beginn der Überlieferung) als abhängig von dem Verbum des Wünschens empfunden wurde. Als abhängiger Satz aber unterliegt der bloße Konjunktiv der gleichen Tempus-, Modus- und Personenverschiebung wie die Sätze mit ausgebildeter Unterordnung durch ut, z.B.:

Caesar nūntiōs mīsit, quī postulārent, captīvōs sibi dēderent.	Cäsar schickte Boten, die verlangen sollten, ihm die Gefangenen auszuliefern.

Der bloße Konjunktiv steht oft in der indirekten Rede, außerdem klassisch zuweilen (öfter in der Umgangssprache) nach Verben des Bittens und Aufforderns sowie nach necesse est und oportet (vgl. licet § 263; velim und vellem beim Optativ § 215; fac, cavē § 218):

Lēgātum admonet, iter cautē diligenterque faciat.	Er forderte den Legaten auf, auf seinem Weg größte Vorsicht walten zu lassen.
Ōrō, dēs operam, ut mē statim cōnsequāre.	Versuch doch, bitte, mich sofort zu treffen.
Sī iūdicia nūlla sunt, vīs dominētur necesse est.	Wenn die Gerichtsbarkeit nicht mehr existiert, muß die Gewalt die Oberhand gewinnen.

3. nach dem Satzglied des übergeordneten Satzes, das der untergeordnete Satz vertritt:

   a) Subjekt- und Objektsätze: indirekte Fragesätze, ein Teil der Relativ-, Final- und Konsekutivsätze

   b) Attributsätze: Relativsätze

   c) Adverbialsätze: die übrigen Nebensätze, nämlich Konsekutiv-, Final-, Kausal-, Temporal-, Konditional-, Konzessiv- und Vergleichssätze.

4. nach dem Grad der Abhängigkeit:

   a) Nebensätze ersten Grades: von einem Hauptsatz abhängig

   b) Nebensätze zweiten Grades: von einem Nebensatz ersten Grades abhängig

   c) Nebensätze dritten Grades: von einem Nebensatz zweiten Grades abhängig usw.

A. Besonderheiten im Gebrauch der Modi und Tempora im abhängigen Satz

1. Modi in Nebensätzen

1. Die Entstehung der Nebensätze aus der Beiordnung erklärt, daß der Modus der abhängigen Sätze ursprünglich der gleiche wie der in den entsprechenden selbständigen Sätzen war; daher steht z.B. in einem Kausalsatz mit quod, der eine Tatsache angibt, der Indikativ, in einem Finalsatz, der ein Begehren angibt, der Konjunktiv als Wunschmodus. Auch in einem indirekten Fragesatz wie nescio quid faciam ist der Konjunktiv als Dubitativ aus der Parataxe zu erklären, nicht jedoch in scio quid velis, das unabhängig den Indikativ hätte (quid vis?). Ebenso ist es z.B. in einem Konsekutivsatz mit ut, der eine tatsächlich eingetretene Folge bezeichnet und selbständig den Indikativ haben müßte: In solchen Fällen ist der mehr äußerlich als Zeichen der Unterordnung verstandene Konjunktiv von den Fällen mit ‚berechtigtem' Konjunktiv her auf eigentlich indikativische Nebensätze übertragen worden.

2. Außer den Nebensätzen, die immer im (teils ursprünglich selbständigen, teils lediglich die Unterordnung bezeichnenden) Konjunktiv stehen, kann auch jeder andere Nebensatz in den Konjunktiv treten, wenn sein Inhalt nicht vom Berichterstatter als objektive Tatsache, sondern als Meinung eines anderen, besonders des regierenden Subjekts, hingestellt wird: obliquer Konjunktiv. Da diese innerlich abhängigen Nebensätze als notwendige Ergänzung des übergeordneten Satzes empfunden werden, steht in Beziehung auf das Subjekt des übergeordneten Satzes stets das Reflexivum (vgl. § 193 Nr. 2).

Paetus omnēs librōs, quōs frāter **s u u s** reliquisset, mihi dōnāvit.	Pätus schenkte mir alle Bücher, die (wie Pätus sagte) sein Bruder hinterlassen habe.
nicht innerlich abhängig:	
... quōs frāter **eius** reliquerat ...	... die (wie ich weiß) sein Bruder hinterlassen hatte.

Wie der obige Relativsatz, so können auch andere Nebensätze je nach der Absicht des Sprechers innerlich abhängig sein oder nicht. S t e t s   i n n e r l i c h   a b h ä n g i g sind jedoch:

    a) alle Nebensätze der ōrātiō oblīqua (Ausnahmen s. § 264)
    b) indirekte Fragesätze sowie die quīn-Sätze nach nōn dubitō u.ä.
    c) abhängige Begehrssätze

N i e   i n n e r l i c h   a b h ä n g i g (außerhalb der ōr. obl.) sind jedoch die Konsekutivsätze. Demnach ist zu unterscheiden:

Lēgātī ad Caesarem vēnērunt ōrātum, ut **sibi** ignōsceret (unabhängig: ...: „Ignōsce **nōbīs**").	Abgesandte kamen zu Cäsar mit der Bitte, ihnen zu verzeihen (unabhg. ...: „Verzeih uns").

| Incolae precibus animum victōris adeō commōvērunt, ut eis ignōsceret (unabhg.: eis ignōvit). | Die Bitten der Einwohner rührten den Sieger so, daß er ihnen verzieh (unabhg.: er verzieh ihnen). |

3. Während im Dt. nur gelegentlich ein Konjunktiv im untergeordneten Satz durch bloße Angleichung an den Konjunktiv des übergeordneten Satzes hervorgerufen wird („Komme, was da wolle"), ist diese sog. M o d u s a s s i m i l a t i o n im Lat. ungleich häufiger:

| Quis eum dīligat, quem m e t u a t, aut eum, ā quō sē metuī p u t e t? | Wer liebte den, den er fürchtet, oder den, der ihn seiner Meinung nach fürchtet? |
| Nēmō adhūc inventus est, cui, quod habēret, esset satis. | Es hat sich noch niemand gefunden, der mit dem, was er hat, zufrieden wäre. |

Nebensätze, die ein Verbum dīcendī oder sentiendī enthalten, das schon für sich darauf hinweist, daß es um die subjektive Meinung des Sprechenden geht, stehen nicht selten auch noch im Konjunktiv, z.B.:

| Verrēs nōminat servum, quem magistrum pecoris esse dīceret. | Verres benannte einen Sklaven, der, wie er sagte, Viehaufseher sei. |

Hier liegt wahrscheinlich eine Kontamination zweier Aussageweisen vor: quem magistrum pecoris esse dīxit und quī magister pecoris esset.

2. Tempora in Nebensätzen §§ 228 - 231

In den beiden Sätzen Iussistī. Fīet („Du hast einen Befehl gegeben. Es wird geschehen") ist die Zeitstufe der beiden Handlungen vom Standpunkt der Gegenwart des Sprechenden aus als vergangen und zukünftig bezeichnet. Dieser s e l b s t ä n d i g e oder absolute T e m p u s g e b r a u c h kann beibehalten werden, wenn die beiden Sätze zu einem Satzgefüge zusammengeschlossen werden: Fīet, quod iussistī. Soll jedoch der Befehl nicht als etwas bezeichnet werden, das tatsächlich zur Zeit der Aussage bereits vergangen ist, sondern nur als etwas, das geschehen sein muß, ehe die Haupthandlung eintreten kann, dann ist der Punkt, von dem aus die Zeit des Nebensatzes bestimmt wird, nicht mehr die Gegenwart des Sprechers, sondern die Zeitstufe der Haupthandlung. In diesem Fall wird die b e z o g e n e oder relative Z e i t gesetzt, die angibt, ob eine Nebensatzhandlung vor, gleichzeitig mit oder nach der Handlung des Hauptsatzes erfolgt. Die Frage, welche bezogene Zeit jeweils zu setzen ist (im vorliegenden Fall: vorzeitig zur futurischen Haupthandlung, d.h. Fut. II: fīet, quod iusseris), beantwortet sich nach den Regeln, die die lat. Sprache für die Zeitenfolge entwickelt hat. Obwohl diese Regeln für indikativische und konjunktivische Nebensätze verschieden sind, scheint es nicht ratsam, den lat. Terminus für die geregelte Zeitenfolge, cōnsecūtiō temporum, auf die konjunktivischen Nebensätze zu beschränken.

Bei manchen Nebensatzarten ist es dem Sprecher überlassen bzw. hängt es vom Sachverhalt ab, ob absolutes oder bezogenes Tempus gesetzt wird, bei anderen Nebensatzarten hat die Sprache bestimmte Normen entwickelt, so daß einige Sätze fast nur mit bezogenem Tempus, andere fast nur mit absolutem gebraucht werden. Insgesamt findet sich in konjunktivischen Sätzen die bezogene Zeitgebung häufiger als in indikativischen, da die bezogene Zeit die Unterordnung besonders deutlich macht.

§ 228   a) **Zeitgebung in indikativischen Nebensätzen**

α) Bezogenes Tempus

1. Bei **strenger Gleichzeitigkeit** steht in Haupt- und Nebensatz das gleiche Tempus. Diese strenge Gleichzeitigkeit findet sich vor allem in den mit dum oder quoad („solange als") eingeleiteten Temporalsätzen sowie bei faktischem quod und identischem cum. Wegen der Neigung des Dt., das Futur durch das Präsens zu ersetzen, ist besonders das Futur im lat. Nebensatz nach einem Hauptsatz mit Futur oder futurischem Sinn (Imperativ Fut. bzw. Konjunktiv, Ausdrücke des Müssens, Könnens u.ä.) zu beachten.

Cum tacent, clāmant.	Dadurch, daß sie schweigen, schreien sie[1]).
Zēnō ā cēterīs philosophīs discrepābat, quod arbitrābātur eqs.	Zeno wich darin von den übrigen Philosophen ab, daß er glaubte …
Fēcistī mihi pergrātum, quod librum ad mē mīsistī.	Du hast mir einen großen Gefallen getan, daß du mir das Buch geschickt hast.
Nōn faciēs fidem, cum haec d i s p u t ā - b i s.	Du wirst keinen Glauben finden, wenn du dies v o r b r i n g s t.
Quī adipīscī vēram glōriam v o l e t, iūstitiae fungātur officiīs!	Wer wahren Ruhm erringen w i l l, der komme den Pflichten der Gerechtigkeit nach!
Causam investīgātō, sī p o t e r i s !	Geh der Ursache nach, wenn du k a n n s t !
Grātissimum mihi f ē c e r i s, s ī v ē n e r i s.	Du w i r s t mir einen großen Gefallen tun, wenn du k o m m s t.

2. Bei **Vorzeitigkeit** des Nebensatzes steht in Beziehung auf
   - ein Präsens: Perfekt
   - ein Futur: Futur II
   - ein Präteritum: Plusquamperfekt.

Auch hier ist die häufige Abneigung des Dt. gegen die Bezeichnung der Vorzeitigkeit sowohl im Futur wegen der mehrfach zusammengesetzten Formen als auch in Beziehung auf ein Präsens oder Präteritum, besonders bei Angabe wiederholter Handlungen, zu beachten.

Beziehung auf ein **Präsens**:

Quī r e s t i t ē r u n t, discēdunt saepissimē superiōrēs.	Wer Widerstand l e i s t e t, geht sehr häufig als Sieger davon.

Beziehung auf ein **Futur** (und futurische Ausdrücke):

Ut sēmentem f ē c e r i s, ita metēs.	Wie man s ä t, so e r n t e t man.
Ubī semel quis p e i e r ā v e r i t, eī crēdī posteā nōn oportet.	Hat jemand erst einmal falsch g e - s c h w o r e n, dann darf man ihm hernach nicht mehr glauben.

---
[1]) Vgl. dt. „beredtes Schweigen".

Tē mihī adiūmentō esse posse, sī **volueris**, intellegō.	Ich sehe, daß du mir helfen kannst, wenn du **willst**.

Beziehung auf ein **Präteritum**:

Ut quisque primus **vēnerat**, sub mūrō cōnsistēbat.	Sowie einer **eintraf**, reihte er sich unten vor der Mauer (in die Zahl der Kämpfer) ein.
Verrēs sī quidquam caelātī **aspexerat**, manūs abstinēre nōn poterat.	Wenn Verres irgendeine Ziselierarbeit **sah**, dann konnte er nicht anders: er mußte sie haben.
Oppidānī cum scūtīs ex cortice factīs, quae subitō pellibus **indūxerant**, ēruptiōnem fēcērunt.	Die Bewohner machten mit Rindenschilden, die sie in aller Eile mit Häuten **überzogen** (hatten), einen Ausfall.

Zum Konjunktiv im Wiederholungsfalle vgl. § 254 Nr. 1.

β) Selbständiges Tempus

Selbständiges Tempus findet sich

1. fast immer in Temporalsätzen mit cum inversum (§ 253 Nr. 5), postquam (§ 255), ut, ubī, cum prīmum (§ 256 Nr. 1), dum, dōnec, quoad („bis" § 258 Nr. 3a), antequam und priusquam (besonders bei verneintem Hauptsatz § 257 Nr. 1c), wenn diese Sätze eine einmalige Handlung der Vergangenheit angeben.

2. oft in anderen Nebensätzen, die gegenüber dem Hauptsatz selbständigere Geltung haben, besonders in Kausal- und Relativsätzen, z.B.:

Quoniam nihil ex tē maiōrēs nātū requīrunt, ex mē audiēs, quid in ōrātiōne tuā dēsiderem.	Da die Älteren dich ja nicht fragen, wirst du von mir hören, was ich in deiner Rede vermisse.

Verbindung von selbständigem und bezogenem Tempus:

Rēgēs posteāquam agere, quae **voluerant** (bez.), nōn **potuērunt** (selbst.), in rēgnum patrium profectī sunt.	Als die Könige ihr Vorhaben nicht hatten durchsetzen können, machten sie sich auf den Heimweg in ihr Reich.

b) Zeitgebung in konjunktivischen Nebensätzen §§ 229 - 231

α) Bezogenes Tempus §§ 229 - 230

Bezeichnung der **Gleich- und Vorzeitigkeit** § 229

Grundregeln:

1. Einem **Haupttempus** (Präsens, präs. Perfekt, Futur I und II) im übergeordneten Satz entspricht im Nebensatz bei

        Gleichzeitigkeit: Konjunktiv Präsens
        Vorzeitigkeit: Konjunktiv Perfekt

Videndum est, ut eā līberālitāte ūtāmur, quae prōsit amīcīs, noceat nēminī.	Wir müssen darauf sehen, daß wir die Freigebigkeit üben, die den Freunden nützt und niemandem schadet.
Dīcam, quid mihī videātur.	Ich will sagen, was mir richtig scheint.
Lēgātī dīcent, quid Rōmae acciderit.	Die Gesandten werden berichten, was in Rom vorgefallen ist.

2. Einem **Nebentempus** (Imperfekt, hist. Perfekt, Plusquamperfekt) im übergeordneten Satz entspricht im abhängigen Satz bei

　　　　　　　Gleichzeitigkeit:　　Konjunktiv Imperfekt
　　　　　　　Vorzeitigkeit:　　　Konjunktiv Plusquamperfekt

Rōmulus cum septem et trīgintā rēgnāvisset annōs, tantum est cōnsecūtus, ut deōrum in numerō collocātus putārētur.	Nach einer Regierungszeit von 37 Jahren brachte es Romulus soweit, daß man von ihm glaubte, er sei unter die Götter versetzt.
Caesar per explōrātōrēs, quae ad Avaricum gererentur, cognōscēbat.	Cäsar erfuhr durch Kundschafter, was bei Avaricum vor sich ging.
Ācta quae essent, cognōvī ex tuīs litterīs.	Aus deinem Brief erfuhr ich, was vorgefallen war.

Einzelheiten:

1. Das **historische Präsens** bewirkt entweder entsprechend seiner Form präsentische oder entsprechend seiner Bedeutung präteritale Zeitenfolge:

Imperat mīlitibus Caesar, ut nāvēs faciant.	Cäsar befahl den Soldaten, Schiffe zu bauen.
Caesarī cum id nūntiātum esset, mātūrat ab urbe proficīscī.	Als Cäsar diese Nachricht e r h i e l t , verließ er in großer Eile Rom.

Der **historische Infinitiv** gilt klassisch für die Zeitenfolge als Nebentempus:

Titurius, ut quī nihil ante prōvidisset, trepidāre et concursāre.	Titurius lief aufgeregt umher, denn er hatte keinerlei Vorsorge getroffen.

Das **präsentische Perfekt** wird gewöhnlich als Haupttempus behandelt (immer bei Präteritopräsentien wie nōvī, meminī u.a.), seltener als Nebentempus:

Quod iūdicium cōnstitūtum sit, cognōstis (= scītis).	Ihr wißt nun, welcher Prozeß beschlossen ist.
Vōs adeptī estis, nē quem cīvem metuerētis.	Ihr habt es erreicht, vor keinem Bürger mehr Angst zu haben.

Nach dem **potentialen** (§ 216) und **prohibitiven** (§ 217) **Konjunktiv Perfekt** steht stets die Zeitenfolge wie nach einem Haupttempus:

Nē dubitāveris (Quis dubitāverit), quīn istud vērum sit. (?)	Zweifle nicht (Wer zweifelte), daß dies wahr ist.(?)

2. Für **Nebensätze zweiten Grades** ist das Tempus des unmittelbar übergeordneten Satzes maßgebend:

Nōn dubitō, quīn admīrātī sītis, cūr iste adesset.	Ich bin sicher, daß ihr euch verwundert gefragt habt, warum der Mensch anwesend ist.

Fälle strenger Gleichzeitigkeit (Koinzidenz) haben in über- und untergeordnetem Satz das gleiche Tempus:

Sentiō, quid sceleris admīserim, cum acceptam pecūniam dissipāverim.	Ich sehe ein, welches Verbrechen ich damit begangen habe, daß ich das empfangene Geld vergeudet habe.

3. Bei Abhängigkeit eines Nebensatzes von einer infinitiven Verbalform (Infinitiv, Partizip, Gerundium und Supinum) richtet sich die Zeitenfolge nach dem nächst übergeordneten Verbum finitum; nur der Infinitiv (und meist auch das Partizip) Perfekt bedingt ohne Rücksicht auf das übergeordnete Verbum die Zeitenfolge eines Nebentempus.

Mihī numquam persuādērī potuit animōs, dum in corporibus essent mortālibus, vīvere, cum excessissent ex iīs, ēmorī.	Mich hat man nie überzeugen können, daß die Seele, solange sie im sterblichen Leib sei, lebe, daß sie aber stürbe, wenn sie ihn verlassen habe.
Lēgātī, quae Caesar imperāverit, sēsē factūrōs pollicentur (da hist. Präs., auch: imperāvisset)[1]).	Die Abgesandten versprachen zu tun, was Cäsar befehle.
Nōbīsmet verentibus (= sī verēmur), nē falsae reī assentiāmur, faciendum vidētur, ut dīligenter argūmenta cum argūmentīs comparēmus.	Wenn wir fürchten, der falschen Sache zuzustimmen, dann müssen wir, so scheint es, sorgfältig die Argumente gegeneinander abwägen.
Caesar timēns (= quod timēbat), nē circumvenīrētur, quārtam aciem equitātuī opposuit.	Aus Besorgnis, umzingelt zu werden, ließ Cäsar die vierte Linie gegen die Reiterei rücken.
Ad Caesarem prīncipēs Haeduōrum veniunt ōrātum (= quī ōrent), ut cīvitātī subveniat.	Die Anführer der Häduer kamen zu Cäsar mit der Bitte, ihrem Stamm zu Hilfe zu kommen.
Satis docuisse videor (= fortasse s. docuī), hominis nātūra quantō omnēs anteīret animantēs.	Ich habe jetzt wohl zur Genüge dargelegt, wie sehr die Natur des Menschen die aller übrigen Lebewesen[2]) übertrifft.
Dux mīlitēs cohortātus (= postquam admonuit), ut suae prīstinae virtūtis retinērent memoriam, dat signum proeliī.	Der Anführer forderte die Soldaten auf, an ihre früher bewiesene Tapferkeit zu denken, und gab das Zeichen zum Kampf.

---

[1]) Der Konj. Perf. bzw. Plusquamperf. ist Ersatz für den nicht vorhandenen Konjunktiv des Futur II zur Bezeichnung der Vorzeitigkeit vor einer in der Zukunft liegenden Handlung, vgl.:

Appius dīxit sē imperium habitūrum, quoad in urbem introīsset.	Appius sagte, er werde den Oberbefehl behalten, bis er die Stadt betreten habe.

[2]) Zur comparātiō compendiāria vgl. § 196.

4. Während das Dt. und das Lat. beim Irrealis darin übereinstimmen, daß der Konj. Imperf. keine Vergangenheit, der Konj. Plusquamperf. keine Vorvergangenheit bezeichnet, dehnt das Dt. diese Verwendungsweise auch auf andere Fälle aus, indem nur Gedachtes, Negiertes, in abgemilderter Form Ausgesagtes in einen dem Irrealis der Form nach gleichen[1]) Konjunktiv tritt (vgl. § 214). Formal gesehen stellen solche Konjunktive gegenüber dem Lat. eine Tempusverschiebung dar, die im Präsens durchaus geläufig ist (nēmō est, quī nesciat „es gibt keinen, der nicht wüßte"); beim dt. Konj. Plusquamperf. ist jedoch zu fragen, ob er die Gleichzeitigkeit in der Vergangenheit bezeichnet, also lat. Konj. Imperf. entspricht, oder die Vorzeitigkeit zu präsentischem Hauptverbum, also lat. Konj. Perf. entspricht. Diese Tempusverschiebung zwischen lat. und dt. Ausdrucksweise zeigt sich besonders:

   a) bei negativer Beeinflussung des dt. Konjunktivs durch tatsächliche Verneinung oder negativen Sinn:

Quis est, quī dē hāc rē nōn audierit?	Wo findet sich einer, der hiervon nicht gehört hätte?
Nēmō erat, quīn statim exeundum putāret. vgl. auch §§ 239 Nr. 2, 251.	Es gab keinen, der nicht für sofortigen Auszug gestimmt hätte.

   b) bei vergleichender Aussage: § 248.

§ 230 Bezeichnung der Nachzeitigkeit

Da es im Lat. einen Konjunktiv des Futurs nicht gibt, tritt in konjunktivischen Nebensätzen zur Bezeichnung einer Nachzeitigkeit entweder eine Umschreibung oder ein Ersatz ein.

1. Die Umschreibung durch den Konjunktiv Präsens bzw. Imperfekt der coni. periphrast. āct. kommt fast nur in indirekten Fragesätzen sowie bei nōn dubitō quīn u.ä. (§ 239 Nr. 1) vor:

Nōn dubitō, tū quid respōnsūrus sīs.	Ich weiß genau, was du antworten wirst.
Dubitābam, essēsne meās litterās acceptūrus.	Ich war mir nicht klar, ob du meinen Brief bekommen würdest.
Quō quisque vestrum in mē animō futūrus sit, nesciō.	Welche Gesinnung jeder von euch mir gegenüber an den Tag legen wird, weiß ich nicht.

2. In allen übrigen Fällen tritt Ersatz durch den Konjunktiv Präsens bzw. Imperfekt ein (wobei die Beziehung auf die Zukunft durch Zeitadverbien wie mox, brevi oder durch Umschreibung mit posse näher bestimmt werden kann), so besonders:

   a) wenn sich die Beziehung auf die Zukunft schon aus dem übergeordneten Satz ergibt (immer bei Begehrssätzen):

Exspectō, quid respondeās (vgl. den ersten Satz oben).	Ich bin gespannt, was du wohl antworten wirst.
Id nē accidat, prōvidēbō.	Ich werde dafür sorgen, daß das nicht passiert.

---

[1]) Auch die Bedeutung ist ähnlich: „Er war zu klug, als daß er dies geglaubt hätte" entspricht einem irrealen „Er hätte es geglaubt, wenn er nicht so klug gewesen wäre".

Illud molior, ut mihi Caesar concedat, ut absim, cum aliquid contra Gnaeum agatur; sed timeo, ne non impetrem.	Ich arbeite darauf hin, daß mir Cäsar erlaubt, nicht da zu sein, wenn etwas gegen Pompeius ins Werk gesetzt wird; doch fürchte ich, es wird mir nicht gelingen.
Caesar dicit, si praeterea nemo sequatur, tamen se cum sola decima legione iturum (unabhg.: si . . . sequetur, ibo).	Cäsar verkündete, daß er, auch wenn ihm niemand sonst folge(n werde), allein mit der 10. Legion ziehen werde.

b) stets beim Futur Passiv:

Sum sollicitus, quidnam decernatur.	Ich bin in Sorge, was man beschließen wird.
Erat nemini dubium, quin Ptolemaeus in regnum restitueretur.	Jedem war klar, daß Ptolemäus wieder die Herrschaft erhalten würde.

β) Selbständiges Tempus § 231

Absolutes Tempus in konjunktivischen Nebensätzen findet sich:

1. häufig in K o n s e k u t i v s ä t z e n, und zwar Konjunktiv Präsens, wenn die Aussage des Nebensatzes auch noch für die Gegenwart des Redenden Gültigkeit hat, Konjunktiv Perfekt, wenn die Aussage keine Erzählung, sondern eine Feststellung enthält (unabhängig also das konstatierende Perfekt stünde):

Verres Siciliam ita perdidit, ut ea restitui in antiquum statum nullo modo p o s s i t.	Verres hat Sizilien derartig ruiniert, daß eine Wiederherstellung des alten Zustandes unmöglich ist.
Eo facto sic doluit, nihil ut t u l e r i t gravius in vita.	Sein Schmerz hierüber war so groß, daß er nichts Schwereres in seinem Leben zu tragen gehabt hat.

Im Wechsel mit bezogenem Tempus:

Equidem neminem praetermisi, quem quidem ad te perventurum p u t a r e m (bezogen), cui litteras non d e d e r i m (konstatierend).	Keinen, von dem ich glaubte, daß er dich erreichen werde, ließ ich vorüber, ohne ihm einen Brief mitzugeben (Ich gab jedem . . . einen Brief mit).

2. gelegentlich in anderen Nebensätzen (aber nie in Finalsätzen), und zwar Konjunktiv Präsens nach einem Nebentempus, wenn es sich um eine allgemeingültige Aussage handelt, Konjunktiv Perfekt nach einem Nebentempus, wenn die Feststellung vom Standpunkt der Gegenwart des Redenden aus gemacht wird:

Hic quantum in bello fortuna possit, cognosci potuit.	Da konnte man einmal sehen, wieviel doch das Glück im Krieg ausmacht.
Nullum frigidius flumen attigi, cum ad multa accesserim.	Ich bin nie auf einen kälteren Fluß gestoßen, obwohl ich doch schon zu vielen gekommen bin.

3. fast immer bei Zwischenbemerkungen des Schriftstellers, die in keiner inneren Beziehung zum nächst übergeordneten Satz stehen, so stets

ut nōn dīcam	um zu schweigen von
nē dīcam	um nicht zu sagen
quod sciam (§ 242 Nr. 4)	soweit ich weiß

4. stets (also auch nach übergeordnetem Haupttempus) beim Konjunktiv Imperfekt als Potentialis und Dubitativ der Vergangenheit sowie als Irrealis der Gegenwart (über den Konj. Plusquamperf. als Irrealis der Vergangenheit s. § 260 Nr. 2):

Videō causās esse permultās, quae istum impellerent (Potent.)	Ich sehe, daß es viele Gründe gibt, die ihn hätten veranlassen können.
Quaerō ā tē, cūr C. Cornēlium nōn dēfenderem (Dubitat.).	Ich frage dich, warum ich C. Cornelius nicht hätte verteidigen sollen.
Honestum tāle est, ut, sī īgnōrārent id hominēs, suā tamen pulchritūdine esset laudābile (Irr.).	Das Sittlich-Gute ist so beschaffen, daß es, wenn die Menschen nichts von ihm wüßten, gleichwohl wegen seiner eigenen Schönheit rühmenswert wäre.

§§ 232 - 263   B. Arten der Unterordnung

§§ 232 - 233   1. Indirekte Fragesätze

§ 232   Vorbemerkungen

1. Alle indirekten Fragesätze gelten als innerlich abhängig, stehen also im Konjunktiv, richten sich nach den Gesetzen der Zeitenfolge in konjunktivischen Nebensätzen und haben bei Bezug auf das Subjekt des übergeordneten Satzes das Reflexivum. Die Negation ist stets nōn.

Der Konjunktiv kam, wenn man auf die ursprüngliche Beiordnung zurückgeht (vgl. § 227 Nr. 1), nur den „Soll"-Fragen zu: nesciō quid faciam ist aus quid faciam? nesciō mit dubitativem Konjunktiv hervorgegangen. Von hier wurde der Konjunktiv als Zeichen der Abhängigkeit auch auf Tatsachenfragen wie sciō quid velīs übertragen, die paratkisch den Indikativ hätten (quid vīs?); hinzu kam Personen- und Tempusverschiebung: quaesīvit, cūr nōn dedissent aus unabhängigem cūr nōn dedistis?

2. Man unterscheidet wie bei den direkten Fragesätzen Wort- und Satzfragen; während sich letztere stets nach etwas Unbekanntem erkundigen, können die Wortfragen sich auch auf positive (bekannte) Tatsachen beziehen („ich weiß, wer das getan hat") und demgemäß nicht nur von Ausdrücken des Fragens und Nichtwissens, sondern auch des Sagens und Wissens abhängen. Besonders in diesem Fall geraten die indirekten Fragesätze in die Nähe der Relativsätze, von denen sie sich oft nur geringfügig unterscheiden. Vgl.:

quod fēcistī, laudō	ich lobe, was du getan hast
aber:	
dīc, quid fēceris	sag, was du getan hast.
nihil habent, quod sequantur (§ 242 Nr. 2b)	sie haben nichts, was sie als Richtschnur nehmen könnten

aber:

nōn habeō, quid scrībam	ich weiß nicht, was ich schreiben soll

Als Grundregel darf jedoch gelten, daß nach einem Ausdruck des S a g e n s , F r a g e n s , W i s s e n s , wo im Dt. sowohl relative als auch interrogative Auffassung denkbar ist, das Lat. den indirekten Fragesatz bevorzugt. Diese Bevorzugung ist besonders dort zu beachten, wo im Dt. mit den genannten Ausdrücken ein substantivisches Objekt (bzw. Subjekt) verbunden ist, wie:

Quid velim, dēclārābō.	Ich werde meinen Plan darlegen.
Quae gesta sint, accipiēs ex nūntiō.	Die Vorfälle wirst du von einem Boten erfahren.
Quae rēs cōnsequātur, facile est cognitū.	Die Folge ist leicht zu erkennen.
Quis esset aut quid vellet, quaesīvit.	Er fragte nach seiner Person und nach seinem Vorhaben.

Hängt im Dt. von einem Verbum des Sagens oder Wissens ein Objekt mit Relativsatz ab, so steht im Lat. dafür ein indirekter Fragesatz, in den das Objekt des übergeordneten Satzes hineingenommen wird, z.B.:

Hominēs, quās molestiās exceptūrī sint, nōn prōvident.	Die Menschen sehen die Beschwernisse nicht voraus, die ihnen bevorstehen.

3. Ohne Einfluß auf Tempus und Modus des Verbums sind erstarrte Formeln wie

nesciō quis	irgendwer	mīrum quantum	ganz außerordentlich
nesciō quō modo	irgendwie	nimium quantum	ganz außerordentlich
nesciō quō pactō	irgendwie		

Nesciō quis loquitur.	Irgendwer redet da.
Nesciō quō pactō auctōritātem ōrātiō nōn habet.	„Leider" hat die Rede kein Gewicht.
Id mīrum quantum prōfuit ad concordiam.	Dies trug ganz außerordentlich zur Eintracht sei.

a) Indirekte Wortfragen § 233

Ratiōnibus oportet, q u ā r ē quidque sit, docēre.	Man muß mit Vernunftgründen darlegen, warum ein jegliches Ding ist.
Ā philosophīs dēfectiōnēs sōlis et lūnae sunt cognitae praedictaeque, q u a e , q u a n t a e , q u a n d ō futūrae sint.	Von den Philosophen sind die Sonnen- und Mondfinsternisse erkannt und vorhergesagt worden, welche und in welchem Umfang und zu welcher Zeit eintreten würden.
Herculēs dubitābat, u t r a m viam ingredī melius esset.	Herkules war sich im Zweifel, welchen Weg er besser einschlagen solle.

Equitēs ā Fabiō missī, quantō rēs in perīculō fuerit, expōnunt.	Von Fabius geschickte Reiter berichteten von der großen Gefahr (§ 232 Nr. 2), in der man sich befunden habe.
Caesar lēgātīs convocātīs et quae ex explōrātōribus cognōvisset et quae fierī vellet, ostendit.	Cäsar rief die Legaten zusammen und teilte ihnen mit, was er von den Kundschaftern erfahren habe und was er beabsichtige.
Nesciō, quid respondeam.	Ich weiß nicht, was ich antworten soll.
Nesciō, quid respondērem.	Ich weiß nicht, was ich hätte antworten sollen (vgl. § 231 Nr. 4).
Quid est (causae), cūr tū in istō locō sedeās?	(„Was ist der Grund, daß ...") Warum sitzt du da?
Nihil (nōn, nūlla causa) erat, cūr (quārē) properātō opus esset (vgl. § 242 Nr. 2b).	Es lag kein Grund vor, daß man hätte eilen sollen.

Fragesätze mit quīn s. § 239.

b) Indirekte Satzfragen

Sie werden eingeleitet:

1. gewöhnlich durch **num** oder **-ne** („ob, ob nicht, ob etwa"), ohne daß damit angedeutet wird, ob bejahende oder verneinende Antwort erwartet wird:

Incertum est, num istam lēgem L. Lucullus tulerit.	Es ist nicht klar, ob L. Lucullus das Gesetz eingebracht hat.
Animadverte, rēctē ne hanc sententiam interpreter.	Gib acht, ob ich diesen Satz richtig deute.

2. durch **nōnne** („ob nicht") nur nach quaerere:

Quaerō, nōnne tibi faciendum idem sit.	Ich frage, ob du nicht das gleiche zu tun hast.

3. durch **an** („ob nicht") und **an nōn** („ob") nach Ausdrücken des Nichtwissens und Zweifelns wie haud sciō (sciam), nesciō, dubitō, dubium est, incertum est:

haud sciō an (= fortasse) id fierī possit	„ich weiß nicht, ob das nicht geschehen kann" = vielleicht kann das geschehen
haud sciō an (= fortasse) id fierī nōn possit	„ich weiß nicht, ob das geschehen kann" = schwerlich (wohl nicht) kann d. g.
Dubitō an Venusiam tendam.	Vielleicht begebe ich mich nach Venusia.
Id cum omnibus est faciendum tum haud sciō an nēminī potius quam tibi.	Das müssen alle tun und wohl schwerlich einer (und vielleicht keiner) eher als du.

§ 233   Indirekte Fragesätze   275

4. durch **si** (mit Konjunktiv, Grundbedeutung „für den Fall, daß") nach Verben des Wartens und Versuchens (auch wenn sie nur dem Sinne nach zu ergänzen sind):

Helvētiī sī perrumpere possent, cōnātī tēlīs repulsī hōc cōnātū dēstitērunt.	Die Helvetier versuchten, ob sie durchbrechen könnten, ließen aber unter dem Geschoßhagel von dem Versuch ab.
Circumfunduntur undique hostēs, sī quem aditum reperīre possint.	Ringsum drängten die Feinde heran, um zu versuchen, ob sie einen Zugang finden konnten.

c) Indirekte Doppelfragen

Sie werden wie die direkten Doppelfragen durch **utrum** (oder -**ne**) — **an** (,,ob — oder") eingeleitet:

Dēliberandum est, u t r u m aliquid honestum a n turpe sit.	Man muß bei einer Sache überlegen (§ 232 Nr. 2), ob sie anständig oder unehrenhaft ist.
Agitur, victūrīne sīmus a n peritūrī.	Es geht darum, ob wir siegen oder untergehen werden.

Selten und meist nur bei gemeinsamem Verbum wird nur zum zweiten Glied der Doppelfrage die Partikel an (oder -ne) gesetzt:

Aurum paleamne nāvis portet, ad bene aut ad male gubernandum nihil interest.	Ob ein Schiff Gold oder Spreu trägt, ist für die gute oder schlechte Führung des Schiffes belanglos.

„o d e r   n i c h t" heißt gewöhnlich necne (seltener an nōn):

Sitne malum dolēre n e c n e, Stōicī vīderint.	Ob der Schmerz ein Übel ist oder nicht, sollen die Stoiker sich überlegen.

Indirekte Fragesätze in der rel. Verschränkung s. § 245.

2. Finalsätze (Begehrs- und Absichtssätze)   §§ 234 - 236

Vorbemerkungen

1. Die Finalsätze werden durch **ut**, negativ durch **nē** (bei eindringlichen Mahnungen auch durch ut nē) eingeleitet; konjunktionslose Begehrssätze s. § 226 Nr. 2d.

Sowohl ut als auch nē lassen sich direkt auf den unabhängigen Satz zurückführen: rogō tē, ut veniās ist entstanden aus ut veniās! rogō tē (,,möchtest du doch kommen! ich bitte dich darum"). Entsprechend omnēs tē rogāmus, nē dēsīs aus nē dēsīs (§ 215)! omnēs tē rogāmus (,,möchtest du nicht fernbleiben! Wir bitten dich alle darum").

2. Auch wo im Dt. die Negation zu Pronomina oder Adverbien gezogen wird, bleibt im Lat. nē (vgl. neque § 224a):

nē quis; nē quid	damit niemand; damit nichts
(nē aliquis, nē quisquam § 199f.	damit überhaupt niemand)
nē quandō, nē umquam	damit nie
nécubi	damit nirgends

3. Ein zweiter Finalsatz wird nach ut durch neque oder nēve (neu), nach nē klassisch nur durch nēve fortgeführt (vgl. Vorbem. 2 zu § 215). „damit weder – noch" heißt nē aut – aut (seltener ut neque – neque).

4. Die Finalsätze vertreten entweder das O b j e k t (bzw. Subjekt bei unpersönlichen Ausdrücken) des übergeordneten Satzes, wie in

ōrō tē, ut respondeās   ich erbitte deine Antwort
optandum fuit, ut venīret   sein Kommen war wünschenswert

oder eine a d v e r b i a l e B e s t i m m u n g des Zwecks, wie in

Rōmam mē contulī, ut amīcum convenīrem   ich begab mich zum Besuch meines Freundes nach Rom

Im ersten Falle wird der f i n a l e O b j e k t s - bzw. S u b j e k t s s a t z oder Begehrssatz gleichsam als notwendig vom übergeordneten Verb gefordert (dt. „daß" oder Inf. mit „zu"), im zweiten Fall, dem sog. f i n a l e n A d v e r b i a l s a t z oder Absichtssatz, liegt der Zweck erst im abhängigen Satz selbst (dt. „damit" oder Inf. mit „um zu").

§ 234   a) **Finale Objekt- und Subjektsätze**

Sie stehen nach den verba postulandī und cūrandī wie:

postulandī		cūrandī	
rogāre, ōrāre, petere	bitten (§ 119 Nr. 3)	cūrāre, laborāre, contendere	Sorge tragen, sich bemühen
hortārī, monēre	auffordern, ermahnen	dare operam	sich Mühe geben
postulāre, flāgitāre	fordern	facere, efficere, perficere	bewirken, durchsetzen
imperāre, ēdicere	befehlen	assequī, impetrāre	erreichen, erreichen durch Bitten
optāre	wünschen	id studēre, id agere, id spectāre	danach streben, darauf bedacht sein
suādēre	raten		
addūcere, impellere, permovēre	veranlassen		
permittere	erlauben		
exspectāre	erwarten		

Verrēs Siciliae cīvitātēs hortātur et rogat, u t arent, u t serant.   Verres forderte die sizilischen Gemeinden nachdrücklich (§ 162 Nr. 5c) auf, zu pflügen und zu säen.

Caesar tertiae aciēī imperāvit, n ē iniussū suō concurreret.   Cäsar verbot dem dritten Treffen, ohne seinen Befehl gegen die Feinde vorzugehen.

§ 234   Finalsätze   277

Est boni viri id tenere in amicitia, ne quid fictum sit neve simulatum.	Es zeugt von einem guten Charakter, darauf zu sehen, daß in der Freundschaft kein Lug und Trug vorkommt.
Legati cum militibus colloqui coeperunt eosque hortari, ut suum officium Pompeio praestarent neve eius fortunam despicerent.	Die Legaten fingen an, auf die Soldaten einzureden und sie aufzufordern, Pompeius gegenüber ihre Pflicht zu tun und dessen Lage nicht gering einzuschätzen.
Gallis persuaderi, ut diutius morarentur neque suis auxilium ferrent, non poterat.	Die Gallier ließen sich nicht bewegen, sich länger aufzuhalten und ihren Landsleuten keine Hilfe zu bringen.
Caesar postulavit, ne aut Haeduis aut eorum sociis bellum inferret Ariovistus.	Cäsar verlangte von Ariovist, weder die Häduer noch deren Bundesgenossen zu bekriegen.
Haec lex in amicitia sanciatur, ut neque rogemus res turpes nec faciamus rogati.	Es soll unverbrüchliches Gesetz in der Freundschaft sein, unanständige Forderungen weder zu stellen noch, wenn sie uns gestellt werden, zu erfüllen.

Zusätze

1. Nach den Verben des B e w i r k e n s wie facere, efficere, perficere, assequi u.ä. ist sowohl finale (verneint: ne) als auch konsekutive (verneint: ut non) Auffassung möglich:

Perfice, ut ne minus res publica tibi quam tu rei p. debeas.	Bring es dahin, daß der Staat dir nicht weniger verdankt als du dem Staat.
Oratione tua illud certe perfectum est, ut mortem non ducerem in malis.	Durch deine Rede hast du mich jedenfalls dahin gebracht, den Tod nicht für ein Übel zu halten.

2. Auch nach Verben der M e i n u n g s ä u ß e r u n g steht finales ut oder ne, wenn nicht eine Tatsache, sondern eine Aufforderung folgt:

dico	eum venire ut veniat	ich sage,	daß er kommt daß er kommen möge

Je nach der Bedeutung des abhängigen Satzes finden sich hierbei im Dt. zuweilen verschiedene Ausdrücke, so bei

	mit A c I:	mit ut oder ne:
censere	der Ansicht sein	dafür stimmen
concedere	zugestehen, einräumen	erlauben
(ad)monere	(jmdn.) erinnern	mahnen, negativ: warnen
persuadere	überzeugen	überreden
videre	einsehen	zusehen, sorgen (= providere)

Epicurus censet parere animum rationi posse.	Epikur ist der Ansicht, daß der Geist der Vernunft gehorchen könne.

aber:

Senatores censuerunt, ut Lentulus in custodiam traderetur (ähnlich: ... Lentulum i.c. tradendum esse).	Die Senatoren stimmten dafür, Lentulus in Gewahrsam zu nehmen.
Concedes hoc crimen esse gravius; concede igitur, ut anteponatur.	Du wirst wohl zugeben, daß dies Verbrechen das schlimmere ist; gestatte also, daß es vorangestellt wird.
Vos admoneo de hac re numquam esse dubitatum.	Ich erinnere euch daran, daß es hierüber nie einen Zweifel gegeben hat.

aber:

Te monui, ut caveres.	Ich mahnte dich, vorsichtig zu sein.
Satis vobis persuasum esse debet nihil esse utile, quod non honestum sit.	Es muß eure feste Überzeugung sein, daß nichts, was unehrenhaft ist, nützlich ist.

aber:

Orgetorix civitati persuasit, ut de finibus suis exirent.	Orgetorix überredete seine Landsleute, ihr Gebiet zu verlassen.
Vitam omnem perturbari videmus errore et inscientia.	Irrtum und Unwissenheit verwirren, wie wir sehen, das ganze Leben.

aber:

Vide, ne facinus facias! (höfliche Umschreibung des verneinten Befehls)	Sieh zu, daß du nichts Böses tust.

3. Finalsatz im Wechsel mit Infinitiv bzw. A c I:
a) Die Verba des Beschließens (statuere, constituere, decernere, alicui placet) haben sowohl ut als auch Inf. bei sich. Im allgemeinen überwiegt bei gleichem Subjekt der Inf., bei ungleichem ut oder A c I mit prädikativem Gerundivum.

Verres statuerat non adesse.	Verres hatte beschlossen, nicht anwesend zu sein.
Statuunt, ut X milia hominum in oppidum submittantur.	Sie beschließen, daß 10 000 Menschen in die Stadt geschickt werden sollen.
Caesar statuit sibi Rhenum esse transeundum.	Cäsar entschied sich, daß er den Rhein zu überschreiten habe.

b) Bei consilium capere stehen Inf., ut oder Gerundium (selten) bzw. Gerundivum im Genetiv. Dabei folgen Inf. und ut-Sätze nach, das Gerundivum wird meist voran- oder zwischengestellt. Der Inf. wird gemieden, wenn zu consilium eine attributive Bestimmung tritt.

Consilium ceperunt ex oppido profugere.	Sie faßten den Plan, aus der Stadt zu fliehen.
Galli belli renovandi consilium capiunt.	Die Gallier fassen den Plan, den Krieg wieder aufzunehmen.
Capiunt consilium necessarium, ut suscipiant ipsi negotium.	Sie fassen den erforderlichen Entschluß, die Aufgabe selbst anzugreifen.

c) Nach velle steht selten (bes. bei ungleichem Subjekt) ut, oft aber der bloße Konjunktiv: § 226 Nr. 2d.
Studere mit Inf.: § 166.
Iubere mit A c I: § 167 Nr. 1.

b) Finale Adverbialsätze (Absichtssätze)

Sie stehen nach beliebigen übergeordneten Verben zur Bezeichnung einer Absicht; im übergeordneten Satz steht oft ein Hinweis wie

idcircō, eō, ob eam rem	deshalb
eā mente, eō cōnsiliō	in der Absicht
eā condiciōne, eā lēge	unter der Bedingung

Pompēius, nē duōbus circumclūderētur exercitibus, ex eō locō discēdit.	Von dort zog Pompeius ab, um nicht von zwei Heeren eingeschlossen zu werden.
Ad tē nē haec quidem scrībō, nē cuiusquam animum meae litterae interceptae offendant.	Nicht einmal dies schreibe ich dir, damit mein Brief, sollte er abgefangen werden, nur ja bei niemand (§ 200) Anstoß errege.
Dispositī sunt explōrātōrēs, necubī effectō ponte Rōmānī cōpiās trādūcerent.	Es wurde eine Postenkette aufgestellt, damit die Römer nirgendwo eine Brücke bauen und mit ihren Truppen übersetzen könnten.
Caesar magnī interesse arbitrābātur cohortēs ad sē in castra trādūcere, nē qua aut largītiōnibus aut falsīs nūntiīs commūtātiō fieret voluntātis.	Cäsar hielt es für sehr wichtig, die Kohorten zu sich ins Lager zu führen, damit durch Schenkungen oder falsche Nachrichten kein Sinneswandel einträte.
Dīligentia est adhibenda in amīcitiīs comparandīs, ut nē quandō amāre incipiāmus eum, quem aliquandō ōdisse possīmus.	Soll eine Freundschaft geschlossen werden, so muß man Sorgfalt walten lassen, damit man nicht eines Tages einen zu lieben beginnt, den man irgendeinmal hassen könnte.
Plērīque perversē, nē dīcam impudenter, habēre tālem amīcum volunt, quālēs ipsī esse nōn possunt.	Viele wollen fälschlicher-, um nicht zu sagen unverschämterweise einen zum Freund haben, der so ist, wie sie selbst nicht sein können.

jedoch ut nōn dīcam, wenn nicht ein stärkerer Ausdruck vermieden, sondern etwas nicht zur Sache Gehöriges übergangen werden soll:

Ut plūra nōn dīcam neque aliōrum exemplīs cōnfirmem, quantum auctōritās valeat in bellō, ab Pompēiō exempla sūmantur.	Um nicht zu weitschweifig zu werden oder an Beispielen von anderen die Bedeutung des persönlichen Einflusses im Kriege nachzuweisen, sollen Beispiele des Pompeius (selbst) herangezogen werden.

"damit desto" vor Komparativ heißt häufiger quō als ut eō:

| Ratiōnem cōnsiliī meī accipite, quō firmiōre animō ad proelium prōdeātis. | Vernehmt den Sinn meines Planes, damit ihr mit desto größerem Mut in den Kampf zieht. |

§ 236 **c) Verneinte Begehrssätze nach den Verba timendī und impediendī**

1. Nach den Verben des F ü r c h t e n s (timēre, metuere, verērī), ferner bei perīculum est („es besteht Gefahr") heißt „ d a ß " **nē**, „ d a ß n i c h t " **nē nōn** (seltener ut). Ein zweiter abhängiger Satz wird mit **et** (atque) oder mit **aut** fortgeführt.

Nē erklärt sich aus der Beiordnung: vereor, nē ā tē dissentiam hieß ursprünglich „möchte ich von dir nicht abweichen! (aber) ich fürchte es". Ut geht möglicherweise auf das ut der indirekten Frage zurück: verēmur, ut hoc nātūra patiātur also „wie sollte dies die Natur zulassen!", d.h. „die Natur dürfte es nicht zulassen. Wir hegen Furcht (hierüber)".

Vereor, nē, dum minuere velim labōrem, augeam.	Ich fürchte, die Arbeit zu vermehren, indem ich sie zu verringern suche.
Vereor, nē exercitum fīrmum habēre nōn possit.	Ich fürchte, er kann kein starkes Heer haben.
Summum perīculum est, nē āmittendae sint omnēs prōvinciae.	Es besteht höchste Gefahr, daß die Provinzen sämtlich verlorengehen.
Ea omnēs, nē acciderent, timēbāmus.	Wir alle hatten Angst davor, daß dies eintreten würde.
Ōrātor metuō nē languēscat senectūte.	Der Redner wird alt und läßt nach, fürchte ich.
Verērī tē arbitror, nē per nōs sermō tuus ēmānet et iī tibi suscēnseant, quōs praeterierīs.	Ich glaube, du hast Angst, deine Rede könnte durch uns bekannt werden und du dir den Zorn derer aufladen, die du übergangen hast.

Auch cavēre („sich hüten") und i n t e r d ī c e r e („untersagen") haben nē:

| Ea nē accidant, caveāmus! | Hüten wir uns, daß das geschieht! |
| Id neque fēcī adhūc nec mihī tamen, nē faciam, interdictum putō. | Einerseits habe ich das bisher nie getan und andererseits glaube ich nicht, daß es mir zu tun verboten ist. |

Verērī, timēre in der Bedeutung „sich scheuen" mit Inf.: § 166.
Cavēre mit bloßem Konjunktiv: § 218 Nr. 1.

2. Nach den Verben des H i n d e r n s und W i d e r s t e h e n s kann sowohl ein Satz mit **nē** als auch mit **quōminus**[1]) stehen:

impedīre	hindern	recūsāre	sich weigern
dēterrēre	abschrecken	obstāre	im Wege stehen
prohibēre	abhalten	ob-, resistere	sich widersetzen

---

[1]) Eigtl. „wodurch nicht" (minus gemilderte Form der Negation statt nōn).

Cinnam prohibērī melius fuit impedīrīque, nē tot summōs virōs interficeret.	Es wäre besser gewesen, Cinna unter allen Umständen daran zu hindern, soviel bedeutende Männer zu töten.
Id nē fieret, obstitī.	Ich habe mich dem widersetzt.
Nōn dēterret sapientem metus mortis, quōminus suīs cōnsulat.	Den Weisen hält die Todesfurcht nicht davon ab, für die Seinen zu sorgen.

Ähnlich: per mē stat, quōminus („ich bin schuld, daß n i c h t ").

Stetisse per Trebōnium, quōminus mīlitēs oppidō potīrentur, vidēbātur.	Es schien an Trebonius gelegen zu haben, daß die Soldaten die Stadt nicht einnahmen.

Prohibēre hat häufiger den Infinitiv (§ 167 a.A.).
Nōn recūsāre und nōn dēterrēre haben auch quīn (§ 239 Nr. 2).

3. Konsekutivsätze (Folgesätze)

Vorbemerkungen

1. Die Konsekutivsätze bezeichnen eine tatsächliche oder mögliche Folge bzw. Wirkung; sie werden eingeleitet mit **ut** („d a ß ") oder **ut nōn**, nēmō, nihil usw. („d a ß n i c h t, niemand, nichts" usw.) und fortgeführt mit n e q u e . Der Modus ist stets der Konjunktiv.

Bei der Erklärung des Konjunktivs ist nicht sicher, ob von dem Deliberativ bei fragendem ut nach negativem Obersatz (fierī nūllō pactō potest, ut hoc nōn dīcās eigtl.: „wie solltest du das nicht sagen wollen? das ist ganz unmöglich"), von dem Potentialis bei modalem ut (ita parāvī cōpiās, facile ut vincam eigtl.: „so habe ich Truppen vorbereitet, wie ich wohl leicht siegen möchte") oder von noch anderen Verwendungsweisen des Konjunktivs auszugehen ist. Sicher ist nur, daß sich der Konjunktiv, wie im Altlatein noch teilweise zu verfolgen, von den Sätzen mit möglicher Folge schließlich auch auf die Sätze mit tatsächlicher Folge oder Wirkung ausgebreitet hat (in denen eigentlich der Indikativ zu erwarten wäre).

2. Das T e m p u s ist bald selbständig, bald (besonders in den enger mit dem übergeordneten Satz verbundenen konsekutiven Subjektssätzen) bezogen: s. § 231 Nr. 1.

a) Konsekutive Subjektsätze

Das Subjekt des übergeordneten Satzes vertreten Konsekutivsätze nach den unpersönlichen Ausdrücken des G e s c h e h e n s , F o l g e n s u.ä., wie:

fierī (nōn) potest	es ist (un)möglich	(mihī) contingit	es gelingt (mir)
fit	es geschieht	accēdit (hūc, eō)	es kommt hinzu
ita (quō) factum est	so geschah es	sequitur	daraus folgt
est	es ist der Fall	reliquum est	es bleibt noch
accidit	es ereignet sich	restat	es bleibt noch
ēvenit, ūsū venit	es ereignet sich	mōs est	es ist Sitte
efficitur	daraus ergibt sich	cōnsuētūdō est	es ist Brauch

Est ut dicis, Antōnī, ut plērīque philosophī nūlla trādant praecepta dīcendī.	Es ist so, wie du sagst, Antonius, daß recht viele Philosophen keine Vorschriften über die Rede geben.
Aliquot dē causīs acciderat, ut Gallī bellī renovandī cōnsilium caperent.	Aus verschiedenen Gründen war es dazu gekommen, daß die Gallier sich entschlossen, den Krieg wieder aufzunehmen.
Ad Appī Claudī senectūtem accēdēbat etiam, ut caecus esset.	Zum hohen Alter des Appius Claudius kam noch hinzu, daß er blind war.
Hīs erat rēbus effectum, ut mīlle equitum Caesaris septem mīlium Pompēiānōrum impetum sustinēre audērent neque eōrum multitūdine terrērentur.	Hierdurch war erreicht worden, daß tausend cäsarianische Reiter es wagten, dem Angriff von siebentausend Pompeianern standzuhalten, und sich nicht vor ihrer Überzahl fürchteten (ohne zu fürchten ...).

nachklassisch:

In eō erat, ut discēderem.	(„es war soweit gekommen, daß ...") Ich war daran, wegzugehen.

Konstruktion von **tantum abest**:

Tantum abest, ut id mīrēmur (Subjektsatz), ut etiam reprehendāmus (Adverbialsatz zu tantum).	Weit entfernt, dies zu bewundern, tadeln wir es vielmehr.

Vermeidung dieser schwerfälligen Konstruktion durch:

Id ita nōn mīrāmur, ut reprehendāmus.	Wir bewundern es nicht nur nicht, sondern tadeln es.
oder:	
Tantum absumus ab admīrātiōne, ut reprehendāmus.	

Sequitur (efficitur) und mōs (cōnsuētūdō) est mit A c I: § 169 Nr. 2.
Accidit, ēvenit usw. mit quod: § 249 Nr. 1.
Facere, perficere, efficere mit konsekutivem oder finalem Objektsatz: § 234 Zusatz 1.

§ 238 b) Konsekutive Adverbialsätze

1. nach **demonstrativen Beziehungswörtern** im übergeordneten Satz wie ita, sīc, adeō, ūsque eō, tālis, tantus u.ä.:

Adeō ne mē dēlīrāre cēnsēs, **ut** ista crēdam?	Hältst du mich für so verrückt, daß ich das glaube?
Tālēs nōs esse putāmus, **ut** iūre laudēmur.	Wir halten uns für solche Menschen, daß man uns nicht zu Unrecht lobt.
Tanta vīs probitātis est, **ut** eam in hoste etiam dīligāmus.	Die Redlichkeit ist eine so hohe Tugend, daß wir sie sogar beim Feind lieben.

Der Konsekutivsatz nach einschränkendem ita drückt manchmal einen Gegensatz aus (vgl. ut — ita § 246 Zusatz 3.):

Ita probanda est clēmentia, ut adhibeātur reī pūblicae causā sevēritās.	(„Milde ist unter der Voraussetzung zu billigen, daß ...") Zwar ist Milde zu billigen, doch muß man im Staatsinteresse auch streng sein.

2. nach K o m p a r a t i v e n mit quam (vgl. § 247 Nr. 1):

Hoc vidētur esse altius, quam ut nōs perspicere possīmus.	Dies scheint zu erhaben, als daß wir es durchschauen könnten (vgl. § 229 Einzelheiten Nr. 4).

Nicht selten bleibt ut weg, besonders nach potius:

Dēpūgnā potius quam serviās!	Kämpfe lieber um die Entscheidung, als daß du dich unterwirfst! (... als dich zu unterwerfen).

3. o h n e besonderes B e z i e h u n g s w o r t im übergeordneten Satz (dt. „so daß", negativ „ohne daß"):

Mōns altissimus impendēbat, ut perpaucī iter prohibēre possent.	Ein sehr hoher Berg hing über, so daß schon ein paar Leute den Durchmarsch verhindern konnten.
Nōn possunt in cīvitāte multī fortūnās āmittere, ut nōn plūrēs sēcum in eandem trahant calamitātem.	Es können nicht in einem Staat viele ihr Vermögen verlieren, ohne daß sie noch mehr Leute mit sich ins gleiche Unglück ziehen.

c) Explikative ut-Sätze

Die explikativen ut-Sätze dienen zur Erläuterung eines demonstrativen Hinweises im übergeordneten Satz (nach beliebigen Verben), z.B.:

Illud meā magnī interest, tē ut videam.	Es ist für mich sehr wichtig, dich zu sehen („das ist ..., daß ...").
Id erat tempus annī, ut frūmentum in areīs Hispānī habērent.	Es war die Jahreszeit, in der die Spanier das Getreide schon auf der Tenne hatten.

4. Konjunktionalsätze mit quin § 239

Quin ist aus einem alten Abl.instr. des Pronominalstammes qui- und der Negationspartikel ne zusammengewachsen (§ 57), bedeutet also ursprünglich „wie nicht? warum nicht?". So steht es zunächst in unabhängigen Fragesätzen mit Indikativ (quin loqueris? „warum redest du nicht?", d.h. „so rede doch!") und mit dubitativem Konjunktiv: quin respondeam? „Warum sollte ich nicht antworten?" Tritt hierzu z.B. nōn recūsō „ich weigere mich nicht", so können beide Sätze zusammengerückt und quin zur Konjunktion werden. Ähnlich mihī dubium nōn est, quin hoc sit vērum „ich zweifele nicht, daß dies wahr ist" aus „warum sollte dies nicht wahr sein? für mich gibt es keinen Zweifel daran".

Sätze mit quin gelten stets als innerlich abhängig (wie die ihrer Entstehung nach ähnlichen indirekten Fragesätze). Sie stehen **nur** nach **verneinten** Hauptsätzen, und zwar:

1. nach verneinten Ausdrücken des **Zweifelns** (dt. „daß"):

Nōn dubitāri debet, quin fuerint ante Homērum poētae.	Es darf keinen Zweifel geben, daß es auch schon vor Homer Dichter gegeben hat.
Mihī nōn est dubium, quin legiōnēs ventūrae nōn sint (§ 230 Nr. 1).	Ich bin überzeugt, daß die Legionen nicht kommen (werden).
Contrōversia nōn erat, quin testēs vērum dīcerent.	Es war unbestritten, daß die Zeugen die Wahrheit sagten.

Weitere Konstruktionen von (nōn) dubitāre:

nōn dubitāre „nicht zweifeln" seit Nepos und Livius häufiger mit A c I;
dubitāre „Bedenken tragen" mit Infinitiv: § 166;
nōn dubitāre „keine Bedenken tragen" auch mit quin;
dubitāre „zweifeln" mit indirekter Satzfrage: § 233b Nr. 3.

2. nach verneinten Ausdrücken des **Hinderns** und **Widerstrebens** (dt. „daß" oder Inf. mit „zu"); auch vix und aegrē werden wie Negationen behandelt:

Quin crīminibus respondeam, nōn recūsō.	Ich weigere mich nicht, auf die Beschuldigungen zu antworten.
Mīlitēs aegrē sunt retentī, quin in oppidum irrumperent.	Nur mit Mühe konnte man die Soldaten davon abhalten, in die Stadt einzufallen.
Caesar Germānōs nōn sibi temperātūrōs existimābat, quin, cum omnem Galliam occupāvissent, in Italiam contenderent.	Cäsar glaubte nicht, daß die Germanen nach der Besetzung ganz Galliens sich davon abbringen lassen würden, weiter zu ziehen nach Italien.

ähnlich:

Paulum āfuit, quin dux ipse interīret.	Es fehlte nicht viel, und der Anführer wäre selbst umgekommen (§ 229 Einzelheiten Nr.4).
Nūlla causa est, quin discēdam (vgl. § 233 a)	Es besteht kein („hindernder Grund") Hindernis wegzugehen.

nē oder quōminus nach Verben des Hinderns: § 236 Nr. 2.

3. nach **beliebigen** verneinten übergeordneten Verben im Sinne von ut nōn (dt. „so ... daß nicht, ohne daß, ohne zu"):

Nōn potest ille condemnārī, quin simul dē istīus scelere iūdicētur.	Jener kann nicht verurteilt werden, ohne daß nicht zugleich auch über das Verbrechen des Mannes da geurteilt wird.
Nūllum intercēdēbat tempus, quin dīmicārētur.	Es gab keinen Augenblick, in dem nicht gekämpft wurde.

Facere nōn possum (fierī nōn potest), **quīn** nōmen ēloquar (= Nōn possum nōn ēloquī).	„Ich kann es nicht machen, den Namen nicht zu nennen" = Ich muß den Namen unbedingt nennen.

aber:

Facere nōn possum (fierī nōn potest), **ut** nōmen ēloquar (= Nōn possum ēloquī).	„Ich kann es nicht machen, den Namen zu nennen" = Ich kann den Namen keinesfalls nennen.

nōn quīn (= nōn quod nōn): § 251;
nēmō est, quīn u.ä.: § 242 Nr. 2b.

Andere Übersetzungsmöglichkeiten von „ohne daß, ohne zu":

verneintes Partizip: § 181
neque: § 224 a
sine: § 159 Nr. 9.

5. Relativsätze

§§ 240 - 245

Vorbemerkungen

§ 240

1. Die Sätze mit substantivischem Relativpronomen gehen z.T. auf paratakische Fragesätze zurück, z.B. quī (Nebenform von quis) volet, facitō ursprünglich: „wer wird wollen? der tue es!" Das adjektivische Relativpronomen kann teils auf das fragende („wer"), teils auf das indefinite Pronomen („irgend wer") zurückgehen.

2. Eingeleitet werden die Relativsätze (wie die Wortfragen) entweder durch **relative Pronomina** (z.B. quī, quantus, quālis) oder durch **relative Adverbien** (z.B. ubī, quō, quandō: s. § 62).

3. Das Relativpronomen weist auf einen Begriff im übergeordneten Satz; es richtet sich wie im Dt. in **Genus** und **Numerus** nach dem Wort, auf das es sich bezieht, der **Kasus** wird durch das Verbum des Relativsatzes bestimmt. Bezieht sich das Relativpronomen auf den ganzen übergeordneten Satz, so steht (id) quod oder quae rēs („was"):

Magna tōtīus exercitūs perturbātiō facta est, id quod necesse erat accidere.	Es gab eine große Verwirrung im ganzen Heer, was nicht ausbleiben konnte.
Dē principātū contrōversia est orta, quae rēs apud mīlitēs largītiōnēs auxit.	Es entstand ein Streit um den Oberbefehl, was die Spenden an die Soldaten erhöhte.

Einzelheiten der Kongruenz des Relativpronomens s. § 108 a Nr. 1, 108 b Nr. 2, 108 c.

4. Die Relativsätze stehen in dem **Modus**, den sie haben müßten, wenn sie selbständige Sätze wären; bezüglich des **Tempus** gelten mit wenigen Ausnahmen (vgl. z.B. § 228 β Nr. 2, § 231 Nr. 4) die Regeln der Zeitenfolge.
Die **Negation** ist stets **nōn**.

§ 241 a) Indikativische Relativsätze

Relativsätze stehen im Indikativ, wenn die attributive Bestimmung rein objektiv ist. Dies ist auch der Fall nach v e r a l l g e m e i n e r n d e n Relativa wie

quisquis, quicumque	wer auch immer	utcumque	wie auch immer
quotquot, quotcumque	wie viele auch immer	ubicumque	wo auch immer
		qualiscumque	wie auch immer beschaffen
		quantuscumque[1])	wie groß (klein) auch immer

Das Dt. setzt in diesen Fällen häufig den konzessiven Konjunktiv und bringt damit die Unbestimmtheit auch durch den Modus des Verbums zum Ausdruck, obwohl diese Sätze eine tatsächliche Aussage enthalten und die Unbestimmtheit sich lediglich auf die durch das Relativpronomen ausgedrückte Person, Beschaffenheit, Größe usw. bezieht:

Enecas me odio, quisquis e s.	Wer du auch s e i s t, ich komme um vor Haß gegen dich.
Ubicumque hoc factum e s t, improbe factum est.	Wo dies auch geschehen s e i n m a g, es war eine ruchlose Tat.
Totum hoc leve est, qualecumque e s t.	Die ganze Sache ist unbedeutend, es m a g s i c h damit verhalten wie auch immer.

Der Konjunktiv steht nur bei innerlicher Abhängigkeit und Modusangleichung, ferner bei der allgemeinen 2. Person, z.B.:

| Quoquo te verteris, praesto est amicitia. | Gleichgültig, wohin man sich wendet: die Freundschaft ist immer da. |

§ 242 b) Konjunktivische Relativsätze

1. Relativsätze mit f i n a l e m Sinn sowie nach d i g n u s, i n d i g n u s, i d o n e u s und a p t u s („würdig, unwürdig, passend, geeignet"):

Varro frumenti magnum numerum coegit, quod Massiliensibus m i t t e r e t.	Varro brachte sehr viel Getreide zusammen, das er den Einwohnern von Marseille schicken wollte (um zu ...).
Caesar cohortes reliquit, quae praesidio navibus e s s e n t.	Cäsar ließ Kohorten zurück, die den Auftrag hatten, die Schiffe zu bewachen.
Qui modeste paret, dignus est, qui aliquando i m p e r e t.	Wer im rechten Maße gehorcht, verdient, einmal zu befehlen.
Idonea Ciceroni Laeli persona visa est, quae de amicitia d i s s e r e r e t.	Cicero schien die Gestalt des Lälius geeignet, die Abhandlung über die Freundschaft vorzutragen.

Gerund. nach aptus, idoneus ad s. § 174 Nr. 3.

---

[1]) Vgl. auch quamquam § 263 Nr. 1, sive – sive § 259 Nr.1.

2. Relativsätze mit konsekutivem Sinn:

a) nach vorausgehendem oder dem Sinn nach zu ergänzendem **tam, talis, tantus** u.ä. und **is** im Sinne von **talis**:

Quae **tam** firma civitas est, quae non odiis funditus **possit everti**?	Welche bürgerliche Gemeinschaft ist so stark, daß sie nicht durch Haß von Grund aus zerstört werden könnte?
Secutae sunt tempestates, quae nostros in castris **continerent**.	Es folgten Unwetter (von solcher Stärke, daß sie ...), die unsere Soldaten das Lager nicht verlassen ließen.
Non **is** sum, qui mortis periculo **terrear**.	Ich bin nicht von dem Schlage, daß ich mich durch Todesgefahr schrecken ließe.

b) nach einem **unbestimmten, negativen** oder einer Einschränkung bzw. näheren Bestimmung bedürfenden Bezugswort im Hauptsatz. Hierzu gehören insbesondere die **allgemeinen** Wendungen wie

(non de) **sunt, reperiuntur, qui dicant**	es gibt Leute, die sagen
nemo est, qui putet	es gibt niemand, der glaubt
quis est, qui dicat?	wer wollte behaupten?
quotus quisque est, qui neget?	wie wenige gibt es, die leugnen?
(non) **est, quod**; (non) **habeo, quod**	es besteht (kein) Grund, ich habe (keinen) Grund
Duae res sunt, quae admirabilem eloquentiam faciant.	Zwei Dinge sind es, die die Beredsamkeit bewundernswert machen.
Pompeius unus inventus est, quem socii venisse gaudeant.	Es hat sich gezeigt, daß Pompeius der einzige ist, über dessen Kommen sich die Verbündeten freuen.
Hoc qui postularet, reperiebatur nemo.	Niemand fand sich, der dies verlangt hätte.
Sunt, qui discessum animi a corpore putent mortem.	Es gibt Leute, die meinen, der Tod bestehe in der Trennung der Seele vom Leib.
Non est, quod te pudeat sapienti assentiri.	Du hast keinen Grund, dich zu schämen, einem Weisen zuzustimmen.
Quid est, quod deum veneremur?	Warum verehren wir Gott?

Viele dieser Relativsätze sind für dt. Sprachgefühl reine Bestimmungssätze zu dem unbestimmten oder einer Einschränkung bedürfenden Bezugswort. Daß der Lateiner jedoch, außer bei negativem Hauptsatz und bei unbestimmtem Bezugswort, auch den Indikativ kennt, zeigt, daß er einen Unterschied macht zwischen Relativsätzen, die lediglich eine Tatsache zur Bestimmung des Bezugswortes mitteilen, und solchen, die eine aus der Natur des Bezugswortes sich ergebende Folge oder Wirkung bezeichnen. Vgl.:

Tū es is, quī mē tuīs sententiīs saepissimē ōrnāstī.	Du bist der, der mich durch seine Anträge häufig geehrt hat.

mit:

Habētis eum cōnsulem, quī pārēre vestrīs dēcrētīs nōn dubitet.	Ihr habt den als Konsul, der („von solcher Art ist, daß er") euren Beschlüssen zu gehorchen nicht zögert.

Nach negiertem übergeordneten Satz kann statt qui nōn, quae nōn, quod nōn auch **quin** stehen:

Quis est, quīn (= quī nōn) hoc intellegat?	Wo ist einer, der dies nicht einsähe?
Hostium nūllī ex itinere excēdere licēbat, quīn (= quī nōn) ab equitātū exciperētur.	Keiner der Feinde konnte den Weg verlassen, ohne daß er von der Reiterei abgefangen worden wäre.
Nūlla fuit cīvitās, quīn (= quae nōn) Caesarī pārēret.	Es gab keine Gemeinde, die Cäsar nicht gehorchte.
In Siciliā nūllum vās fuit, quīn (= quod nōn) Verrēs abstulerit (s. § 231 Nr. 1).	In Sizilien gab es kein Gefäß, das Verres nicht gestohlen hätte.

3. Relativsätze mit kausalem, konzessivem und adversativem Sinn:

Mē caecum, quī haec ante nōn vīderim!	Ich Dummkopf, der (da, daß) ich dies nicht eher sah!

Die kausale Nuance kann durch ut, quippe, praesertim, selten utpote betont werden:

Tribūnōrum plēbis potestās mihi quidem pestifera vidētur, quippe quae in sēditiōne et ad sēditiōnem nāta sit.	Die Macht der Volkstribunen scheint mir unheilvoll, da sie ja im Aufruhr und zum Aufruhr entstanden ist.
Quis est, quī nōn cum cāritāte aliquā benevolā priscōrum virōrum illustrium memoriam colat, quōs numquam vīderit?	Wer pflegte nicht mit einer sozusagen liebevollen Zuneigung das Andenken an die großen Männer der Vorzeit, die er doch nie gesehen hat (obgleich er sie ...)?
Pompēī mīlitēs exercituī Caesaris luxuriem obiciēbant, cui semper omnia ad necessārium ūsum dēfuissent.	Die Soldaten des Pompeius warfen dem Heer Cäsars Schwelgerei vor, während es ihm doch immer an allem für den notwendigen Bedarf gefehlt hatte.

Die Verwendung der Relativsätze an Stelle von Konjunktionalsätzen im zuletzt genannten Sinn ist im Lat. im allgemeinen seltener als im Dt.; nie vertritt der Relativsatz (wie im Dt.) einen Temporalsatz, z.B.:

Germānī cum suōs interficī vidērent, sē ex castrīs ēiēcērunt.	Die Germanen, die ihre Leute sterben sahen, stürzten aus dem Lager.

§§ 242 - 243   Relativsätze

4. Relativsätze mit einschränkendem Sinn besonders in Wendungen wie:

quod sciam	soviel ich weiß	quod audierim	soweit ich gehört habe
quod meminerim	soweit ich mich erinnere	quod senserim	soviel ich mir bewußt bin

Aristidēs ūnus post hominum memoriam, quem quidem nōs audierīmus, iūstus est appellātus.	Aristides erhielt als einziger, soweit ich wenigstens gehört habe, seit Menschengedenken den Beinamen ‚der Gerechte'.

Doch ist auch der Indikativ möglich, der neben quantum stehen muß, z.B. quantum intellegō („soweit ich verstehe"), quantum possum („soweit ich kann").

c) Stilistische Besonderheiten der Relativsätze   § 243

1. In Nachahmung des nach Deutlichkeit strebenden Gesetzesstils findet sich nicht selten, besonders bei Caesar, die **Wiederholung des Beziehungswortes** im Relativsatz:

Id bellum gerimus, quō bellō dē dignitāte, dē libertāte, dē vitā dēcernāmus.	Wir führen einen Krieg, in dem es für uns um die Entscheidung über Würde, Freiheit und Leben geht.
Helvētiī diem dīcunt, quā diē ad ripam Rhodanī omnēs conveniant.	Die Helvetier setzten einen Termin fest, an dem alle am Ufer der Rhone sich einfinden sollten.

2. **Hineinziehung des Beziehungswortes** in den Relativsatz:

a) wenn der Relativsatz vorangeht:

Hoc nōn concēdō, ut quibus rēbus glōriēminī in vōbīs, (eāsdem) in aliīs reprehendātis.	Daß ihr die Dinge bei anderen Leuten tadelt, auf die ihr selbst euch etwas zugute tut, kann ich nicht zugeben.

Ähnlich wird auch ein Adjektiv (bes. Superlative; vgl. § 190 Nr. 2) in den Relativsatz gezogen:

Agamemnō cum dēvōvisset Diānae, quod in suō rēgnō pulcherrimum nātum esset illō annō, immolāvit Īphigenīam.	Da Agamemnon der Diana das Schönste, was in dem Jahr in seinem Reich geboren sei, gelobt hatte, mußte er Iphigenie opfern.

b) wenn das Beziehungswort eine Apposition ist:

Santonum fīnēs nōn longē ā Tolōsātium fīnibus absunt, quae cīvitās est in prōvinciā.	Das Gebiet der Santonen liegt in der Nähe des Gebietes der Tolosaten, eines Volkes, das zur Provinz gehört.

c) wenn der Relativsatz frei begründend ist wie

quae tua est prūdentia,
oder:
quā es prūdentiā,
(= prō tuā prūdentiā,
= ut es prūdentissimus) } nihil tē fugiet   bei deiner Klugheit wird dir nichts entgehen

3. **Verbindung zweier Relativsätze:**

a) Sie werden **asyndetisch** nebeneinander gestellt, wenn die beiden Relativsätze nicht gleichwertig sind, sondern der erste enger zu seinem Beziehungswort gehört, mit ihm einen Begriff bildet·

| Cāritās, quae est inter nātōs et parentēs, quae dirimī nisi detestābilī scelere nōn potest. | Die Liebe zwischen Eltern und Kindern, die nur durch ein abscheuliches Verbrechen zerstört werden kann. |

b) Sie werden durch **et** oder **-que verbunden**, wenn die beiden Relativsätze gleichwertig sind. Das Relativpronomen kann wiederholt werden; es muß wiederholt werden, wenn es in verschiedenem Kasus steht oder sich bei gleichem Kasus auf verschiedene Dinge bezieht:

| Egō, **quī** semper pācis auctor fuī **cuique** pāx in prīmīs fuit optābilis. | Ich, der ich mich immer für den Frieden eingesetzt habe und dem der Frieden besonders wünschenswert war. |
| Omnia, **quae** leget **quaeque** reiciet virtūs, referuntur. | Alles, was die Tugend auswählen und was sie verwerfen wird, wird zusammengefaßt. |

4. Wird an ein durch ein Adjektiv bestimmtes Substantiv ein zweites Attribut in Form eines Relativsatzes angeschlossen, so erfolgt die Verbindung zwischen erstem und zweitem Attribut durch et (oder sed); der Relativsatz steht regelmäßig im final-konsekutiven Konjunktiv:

| Xenophōn lēniōre quōdam sonō est ūsus et quī impetum ōrātōris nōn habeat. | Xenophon schlug einen gleichsam gemäßigteren Ton an, der nicht den rednerischen Schwung hat. |

5. Lat. Relativsätze entsprechen dt. Satzappositionen (vgl. § 240 Nr. 3):

| Accēdēbant ūsūrae gravissimae, quod in bellō plērumque accidere cōnsuēvit. | Hinzu kam ein sehr hoher Zinsfuß, eine häufige Kriegsfolge. |
| Haec Appius ēgit septimō decimō annō post alterum cōnsulātum; ex quō intellegitur Pyrrhī bellō grandem sānē fuisse. | Dies tat Appius 17 Jahre nach seinem zweiten Konsulat – ein Beweis, daß er zur Zeit des Pyrrhus-Krieges schon in hohem Alter stand. |

§ 244 d) Relativer Anschluß

Sehr häufig steht im Lat. das Relativpronomen zur Anknüpfung von Sätzen.[1]) Während im Dt. jedoch zu den entsprechenden Demonstrativa häufig noch beiordnende Partikeln treten („und dieser, dieser nämlich, der also" u.ä.), kann im Lat. nicht noch at, autem, enim, ergō, et, igitur, vērō u.ä. hinzutreten.

| Is hunc suō testimōniō sublevat; **quod** recitā! | Der unterstützt ihn durch sein Zeugnis; lies **dieses also** vor! |

---

[1]) Es sind verselbständigte Relativsätze, die die Geltung von Hauptsätzen haben, wie sich z.B. daran zeigt, daß sie in der ōrātiō obl. in den A c I treten (§ 264).

Caesar paulō post mediam noctem nāvēs solvit; q u a e omnēs incolumēs ad continentem pervēnērunt.	Cäsar ließ die Schiffe kurz nach Mitternacht in See gehen; d i e s e gelangten a u c h sämtlich ohne Schaden zum Festland.
Auximum proficīscitur; q u o d oppidum Attius tenēbat.	Er machte sich auf den Marsch nach Auximum; d i e s e Stadt hielt Attius besetzt.

Häufige relative Anschlüsse sind:

quō factō	hierauf	quibus rēbus cognitīs	auf diese Kunde
quārē, quāpropter	deshalb	quae cum audīsset	auf diese Nachricht
quod sī	wenn also, wenn aber	quae cum ita sint	unter diesen Umständen
unde	daher	quibus rēbus gestīs	danach

e) Relative Verschränkung § 245

Im Lat. ist es möglich, einen Nebensatz 2. Grades mit einem übergeordneten Relativsatz so zu „verschränken", daß die K o n s t r u k t i o n   d e s   R e l a t i v p r o n o m e n s durch das Verbum des u n t e r g e o r d n e t e n Satzes bestimmt wird. Statt des untergeordneten Satzes kann auch eine Infinitiv- oder Partizipialkonstruktion eintreten. Bei der Übersetzung ins Dt.[1]) ist jeweils zu fragen, ob es sich bei dem relativ angeschlossenen Satzgefüge um eine zusätzliche Aussage handelt, ohne die das Vorhergehende auch für sich sinnvoll ist, oder um eine notwendige Bestimmung oder Ergänzung des für sich allein nicht verständlichen Vordersatzes. Im ersten Fall ist es immer möglich, wie beim relativen Anschluß das Relativum in das entsprechende Demonstrativum zu verwandeln und einen neuen Satz beginnen zu lassen. Im zweiten Fall dagegen, der meist an einem vorausgehenden präparativen (§ 196 Nr. 2) Demonstrativum, seltener an einem allgemeinen Ausdruck wie omnēs, multī, paucī, nēmō u.ä. zu erkennen ist, muß auch im Dt. ein Relativpronomen erscheinen.

1. A c I in der relativen Verschränkung

a) n i c h t n o t w e n d i g e s relatives Gefüge: Übersetzung wie beim relativen Anschluß ist möglich:

Hostēs ad flūmen Axonam contendērunt, q u o d esse post castra nostra dēmōnstrātum est.	Die Feinde eilten zum Fluß Axona; d i e s e r floß, wie gezeigt, hinter unserem Lager vorbei.
Trēverī conclāmāvērunt habēre sēsē, quae dē rē commūnī dīcere vellent, q u i b u s r ē b u s contrōversiās minuī posse spērārent.	Die Treverer riefen, sie wünschten Dinge von gemeinsamem Interesse zu besprechen; h i e r d u r c h , so hofften sie, könnten die Streitpunkte geschlichtet werden.

---

[1]) Wörtliche Übersetzg. ist deshalb nicht möglich, weil sich der Kasus des Relativpronomens im Dt. nicht nach der Konstruktion des dem Relativsatz untergeordneten Satzes, sondern nur nach der des Relativsatzes selbst richten kann.

b) **notwendiges** relatives Gefüge: auch im Dt. muß ein Relativpronomen erscheinen:

In eos, **quos** speramus nobis profuturos, non dubitamus officia conferre.	Wir sind schnell mit Gefälligkeiten gegenüber denjenigen bei der Hand, von **denen** wir hoffen, daß sie uns nützen werden.
Recordor legiones nostras in eum locum saepe profectas alacri animo, **unde** se redituras numquam arbitrarentur.	Ich vergesse nicht, daß unsere Legionen sich oft mutig dahin in Marsch gesetzt haben, **von wo** sie ihrer Meinung nach nie zurückkehren würden.

2. Konjunktional-, Relativ- oder Fragesatz in der relativen Verschränkung

Das die Verbindung herstellende Relativum gehört entweder nur dem untergeordneten Nebensatz an oder, teils nur dem Sinne nach, teils durch ein Demonstrativum o.ä. wieder aufgenommen, auch dem übergeordneten. Übersetzungstechnisch ist dieser Unterschied nur für die Gruppe der notwendigen Relativsätze von Bedeutung.

a) **nicht notwendiges** relatives Gefüge: Übersetzung wie beim relativen Anschluß ist möglich:

De civium Romanorum condicione disputo, **qui** quemadmodum essent accepti, audistis ex ipsis.	Ich spreche von der Lage der römischen Bürger; wie **sie** aufgenommen wurden, habt ihr von ihnen selbst gehört.
Aberat omnis dolor, **qui** si adesset, non molliter ferret (sc. eum).	Jeglicher Schmerz fehlte; wenn **er** vorhanden wäre, würde er ihn keineswegs wehleidig ertragen.
Omnia erant suspensa propter exspectationem legatorum, **qui** quid egissent, nihildum nuntiabatur.	Alles war in gespannter Erwartung der Gesandten; was **sie** ausgerichtet hatten, wurde (nämlich) noch nicht gemeldet.

b) **notwendiges** relatives Gefüge: auch im Dt. muß ein Relativpronomen erscheinen. Wird das lat. Relativpronomen tatsächlich oder dem Sinne nach im übergeordneten Nebensatz wieder aufgenommen, dann kann das dt. Relativpronomen in den Kasus treten, der von der Konstruktion des übergeordneten Nebensatzes gefordert wird:

Is enim fueram, **cui** cum liceret ex otio capere fructus, non dubitaverim me gravissimis tempestatibus obvium ferre.	Ich war nämlich ein Mensch gewesen, **der**, obgleich es **ihm** möglich gewesen wäre, Früchte der Muße zu ernten, nicht zögerte, sich den schlimmsten Stürmen auszusetzen.

Häufiger jedoch gehört das die Verbindung herstellende Relativum auch dem Sinne nach nur zum untergeordneten Nebensatz; dann kann ein in jedem Fall anwendbares Übersetzungsschema nicht mehr gegeben werden. Teils ist es möglich, das

Relativum durch eine Umstellung doch wieder in den übergeordneten Nebensatz zu bringen, z.B.:

Puer inficī dēbet iīs artibus, q u ā s sī, dum est tener, combiberit, ad maiōra veniet parātior.	Ein Junge muß die Wissenschaften kennenlernen, d i e ihn, wenn er sie schon in früher Jugend aufgenommen hat, zur Erreichung höherer Ziele gerüsteter machen.

Teils ist es möglich, den lat. untergeordneten Nebensatz mit einer nominalen Wendung wiederzugeben, z.B.:

Sunt permulta, q u a e ōrātor ā nātūrā nisi habet, nōn multum ā magistrō adiuvātur.	Es gibt sehr viele Eigenschaften, bei d e r e n Fehlen von Natur aus ein Redner auch von einem Lehrer keine große Hilfe erfahren kann.

Teils kann der im Lat. untergeordnete Nebensatz im Dt. zum übergeordneten Nebensatz werden, z.B.:

Iīs verbīs ūteris, quibus sī philosophī nōn ūterentur, philosophia omnīnō nōn egērēmus.	Du wählst die Worte, die die Philosophen gebrauchen müssen, wenn die Philosophie überhaupt einen Wert für uns haben soll.

Die dem Dt. entsprechende Form (d.h. Kasus des Relativpronomens nicht vom untergeordneten Nebensatz, sondern vom Relativsatz bestimmt) ist seltener:

Erant tum cēnsōrēs, quibus (statt gewöhnlichem q u ī) sī quid commīsissent, poenae lēgibus erant cōnstitūtae.	Es gab damals Zensoren, d e n e n für den Fall einer Verfehlung nach den Gesetzen Strafen bestimmt waren.

3. Partizipialkonstruktion in der relativen Verschränkung

a) n i c h t n o t w e n d i g e s relatives Gefüge: Übersetzung wie beim relativen Anschluß ist möglich:

Vercingetorix nihil dīcit interesse ipsōsne[1]) interficiant Rōmānōs impedīmentīsne[1]) exuant, q u i b u s āmissīs bellum gerī nōn possit.	Vercingetorix sagte, daß es keinen Unterschied mache, ob sie die Römer selbst töteten oder ihnen nur ihren Troß wegnähmen; denn nach d e s s e n Verlust könne kein Krieg mehr geführt werden.

b) n o t w e n d i g e s relatives Gefüge: auch im Dt. muß ein Relativpronomen stehen:

Nōn sunt ea bona habenda, q u i b u s abundantem licet esse miserrimum.	Man soll die(jenigen Dinge) nicht für Güter halten, d i e man im Überfluß besitzen und dennoch höchst unglücklich sein kann.

---

[1]) Vgl. zu -ne ... -ne: ungewöhnliche Form der indirekten Doppelfrage statt utrum ... an oder -ne ... an (§ 233c).

Interrogative Verschränkung
Sie entspricht der relativen insofern, als das die Verbindung herstellende Fragewort der indirekten Frage dem Sinn nach zu einem Infinitiv oder Partizip gehört, z.B.:

Quaerō cuius modī tū iūdicia Rōmae putāris esse.	Ich frage, wie du dir die Gerechtigkeit in Rom vorgestellt hast.
Cōgitāte, quantā virtūte stabilītam lībertātem ūna nox paene dēlērit.	Bedenkt, mit welcher Tapferkeit die Freiheit gefestigt worden ist, die eine Nacht beinahe vernichtet hätte.
Praetor requīrit ex sociīs, quam pecūniam ā sē ablātam querantur.	Der Prätor fragte die Verbündeten, von welcher Art die Geldsumme sei, die ihnen entsprechend ihrer Klage weggenommen sei.

6. Komparativsätze (Vergleichssätze)

Vorbemerkungen

1. Die Komparativsätze bestimmen eine Aussage näher hinsichtlich der Art und Weise oder des Grades durch einen Vergleich mit einer anderen Aussage.

2. Sie werden mit dem übergeordneten Satz durch vergleichende Konjunktionen oder durch Relativpronomina verbunden; im übergeordneten Satz steht meist das betreffende Korrelativ.

3. Komparativsätze erscheinen oft in abgekürzter Form, d.h. Haupt- und Nebensatz haben nur ein Prädikat. Ut im abgekürzten Vergleichssatz neben der Apposition s. § 111 Nr. 2; abgekürzte Vergleichssätze im A c I s. § 167 Zur Konstr. Nr. 1.

4. Modi und Tempora sind die gleichen wie in Behauptungssätzen. Die Negation ist nōn.

a) Indikativische Vergleichssätze

α) Streng korrelative Verbindungen

ita, sīc (meist bei Verben)	– ut	so (Art und Weise)	– wie
tam (meist bei Adj. u. Adv.)	– quam	so (Grad)	– wie
tantus	– quantus	so groß	– wie
tālis	– quālis	so beschaffen	– wie
tot (idem)	– quot	(eben)so viele	– wie
idem	– quī	derselbe	– wie
totiēns (s. § 256 Nr. 2)	– quotiēns	sooft	– wie

Ita sēnsit, ut loquitur.	Wie er redet, so dachte er auch.
Tam vehemēns fuī, quam cōgēbar, nōn quam volēbam.	Ich war so heftig, wie man mich zu sein zwang, nicht wie ich wollte.
Est tanta in tē auctōritās, quanta dēbet.	Du hast eine Autorität, die so groß ist, wie sie sein muß.
Pompēius tot habet triumphōs, quot ōrae sunt terrārum.	Pompeius' Triumphe sind so zahlreich wie die Küstenstriche.

§ 246   Komparativsätze

Sōcratēs affirmābat, quālis homō ipse   Sokrates behauptete, daß die Rede eines
esset, tālem eius esse ōrātiōnem.   Menschen so sei wie der Mensch selbst.
In eādem sententiā fuī, in quā frāter   Ich war der gleichen Ansicht wie dein
tuus.   Bruder.

Zusätze

1. nōn tam — quam: „nicht so sehr — als vielmehr"

Quāle sit honestum, nōn tam dēfīnītiōne intellegī   Was unter „ehrenhaft" zu verstehen ist, erkennt
potest quam commūnī omnium iūdiciō.   man nicht so sehr aus einer Definition als viel-
                                                     mehr aus dem einhelligen Urteil aller.

2. tam — quam quī mit Superl. und sīc — ut quī mit Superl.: „so — wie nur einer"

Tam sum mītis quam quī lēnissimus (oder: Ich bin so milde wie nur einer, ich bin die Milde
quam quī maximē).   selbst.
Tē sīc colam et tuēbor, ut quem   Ich will dich mit solcher Sorgfalt und Auf-
dīligentissimē.   merksamkeit behandeln, wie nur irgendeinen
                                                 (mit der größten ...)

3. ut — sīc(ita): „zwar — aber" (Vergleich des Gegensätzlichen; vgl. § 238 Nr. 1)

Ut nihil bonī est in morte, sīc certē nihil   Zwar hat der Tod nichts Gutes, aber er
malī.   ist bestimmt auch kein Übel.
Ut reliquōrum imperātōrum rēs adversae   Während bei anderen Feldherrn Mißerfolge
auctōritātem minuunt, sīc Vercingetorīgis   das Ansehen untergraben, wuchs im Gegen-
ex contrāriō dignitās incommodō acceptō   teil des Vercingetorix Einfluß täglich trotz
in diēs augēbātur.   der Niederlage.

bei ausschließlicher Betonung des Gegensatzes: quidem — sed oder quamquam (etsī) — tamen;
s. § 263.

4. ut — ita (sīc) mit Superlativ (oder: quō, quantō — eō, tantō mit Komparativ): „je —
desto", z.B.:

Ut quaeque rēs est turpissima, sīc
maximē vindicanda est: Je gemeiner eine Tat ist, um so strenger ist
oder: sie zu bestrafen.
Quō (quantō) quaeque rēs est turpior,
eō (tantō) magis vindicanda est.

5. ut est (erat) in Vergleichssätzen leitet oft eine Begründung ein, z.B.:

Aiunt hominem, ut erat furiōsus,   Man sagt, der Mensch habe, wütend wie er
respondisse eqs. (vgl. § 243 Nr. 2c)   war, geantwortet usw.

gelegentlich auch eine Einschränkung, z.B.:

Ubiōrum cīvitās fuit ampla atque   Der Staat der Ubier war, wenigstens für
flōrēns, ut est captus Germānōrum.   germanische Begriffe, groß und blühend.

6. (vel)ut dient zur Anführung von Beispielen, z.B.:

Multī saepe vēra vāticinātī sunt ut Cassandra (vgl. § 224 d).	Viele haben häufig die Wahrheit prophezeit, wie z.B. Kassandra.

§ 247 β) **Freiere Korrelation**

1. **quam** („als") nach K o m p a r a t i v e n und Verben mit komparativer Bedeutung (z.B. mālle, praestāre u.ä.):

Melior tūtiorque est certa pāx quam spērāta victōria.	Ein Frieden, der sicher ist, ist besser und gefahrloser als ein Sieg, den man nur erhofft.
Nēmō est, quīn ēmorī mālit quam convertī in aliquam figūram bēstiae.	Es gibt wohl niemand, der nicht lieber sterben als in irgendeine Tiergestalt verwandelt werden möchte.
Accipere quam facere praestat iniūriam.	Unrecht leiden ist besser als Unrecht tun.

n o n m i n u s — q u a m („ebensosehr — wie") betont das e r s t e Glied stärker:

Tē nōn minus contemnō quam ōdī.	Meine Verachtung dir gegenüber ist nicht geringer als mein Haß.

n o n m a g i s (plūs) — q u a m (mit Umstellung der Glieder: „ebensosehr — wie") betont das z w e i t e Glied stärker; bei negativem Sinn auch „ebensowenig — wie":

Nōn magis mē meae excruciant miseriae quam tuae.	Dein Elend quält mich ebenso wie das meine.

ähnlich:

Fabius nōn in armīs praestantior fuit quam in togā.	Im Frieden war Fabius ebenso vortrefflich wie im Krieg.

mit negativem Sinn:

Animus quī est in aliquō morbō, nōn magis est sānus, quam id corpus, quod in morbō est.	Ein von einer Leidenschaft bewegtes Gemüt ist ebensowenig gesund wie ein kranker Körper.

Werden z w e i Eigenschaften e i n e s Gegenstandes verglichen, so treten entweder beide in den Komparativ oder es steht die dem Dt. entsprechende Form:

Is disertus magis est quam sapiēns (= disertior quam sapientior).	Er ist mehr beredt als klug.
Id subtīliter magis quam dīlūcidē dīcitur (= subtīlius quam dīlūcidius).	Dies ist mehr fein als klar ausgedrückt.

quam prō beim Komparativ (nachkl.) drückt das Mißverhältnis zum Verglichenen aus:

Minor caedēs quam prō tantā victōriā fuit.	Die Verluste waren in Vergleich zu einem solchen Sieg unverhältnismäßig gering.

2. **ac, atque** („wie, als") nach Adjektiven, Pronomina und Adverbien der Gleichheit, Ähnlichkeit und Verschiedenheit wie:

aequus	gleich	aequē	ebenso
pār	gleich	aliter	anders
dispār	ungleich	contrā	ganz anders
similis	ähnlich	perinde	geradeso
dissimilis	unähnlich	proinde	geradeso
īdem	derselbe	secus	anders
alius	ein anderer	nōn secus	ebenso

Virtūs e a d e m in homine a c deō est.	Der Begriff der Tugend ist beim Menschen „und der Gottheit gleich", d.h. der gleiche wie bei der Gottheit.
Hortātur Haeduōs Litaviccus, ut s i m i l ī r a t i o n e a t q u e ipse fēcerit, suās iniūriās persequantur.	Litaviccus forderte die Häduer auf, sich für das erlittene Unrecht ähnlich, wie er es getan habe, zu rächen.
C o n t r ā ac Dēiotarus sēnsit fortūna belli iūdicāvit.	Das Kriegsglück entschied anders als Dēiotarus dachte.
Nōn dīxī s e c u s a c sentiēbam.	Ich sprach nicht anders als ich dachte.

3. **nisi** („als", vgl. § 261 Nr. 1 a) nach Negationen und Fragewörtern:

Philosophia quid est aliud nisi (nachkl. auch: quam) dōnum deōrum?	Was ist die Philosophie anderes als ein Göttergeschenk?

nihil aliud nisi adverbial (klass. selten): „lediglich"

Nihil aliud nisi dē praesidiō rettulistis.	Ihr habt lediglich über die Bewachung berichtet.

beim Zusammentreffen mit einem Komparativ oder **tam** steht dagegen **quam**:

Nihil honestius (tam honestum) est quam pecūniam ad beneficentiam cōnferre.	Nichts ist ehrenhafter als (so ehrenhaft wie) Geld für Wohltätigkeit zu verwenden.

b) Konjunktivische Vergleichssätze § 248

Im Konjunktiv stehen die k o n d i z i o n a l e n Vergleichssätze mit **quasi** (aus quam sī), **tamquam sī** (seltener ut sī, velut sī; ac sī nach Ausdrücken der Gleichheit), die einen angenommenen Vergleich einleiten; im Dt. wird in diesen Sätzen der dem Irrealis nahestehende Konj. Imperf. oder Plusquamperf. gebraucht (§ 229 Einzelh. Nr. 4), im Lat. die Zeitenfolge in konjunktivischen Nebensätzen beachtet:

Est avāritia opīnātiō vehemēns dē pecūniā, q u a s i valdē expetenda s i t.	Geiz ist eine übertriebene Vorstellung vom Geld, so als ob dies etwas sehr Erstrebenswertes wäre.

Quasi meā culpā bona perdiderit, ita est mihī inimīcus.	Er verhält sich so feindselig gegen mich, als wenn er durch meine Schuld sein Hab und Gut verloren hätte.
Qui aliīs nocent, ut līberālēs sint, in eādem sunt iniūstitiā, ut sī in suam rem aliēna convertant.	Wer, um freigebig zu sein, andere schädigt, ist ebenso ungerecht, als wenn er fremdes Gut zu seinem eigenen machen wollte.

quasi vērō dient zur ironischen Widerlegung einer Behauptung:

Quasi vērō fortī virō vīs possit adhibērī!	Als ob man einem tapferen Manne mit Gewalt beikommen könnte!

§§ 249-252 7. Kausalsätze (Begründungssätze)

§§ 249-251 a) Konjunktionalsätze mit quod

Vorbemerkungen

1. Quod ist adverbialer Akkusativ des Inhalts oder der Beziehung (§ 116 Nr. 3) des Relativpronomens: „in welcher Beziehung".

2. Quod („daß, weil") leitet sowohl Subjekt- und Objekt- als auch Adverbialsätze ein; es steht stets mit dem Indikativ außer bei obliquem Verhältnis (§ 227 Nr. 2) und in den Wendungen quod sciam (§ 242 Nr. 4), nihil habeō quod (§ 232 Nr. 2, § 242 Nr. 2b) und nōn quod (§ 251 a.E.).

§ 249 α) Faktisches quod

Das faktische quod („daß; die Tatsache, daß; der Umstand, daß") führt eine Tatsache als Erläuterung der Handlung des übergeordneten Satzes ein; es steht:

1. nach den **unpersönlichen Ausdrücken**

bene, male commodē opportūnē	} accidit, ēvenit, fit	es trifft sich	{ gut schlecht passend gelegen
grātum facere		einen Gefallen erweisen	
bene male	} facere	gut schlecht	} daran tun

Das Tempus ist streng gleichzeitig (§ 228 Nr. 1):

Accidit perincommodē, quod frātrem meum nōn vīdistī.	Es traf sich äußerst ungünstig, daß du meinen Bruder nicht gesehen hast.
Bene facis, quod mē adiuvās.	Du tust gut daran, daß du mir hilfst.

§ 249 Kausalsätze 299

Videor mihi grātum fēcisse Siculīs, quod eōrum iniūriās sum persecūtus.	Ich glaube, den Siziliern einen Gefallen getan zu haben, daß ich das ihnen angetane Unrecht gerichtlich verfolgt habe.

Soll die erläuternde Tatsache als Bedingung (in der Zukunft) aufgefaßt werden, so tritt si ein:

Grātissimum mihi fēceris, sī ad mē quam prīmum vēneris.	Du wirst mir einen großen Gefallen tun, wenn du so schnell wie möglich zu mir kommst.

Ut nach Ausdrücken des Geschehens ohne beurteilendes Adverb: § 237.

2. nach tatsächlich vorausgehendem oder dem Sinne nach zu ergänzenden D e m o n s t r a t i v u m im übergeordneten Satz:

Mē ipse cōnsōlor illō sōlāciō, quod culpā careō.	Ich tröste mich damit (mit dem Trost), daß ich frei von Schuld bin.
In eō peccant, quod iniūriōsī sunt in proximōs.	Sie sündigen darin, daß sie gegen ihre Nächsten ungerecht sind.
Caesar sua senātūsque in Ariovistum beneficia commemorāvit, quod rēx appellātus esset, quod mūnera amplissima missa.	Cäsar erinnerte an seine eigenen und des Senats Wohltaten gegenüber Ariovist, daß er nämlich den Titel König erhalten habe und daß ihm aufwendige Geschenke zugekommen seien.
Eius reī testimōnium est, quod nisi rogātus nōn vēnit.	Beweis hierfür ist der Umstand, daß er überhaupt nur auf die Bitte hin kam.
Dēclārātur studium bellicae glōriae, quod statuās quoque vidēmus ōrnātū mīlitārī.	Das Streben nach Kriegsruhm wird dadurch deutlich, daß wir selbst Statuen in kriegerischer Aufmachung sehen.

Immer fehlt das Demonstrativum bei nisi (praeterquam) quod („abgesehen davon, daß"):

Apud cōmicōs nisi quod versiculī sunt, nihil est aliud cotīdiānī dissimile sermōnis.	Abgesehen davon, daß es sich um Verse handelt, besteht bei den Komödiendichtern kein Unterschied gegenüber der Umgangssprache.

Geht der Nebensatz voran, so ist im Dt. gelegentlich Einführung des Hauptsatzes mit einem Zusatz wie „so wisse" o.ä. angebracht:

Quod scrībis tē, sī velim, hūc ventūram: tē istīc esse volō.	Was das aber anbelangt, daß du schreibst, du werdest, mein Einverständnis vorausgesetzt, hierher kommen, so wisse: Ich möchte lieber, daß du dableibst.
Quod scīre vīs, quā quisque in tē sit voluntāte, difficile dictū est dē singulīs.	Was die Tatsache angeht, daß du wissen möchtest, wie jeder zu dir steht, so laß dir sagen: von jedem einzelnen ist das schwer anzugeben.

β) Kausales quod

§ 250 Der Übergang vom erläuternden zum begründenden quod zeigt sich bei den Verben des Lobens und Tadelns, Dankens, Anklagens und Verurteilens sowie bei den Verben, die ein Gefühl oder eine Gefühlsäußerung bezeichnen (vgl. „ich lobe dich dafür, daß" und „ich lobe dich, weil"). In diesen Fällen leitet quod einen Objektsatz ein:

1. mit Indikativ:

Molestissimē ferō, quod, tē ubi visūrus sim, nesciō.	Ich bin sehr verärgert, daß (weil) ich nicht weiß, wo ich dich treffen werde.
Quod iste adest, quod respondet, sunt qui mirentur.	Manche wundern sich, daß der überhaupt da ist und daß er antwortet.

Nach den Verben des Gefühls und der Gefühlsäußerung steht häufiger, nach arguere (anklagen) immer der AcI (§ 168 Nr. 2).

2. mit obliquem Konjunktiv (§ 227 Nr. 2):

Theophrastus natūram accūsāvit, quod hominibus tam exiguam vitam dedisset.	Theophrast klagte die Natur an, daß sie den Menschen ein so kurzes Leben gegeben habe.
Mihi grātiae aguntur, quod providentiā meā rēs pūblica maximīs periculīs sit līberāta.	Man bedankt sich bei mir dafür, daß durch meine Vorsorge der Staat aus großer Gefahr gerettet sei.
Reprehendis, quod solēre mē dicās (§ 227 Nr. 3) dē mē ipsō praedicāre.	Du tadelst mich dafür, daß ich mich selbst, wie du sagst, zu rühmen pflege.

§ 251 Als Einleitung von Adverbialsätzen steht das kausale quod nach beliebigen übergeordneten Verben, oft nach demonstrativem Hinweis wie ob eam causam, proptereā, idcircō („deswegen"); eō (mit Komp.: „deshalb ... — weil", d.h. „um so ... — als") u.ä.:

Philosophī quidam virtūtem cēnsuērunt ob eam rem esse conlaudandam, quod efficiēns esset voluptātis.	Gewisse Philosophen hielten die Tugend deshalb für lobenswert, weil sie (nach ihrer Meinung) Lust erzeuge.
Hīs dē rēbus Caesar ā Crassō certior factus est, quod ipse aberat longius.	Hierüber wurde Cäsar von Crassus benachrichtigt, weil er selbst weiter entfernt war (Angabe des Erzählers).
Quis est, qui suōrum mortem primum nōn eō lūgeat, quod eōs orbātōs vitae commodīs arbitrētur (§ 227 Nr. 3)?	Wo wäre einer, der den Tod seiner Verwandten nicht vor allem deswegen betrauerte, weil sie seiner Meinung nach der Annehmlichkeiten des Lebens beraubt sind?

Quod ā tuīs abes, id eō levius ferendum est, quod eōdem tempore ā multīs et magnīs molestiīs a b e s .	Was deine Abwesenheit von den Deinen betrifft, so ist sie umso leichter zu ertragen, als du gleichzeitig auch von vielen schlimmen Beschwerden fern bist.

Ein als nicht zutreffend bezeichneter Grund wird mit nōn quō, nōn quod („nicht als ob") bzw. nōn quō (quod) nōn, nōn quīn („nicht als ob nicht") eingeleitet und steht in der Regel als bloße Annahme im Konjunktiv, dagegen der mit sed (quod) angeschlossene wirkliche Grund im Indikativ:

Ācta Caesaris servanda cēnseō, nōn quō p r o b e m , sed quia ratiōnem habendam a r b i t r o r pācis.	Ich meine, man muß den Verfügungen Cäsars ihre Gültigkeit belassen, nicht als ob ich sie billigte, sondern weil ich glaube, daß man auf den Frieden Rücksicht nehmen muß.
Pānsam dicō cōnsulem optimum, nōn quīn parī virtūte aliī f u e r i n t , sed tantam causam nōn h a b u ē r u n t , in quā virtūtem suam dēclārārent.	Pansa bezeichne ich als den besten Konsul, nicht als ob es nicht andere von gleicher Tapferkeit gegeben hätte, doch hatten diese eben nicht die Gelegenheit, ihre Tüchtigkeit unter Beweis zu stellen.

b) Kausalsätze mit quia, quoniam (seltener quandoquidem, siquidem) § 252

Q u i a ist eigtl. Akk. Pl. von quid, ursprüngl. fragend „warum?". Q u o n i a m ist ein durch iam verstärktes quom (= cum) mit ursprünglich temporaler Bedeutung, die klass. noch in Übergangsformeln durchschimmert („wann schon", „nachdem"), z.B.:

Quoniam fidem magistrī cognōvistis, cognōscite nunc discipulī aequitātem.	Nachdem (da) ihr die Ehrlichkeit des Meisters kennengelernt habt, lernt nun auch das gerechte Verhalten des Schülers kennen.

Q u a n d o q u i d e m ist ursprüngl. temporal; „wann ja", s i q u i d e m ursprüngl. konditional: „wofern denn, wenn nämlich".

Dictātor ab eō appellātur, quia dīcitur.	Der Diktator heißt deshalb so, weil er ernannt wird.
Nēmō voluptātem, quia voluptās s i t (vgl. § 251 a.E.), aspernātur, sed quia cōnsequuntur dolōrēs.	Niemand meidet deshalb die Lust, weil sie eine Lust ist, sondern weil sie Schmerzen zur Folge hat.
Quoniam mē ūnā vōbīscum servāre nōn possum, vestrae quidem certē vītae prōspiciam.	Da ich mich ja nicht zusammen mit euch in Sicherheit bringen kann, will ich auf jeden Fall euer Leben schützen.
Nunc dīcāmus dē glōriā, quandoquidem in rēbus administrandīs adiuvat plūrimum.	Jetzt wollen wir über den Ruhm sprechen, da er ja im öffentlichen Leben der größte Helfer ist.
Ō praeclārum mūnus aetātis, siquidem id aufert ā nōbīs, quod est in adulēscentiā vitiōsissimum!	Welch ein hervorragendes Geschenk gibt doch das Alter, da es uns ja gerade das nimmt, was in der Jugend so verwerflich ist!

8. Temporalsätze (Adverbialsätze der Zeit)

Vorbemerkungen

Die meisten Konjunktionen, die Temporalsätze einleiten, entstammen dem qui- und quo-Stamm des Frage- und Relativpronomens. Der Modus ist ursprünglich überall der Indikativ; der Konjunktiv erscheint, abgesehen von den Fällen innerer Abhängigkeit, nur bei konsekutiver (§ 253 Nr. 1 a.E.) oder finaler (§ 257 Nr. 2 a.E. und § 258 Nr. 3b) Nebenbedeutung; ein Sonderproblem stellt der Konjunktiv bei narrativem und kausalem cum dar. – Die Negation ist stets nōn. – Bei der Zeitgebung ist die gegenüber dem Dt. genauere Bezeichnung der Gleich- und Vorzeitigkeit zu beachten.

a) Konjunktionalsätze mit cum

Cum, altl. quom, ist adverbieller Akk.Sing.Mask. vom relativen quo-Stamm wie tum vom demonstrativen to-Stamm.

§ 253 α) cum mit Indikativ

1. **cum temporāle** (oder relatīvum) bei genauer Bestimmung des Z e i t p u n k t e s einer einmaligen Handlung des übergeordneten Satzes durch den Nebensatz (oft mit Korrelativ im übergeordneten Satz wie nunc, tum, eō tempore u.ä.): „zu der Zeit, wo".

Nunc vōbīs cessāre videor, cum bella nōn gerō.	Ich scheine euch in diesem Augenblick müßig zu sein, wo ich keine Kriege führe.
Praedōnēs tum, cum Pompeiō bellum maritimum gerendum d a t u m e s t , tōtō marī vagābantur.	Damals, als Pompeius mit der Führung des Seeräuberkrieges betraut wurde, trieben sich überall auf dem Meer Piraten herum.
Caesar, cum prīmum (§ 256 Nr. 1) per annī tempus p o t u i t , ad exercitum contendit.	Sobald („zu dem Zeitpunkt, wo zuerst") es die Jahreszeit gestattete, begab sich Cäsar zum Heer.
Dē iuniōribus iam dīcendī locus erit, cum dē seniōribus pauca d ī x e r ō .	Über die Jüngeren zu sprechen wird noch Gelegenheit sein, wenn ich über die Älteren einiges gesagt habe.

Von diesem temporalen „w e n n " ist zu scheiden das konditionale: sī (§ 259 Nr. 1)

Fōrmam mihī, sī iam es Rōmae, aut cum eris, velim mittās.	Schick mir doch bitte die Schilderung, wenn (= falls) du schon in Rom bist, oder wenn (= sobald als) du dasein wirst.

Stets mit Indikativ cum in der Bedeutung „s e i t d e m " (= ex quō):

Vīcēsimus annus est, cum omnēs scelerātī mē ūnum p e t u n t .	Neunzehn Jahre lang („es ist das 20. Jahr, seitdem . . .") haben es jetzt alle zwielichtigen Existenzen auf mich abgesehen.

Mit Indikativ oder konsekutivem Konjunktiv: (tempus) fuit:

Secūtum illud tempus est, cum mē proficīscī **coēgit** officium.	Es kam dann der Zeitpunkt, wo mich die Pflicht zum Aufbruch zwang (reine Zeitbestimmung).

aber:

Fuit tempus, cum rūra **colerent** hominēs neque urbem **habērent**.	Es gab eine Zeit (von der Art, daß ...), da die Menschen das Land bebauten und keine Stadt hatten.

2. cum **iterātīvum** zur Angabe w i e d e r h o l t e r Vorgänge (zur Zeitenfolge s. § 228 α im allgemeinen; im besonderen ist die Bezeichnung des iterativen Aspektes punktueller Verben durch das Imperfekt bei Gleichzeitigkeit in der Vergangenheit zu beachten): „**jedesmal wenn, so oft**".

Gubernātōrēs cum delphīnōs sē in portum conicientēs **vīdērunt**, tempestātem significārī putant.	(Immer) wenn die Schiffsführer s e h e n, daß die Delphine dem Hafen zuschwimmen, glauben sie, daß dies Sturm bedeute.
Cum equitēs tēla **coniciēbant**, tum magnō erat in perīculō rēs.	Immer wenn die Reiter ihre Geschosse schleuderten, war es (§ 106 a.E.) höchst gefährlich.
Gȳgēs cum ānulum **converterat**, ā nūllō vidēbātur, ipse autem omnia vidēbat.	Wenn Gyges den Ring d r e h t e, war er für jeden unsichtbar, er selbst aber sah alles.

Der Konjunktiv bei iterativem cum ist klass. noch selten: § 254 Nr. 1 a.E.
Quotiēns zur Bezeichnung wiederholter Handlungen: § 256 Nr. 2 a.E.

3. cum **identicum** zur Einführung von Handlungen, die mit der des übergeordneten Satzes z e i t l i c h   u n d   s a c h l i c h   z u s a m m e n f a l l e n (daher strenge Gleichzeitigkeit: § 228 Nr. 1): „**dadurch daß, indem**".

Cum id fierī **patimur**, **dēcernimus**.	Dadurch, daß wir dies geschehen lassen, entscheiden wir uns.
Tē ipsum hīc violāvit, cum in mē tam improbus **fuit**.	Indem er sich mir gegenüber so schlecht benahm, hat er auch dich beleidigt.
Sustulistī hanc suspīciōnem, cum **dīxistī** (= dīcendō).	Du hast diesen Verdacht beseitigt, indem du sagtest (= durch deine Worte: Erläuterung der Haupthandlung)

aber:

Subitō assēdit, cum **dīceret** (= dīcēns).	Plötzlich setzte er sich, indem er sagte (= mit den Worten: begleitender Nebenumstand).

4. W e i t e r f ü h r e n d e s cum zur Anreihung einer neuen Haupthandlung (besonders in den Verbindungen cum intereā, cum tamen): „**wobei (aber), während doch**".

Caedebātur cīvis Rōmānus, cum intereā nūllus gemitus audiēbātur.	Ein römischer Bürger wurde geschlagen, wobei man keinerlei Wehklagen hörte.
Fit gemitus omnium et clāmor, cum tamen ā praesentī suppliciō tuō continuit populus R. sē.	Es gab allseits lautes Klagen, und doch brachte das römische Volk es über sich, dich nicht sofort zu bestrafen.

5. cum **inversum** (das logisch umgekehrte Verhältnis von Haupt- und Nebensatz bezeichnend) zur Einführung der meist plötzlich eintretenden H a u p t h a n d l u n g. Im cum-Satz steht daher das historische Perfekt (oder hist. Präsens), im Vordersatz das Imperfekt zur Bezeichnung des durativen Aspektes der noch andauernden Handlung bzw. das Plusquamperf. zur Bezeichnung der abgeschlossenen Handlung. Auf den Eintritt der Handlung weist im Vordersatz oft ein Adverb wie vix, modo, nōndum hin, auf die Plötzlichkeit im cum-Satz öfter subitō oder repente: „als, da".

Vīxdum epistulam tuam lēgeram, cum ad mē amīcus quīdam vēnit.	Kaum hatte ich deinen Brief gelesen, als auch schon ein Freund zu mir kam.
Hannibal iam subībat mūrōs, cum repente patefactā portā ērumpunt Rōmānī.	Schon war Hannibal dabei, von unten her gegen die Mauern vorzugehen, als plötzlich das Tor aufging und die Römer hervorbrachen.
Diēs nōndum decem intercesserant, cum ille alter fīlius necātur.	Noch waren keine zehn Tage vorbei, da wird auch jener zweite Sohn getötet.

Dichterisch und nachklassisch wird der Hauptgedanke statt durch cum auch asyndetisch oder mit et angereiht.

§ 254 β) **Cum mit Konjunktiv**

Die Entstehung und Natur des Konjunktivs nach narrativem (und dem daraus entwickelten adversativen) und nach kausalem cum ist nicht geklärt; möglicherweise besteht ein Zusammenhang mit der Entwicklung des Konjunktivs in Relativsätzen.

1. cum **narrātīvum** (oder historicum) steht in der Erzählung fortlaufender (einmaliger) Ereignisse zur Bezeichnung z e i t l i c h e r N e b e n u m s t ä n d e, die die Haupthandlung begleiten oder ihr vorangehen, und zwar im Konjunktiv Imperfekt bei noch andauernden, Plusquamperfekt bei vollendeten Handlungen: „als, nachdem".

Mīlitēs cum ad Ligerim vēnissent, paucōs diēs ibī morātī domum revertuntur.	Als die Soldaten die Loire erreicht hatten, machten sie dort wenige Tage Station und kehrten dann nach Hause zurück.
Cum in Italiam proficīscerētur Caesar, Galbam in Nantuātēs mīsit.	Als Cäsar sich auf den Weg nach Italien machte, schickte er Galba zu den Nantuaten.
Vercingetorīx cum ad suōs redīsset, prōditiōnis īnsimulātus est.	Als Vercingetorix zu seinem Stamm zurückkehrte, wurde er des Verrates angeklagt.

Von hier aus wurde der Konjunktiv (klassisch selten) auch auf iteratives cum (§ 253 Nr. 2) übertragen:

Sententia cum iudicibus daretur, interrogabatur reus, quam poenam commeruisse se confiteretur.	Wenn von den Richtern das Urteil gefällt wurde, fragte man ‚doch auch' (adversativer Nebensinn) den Angeklagten, welche Strafe er nach eigenem Bekenntnis verdiene.

2. cum **causale**, verstärkt praesertim cum und quippe cum: „da, weil; zumal da, da ja"[1]).

Cum vita sine amicis metus plena sit, ratio ipsa monet amicitias comparare[2]).	Da ein Leben ohne Freunde voll von Ängsten ist, mahnt auch die Vernunft, Freundschaften zu suchen.
Labienus cum munitissimis castris se teneret, de suo ac legionis periculo nihil timebat.	Da Labienus sich in einem stark befestigten Lager befand, fürchtete er keine Gefahr für sich und die Legion.
Id miror a Posidonio breviter esse tactum, praesertim cum scribat nullum esse locum in tota philosophia tam necessarium.	Ich bin erstaunt, daß Poseidonios das nur (so) kurz berührt hat, zumal er ja schreibt, daß es in der ganzen Philosophie keinen Punkt von solcher Wichtigkeit gebe.

3. cum **adversativum**: „während" und cum **concessivum**: „obschon, obwohl".

A Caesare nemo ad Pompeium transiit, cum paene cottidie a Pompeio milites ad Caesarem perfugerent.	Niemand lief von Cäsar zu Pompeius über, während fast täglich Soldaten von Pompeius zu Cäsar übergingen.
Socratis sermones immortalitati scriptis suis Plato tradidit, cum ipse litteram Socrates nullam reliquisset.	Während Sokrates selbst keinen einzigen Buchstaben hinterließ, schenkte Plato den Gesprächen des Sokrates in seinen Schriften Unsterblichkeit.
Socrates cum facile posset educi e custodia, noluit.	Obschon Sokrates leicht aus dem Gefängnis hätte entführt werden können, wollte er es nicht.

b) **Konjunktionalsätze mit postquam** § 255

Nach post(ea)quam (aus adverbialem post(ea) und vergleichendem quam: „nachher, als", „nachdem") gebraucht der Lateiner Indikativ (hist.) Perfekt als absolutes Tempus. Im Dt. steht Plusquamperf. bzw. bei Nichtbezeichnung der Vorzeitigkeit „als" mit Imperf.

---

[1]) Gleichzeitige Vorgänge werden in verschiedenen Sprachen zugleich ursächlich beurteilt: vgl. dt. „weil" aus „(die) Weile" (Akk.), das dichterisch noch temporal gebraucht wird: „Freut euch des Lebens, weil noch das Lämpchen glüht". Zur gleichzeitig gegensätzlichen Beurteilung vgl. dt. „während (dessen, daß)"; ähnlich lat. dum.

[2]) Inf. Ausnahme statt ut comparemus; anders § 234 Zus. 2.

Postquam tuās litterās lēgī, mē convēnit Servius.	Nachdem ich deinen Brief gelesen hatte, kam Servius zu mir.
Postquam id animadvertit, cōpiās suās Caesar in proximum collem subdūcit.	Als Cäsar das merkte, führte er seine Truppen auf den nächsten Hügel zurück.

Andere Zeiten:

Indikativ Plusquamperfekt (bezogenes Tempus) bei genauer Zwischenzeitsbestimmung:

Signum Iovis bienniō post quam erat locātum in Capitōliō conlocābātur.	Das Iuppiterstandbild wurde zwei Jahre nachdem der Auftrag vergeben war, im Kapitol aufgestellt.

Indikativ Imperfekt zur Bezeichnung des durativen Aspektes:

Postquam Rōmam adventābant, senātus ā Bestiā cōnsultus est.	Als sie sich auf dem Weg nach Rom befanden, wurde von Bestia im Senat eine Anfrage eingebracht.

Indikativ Präsens in der Bedeutung „seit":

Plānē relēgātus mihi videor, posteāquam in Formiānō sum.	Geradezu wie ein Verbannter komme ich mir vor, seit ich auf dem Landgut bei Formiä bin.

§ 256   **c) Konjunktionalsätze mit ut, ubi, simulac**

1. **ut**[1]) (prīmum), **ubi**[2]) (prīmum) und **simul**(atque) „sobald als" werden zur Bezeichnung einmaliger Handlungen der Vergangenheit wie cum prīmum (§ 253 Nr. 1) und postquam mit dem Indikativ Perfekt als absolutem Tempus verbunden.

Ut prīmum ex puerīs excessit Archiās, sē ad scrībendī studium contulit.	Sobald Archias aus dem Kindesalter heraus war, wandte er sich der Schriftstellerei zu.

in der Bedeutung „seit" (wie postquam) ut:

Endymiōn ut nesciō quandō in Latmō obdormīvit, nōndum, opīnor, est experrēctus.	Seit Endymion irgendwann auf dem Berg Latmus einschlief, ist er, glaube ich, noch nicht wieder erwacht.
Caesar ubi sē diutius dūcī intellēxit, prīncipēs Haeduōrum graviter accūsat.	Sobald Cäsar merkte, daß man ihn länger hinhielt, machte er den Führern der Häduer schwere Vorhaltungen.
Sulmōnēnsēs simulatque signa nostra vīdērunt, portās aperuērunt.	(Ursprung aus der Beiordnung: „Zugleich erblickten die S. unsere Feldzeichen und öffneten die Tore"): Beim Anblick unserer Feldzeichen öffneten die Einwohner von Sulmo ihre Tore.

[1]) Zur zeitlichen Bedeutung vgl. dt. „(so)wie", grch. ὡς.
[2]) Vgl. dt. „wo" bei Beziehung auf ein die Zeit bezeichnendes Substantiv.

§§ 256 - 257   Temporalsätze   307

2. Bei **ubi** und **simulac** (bei **ut** klassisch nur in Verbindung mit **quisque**) „**s o b a l d ,
s o w i e , s o o f t** " stehen zur Bezeichnung wiederholter Handlungen die bezogenen
Tempora (§ 228 Nr. 2), und zwar bei Vorzeitigkeit gegenüber dem

                      Präsens: Indikativ Perfekt
                      Imperfekt: Indikativ Plusquamperfekt
                      Futur: Futur II (auch bei einmaligen Handlungen).

Simulatque sē **i n f l e x i t** rēx in domināturn iniūstiōrem, fit continuō tyrannus.	Sobald der König sich zu einer ziemlich ungerechten Herrschaft herbeiläßt, wird aus ihm sofort ein Tyrann.
Ut quisque Verris animum **o f f e n d e r a t**, in lautumiās statim coniciēbātur.	Sowie jemand Verres beleidigte, wurde er schnurstracks in die Steinbrüche gesteckt.
Hostēs ubi ex lītore aliquōs singulārēs ex nāvi ēgredientēs **c ō n s p e x e r a n t**, impeditōs adoriēbantur.	Sooft die Feinde vom Ufer aus die Soldaten einzeln von Bord gehen sahen, griffen sie die noch nicht Kampfbereiten an.
Simulac **c ō n s t i t u e r ō**, quam diū maneam, ad tē scrībam.	Sobald ich mich entschlossen habe, wie lange ich bleibe, schreibe ich dir.

Zur Bezeichnung wiederholter Handlungen dient auch **quotiēns(cumque)**:

Quotiēns quaeque cohors **p r ō c u r r e r a t**, ab eā parte magnus numerus hostium cadēbat.	Sowie eine Kohorte vorrückte, fielen an der Stelle die Feinde in großer Zahl.
Cūrā, ut litterās ad mē mittās, quotiēnscumque **h a b ē b i s**, cui dēs.	Schick mir doch bitte einen Brief, sooft du jemanden hast, dem du ihn mitgeben kannst.

d) Konjunktionalsätze mit antequam und priusquam   § 257

Bei Hinzutreten eines abl. mēnsūrae ist nur **antequam** möglich.
Die Genauigkeit des Lat. bei der Bezeichnung des Zeitverhältnisses eines Nebensatzes zum Hauptsatz durch Tempus und Modus des Prädikatsverbums findet sich bei **antequam** und **priusquam** so nicht, teils, weil die Bedeutung der Konjunktion dies überflüssig macht (vgl. **postquam**), teils, weil korrekte Zeitenfolgen anderer Satzgefüge ganz schematisch übernommen scheinen. Auch die Wahl des Modus ist oft nur durch die Auffassung des Sprechers veranlaßt. Folgende Gebrauchsweisen sind üblich:

1. Der **I n d i k a t i v** steht, wenn die rein zeitliche Beziehung ohne jeden Nebenbegriff hervorgehoben werden soll, und zwar

    a) in Beziehung auf ein Präsens: Ind. Präsens
       bei Vollendung der Nebensatzhandlung: Ind. Perfekt

    b) in Beziehung auf ein Futur: Ind. Präsens
       bei Vollendung der Nebensatzhandlung: Futur II
       (besonders bei verneintem Hauptsatz)

    c) in Beziehung auf ein Perfekt: Ind. Perfekt
       (besonders bei verneintem Hauptsatz)

a) Ante fulget quam tonat. — Vor dem Donner blitzt es.
Qui ante sagit, quam oblata res est, dicitur praesagire. — Wer ein Ereignis ahnt, bevor es eintritt, von dem sagt man, daß er Vorahnungen habe.

b) Antequam pro reo dicere instituo, pro me pauca dicam. — Bevor ich mich anschicke, für den Angeklagten zu sprechen, will ich ein paar Dinge in eigener Sache sagen.
Ante provinciam sibi decretam audiet, quam potuerit suspicari. — Ehe er es nur ahnen kann, wird er hören, daß die Provinz ihm zugeteilt ist.
Certi constituere nihil possum (futurischer Ausdruck), priusquam te videro. — Bevor ich dich (nicht[1])) gesehen habe, kann ich keine feste Entscheidung treffen.

c) Omnia ista ante facta sunt, quam Siciliam attigi. — All dies geschah vor meiner Ankunft in Sizilien.
Hostes non prius fugere destiterunt, quam ad flumen Rhenum pervenerunt. — Ehe die Feinde (nicht[1])) den Rhein erreicht hatten, hörten sie nicht auf zu fliehen.
Non prius exercitum movisti, quam de Antonii fuga audisti. — Du setztest das Heer erst in Marsch, als du von Antonius' Flucht erfuhrest.

2. Der Konjunktiv steht besonders, wenn die Unwirklichkeit bzw. Unmöglichkeit der Nebensatzhandlung zur Zeit der Handlung des übergeordneten Satzes hervorgehoben werden soll („bevor" im Sinne von „ohne daß noch"), und zwar

    a) in Beziehung auf ein Präsens oder Futur: Konj. Präsens

    b) in Beziehung auf ein Vergangenheitstempus: Konj. Imperf. bzw. Plusquamperf.

a) Navalis hostis ante adesse potest quam quisquam venturum esse suspicari queat. — Von See her kann ein Feind eher da sein, als jemand sein Kommen auch nur vermuten kann.
Antequam de re publica dicam, exponam vobis consilium profectionis et reversionis meae. — Bevor ich über den Staat sprechen kann, möchte ich euch den Sinn meiner Abreise und Rückkehr darlegen.

b) Opus omne prius est perfectum, quam intellegeretur ab hostibus castra muniri. — Alle Arbeiten wurden fertig, ehe überhaupt von den Feinden erkannt werden konnte, daß das Lager befestigt wurde.

---

[1]) Die Verneinung im Nebensatz mit „bevor, bis, ehe" zusätzlich zur Verneinung im Hauptsatz (bes. bei kondizionalem Sinn eines futurischen Gefüges oder bei rein temporalem Sinn dann, wenn der Nebensatz vorangeht) ist als Eigenheit des Dt. gegenüber dem Lat. zu beachten.

Stets wird der Konjunktiv gebraucht bei **finaler** Nebenbedeutung des Konjunktionalsatzes („bevor" im Sinne von „**damit nicht erst**"):

Exercitum traiciendum quam primum cures, priusquam hostes magis corroborentur.	Sorg bitte dafür, daß das Heer möglichst schnell übersetzt, ehe die Feinde größere Verstärkungen erhalten.
Caesar maxime probabat coactis navibus Pompeium sequi, priusquam ille sese transmarinis auxiliis confirmaret.	Cäsar war vor allem entschlossen, Schiffe zusammenzuziehen und Pompeius zu verfolgen, ehe dieser sich mit überseeischen Hilfstruppen verstärken konnte.

e) Konjunktionalsätze mit dum, donec, quoad § 258

Vorbemerkungen

Dum ist wahrscheinlich Akk.Sg.Mask. vom Stamm do- (verwandt mit do-nec und quan-do) und findet sich in seiner ursprünglichen Verwendung als enklitische Partikel z.B. in agedum, nondum, interdum. Die Grundbedeutung ist unsicher, zeitlich vielleicht „eine Weile, derweilen". Zur Konjunktion wurde dum durch Gliederungsverschiebung aus der Beiordnung (vgl. § 226 Nr. 2c): mane dum, scribo „warte eine Weile, ich schreibe" wird zu mane, dum scribo „warte, derweilen (= während) ich schreibe". – Donec, älter donicum, ist aus *do-ne-quom (Grundbedeutung: „bis zu dem Zeitpunkt wann") quoad aus quo ad („bis wohin") entstanden.
Der Modus in diesen Sätzen ist bei rein zeitlicher Bedeutung der **Indikativ**, bei finalem Nebensinn der **Konjunktiv**.

1. **dum** „**während**" mit Indikativ **Präsens** (auch bei vergangenen Ereignissen) bezeichnet die durative Nebenhandlung, die die (momentane) Handlung des Hauptsatzes zeitlich umrahmt; im Hauptsatz stehen in der Regel (aktuelles oder historisches) Präsens oder Perfekt, seltener Imperf. oder Plqpf.

Das Präsens ist aus den Fällen verallgemeinert, in denen die Handlung des Nebensatzes noch in der Gegenwart fortdauert: dum stas, reditum oportuit „während du noch immer hier stehst, hättest du längst zurück sein müssen".

Lucanius dum circumvento filio subvenit, interficitur.	Während Lucanius seinem bedrängten Sohn zu Hilfe eilt, wird er getötet.
Dum haec a Caesare geruntur, Treveri Labienum adoriri parabant.	Während Cäsar hiermit beschäftigt war, rüsteten sich die Treverer zum Angriff auf Labienus.
Dum ea perficiuntur, Helvetii ad Rhenum contenderunt.	Während dies ausgeführt wurde, zogen die Helvetier los in Richtung auf den Rhein.
Haec dum aguntur, interea classis iam ad Siciliae litus pervenerat.	Unterdessen (§ 162 Nr. 5d) hatte die Flotte schon die sizilische Küste erreicht.

2. **dum** (**quamdiu**, seltener **quoad**) „**solange (als)**" mit dem Indikativ aller Tempora (außer Plusquamperf. und Futur II: § 228 Nr. 1) bezeichnet die mit der Haupthandlung gleich lange dauernde Nebenhandlung.

Dum spīrō, spērō.	Ich hoffe, solange ich lebe.
Dum cīvitās erit, iūdicia fient.	Solange die Bürgerschaft besteht, wird man Recht sprechen.
Dum longius aberant Gallī, plūs prōficiēbant.	Solange die Gallier noch weiter weg waren, konnten sie mehr ausrichten.
Improbōrum amīcitia tam diū manēbit, quamdiū sequētur ūtilitās.	Die Freundschaft der Schlechten wird nur solange anhalten, wie Vorteile dabei herausspringen.
Hoc fēcī, dum licuit, intermīsī, quoad nōn licuit.	Das tat ich, solange es erlaubt war, und unterließ es, solange es verboten war.

dōnec in gleicher Bedeutung ist dichterisch und nachkl.:

Dōnec grātus eram tibī, Persārum viguī rēge beātior.	Solange ich noch in deiner Gunst stand, war mein Glück größer als das des Perserkönigs.

3. **dum, dōnec, quoad** „(solange) bis" zur Bezeichnung der (momentanen) Nebensatzhandlung, die das Geschehen des Hauptsatzes abbricht, stehen

a) bei rein zeitlicher Bedeutung mit Indikativ, und zwar
in Beziehung auf eine Vergangenheit: Perfekt (abs. Tempus)
in Beziehung auf eine Zukunft: Futur II
seltener in Beziehung auf ein Präsens oder Futur: Präsens

Dē comitiīs, dōnec rediit Mārcellus, silentium fuit.	Von den Komitien redete man nicht mehr, bis Marcellus zurückkam.
Nostrī fīnem sequendī nōn fēcērunt, quoad equitēs praecipitēs hostēs ēgērunt.	Unsere Soldaten hörten mit der Verfolgung nicht eher auf, als bis die Reiter die Feinde Hals über Kopf in die Flucht gejagt hatten.
Dē tē usque metuam, dum quid ēgeris, scierō.	Ich werde um dich in dauernder Sorge sein, bis ich weiß, wie es dir ergangen ist.
Nōn faciam fīnem rogandī, quoad nūntiātum erit tē id fēcisse.	Ich werde immer weiter fragen, bis ich die Nachricht habe, daß du dies getan hast.
Rōmae opperior, dum ista cognōscō.	Ich warte in Rom, bis ich darüber Bescheid bekomme.

b) bei finaler Nebenbedeutung im Sinne von „damit unterdessen" (bes. bei Verben des Wartens) mit Konjunktiv Präsens bzw. Imperfekt.

Exspectā, dum (quoad) ipse tē conveniam.	Warte, bis ich dich persönlich spreche.
Īrātīs subtrahendī sunt eī, in quōs impetum cōnantur facere, dum sē ipsī colligant.	Den Zornigen muß man diejenigen, auf die sie losstürzen wollen, aus den Augen bringen, bis sie wieder zur Vernunft kommen.

Nōn exspectāvī, dum (quoad) mihī litterae tuae redderentur.	Ich habe nicht gewartet, bis mir dein Brief ausgehändigt wurde.
Egō hīc cōgitō commorārī, quoad mē reficiam.	Ich gedenke hier zu bleiben, bis ich wieder bei Kräften bin.

dōnec ist in der Konstruktion 3.a klassisch selten, in der Konstruktion 3.b vor- und nachklassisch.
exspectāre, ut „(er)warten, daß": § 234.
exspectāre, sī „(ab)warten, ob": § 233b Nr. 4.
dum(modo) in bedingt einschränkenden Wunschsätzen: § 262 Nr. 2.

9. Kondizionalsätze (Bedingungssätze)

§§ 259 - 262

Vorbemerkungen

Eine hypothetische Periode (ἡ ὑπόθεσις „Unterlage, Voraussetzung", lat. condiciō) besteht aus einem mit sī, negativ mit nisi bzw. sī nōn eingeleiteten bedingenden **Vordersatz** und dem die Folgerung aus der Bedingung zusammenfassenden übergeordneten **Nachsatz**. Oft werden mehrere Bedingungsgefüge einander disjunktiv mit sīve — sīve oder adversativ mit sī — sīn gegenübergestellt.

Sī hat, wie das durch die Demonstrativpartikel -c(e) verstärkte sīc, die Grundbedeutung „so". Die Entwicklung zur Konjunktion dürfte ähnlich verlaufen sein wie bei dt. „so" (als konditionale Konjunktion z.B. in „so Gott will").

Neben den ausgebildeten hypothetischen Gefügen finden sich zu aller Zeit wie auch im Dt. Parataxe und konjunktionslose Bedingungssätze, z.B.:

Rogēs mē: nihil fortasse respondeam.	Solltest du mich fragen: ich würde vielleicht nicht antworten.

a) Arten der Bedingungssätze

§ 259

Die Bedingungssätze unterscheiden sich danach, welches **Verhältnis des bedingenden Satzes zur Wirklichkeit** der Sprecher annimmt:

1. **Indefinitus:** Der Sprecher läßt das Verhältnis des bedingenden Satzes zur Wirklichkeit **unbestimmt**. Im Bedingungs- und Folgerungssatz steht der **Indikativ** (nach den Regeln der Zeitenfolge § 228).

Sī hoc dīcis (dīxistī usw.), **mentīris** (mentītus es).	Wenn du dies sagst (gesagt hast) — ob du es wirklich sagst oder nicht, lasse ich unentschieden —, dann lügst du (hast du gelogen).

Sī āmittī vīta beāta potest, beāta esse nōn potest.	Wenn man das glückselige Leben verlieren kann, ist es kein glückseliges.

Fidēs nōbis habēbitur, sī exīstimābimur adeptī coniūnctam cum iūstitiā prūdentiam.	Man wird uns vertrauen, wenn man von uns glaubt, daß wir Klugheit, verbunden mit Gerechtigkeit, besitzen.
Sī tē rogāverō aliquid, nōnne respondēbis?	Du wirst doch antworten, wenn ich dich etwas frage?

Stets indikativisch gebraucht werden s i v e — s i v e („sei es daß — oder daß") und n i s i   f o r t e, nisi vērō (zur Einführung eines ironischen Einwandes: „es müßte denn sein daß"), z.B.:

Hōc locō libentissimē soleō ūtī, sive quid mēcum ipse cōgitō, sive quid scrībō aut legō.	Hier bin ich immer sehr gern, ob ich nun etwas bei mir selbst überdenken oder lesen und schreiben mag.
Satis disputātum est dē hāc rē, nisi forte quid dēsiderātis.	Darüber ist nun genug gesprochen, es sei denn, ihr vermißtet noch irgendetwas.

In die Nähe von Temporalsätzen geraten sī-Sätze, die eine w i e d e r h o l t e Handlung bezeichnen, und gelegentlich ist ein wesentlicher Unterschied zum iterativen cum nicht mehr festzustellen, wie z.B.:

Sī mōns erat ascendendus, facile ipsa nātūra locī perīculum repellēbat; c u m vallis aut locus dēclīvis suberat, tum magnō erat in perīculō rēs.	(Jedesmal) wenn ein Berg zu ersteigen war, bot die Örtlichkeit selbst Schutz vor der Gefahr; lag aber ein Tal oder ein Abhang vor ihnen, dann wurde es sehr gefährlich.

Der Konjunktiv bei iterativem sī ist klass. noch ähnlich selten wie bei iterativem cum (vgl. § 253 Nr. 2, § 254 Nr. 1).

2. **Potentialis**: Der Sprecher nimmt den Inhalt des bedingenden Satzes als M ö g l i c h k e i t an. Im Bedingungs- und Folgerungssatz steht der K o n j u n k t i v P r ä s e n s oder P e r f e k t (vgl. § 216 Nr. 1).

Sī hoc dīcās (dīxerīs), **mentiāris** (mentītus sīs).	Wenn du das sagen solltest — und ich könnte mir denken, daß du es sagst —, so dürftest (würdest) du lügen.

Sī līs in iūdiciō sit, propinquum potius quam vīcīnum dēfenderis.	Sollte ein Streit vor Gericht kommen, würde man wohl eher den Verwandten als den Nachbarn verteidigen.
Sī quid scrīptum sit obscūrē, dē rē dubitēs.	Wenn etwas dunkel geschrieben ist, mag man auch an der Sache zweifeln.
Ōrātiōnēs Thūcydidis imitārī neque possim, sī velim, nec velim fortasse, sī possim.	Die Reden des Thucydides nachahmen: einerseits könnte ich es wohl nicht, wenn ich wollte, andererseits wollte ich es wohl nicht, wenn ich könnte.

§ 259 Kondizionalsätze 313

Da sich Konjunktiv Präs. und Indikativ Fut. in der Bedeutung berühren, besteht oft zwischen dem potentialen und dem indefiniten futurischen Fall (vgl. den grch. Eventualis) kein merklicher Unterschied, wie z.B.:

Si pater fana **expilet**, **indicetne** id magistratibus filius? si patriam prodere **conabitur** pater, **silebitne** filius?	Wenn ein Vater Tempel beraubte, würde der Sohn es wohl den Behörden melden? Würde er schweigen, wenn der Vater das Vaterland zu verraten suchte?
Quid mortem **timeam**, si aut non miser post mortem aut beatus etiam **futurus sum**?	Warum sollte ich den Tod fürchten, wenn ich nach dem Tode entweder nicht unglücklich oder sogar glücklich sein soll?

3. **Irrealis**: Der Sprecher hält den Inhalt des bedingenden Satzes für n i c h t w i r k - l i c h . Bedingung und Folgerung stehen für die G e g e n w a r t im K o n j u n k t i v I m p e r f e k t , für die V e r g a n g e n h e i t im K o n j u n k t i v P l u s q u a m p e r - f e k t (vgl. § 216 Nr. 2).

Si hoc diceres (dixisses) **mentireris** (mentitus esses).	Wenn du das sagtest (gesagt hättest) — aber ich weiß, daß das nicht der Fall ist —, würdest du lügen (hättest gelogen).

Si scriberem ipse, longior epistula esset.	Schriebe ich selbst (statt zu diktieren), dann wäre der Brief länger.
Si venisses ad exercitum, a tribunis militaribus visus esses.	Wärest du zum Heer gekommen, hätten die Militärtribunen dich geschehen.

Ist durch den Kontext die Beziehung auf die Vergangenheit klar, so findet sich für den Irrealis der Vergangenheit auch der Konjunktiv Imperfekt:

Quintus fuit mecum dies complures, et si ego **cuperem**, vel plures **fuisset**.	Quintus war einige Tage bei mir, und wenn ich es gewünscht hätte, wäre er wohl auch noch ein paar Tage länger geblieben.

Im Folgerungssatz findet sich gelegentlich statt des Konj.Plusquamperf. auch das Part. Fut. Akt. mit eram, fui:

Si P. Sestius occisus esset, fuistisne ad arma ituri?	Hätte man Sestius umgebracht, wäret ihr dann zu den Waffen geeilt?

Während diese coni. periphr. act. immer im Indikativ steht, können die Ausdrücke des K ö n n e n s , S o l l e n s , M ü s s e n s u.ä. im Nachsatz der hypothetischen Periode auch in den Konjunktiv treten (s. § 214); vgl.

Si unum diem morati essetis, moriendum omnibus **fuit**. (m ü s s e n : häufiger Ind.) **aber:**	Wäret ihr auch nur einen Tag länger geblieben, so hätten alle sterben müssen.
Quid facere **potuissem** (oder: potui), nisi tum consul fuissem? (k ö n n e n : häufiger Konj.)	Was hätte ich tun können, wenn ich damals nicht Konsul gewesen wäre?

Daß die Frage, welche Art des hypothetischen Gefüges gewählt wird, nicht von dem tatsächlichen Verhältnis des Angenommenen zur Wirklichkeit abhängt, sondern davon, welches Verhältnis der Sprecher annimmt, wird besonders deutlich, wenn der gleiche Sachverhalt in verschiedenem Munde erscheint, z.B.:

„Quid tū, Brūte, p o s s ē s , si tē ut Curiōnem quondam cōntiō r e l i q u i s s e t ? "	„Und du, Brutus? Was könntest du leisten, wenn dir, wie einst dem Curio, die große Zuhörerschar fehlte?" (I r r e a l i s : höfliche Annahme, daß der Fall in Wirklichkeit nicht eintritt).
„Egō vērō," inquit ille, „sī ā corōnā r e l i c t u s s i m , nōn q u e a m dicere".	Er entgegnete: „Sollte ich ohne Zuhörerschar sein, so vermöchte ich wohl keine Rede zu halten" (P o t e n t i a l i s : bescheidenes Zugeständnis, daß der Fall eintreten könnte).

§ 260   b) Die irreale Periode in der Abhängigkeit

1. Tritt die irreale Periode in i n f i n i t i v i s c h e Abhängigkeit von einem Verbum dīcendī oder sentiendī, so bleibt der sī-Satz stets unverändert; im Folgerungssatz erscheint im Aktiv sowohl für den Irrealis der Gegenwart als auch für den der Vergangenheit der Inf.Perfekt der coni. periphr.:

Sī id **dicerēs**, ⎱ tē **mentitūrum fuisse** Sī id **dixissēs**, ⎰ appāret.	Wenn du dies sagtest, würdest du offenbar lügen. Wenn du dies gesagt hättest, hättest du offenbar gelogen.

Quid cēnsēs? sī ratiō esset in bēluīs, nōn suō quasque generī plūrimum t r i b ū t ū r ā s f u i s s e ?	Was meinst du? Wenn die Tiere Verstand hätten, würden sie dann jeweils von der eigenen Art nicht etwa am meisten halten?
Vidēmur q u i ē t ū r ī f u i s s e , nisi essēmus lacessītī.	Hätte man uns nicht gereizt, so wären wir offensichtlich ruhig geblieben.

Im Passiv kann Umschreibung mit futūrum fuisse, ut eintreten, doch wird diese schwerfällige Umschreibung meist gemieden (durch Umwandlung ins Aktiv oder Beifügung von posse):

Nisī nūntiī dē Caesaris victōriā essent allātī, existimābant plērīque f u t ū r u m f u i s s e , u t ī oppidum āmitterētur.	Viele meinten, die Stadt wäre verloren gewesen, wenn nicht die Nachricht von Cäsars Sieg gebracht worden wäre.

Die Ausdrücke des Könnens, Sollens, Müssens u.ä. treten in den Infinitiv Perf. (vgl. § 259 Nr. 3):

Plērīque existimant, sī ācrius Pompēiānōs īnsequī voluisset P. Sulla, bellum eō diē potuisse fīnīrī.	Hätte P. Sulla mehr Energie auf die Verfolgung der Pompeianer verwendet, so hätte nach Meinung vieler der Krieg an dem Tag beendet werden können.

2. Wird der Folgerungssatz des irrealen Satzgefüges ein k o n j u n k t i v i s c h e r Konjunktional- bzw. indirekter Fragesatz, so bleiben Vorder- und Nachsatz unverändert, nur für den Irrealis der Vergangenheit des Aktivs tritt der Konj. Perf. der coni. periphr. ein, sofern diese Form gebildet werden kann:

§§ 260-261   Kondizionalsätze   315

Dubium non est (erat), quin, si hoc **diceres, mentireris**.	Es gibt (gab) keinen Zweifel, daß du, wenn du dies sagtest, lügen würdest.
Dubium non est (erat), quin, si hoc **dixisses, mentiturus fueris**.	Es gibt (gab) keinen Zweifel, daß du, wenn du dies gesagt hättest, gelogen hättest.
aber:	
Dubium non est (erat), quin, si hoc dixisses, te paenituisset.	Es gibt (gab) keinen Zweifel, daß du dies, wenn du es gesagt hättest, bereut hättest.

Dubitare nemo debet, quin multos, si posset, Caesar ab inferis excitaret.	Niemand darf zweifeln, daß Cäsar, wenn er könnte, viele aus der Unterwelt heraufrufen würde.
Hoc si ille repudiavisset, dubitatis, quin ei vis esset allata?	Zweifelt ihr etwa, daß man ihm Gewalt angetan hätte, wenn er das abgelehnt hätte?
Ostendis, qualis tu, si ita forte accidisset, fueris illo tempore consul futurus.	Da zeigst du, wie du dich, wenn es zufällig so gekommen wäre, zu jener Zeit als Konsul benommen hättest.

Die Ausdrücke des Könnens und Müssens stehen gewöhnlich im Konj. Perf. (vgl. § 259 Nr. 3), gelegentlich nach der Hauptregel auch im Konj. Plusquamperf.:

Quaeris, quid *potuerit* amplius assequi Plancius, si Cn. Scipionis fuisset filius.	Du fragst, was Plancius mehr hätte erreichen können, wenn er der Sohn des Cn. Scipio gewesen wäre.
Declarare malui, quanta vis esse *potuisset* in consensu bonorum, si eis pugnare licuisset.	Lieber hätte ich erklärt, wie machtvoll die Eintracht der Guten gewesen wäre, hätten sie die Möglichkeit zum Kampf gehabt.

c) Nisi (ni), si non und sin.   § 261

1. nisi und si non („wenn nicht") unterscheiden sich dahingehend, daß nisi die Geltung des Folgerungssatzes einschränkt („nicht in dem Fall, daß", „außer wenn"), si non ein einzelnes Wort des Bedingungssatzes oder den Bedingungssatz selbst verneint. Zuweilen stehen sich beide Fälle jedoch sehr nahe, so daß je nach der Auffassung des Sprechenden nisi oder si non erscheinen kann, vgl.:

Nisi ita fecerint Pirustae, sese bello civitatem persecuturum demonstrat Caesar.	Cäsar machte den Pirusten klar, daß er gegen sie zu Felde ziehen werde, wenn sie seinen Wünschen nicht nachkämen.
Si id non fecissent Haedui, longe iis fraternum nomen populi Romani afuturum Ariovistus respondit.	Täten die Häduer das nicht, so werde ihnen der Titel „Brüder des römischen Volkes" herzlich wenig nützen, entgegnete Ariovist.

a) **nisi**

Memoria minuitur, nisi eam exerceās.	Das Gedächtnis läßt nach, („doch nicht im Fall daß man es übt") wenn man es nicht übt.

nach Negation oder negativem Begriff ohne Verbum (vgl. § 247 Nr. 3):

Quid est pietās nisi voluntās grāta in parentēs?	Was ist Pietas anderes als eine dankbare Gesinnung gegenüber seinen Eltern?
Servārī iūstitia nisi ā fortī virō nōn potest.	Gerechtigkeit kann („nicht gewahrt werden, wenn nicht") nur von einem Tapferen gewahrt werden.
Id facere nēmō nisi deus potest.	Das kann nur Gott.

b) **sī nōn**

Caesar imperat, sī sustinēre nōn possit (= nequeat) lēgātus, ēruptiōnem faciat.	Cäsar befahl dem Legaten, wenn er sich nicht halten könne, einen Ausfall zu unternehmen.

Immer steht sī nōn (oder mit gemilderter Verneinung sī minus), wenn der vollständige oder verkürzte sī-Satz einer mit at (certē, tamen u.ä.) eingeleiteten Berichtigung oder Beschränkung gegenübersteht („wenn nicht — so doch"):

Liceat haec nōbīs, sī oblīviscī nōn possumus, at tacēre.	Möge es uns gestattet sein, dies, wenn wir es schon nicht vergessen können, doch wenigstens zu verschweigen.
Videō, quanta invidia nōbīs, sī minus in praesēns tempus, at in futūrum, impendeat.	Ich sehe, welcher Mißkredit uns, wenn schon nicht für den Augenblick, so doch für die Zukunft droht.

Ebenso steht immer sī nōn (häufiger sī minus, sīn minus, sīn aliter, wenn das Verbum fehlt), wenn ein negativer Bedingungssatz einem affirmativen entgegengestellt wird:

Cōpiās trādūcere cōnātī sunt, ut, sī possent, castellum expūgnārent, sī minus potuissent, agrōs populārentur.	Sie versuchten, ihre Truppen übersetzen zu lassen, um, falls möglich, das Kastell zu erobern, andernfalls die Felder zu verwüsten.
Sī spēs erit, Ēpirum, sī minus, Cyzicum sequēmur.	Wenn Hoffnung besteht, werden wir nach Epirus, sonst nach Cyzicus folgen.

2. **nī** findet sich klassisch fast nur in stehenden Formeln wie

quod nī ita esset	andernfalls, sonst

3. **sīn** (aus sī und der affirmativen Partikel ne, die auch als Fragepartikel dient) steht, wenn einem vorhergehenden Bedingungssatz ein zweiter affirmativ entgegengestellt wird: „wenn aber".

§§ 261 - 263　　　　　　　　　　　Kondizionalsätze　　　　　　　　　　　　317

Sī dēlectāmur, cum scrībimus, quis est tam invidus, quī ab eō nōs abdūcat? Sīn labōrāmus, quis est, quī aliēnae modum statuat industriae?	Wenn ich Freude habe am Schreiben, wer wäre dann so gehässig, mich davon abzubringen? Wenn es aber eine Mühe ist, wer wollte dann dem Fleiß anderer eine Grenze setzen?

d) Einschränkende Bedingungs- und bedingte Wunschsätze　　　　§ 262

1. Einschränkende Bedingungssätze werden eingeleitet durch **sī modo** „wenn nur" und stehen meist im Indikativ:

Facilis est rēs, sī modo ūnum omnēs sentīmus.	Die Sache ist leicht, wenn wir nur alle einer Meinung sind.

Sī quidem „wenn nämlich": § 252.

2. Bedingt einschränkende Wunschsätze werden eingeleitet durch **modo, dum, dummodo** „wofern nur, wenn nur" und stehen im Konjunktiv (§ 215). Negation ist nē:

Luxuriam Epicūrus nōn reprehendit, modo sit (auch: sit modo) vacua timōre.	Urspr. Parataxe: „Die Verschwendung tadelt Epikur nicht; nur sei sie frei von Furcht", d.h. D.V.t.E.n., wenn sie nur frei von Furcht ist.
Ōderint, dum metuant!	Sollen sie (mich) doch hassen, wenn sie nur Angst (vor mir) haben!
Sī cui videor sēgnior fuisse, dum nē tibi videar, nōn labōrō.	Sollte jemand den Eindruck haben, ich sei ziemlich faul (§ 46 Nr. 2) gewesen: mich kümmert's nicht, wenn nur du nicht diesen Eindruck hast.

nēdum „geschweige denn daß" (vgl. § 225 nē – quidem, § 237 tantum abest) mit Konjunktiv steht klassisch nur nach negativem Hauptsatz:

Optimīs temporibus Q. Metellus vim tribūniciam sustinēre nōn potuit, nēdum hīs temporibus salvī esse possīmus.	Schon in guten Zeiten kam Q. Metellus gegen die tribunizische Macht nicht an, geschweige denn daß wir unter den jetzigen Umständen ungeschoren davonkämen.

Vergleichende Bedingungssätze mit quasi, tamquam sī: § 248.

10. Konzessivsätze (Einräumungssätze)　　　　§ 263

Die Konzessivsätze enthalten eine Annahme in Form einer Einräumung und stehen entsprechend der Herkunft der einleitenden Konjunktionen teils im Indikativ, teils im Konjunktiv. Negation ist nōn.

1. **quamquam** „obgleich, obwohl" mit Indikativ:

Quamquam ist verdoppeltes quam („wie auch immer"); der Indikativ steht wie in den verallgemeinernden Relativsätzen (§ 241).

Quamquam grātiārum āctiōnem ā tē nōn dēsīderābam, tamen fuit ea mihī periūcunda.	Obgleich ich eine Danksagung von dir nicht erwartete, hatte ich dennoch große Freude an ihr.

Mit einer ähnlichen Verselbständigung des Nebensatzes wie bei relativischem Anschluß kann durch quamquam (seltener etsī, tametsī) auch ein berichtigender Hauptsatz eingeleitet werden: „gleichwohl, freilich":

Ō poētam ēgregium! Quamquam ab hīs contemnitur.	Welch hervorragender Dichter! Freilich: diese hier verachten ihn ja.

2. **quamvīs** „w i e s e h r a u c h", **licet** „m a g a u c h", **ut (nōn)** „g e s e t z t, d a ß (n i c h t)", **cum** „w ä h r e n d d o c h" mit K o n j u n k t i v nach den Regeln der Zeitenfolge:

Quamvīs ist Zusammenrückung von quam vīs („wie sehr du willst") und findet sich adverbial zunächst neben Adj. und Adv.: quamvīs subitō veniās = tam, quam vīs, subitō veniās „so plötzlich, wie du willst, magst du kommen"; durch Gliederungsverschiebung kann quamvīs jedoch auch auf veniās bezogen werden und wird so zur Konjunktion: „magst du auch plötzlich kommen". – Licet mit Konj. erklärt sich aus der Beiordnung neben einem urspr. selbständigen Konj.: Fremant omnēs licet, dīcam quod sentiō eigtl.: „Mögen alle murren, das steht ihnen ja frei: ich will (dennoch) meine Meinung sagen". Dann wurde der Konj. als abhängig von licet empfunden und licet entwickelte sich später zur konzessiven Konjunktion, doch ist der verbale Charakter noch so stark, daß klass. nach den Regeln der Zeitenfolge nur der Konj. Präs. bzw. Perf. steht. – Cum concessīvum: § 254 Nr. 3.

Paupertās sī malum est, mendīcus beātus esse nēmō potest, quamvīs sit sapiēns.	Wenn die Armut ein Übel ist, kann kein Bettler glücklich sein, mag er auch ein Weiser sein.
Licet perīcula impendeant, omnia subībō.	Mögen auch Gefahren drohen: ich werde alles auf mich nehmen.
Ut dēsint vīrēs, tamen est laudanda voluntās.	Wenn auch die Kraft fehlen mag, den guten Willen muß man loben.
Exercitus ut nōn referat pedem, īnsistet certē.	Selbst wenn das Heer nicht kehrtmacht, anhalten wird es auf jeden Fall.

3. **etiamsī** und **etsī** „s e l b s t w e n n" mit I n d i k a t i v oder K o n j u n k t i v wie bei einfachem sī entsprechend den Arten der hypothetischen Sätze (§ 259); immer auf den indikativischen Fall beschränkt bleibt tametsī, meistens etsī:

Corpus etiamsī mediocriter aegrum e s t, sānum nōn est.	Selbst wenn der Körper nur leicht krank ist: gesund ist er nicht.
Etiamsī timidī e s s ē m u s, tamen omnem timōrem abicerēmus.	Selbst wenn wir ängstlich wären, würden wir dennoch alle Furcht ablegen.
Etsī aliquā culpā t e n ē m u r errōris hūmānī, ab scelere certē līberātī sumus.	Wenn uns auch, da Irren menschlich ist, eine gewisse Schuld trifft, so haben wir doch kein Verbrechen auf uns geladen.
Rōmānī tametsī ā fortūnā d ē s e r ē b a n - t u r, tamen omnem spem salūtis in virtūte pōnēbant.	Wenn das Glück auch die Römer im Stich ließ, so setzten sie dennoch alle Hoffnung auf ihre Tapferkeit.

C. Ōrātiō oblīqua

Ōrātiō rēcta (direkte Rede) ist die Wiedergabe der eigenen oder fremden Rede mit den gleichen Worten, wie sie gehalten wurde. Ōrātiō oblīqua („schräge, umgebogene", indirekte oder abhängige Rede) ist die Wiedergabe einer Rede in Unterordnung unter ein ausdrücklich gesetztes oder zu ergänzendes verbum dīcendī oder sentiendī. Aus der Umformung in einen Bericht ergeben sich Verschiebungen im Gebrauch von Person, Tempus und Modus des Verbums:

1. Pronomina

Für die Pronomina, die sich auf das übergeordnete redende Subjekt beziehen, erscheinen in der indirekten Rede die entsprechenden Reflexiva; auch ipse kann in Beziehung auf den Sprechenden, besonders im Gegensatz zu anderen Personen, gebraucht werden (§ 198). Zur Bezeichnung der angeredeten sowie der dritten Person dienen ille oder is.

Statt hic und nunc in direkter Rede treten in indirekter Rede meistens ille und tunc (tum) ein, doch werden sie auch beibehalten, besonders in Gegensätzen wie hic — ille oder nunc — tum.

2. Tempora

Der Gebrauch der Tempora richtet sich nach den Regeln der Zeitenfolge für konj. Nebensätze (§ 229), doch kann in lebhafter Darstellung nach einem Präteritum auch eine Hauptzeit stehen (auch im Wechsel mit Nebenzeiten), z.B. Caes. Gall. 1,44.

3. Modi

a) Nebensätze

In der indirekten Rede stehen sämtliche Nebensätze im Konjunktiv, im Indikativ nur eigene Zusätze des Berichterstatters, z.B.:

Nūntiātur Sulmōnēnsēs, quod oppidum ā Corfīniō VII mīlium intervallō abest, cupere ea facere (gemeldet wurde nur: S. cupiunt ea facere).	Es kam die Nachricht, daß die Einwohner von Sulmo — eine Stadt, die 7 Meilen von Corfinium entfernt liegt — dies zu tun wünschten.

Sätze mit relativem Anschluß (§ 244) gelten für die ind. Rede als Hauptsätze.

b) Hauptsätze

1. Alle **Aussagesätze** der direkten Rede erscheinen in der indirekten Rede im AcI. Negation ist **nōn**:

Dīviciācus locūtus est:		Diviciacus sagte:
Galliae tōtīus factiōnēs sunt duae.	Galliae tōtīus factiōnēs esse duās.	Ganz Gallien habe zwei Parteien.
Rōmam ad senātum vēnī auxilium postulātum.	Sē Rōmam ad senātum vēnisse auxilium postulātum.	Er sei nach Rom vor den Senat gegangen, um Hilfe zu erbitten.

Ariovistus Caesarī respondit:		Ar. ließ C. antworten:
Sī quid mihī ā Caesare opus esset, ad eum venīrem; sī quid ille mē volet, eum ad mē venīre oportet.	Sī quid ipsī opus esset, sēsē ad eum ventūrum fuisse (§ 260); sī quid ille sē velit (trotz üo. Nebenzeit!), illum ad sē venīre oportēre.	Wenn er (A.) etwas von Cäsar wollte, käme er (A.) schon zu ihm (C.); wenn jener (C.) aber etwas von ihm (A.) wolle, dann müsse er (C.) zu ihm (A.) kommen.

2. Alle **Aufforderungssätze** der direkten Rede (Imperat. und Konj.) werden in indirekter Rede durch den **Konjunktiv** ausgedrückt. Negation ist **nē**, Anschluß eines negierten Konjunktivs durch **nēve** bzw. **neque** s. Vorbemerkung Nr. 2 zu § 215.

Pompēius Domitiō scrīpserat:		P. hatte an D. geschrieben:
Sī qua oblāta erit facultās, ad mē venītō (veniās)!	Sī qua oblāta esset facultās, ad sē venīret.	Wenn sich ihm eine Gelegenheit biete, solle er zu ihm kommen.

Caesar ab Ariovistō postulāvit:		C. verlangte von A.:
Nē quam multitūdinem hominum amplius trāns Rhēnum in Galliam trādūxerīs nēve Haeduīs bellum intulerīs!	Nē quam multitūdinem hominum amplius trāns Rhēnum in Galliam trādūceret nēve Haeduīs bellum īnferret.	Er solle keine weiteren Scharen über den Rhein nach Gallien bringen und gegen die Häduer nicht Krieg führen.

3. **Fragesätze**:

a) **Rhetorische** Fragen der direkten Rede treten in indirekter Rede in den AcI, soweit sie nicht in direkter Rede bereits im Konj. stehen.

Caesar Pompēiō scrīpsit:		C. schrieb an P.:
Quōnam haec omnia nisī ad meam perniciem pertinent?	Quōnam haec omnia nisī ad suam perniciem pertinēre? (Sinn: ad nihil aliud)	Wohin denn das alles ziele, wenn nicht auf sein (C.s) Verderben?

§ 264 Indirekte Rede

Caesar Helvetiis respondit:		C. antwortete den Helvetiern:
Si veteris contumeliae oblivisci **volo**, num etiam recentium iniuriarum memoriam deponere **possum**?	Si veteris contumeliae oblivisci **vellet**, num etiam recentium iniuriarum memoriam deponere **se posse**? (Sinn: se non posse)	Wenn er die alte Schmach vergessen wolle, könne er dann etwa auch die Erinnerung an das jüngst erlittene Unrecht auslöschen?

b) Alle übrigen Fragen der direkten Rede (so stets die an die 2. Person gerichteten) treten in indirekter Rede in den Konjunktiv (als indirekte Fragen: § 232).

Caesar milites incusavit:		C. warf den Soldaten vor:
Cur de **vestra** virtute aut de **mea** diligentia **desperatis**?	Cur de **sua** virtute aut de **ipsius** diligentia **desperarent**? (Sinn: ne desperarent)	Warum sie denn zu ihrer Tapferkeit oder seiner (C.s) Umsicht kein Vertrauen hätten?

Caesar in senatu dixit:		C. sprach im Senat:
Hoc si Pompeius **probavit**, cur **me** uti populi beneficio **prohibuit**?	Hoc si Pompeius **probasset**, cur **se** uti populi beneficio **prohibuisset**?	Wenn Pompeius damit einverstanden gewesen sei, warum habe er (P.) ihn (C.) dann gehindert, die vom Volk verliehene Auszeichnung anzunehmen?

c) Direkt konjunktivische Fragen bleiben im Konjunktiv (mit Tempusverschiebung).

Titurius clamitabat:		T. rief erregt:
Quis hoc sibi **persuadeat**?	Quis hoc sibi **persuaderet**?	Wer ließe sich das einreden?

§§ 265 - 276   **ANHÄNGE**

§ 265   **I. Die wichtigsten Tropen und Figuren**

A. Tropen

Unter Tropen (τρόποι „Wendungen") versteht man die Formen „uneigentlichen" Sprechens, d.h. unter einem Wort ist etwas anderes zu verstehen als sein „eigentlicher" Inhalt.

1. Synekdoche (συνεκδοχή „Mitbezeichnung"): Wahl eines engeren Begriffes statt des umfassenderen, insbesondere des Teiles statt des Ganzen (pars pro toto), und umgekehrt, z.B.:

tectum, limen	(statt domus)	Dach, Schwelle	(Haus)
carina, puppis	(statt navis)	Kiel, Achterdeck	(Schiff)
elephantus	(statt ebur)	Elephant	(Elfenbein)
quercus	(statt frons quernea)	Eiche	(Eichenlaub)

2. Litotes (λιτότης „Abschwächung"): ein verhältnismäßig hoher Grad wird durch die Negation des Gegenteils ausgedrückt, z.B.:

non ignoro (§ 220 Nr. 1)	ich weiß sehr wohl
homo non acerrimus nec fortissimus	nicht gerade einer der Tapfersten

3. Hyperbel (ὑπερβολή „Übertreibung"): das Maß des Glaubwürdigen übersteigende Aussage, z.B.:

Pompeius plura bella gessit quam ceteri legerunt.	Pompeius hat mehr Kriege geführt als andere gelesen haben.
Non mihi si linguae centum sint oraque centum, omnia poenarum percurrere nomina possim.	Selbst wenn ich hundert Zungen hätte und hundert Münder, könnte ich nicht alle Namen der Bestrafungen anführen.

4. Metonymie (μετωνυμία „Namensvertauschung"): Ersatz eines Begriffes durch einen anderen, ihm gedanklich nahestehenden; bes. Vertauschung von Ursache und Wirkung (Autor statt Werk, Gottheit statt Funktionsbereich, Stoff statt Produkt), z.B.:

Vulcanum naribus efflant tauri.	Die Stiere schnauben Feuer aus der Nase.
Cedant arma togae, concedat laurea laudi.	Weichen sollen die Waffen der Toga, der (Kriegs)lorbeer dem (Friedens)ruhm.

5. Metapher (μεταφορά „Übertragung"): Übertragung eines Wortes in eine andere, ihm eigentlich fremde Sphäre; der verkürzte Vergleich („die Jugend gleicht dem Frühling" – „Frühling des Lebens") ist als Entstehung der Metapher umstritten, als Erklärung in vielen Fällen brauchbar, z.B.:

faex civitatis	Abschaum des Volkes („Bodensatz")
fulmina fortunae	Schicksalsschläge („Blitze")
Spirante etiam re p. ad eius spolia detrahenda advolaverunt.	Das Staatswesen atmete noch, und schon eilten sie herbei, ihm die (Rüstung als) Beute zu entreißen.

6. Allegorie (ἀλληγορία „Andersreden"): ein durch mehrere gereihte Metaphern ausgeführtes Bild, z.B.:

Nec tuas umquam ratis ad eos scopulos appulisses, ad quos Sex. Titi afflictam navem et in quibus C. Deciani naufragium fortunarum videres.	Und nie hättest du mit deinem Schiff auf die Klippen zugehalten, wo du das Fahrzeug des Sex. T. leckgeschlagen und den Schiffbruch des begüterten C. D. hättest sehen können.

§ 265 Tropen und Figuren 323

7. **Personifikation** (προσωποποιία): die Einführung konkreter Dinge sowie abstrakter und kollektiver Begriffe als handelnder Personen, z.B.:

Cn. Pompēiō duce tantī bellī impetus Unter Pompeius Führung fuhr solch ein gewalti-
nāvigāvit. ger Kriegssturm über das Meer dahin.

8. **Ironie** (εἰρωνεία „Verstellung"): Das Gesagte ist das Gegenteil des Gemeinten, z.B.:

Gallia vāstātur; quae pāx potest esse certior? Gallien wird verwüstet: könnte es einen sichereren Frieden geben?

9. **Euphemismus** (εὐφημισμός „der Gebrauch von Worten guter Vorbedeutung"): die mildernde bis gegenteilige Bezeichnung von Dingen aus Gründen der Wohlanständigkeit oder des Aberglaubens, z.B.:

Sī quid mihī hūmānitus accidisset. Wäre mir etwas Menschliches widerfahren.
suae vītae dūrius cōnsulere Hand an sich legen

B. Figuren

Im Gegensatz zu den Tropen, die die verschiedenen Arten der Setzung e i n e s Wortes statt eines anderen bezeichnen, versteht man unter Figuren die verschiedenen Arten der kunstvollen Anordnung m e h r e r e r Wörter. Eine völlig befriedigende Systematik ist jedoch weder in der Abgrenzung der Tropen von den Figuren noch in der Abgrenzung der einzelnen Figuren untereinander zu erreichen. (Wort-, Satz-, Stellungs-, Gedanken-, Klangfiguren u.a.). Im folgenden wird die bereits von der Antike vorgenommene große Aufteilung in Wort- und Gedankenfiguren (figūrae ēlocūtiōnis und sententiae, σχήματα λέξεως und διανοίας) beibehalten.

1. Wortfiguren

10. **Geminatio** (ἐπανάληψις „Wiederaufnahme"): die unmittelbare Wiederholung eines Einzelwortes oder einer Wortgruppe an beliebiger Stelle im Satz, z.B.:

Fuit, fuit ista quondam in hāc rē pūblicā virtūs. Es gab sie einst, es gab in unserem Staat diese Entschlossenheit.

11. **Anadiplose** (ἀναδίπλωσις „Verdoppelung"): die Wiederholung eines am Schlusse einer Wortgruppe oder eines Verses stehenden Wortes zu Beginn der folgenden Wortgruppe oder des folgenden Verses, z.B.:

Dēiphobum vīdit lacerum crūdēliter ōra, / ōra Deiphobus sah er, grausam verstümmelt im Ge-
manūsque ambās. sicht, im Gesicht und an beiden Händen.

12. **Anapher** (ἀναφορά „Wiederholung"): die Wiederaufnahme des gleichen Wortes am Anfang von Sätzen oder Satzteilen, z.B.:

Misera est ignōminia iūdiciōrum Erbärmlich ist die Schande der öffentlichen
pūblicōrum, misera multātiō bonōrum, Prozesse, erbärmlich die Bestrafung der ver-
miserum exilium. fassungstreuen Bürger, erbärmlich die Verbannung.

13. **Epipher** (ἐπιφορά „Hinzubringen"): die Wiederholung des gleichen Wortes am Ende von Sätzen oder Satzteilen, z.B.:

Dē exiliō reductī ā mortuō, cīvitās data ā Aus der Verbannung heimgeholt sind sie von
mortuō, sublāta vectīgālia ā mortuō. einem Toten, das Bürgerrecht ist verliehen von einem Toten, Steuern sind aufgehoben von einem Toten.

14. Paronomasie (παρονομασία „Umbildung eines Wortes"): Wortspiel, das auf der Klangähnlichkeit (und häufig Bedeutungsverschiedenheit) zweier Wörter beruht, z.B.:

Inceptiō est āmentium, haud amantium.	Das ist ein Unternehmen von Verrückten, nicht von „in Liebe Entrückten".

15. Enallage (ἐναλλαγή „Vertauschung"): Beziehungsverschiebung, meist eines Adjektivs zwischen Substantiv und abhängigem substantivischem Genitivattribut, z.B.:

hesternā fēlicitāte pugnae	durch das gestrige Glück des Kampfes, d.h. durch d. G. d. gestrigen K.
ad iūstī cursum amnis adīre.	an den Lauf des regelrechten Flusses herankommen, d.h. an d. regelrechten L. d. F. h.

16. Prolepse (πρόληψις „Vorwegnahme"): Bezeichnung der Folge oder Absicht einer Prädikatshandlung durch ein prädikatives Adjektiv, z.B.:

Titānēs parābant inicere captīvō bracchia caelō.	Die Titanen beschlossen, Hand an den Himmel zu legen, damit er dadurch erobert würde.

17. Zeugma (ζεῦγμα „Joch"): einmalige Setzung eines Satzteils zu zwei Satzgliedern, obwohl er zu beiden nur in verschiedenem Sinne oder zu einem gar nicht paßt, z.B.:

Locus acervīs corporum et cīvium sanguine redundāvit.	Von Leichenhaufen und Bürgerblut floß der Platz über.

18. Hyperbaton (ὑπερβατόν „das Versetzte"): Trennung zweier zusammengehöriger Wörter durch ein oder mehrere andere, z.B.:

Tantamne ūnius hominis... virtūs tam brevī tempore lūcem afferre reī p. potuit?	Konnte die Tatkraft eines einzigen Menschen in so kurzer Zeit so großes Heil dem Staat bringen?

19. Parallelismus (ἰσόκωλον „gleichgebautes Kolon"): gleicher Bau einander entsprechender Satzglieder, z.B.:

Trādidit sē huic omnia audientī, magna metuentī, multa suspicantī, nōnnūlla crēdentī.	Er überlieferte sich diesem, der alles hört, Großes fürchtet, vieles argwöhnt, einiges glaubt.

20. Alliteration: Wiederkehr des gleichen Anlauts in aufeinanderfolgenden Wörtern, z.B.:

Ō Tite, tūte, Tatī, tibi tanta, tyranne, tulistī.	Du selbst, Titus Tatius, hast dir, du Tyrann, solch schlimmes Schicksal gebracht.
Vidēbat ōra praetōrēs locuplētārī quotannīs pecūniā pūblicā praeter paucōs.	Die Küste sah, wie sich die Anführer bis auf wenige jährlich an den Staatsgeldern bereicherten.

21. Homoioteleuton (ὁμοιοτέλευτον „gleich endigend"): Wiederkehr des gleichen Auslauts in korrespondierenden Gliedern (nachantik: Reim), z.B.:

Homō sine rē, sine fidē, sine spē, sine sēde.	Ein Mensch ohne Vermögen, ohne Kredit, ohne Hoffnung, ohne Wohnsitz.
Quot caelum stēllās (Binnenreim), tot habet tua Rōma puellās.	Wieviel Sterne der Himmel, soviel Mädchen hat dein Rom.

2. Gedankenfiguren

22. Klimax (κλῖμαξ „Leiter"): im engeren Sinne eine Weiterführung der Anadiplose (Nr. 11), häufiger im weiteren Sinne die Steigerung vom weniger Bedeutenden zum Wichtigeren, z.B.:

vincula, carcerem, verbera, secūrēs, crucem	Fesseln, Kerker, Schläge, Beile, Kreuz

Tropen und Figuren

23. Antithese (ἀντίθεσις „Gegenüberstellung"): die Gegenüberstellung zweier Gedanken beliebigen Umfangs, z.B.:

Bellum Cn. Pompeius extremā hieme apparāvit, ineunte vēre suscēpit, mediā aestāte cōnfēcit.	Pompeius hat den Krieg Ende des Winters vorbereitet, Anfang des Frühlings begonnen, Mitte des Sommers beendigt.

24. Oxymoron (ὀξύμωρον „spitzig-dumm"): Antithese zweier sich widersprechender Ausdrücke, z.B.:

Cum tacent, clāmant.	Indem sie schweigen, schreien sie.
rērum concordia discors	die zwieträchtige Harmonie der Dinge

25. Chiasmus (χιασμός „Figur eines X"): die Überkreuzstellung korrespondierender Satzteile, z.B.:

26. Aposiopese (ἀποσιώπησις „Verschweigen"): das absichtliche Abbrechen eines Satzes, z.B.:

Dē nostrum omnium – nōn audeō tōtum dīcere.	Über unser aller – ich wage nicht, das Ganze zu sagen.
Quōs ego – sed mōtōs praestat compōnere flūctūs.	Die werd' ich schon – doch es ist besser, die erregten Fluten zu beruhigen.

27. Hysteron proteron (ὕστερον πρότερον „das Spätere zuerst"): ein späteres Ereignis drängt sich infolge seiner Wichtigkeit vor, das zeitlich Vorhergehende folgt nach, z.B.:

Moriāmur et in media arma ruāmus!	Wir wollen sterben und uns mitten in das Getümmel stürzen!

28. Apostrophe (ἀποστροφή „Abwendung"): die Abwendung von den Zuhörern und die Hinwendung an abwesende Personen oder an Sachen, z.B.:

Adsunt ex Achaiā lēgātī neque tē, Massilia, praetereō.	Gesandte aus Achaia sind da, und auch dich, Marseille, will ich nicht übergehen.
Exoriāre aliquis nostrīs ex ossibus ultor!	Erstehen mögest du, ein unbekannter Rächer, aus meinen Gebeinen.

II. Wortstellung und Satzbau

A. Wortstellung

Die lat. Wortstellung ist wie die grch. im Gegensatz zu der gebundenen Wortstellung der neueren Sprachen freier, da die einzelnen Wörter im Satz noch größere Selbständigkeit bewahren und ihre Funktion durch die Flexionsendungen deutlich gekennzeichnet ist. Immerhin ist diese Freiheit der Stellung keine absolute; so stehen die Negationen stets vor dem zugehörigen Wort, ebenso in der Regel die Präpositionen (§ 157 Nr. 2); zur festen Stellung mancher Konjunktionen vgl. § 224.

1. Usuelle und okkasionelle Wortstellung

1. Trotz vieler Freiheiten der Wortstellung läßt sich eine gewisse Regelmäßigkeit in der Abfolge der wichtigsten Satzteile beobachten. Diese gewöhnliche oder usuelle Wortstellung besteht in der Abfolge Subjekt – Objekt – Prädikat.

2. Abweichungen von dieser Grundregel, sog. okkasionelle Wortstellung, finden sich vor allem aus folgenden Gründen:

a) nachdrückliche Hervorhebung:

α) Besonders betonte Satzteile können Subjekt und Prädikat von den beiden höchst betonten Stellen des Satzes, dem Anfang und dem Ende, verdrängen (Im Dt. läßt sich diese Hervorhebung durch die Stellung oft nur durch umschreibende Hervorhebung wiedergeben):

Sit fūr, sit sacrilegus (§ 215 Nr. 2).	Nun schön: sei er also ein Dieb, sei er ein Tempelräuber.
Vēnisse tempus victōriae dēmōnstrat; fugere in prōvinciam Rōmānōs.	Er machte klar, daß nun endlich die Zeit für den Sieg gekommen sei, die Römer seien ja schon auf der Flucht in die Provinz.
Lūce sunt clāriōra tua cōnsilia!	Deine Absichten sind doch sonnenklar (§ 144)!
Quod ante id tempus accidit nūllī.	Das vorher wirklich niemandem zuteil geworden.
Haec poena apud eōs est gravissima.	Das ist bei ihnen die allerschwerste Strafe.
Serpit nesciō quō modo per omnium vītās amīcitia.	Irgendwie durchzieht ja doch die Freundschaft das Leben aller Menschen.

β) Besonders betonte Satzteile können aus dem Nebensatz heraus vor die einleitende Konjunktion treten; dies kann zu einer dem Dt. fremden Verflechtung von Haupt- und Nebensatz führen:

In hāc sum sententiā, nihil ut faciāmus nisi quod maximē Caesar velle videātur.	In bin der Ansicht, daß wir keinesfalls etwas tun sollten, das nicht völlig in Cäsars Absicht zu liegen scheint.
Patrem vītā prīvāre sī per sē scelus est eqs.	Wenn es schon für sich ein Verbrechen ist, den Vater zu töten, usw.
Illōrum vidēs quam niteat ōrātiō.	Du siehst, wie glänzend die Rede jener Leute ist.
Quem tū dīrumperis, cum aedīlicium vidēs.	Du platzt, wenn du den als einen Mann von ädilischer Würde siehst.

γ) Schwach betonte Satzteile, namentlich Pronomina und Formen von esse, stehen gern enklitisch unmittelbar hinter dem betonten Anfangswort, auch wenn dadurch zusammengehörige Satzteile getrennt werden (vgl. § 265 Nr. 18):

per mihī grātum est	es ist mir höchst willkommen.
per tē deōs ōrō (dicht.)	bei den Göttern! ich bitte dich
Gallia est omnis dīvīsa in partēs trēs.	Gallien in seiner Gesamtheit zerfällt in drei Teile.

b) Klauselrücksichten:

Das Streben nach rhythmischer Gestaltung der Satzschlüsse (clausulae[1]) in der Kunstprosa ergibt oft Abweichungen von der regelmäßigen Wortstellung. Bei Cicero sind folgende Klauseln am häufigsten:

α) Ditrochäus:	$-\cup-\cup$	: ésse póssit; videántur ésse
β) Doppelkretikus:	$-\cup--\cup\cup$	: testēs citārī iubet
γ) katalektischer Doppelkretikus:	$-\cup--\cup$	: ésse defēnsum; ésse vōluērunt
δ) Doppelspondeus:	$---\cup$	: cóndemnāsse

[1]) Wie in der Dichtung findet hierbei Elision, Positionslängung und Auflösung der langen Silbe statt; die letzte Silbe einer jeden Klausel ist anceps. Zu den metrischen Termini vgl. § 271.

Gemieden wird die sog. heroische Klausel, der Hexameterausgang $-\cup\cup-\cup$, daher wohl ésse málēbat (nach γ), aber statt éssĕ vŏlébat häufiger volébat ésse (nach α).

c) metrischer Zwang:
Unter dem Einfluß des metrischen Zwanges ist die dichterische Wortstellung viel freier als die prosaische (vgl. z.B. die Nachstellung von Konjunktionen wie sed, at, die Trennung von Präposition und Beziehungswort u.ä.).

2. Besonderheiten der Stellung nominaler Gruppen § 267

1. **Adjektive**:
Attributive Adjektive, die eine **objektive** Bestimmung enthalten, stehen (wie die Genitive, mit denen sie im Austausch stehen) nach ihrem Substantiv, z. B. iūs cīvīle, populus Rōmānus, nāvis onerāria. Dagegen treten Adjektive, die eine **auszeichnende** Eigenschaft angeben, sowie Maß-, Grad- (Komparative und Superlative) und Zahlbestimmungen gewöhnlich vor ihr Bezugswort, z.B. summus imperātor, divīnum cōnsilium, multī hominēs; demnach

praetor urbānus	der städtische Prätor
urbānus praetor	der geistreiche Prätor

Erweiterte oder mehrgliedrige Attribute treten in der Regel ebenso hinter das Substantiv wie mehrsilbige Adjektive, die bei einem einsilbigen Substantiv stehen:

cāsū incrēdibilī ac paene dīvīnō	durch einen unglaublichen und geradezu göttlichen Zufall
dī immortālēs	die unsterblichen Götter
vir peritissimus	ein sehr erfahrener Mann

2. **Pronomina**:
Die Demonstrativa stehen vor dem Substantiv (aber: Sōcratēs ille sapientissimus § 109 Nr. 2), die Possessiva hinter dem Substantiv außer bei Betonung (§ 192 Nr. 2), von den Indefinita steht aliquis meist vor, quīdam meist nach dem Substantiv.

3. **Apposition**:
Sie steht in der Regel hinter ihrem Beziehungswort, so stets, wenn noch eine Bestimmung von ihr abhängig ist, z.B. Xerxēs, rēx Persārum. Dagegen stehen Titel wie rēx, imperātor („Kaiser") und geographische Bezeichnungen wie flūmen, mōns, urbs gewöhnlich voran, z.B. flūmen Rhēnus, urbs Rōma. Vgl. auch § 122 Nr. 1.

4. Vokativ: s. § 105.

B. Satzbau § 268

1. Während die dt. Sprache die einzelnen Teile eines größeren Gedankenkomplexes gern selbständig (asyndetisch oder mittels der Konjunktionen „und, und so, und daher, zwar – aber") aneinanderreiht, zieht der Lateiner die Zusammenfassung in ein **einheitliches Satzgefüge** (Periode) vor, in dem nur der Hauptgedanke als Hauptsatz erscheint, während die vorbereitenden

und folgernden Nebenumstände in der Form von Nebensätzen oder Partizipien subordiniert werden.

2. Von den **Nebensätzen** stehen die Relativ-, Frage-, Final-, Konsekutiv-, Komparativ- und die Temporalsätze mit dum, dōnec, priusquam in der Regel nach dem Hauptsatz, da ihr Inhalt dem des Hauptsatzes zeitlich oder begrifflich nachfolgt; die Kausal-, Kondizional- und Konzessivsätze dagegen stehen gewöhnlich voran. Abweichungen ergeben sich, wenn auf den Nebensätzen stärkerer Nachdruck liegt, z.B.:

Ut in perpetuā pāce esse possītis, prōvidēbō.	Daß ihr in ständigem Frieden leben könnt, wird meine Sorge sein.

3. Treten **mehrere Nebensätze gleichen** Grades zu einem Hauptsatz, so können sie im Lat. (wie im Grch.) abweichend vom Dt. unverbunden vor den Hauptsatz treten (Stellung: a b : A), z.B.:

Id nē cum esset factum quidem, quārē ita factum esset, intellegī potuit.	Auch nachdem dies geschehen war, konnte man nicht erkennen, warum es geschehen war (Stellung: a : A : b).

Im Dt. kann diese Stellung nachgeahmt werden, wenn die beiden Nebensätze infolge einer gemeinsamen oder zweier gleichartiger Konjunktionen mit „und" verbunden werden können, z.B.:

Postulō: si quam opīniōnem vestrīs mentibus comprehendistis, sī eam ratiō convellet, nē repūgnētis!	Ich fordere euch auf: wenn ihr euch eine Überzeugung gebildet habt und die Vernunft diese hinfällig macht, so widerstrebt nicht!

Im Lat. kann die Verbindung durch eine kopulative Konjunktion nur dann eintreten, wenn die beiden Nebensätze im Verhältnis zum Hauptsatz gleichwertig sind, z.B.:

Sī obsidēs ab Helvētiīs dentur **e t sī** Haeduīs dē iniūriīs, **item sī** Allobrogibus satis faciant, sēsē cum iīs pācem esse factūrum.	Wenn die Helvetier Geiseln stellten und wenn sie den Häduern für das angetane Unrecht, ebenso den Allobrogern Genugtuung leisteten, werde er mit ihnen Frieden schließen.

Bei Verbindung eines Hauptsatzes mit mehreren Nebensätzen **verschiedenen** Grades kann im Lat. abweichend vom Dt. der Nebensatz 2. Grades auch vor den übergeordneten Nebensatz 1. Grades treten (Stellung: a a : A bzw. A : a a), z.B.:

Quālis esset nātūra montis, quī cognōscerent, mīsit (Typ: a a : A).	Er schickte Leute, die erkunden sollten, wie die Beschaffenheit des Berges sei.
Veritus es, nisi istam artem ōrātiōne exaggerāssēs, nē operam perdidissēs (Typ: A : a a).	Du fürchtetest, daß jene Mühe vergeblich gewesen wäre, wenn du jene Kunst nicht rednerisch erhöht hättest.

4. Betonte Satzglieder, die einem Haupt- und Nebensatz gemeinsam sind, treten an die Spitze des Satzgefüges:

Caesar postquam in Trēverōs vēnit, Rhēnum trānsīre cōnstituit.	Nachdem Cäsar ins Gebiet der Treverer gekommen war, entschloß er sich zum Rheinübergang.
Frātrēs Litavicci cum comprehendī iussisset, paulō ante repperit ad hostēs fūgisse.	Als er den Befehl gegeben hatte, die Brüder des L. zu ergreifen, mußte er erfahren (§ 166 a.E.), daß sie kurz zuvor zu den Feinden geflohen seien.

5. Die Kunst des lat. Periodenbaus erreicht mit Cicero ihren Höhepunkt. Die klassische Periode zeichnet sich gegenüber der altlat. insgesamt durch größere Übersichtlichkeit aus; diese wird erreicht durch Wahrung der Einheit des Subjekts, durch Bevorzugung einer korrespondierenden Gliederung der Satzteile und durch eine den logischen Zusammenhalt wahrende Technik der Einschiebung, bes. von Nebensätzen 2. Grades.
Beispiele kunstvoller Perioden: Cic. Verr. II 5,184 - 188; Caes. Gall. 2,25,1-2; Liv. 28, 13, 1-4.

6. Die Parenthese (παρένθεσις „das Dazwischenstellen"), der freie Einschub von Zusätzen in das Satzgefüge ohne grammatische Verbindung, hat ihren Ursprung in der umgangssprachlichen Abneigung gegen die Hypotaxe; sie findet sich häufig im Briefstil, jedoch auch in der augusteischen Dichtung und bei Historikern:

Nāvibus hostium nostrae neque rōstrō nocēre poterant — tanta in iīs erat firmitūdō — neque propter altitūdinem facile tēlum adigēbātur.	Den Schiffen der Feinde konnten unsere eigenen weder mit der Rammspitze etwas anhaben — so stark waren ihre Planken —, noch ließen sich infolge ihrer Höhe leicht Geschosse schleudern.

7. Ein Anakoluth (ἀνακόλουθον „ohne Folge") ist das Abbrechen einer begonnenen Satzform und die Fortsetzung auf andere Weise, so daß Anfang und Schluß sich nicht entsprechen; dies ist besonders bei längeren durch Parenthesen oder andere Einfügungen unübersichtlich gewordenen Sätzen und Perioden der Fall, z.B.:

Nam et pūblicānī suās copiās in illam prōvinciam contulērunt ... deinde (statt et) ex cēterīs ōrdinibus hominēs gnāvī in Asiā negōtiantur.	Denn sowohl die Steuerpächter haben ihr Kapital in jene Provinz gebracht ... dann treiben auch betriebsame Leute aus den übrigen Ständen in Asien ihre Geschäfte.

III. Kurze Verslehre §§ 269 - 274

A. Prosodie §§ 269 - 270

Unter Prosodie (προσῳδία eigtl. „Zugesang") verstanden die grch. Grammatiker die Lehre von Tonhöhe (Akzent, accentus Überstzg. von προσῳδία) und Dauer (Quantität) der einzelnen Silben. Während die gebundene Rede im Dt. auf einem geordneten Wechsel zwischen betonten und unbetonten Silben beruht (akzentuierende Dichtung), war für die Antike der Wechsel zwischen langen und kurzen Silben ausschlaggebend (quantitierende Dichtung); freilich wurde dabei die Rücksicht auf die Wortbetonung nicht gänzlich außer acht gelassen.

1. Die Quantität der Silben § 269

Über die Quantität der Silben ist großenteils schon in der Lautlehre gehandelt; s. § 5 (natur- und positionslange Silben), L 23-28 (Kürzung eines langen Vokals vor Vokal), L 31 (Iambenkürzung), L 32-33, L 34-36, L 44-49 (Ersatzdehnung und Dehnung bei Vokalzusammenziehung).

Bei Ableitungen und Zusammensetzungen wird die Quantität der **Stammsilben** in der Regel beibehalten, z.B. amīcus, amīcitia, inimīcus; cădō, occĭdō und caedō, occīdō; durch Ablaut bewirkte Änderung der Quantität von Stammsilben s. L 1.

Quantität der **Endsilben**
1. Vokalischer Auslaut außer e ist lang.
Ausnahmen:

    a) Auslautendes **a** ist kurz als Endung des Nom., Vok. und Akk.: mēnsă (aber in mēnsā), mariă.

    b) Auslautendes **e** ist lang:
    α) im Abl. der 5. Dekl. diē (hodiē), rē (quārē); danach auch famē u.ä.
    β) im Imperativ der 2. Konj.: dēlē, monē;

γ) in den Adverbien zu Adjektiven der 2. Dekl.: longē, valdē (auch ferē);

δ) in den einsilbigen Wörtern ē, dē, mē, tē, sē, nē (aber -quĕ, -vĕ u.a.).

Kürzungen in iambischer Silbenfolge, z.B. bĕnĕ, mălĕ, s. L31.

2. **Konsonantisch auslautende Endungen außer as, es, os sind in der Regel kurz.**

Ausnahmen:

a) in nicht auf -s schließenden Wörtern: L30 (s. auch § 56 zu Nr. 1);

b) in Endsilben auf -s:

α) **es** ist kurz in der 2. Ps. Sg. Ind. und Imp. Präs. von sum, in pĕnĕs sowie im Nom. Sg. der Wörter auf -es, Gen. -ĕtis (mit Ausnahme von abiēs, ariēs und pariēs), -ĭdis oder -ĭtis, z.B. sĕgĕs (sĕgĕtis), obsĕs (obsĭdis), mīlĕs (mīlĭtis).

β) **os** ist kurz in os (ossis), in compos (compotis) und impos (impotis)

γ) **is** ist lang:
1. in den Kasusendungen des Plurals: terrīs, nōbīs, hostīs (§ 38 Nr. 3);
2. in der 2. Ps.Sg.Ind.Präs.Akt. der 4. Konj.: audīs (auch īs, fīs, vīs);
3. in der 2. Ps.Sg.Konj.: velīs;
4. in līs, lītis („Streit") und vīs („Gewalt"); zu sanguīs s. L 49.

Schwankend ist die Messung der 2. Ps.Sg.Konj.Perf. und Fut. II: § 76 Nr. 2 mit Fußnote 1.

δ) **us** ist lang:
1. im Nom.Sg. der kons. Dekl. bei langem -ū- im Gen.: salūs (salūtis), palūs, (palūdis), iūs (iūris); ferner in grūs (gruis) und sūs (suis);
2. im Gen.Sg. und im Nom. und Akk.Pl. der 4. Dekl.: frūctūs.

3. Griechische Endungen behalten in der Regel ihre Quantität bei, z.B. Pallăs, Palladŏs, Trōes und Trōas (Nom. und Akk.Pl.), Didūs (Gen.Sg.); nur die Endung -or wird regelmäßig gekürzt, z.B. rhētor (ῥήτωρ), Hector ("Εκτωρ).

Die Dichter weichen aus Versnot zuweilen von der gewöhnlichen Messung ab: in S t a m m s i l b e n nur ausnahmsweise (in metrisch sonst nicht verwendbaren Eigennamen) z.B. in der Messung Ītaliam im Hexameter statt Ĭtaliam; häufiger werden kurze E n d s i l b e n in der Hebung gedehnt (insbesondere vor der Cäsur: metrische Dehnung), z.B.:

ōllī sĕrvă dătūr | ŏpĕr(um) haūd īgnārā Mĭnērvae

ihm wird eine Dienerin gegeben, der Werke der Minerva kundig

līmĭnăquē laūrūsquē dĕī ...

Schwelle und Lorbeer des Gottes ...

§ 270   **2. Besonderheiten der dichterischen Prosodie**

1. Zusammentreffen zweier Vokale im Wortinnern (sog. „Binnenhiat"):

a) Die lebende Sprache war diesem Zusammentreffen abgeneigt und beseitigte es in vielen Fällen durch **Kontraktion**, z.B. cōgō aus *coăgō, nīl aus nihil: s. L 34.

b) Noch weiter gingen die Dichter darin, zwei benachbarte oder nur durch h getrennte Vokale aus metrischen Gründen zu einem Laut zu verbinden, ohne daß dies jedoch, wie bei der Kontraktion, durch die Schrift bezeichnet würde: **Synizese** (συνίζησις „Zusammensitzen, Zusammenfallen"). So kann eōdem zwei- oder dreisilbig gemessen werden; immer zweisilbig ist de͡inde, de͡esse, ante͡hāc; im Hexameterschluß findet sich zweisilbiges ostre͡a.

Eine Art Synizese liegt auch bei dem gelegentlichen konsonantischen Gebrauch der Halbvokale i und u vor, die dann positionsbildend werden können: párjetibús, fluvjōrum, génva, ténvia (statt der metrisch unbequemen oder unbrauchbaren Formen páriĕtĭbus, fluviōrum, genua, tĕnŭĭa). Umgekehrt wird v gelegentlich auch vokalisch gebraucht, z.B. dissoluisse fünfsilbig, siluae dreisilbig.

2. Zusammentreffen eines Vokals am Wortende mit einem Vokal zu Anfang des folgenden Wortes (Hiat)

a) wird gewöhnlich v e r m i e d e n durch:

α) **Synaloiphe** (συναλοιφή „Verschmelzung") oder **Elision** („Ausstoßung", zu ēlidere): Bei Auslaut auf Vokal oder m vor vokalischem Anlaut oder h wird der auslautende Vokal entweder noch kurz angeschlagen (Synaloiphe) oder ganz unterdrückt (Elision), z.B.:

mōnstru͡m ho͡rrendu͡m i͡nfōrm͡e i͡ngēns, cui lūmen adēmptum

„ein Ungeheuer, schrecklich, unförmig, riesig, dem das Augenlicht genommen war"

Bisweilen greift die Verschleifung auf den folgenden Vers über (versus hypermeter):

iamqu͡e i͡ter ēmēnsi turris ac tēcta Latinōr(u͡m)
ardua cernebant ...

„schon hatten sie den Weg zurückgelegt und sahen die Türme und hohen Dächer der Latiner ..."

β) **Aphärese** (ἀφαίρεσις „Wegnehmen"), auch ēlisiō inversa: Ist das zweite Wort es oder est, so wird deren e ausgestoßen, z.B. hōra quota (e)st?

b) wird gelegentlich g e d u l d e t , so bei Interjektionen (ō imitātōrēs), auch bei Satzschlüssen und bei starken Verseinschnitten (z.B. vor der Hauptcäsur). Beim sog. „schwachen Hiat" nach grch. Vorbild (πλάγχθη ἐπεί : – ∪ ∪ –) wird der auslautende lange Vokal in der Senkung gekürzt, z.B.: sī mĕ | amās; impōnere Pēliŏ | Ossam (vgl. L23).

B. Metrik

1. Grundbegriffe

1. Die Metrik ist die Lehre von den Maßen der gebundenen Rede; diese beruht auf dem Rhythmus, d.h. auf der gegliederten Folge von kurzen und langen Silben.

Als kleinste Z e i t e i n h e i t oder mora („der Aufenthalt, die Weile", zu morāri) gilt die Zeitdauer, die zur Aussprache einer kurzen Silbe erforderlich ist; die Zeitdauer einer langen Silbe gilt der von zwei kurzen gleich.

Die geregelte Gliederung ergibt sich durch das stärkere Hervortreten einzelner Zeiteinheiten von anderen; der durch den Versakzent oder Iktus („Taktschlag", zu icere) hervorgehobene Zeitteil heißt H e b u n g , der unbetonte S e n k u n g .

Die kleinste durch Hebung und Senkung unterschiedene Gruppe von Zeiteinheiten ist der V e r s - f u ß .

2. Die wichtigsten Versfüße sind:

Trochäus	(„Läufer", zu τρέχειν)	– ⏑	carmen
Iambus	(ἴαμβος: eine grch. Gedichtgattung)	⏑ –	virī
Daktylus	(δάκτυλος „Finger")	– ⏑ ⏑	carmina
Anapäst	(ἀναπαίεω „zurückschlagen")	⏑ ⏑ –	dominī
Kretikus	(„kretischer Fuß")	– ⏑ –	arcuī
Choriambus	(χορεῖος „Tanzschritt" (= Trochäus) + Iambus)	– ⏑ ⏑ –	omnipotēns

Trochäus und Iambus können vertreten werden durch

| Tribrachys | (τρίβραχυς „Dreikürze") | ⏑́ ⏑ ⏑ bzw. ⏑ ⏑́ ⏑ | animus |

Daktylus und Anapäst können vertreten werden durch

| Spondéus | („zum Opfer (σπονδή) gehörig") | – – bzw. – – | cōgō |

3. Die Verbindung von mehreren Füßen ergibt den V e r s („Wendung", zu vertere).

Nach der Zahl der Versfüße unterscheidet man Dipodien (2), Tripodien (3), Tetrapodien (4), Pentapodien (5) und Hexapodien (6).

Im trochäischen, iambischen und anapästischen Maß ergeben je 2 Füße (= Dipodie) ein Metrum; im daktylischen Versmaß dagegen bildet jeder Fuß auch ein Metrum. So ergeben z.B. 6 iambische Versfüße einen Trimeter, 6 daktylische dagegen einen Hexameter.

Nach der Zahl der Metra werden Monómeter (1), Dimeter (2), Trimeter (3), Tetrameter (4), Pentameter (5) und Hexameter (6) unterschieden.

4. Die letzte Silbe jeden Verses ist a n c e p s („schwankend"), d.h. kurz oder lang.

5. Verse, deren letzter Fuß unvollständig ist, heißen k a t a l e k t i s c h (καταλήγειν „aufhören", nämlich vorzeitig), unverkürzte Verse a k a t a l e k t i s c h.

Bleibt vom letzten Metrum nur eine Silbe, so nennt man den Vers catalēcticus in syllabam, bleiben zwei, so ist er catalēcticus in bisyllabum.

6. Längere Verse haben regelmäßig an bestimmten Versstellen einen durch Wortende gekennzeichneten Einschnitt; fällt dieser mit dem Ende eines Versfußes zusammen, so spricht man von einer D i ä r e s e (διαίρεσις „Trennung"); wird jedoch durch das Wortende ein Versfuß geteilt, so wird der Einschnitt als C ä s u r (zu caedere) bezeichnet.

Ein Einschnitt nach einer Hebung heißt m ä n n l i c h, nach einer in der Senkung stehenden Silbe w e i b l i c h.

2. Die wichtigsten Versarten

a) Der daktylische Hexameter und Pentameter

1. Der d a k t y l i s c h e H e x a m e t e r (versus herōus nach seiner hauptsächlichsten Verwendung in Heldengedichten) besteht aus sechs Füßen, deren letzter ein Spondeus oder Trochäus ist.

In den ersten vier Füßen kann statt des Daktylus regelmäßig ein Spondeus eintreten, im fünften Fuß nur selten.

Einen Hexameter mit Spondeus im 5. Fuß nennt man versus spondiazōn oder spondíacus. Fast stets werden in solchen Hexametern 5. und 6. Fuß durch ein Wort gebildet.

Der Einschnitt erfolgt am häufigsten nach der 3. Hebung (Penthēmimerēs, d.h. nach „fünf halben Teilen"); sonst meist nach der 4. Hebung (Hephthēmimerēs, d.h. nach „sieben h. T."), wobei sich gewöhnlich einen Nebencäsur nach der 2. Hebung (Trithēmimerēs, d.h. nach „drei h. T.") findet.

Schema mit Penthēmimerēs:

$-\cup\cup \mid -\cup\cup \mid - \parallel \cup\cup \mid -\cup\cup \mid -\cup\cup \mid -\cup$

Quádrupedánte putrém ‖ sonitú quatit úngula cámpum

„mit vierfüßigem Lärm erschüttert der Huf das staubige Feld"

Tér sunt conáti ‖ imponere Pélio Óssam

„dreimal versuchten sie, den Ossaberg auf den Pelion zu wälzen"

Schema mit Hephthēmimerēs und Trithēmimerēs:

$-\cup\cup \mid - \mid \cup\cup \mid -\cup\cup \mid - \parallel \cup\cup \mid -\cup\cup \mid -\cup$

Príncipibús | placuísse virís ‖ nōn última laús est

„bedeutenden Männern zu gefallen, ist nicht das geringste Lob"

Weibliche Cäsur des 3. Fußes und Diärese nach dem 4. Fuß, die sog. bukolische Diärese (beliebt in Hirtengedichten), finden sich bei lat. Dichtern selten:

Fértur equís auríga ‖ neque aúdit cúrrus habēnās

„der Lenker wird von den Pferden dahingetragen, und nicht gehorcht das Gespann den Zügeln"

Íte meaé, quondám felíx pecus, ‖ íte capéllae

„geht, meine Ziegen, ihr einst glückliche Tiere, geht"

2. Der **daktylische Pentameter** besteht aus zwei daktylischen Tripodien, deren letzter Fuß beide Male unvollständig (catalēcticus in syllabam § 271 Nr. 5) ist. Der Vers hat demnach sechs Hebungen; die irreführende Bezeichnung Pentameter erklärt sich aus der falschen Messung über den Einschnitt hinweg (2 Dakt. + 1 Spond. + 2 Anap.). Spondeen können nur in der ersten Tripodie eintreten. Der Vers wird stets durch Einschnitt nach der ersten Hälfte geteilt.

$-\cup\cup \mid -\cup\cup \mid - \parallel -\cup\cup \mid -\cup\cup \mid \overset{\cup}{}$

Der Pentameter findet sich nie allein, sondern stets im Anschluß an den Hexameter; beide zusammen bilden das Distichon (δίστιχον „Zweizeiler") oder, wegen der Verwendung hauptsächlich in Elegien, elegische Versmaß.

Saúcius eiūrát pūgnám gladiátor, et ídem
  immemor ántiquí ‖ vúlneris árma capít.

Ist er verwundet, schwört der Gladiator dem Kampf ab, und derselbe
  greift (wieder) zu den Waffen, hat er die alte Wunde vergessen.

§ 273 b) Der iambische Trimeter und Senar

1. Der **iambische Trimeter** besteht aus drei ungekürzten iambischen Metra: versus acatalēcticus. Die Cäsur fällt meist in den dritten (Penthēmimerēs), seltener in den vierten (Hephthēmimerēs) Fuß. Die äußere Senkung jedes Metrums, d.h. die der ungeraden Füße 1, 3 und 5, kann auch durch eine Länge gebildet werden; statt der Länge in der Hebung kann in den ersten fünf Füßen auch Doppelkürze eintreten, so daß in den ersten fünf Füßen Tribrachys und im 1., 3. und 5. Fuß Daktylus möglich ist. An Stelle des ersten, selten des 5. Iambus kann auch ein Anapäst stehen[1]):

```
   1.      2.     3.      4.      5.     6.

  ∪∪–
  –∪∪    ∪  ∪∪ ∪  ‖  ∪∪ ∪ | ∪∪ ∪  ∪∪ ∪∪
```

Levís crepánte ‖ lýmpha | désilít pedé
„ein leichtes Bächlein hüpft mit plätscherndem Fuß herab"

Dedí satís | supérque ‖ poénārúm tibí
„mehr als genug hast du mich bestraft"

Fortúna fórtēs | métuit, | ignāvōs premít
„die Tapferen fürchtet Fortuna, die Feigen unterdrückt sie"

2. Kann auch die 2. und 4. Kürze in der Senkung durch eine Länge oder Doppelkürze ersetzt werden, so daß also in allen Füßen außer dem letzten neben Iambus und Tribrachys auch Spondeus, Daktylus und Anapäst möglich sind, so ist die Basis der Versmessung nicht mehr das Metrum wie beim Trimeter, sondern der einzelne Versfuß: **iambischer Senar**. Er findet sich vor allem in der altlat. Dramendichtung und bei dem Fabeldichter Phädrus:

Amícus cértus ‖ ín rē incérta cérnitúr
„ein zuverlässiger Freund wird in unsicherer Lage offenbar"

Homo dóctus ín sē ‖ sémper | divitiās habét
„ein kluger Mann hat seinen Reichtum immer in sich"

Fraus ést accípere, ‖ quód nōn póssis rédderé
„es ist Betrug, anzunehmen, was man nicht zurückgeben kann"

---

[1]) Prokeleusmatikus („Aufforderungstakt"), d.h. die Auflösung eines Anapäst in vier Kürzen, findet sich (fast nur im Verseingang) bei Seneca und Phädrus.

c) Die wichtigsten lyrischen Versarten

1. **Asklepiadéus** (Asklepiades: grch. Dichter im 3. Jh. v. Chr.):

   a) kleinerer Asklepiadeus:

   — — ¦ — ∪ ∪ — ‖ — ∪ ∪ — ¦ ∪ ∪̱

   Maécēnās atavís ‖ édite régibús

   „Maecenas, du Abkomme eines alten Königsgeschlechts"

   b) größerer Asklepiadeus (ein Choriambus mehr):

   — — ¦ — ∪ ∪ — ‖ — ∪ ∪ — ‖ — ∪ ∪ — ¦ ∪ ∪̱

   Núllam, Váre, sacrā́ ‖ víte priús ‖ séveris árboreḿ

   „Keinen Baum, Varus, pflanze eher als den heiligen Weinstock"

2. **Glykonéus und Pherekratéus**

   a) Glykoneus (Glykon: sonst unbekannter Dichter):

   — — ¦ — ∪ ∪ — ¦ ∪ ∪̱

   Níl mortālibus árduī ést

   „Nichts ist den Menschen zu schwierig"

   b) Pherekrateus (Pherekrates: grch. Komödiendichter im 5. Jh. v. Chr.): ein katalektischer Glykoneus:

   — — ¦ — ∪ ∪ — ¦ ∪̱

   Pérsās átque Británnōs

3. **sapphischer Elfsilbler:**

   — ∪ — — ¦ — ‖ ∪ ∪ — ¦ ∪ — ∪̱,

   Ínteger vitaé ‖ scelerísque púrus

   „Wer unbescholten und von Verbrechen frei ist ..."

   — ∪ — — ¦ — ∪ ‖ ∪ — ¦ ∪ — ∪̱

   Mércurī, fācúnde ‖ nepós Atlántis

   „Merkur, du wortgewandter Enkel des Atlas"

   Den Schluß der sapphischen Strophe bildet der **Adonéus** (nach dem Klageruf ὢ τὸν Ἄδωνιν):

   — ∪ ∪ ¦ — ∪̱

   rísit Apóllō

   „es lachte Apollo"

Verwandt mit dem sapphischen ist der häufig von Catull verwendete Elfsilbler (Hendekasyllabus oder **Phalaecéus**):

$\underset{=}{\cup}\bar{\cup}: -\cup\cup - \;\; \| \;\; \cup - \cup - \bar{\cup}$

Cui dóno lepidúm ‖ novúm libéllum?
„Wem soll ich das nette, neue Büchlein schenken? "

4. **Alkäische** Verse (Alkaios: grch. Lyriker um 600 v. Chr.):
   a) alk. Elfsilbler:

   $\bar{\cup} - \cup - - \;\; \| \;\; - \cup\cup - \cup \underset{}{\cup}$

   Ódi profánum ‖ vúlgus et árceó
   „Ich mag das gemeine Volk nicht und verwehre ihm den Zutritt"

   b) alk. Zehnsilbler:

   $- \cup\cup - \cup\cup - \cup - \bar{\cup}$

   Vírginibús puerísque cántō
   „den Mädchen und Knaben singe ich"

   c) alk. Neunsilbler:

   $\underset{}{\cup} - \cup - - - \cup - \underset{}{\cup}$

   Leníte clāmorém, sodalēs
   „dämpft das Geschrei, Freunde"

Horazische Strophen:
1. asklepiadeische Strophe: 4 kleinere Asklepiadeen
2. asklepiadeische Strophe: 3 kleinere Asklepiadeen + 1 Glykoneus
3. asklepiadeische Strophe: 2 kl. Asklepiadeen + 1 Pherekrateus + 1 Glykoneus
4. asklepiadeische Strophe: 1 Glyk. + 1 kl. Asklep. + 1 Glyk. + 1 kl. Asklep.
sapphische Strophe: 3 sapph. Elfsilbler + 1 Adoneus
alkäische Strophe: 2 alk. Elfsilbler + 1 alk. Neunsilbler + 1 alk. Zehnsilbler

§ 275 IV. Maße, Gewichte und Münzen

Längenmaße

1 pēs (Fuß)	~	30 cm
1 passus (Doppelschritt) = 5 pedēs	~	1,50 m
mille passūs (1 röm. „Meile") = 5000 pedēs	~	1,5 km

Flächenmaße

1 iūgerum[1]) (= 240 × 120 Fuß)   ~ 2500 qm (~ $^1/_4$ ha)

---

[1]) Was ein Gespann (vgl. iungere, iugum) Ochsen an einem Tag pflügen kann.

Hohlmaße

für Flüssiges:

		1 sextārius	~	½ l
	1 congius =	6 sextāriī	~	3¼ l
1 amphora =	8 congiī =	48 sextāriī	~	26 l

für Trockenes:

1 modius (Scheffel) ~ 9 l

Gewichte

1 ūncia[1]) ~ 27 g
1 lībra oder pondō[2]) (1 röm. „Pfund") = 12 ūnciae ~ ⅓ kg

Münzen

Ursprüngliches Zahlungsmittel war Vieh (pecus – pecūnia), später ungeprägtes K u p f e r (aes rude), das beim Zahlen abgewogen wurde (pendere). Die Münzprägung wurde von den Griechen übernommen. Älteste Münz- und Gewichtseinheit ist der **as** = 1 röm. Pfund, der jedoch bald an Gewicht und Wert verlor. Seit der Mitte des 3. Jh.s v.Chr. kamen S i l b e r münzen hinzu: im Wert von 10 assēs der **dēnārius** (sc. nummus; Zeichen X), der seit dem Beginn des 2. Jh.s. v.Chr. mit der grch. Drachme im Wert gleichgesetzt wurde; im Wert von 2 ½ assēs der **sēstertius** (sc. nummus; Zeichen: HS, entstanden aus IIS, dem Zeichen für 2 As und sēmis „halb"). Die ursprüngliche Relation 1 Sesterz = 2½ As änderte sich mit der fortschreitenden Entwertung des As rasch zu 1 : 4. Nachdem seit dem Ausgang der Republik noch G o l d münzen (**aureus**) in größerem Umfang hinzukamen, gelten für die frühe Kaiserzeit folgende Relationen:

				1 as	
		1 sēstertius	=	4 assēs	
	1 dēnārius =	4 sēstertiī	=	16 assēs	
1 aureus =	25 dēnāriī =	100 sēstertiī	=	400 assēs	

Eine Umrechnung in moderne Währung ist nahezu wertlos, weil die variable Kaufkraft in der Antike und heute kaum zu erfassen und zu vergleichen ist[3]). Lediglich ein Vergleich auf Grund des Goldwertes ist möglich; bei einem Goldwert von 4500,– DM (1 kg) entspräche ein

	As	Denar	Aureus
Anfang 3. Jh.	etwa 1,25 DM		
Ende 3. Jh.	etwa 0,15 DM	etwa 2,20 DM	
Ende der Rep.	etwa 0,10 DM	etwa 1,50 DM	etwa 37,– DM

Rechnungsgrundlage war der s ē s t e r t i u s. Beträge von 1 bis unter 2000 HS wurden mit dem Nom. ausgedrückt, z.B. mīlle sēstertiī, Beträge ab 2000 HS mit dem von dem Pl. mīlia (§ 65 Nr. 3) abhängigen alten Gen. (§ 30 Nr. 4) sēstertium, z.B. duo mīlia sēstertium. Dieser Gen. wurde dann jedoch als Nom.Sg. eines Neutrums, etwa im Sinne von „Summe von 1000 HS" verstanden, dazu ein neuer Plural sēstertia gebildet und statt duo mīlia sēstertium kurz duo (oder bīna) sēstertia gesagt. – Steht bei sēstertium ein Zahladverb, so ist die Summe von 100 000 HS gemeint, also deciēs sēstertium (statt deciēs centēna mīlia) = 10 x 100 000 HS = 1 000 000 HS.

---

[1]) Eigtl. „Einheit" (zu ūnus); vgl. Unze.
[2]) Indeklinabel; eigtl. abl. līmitātiōnis.
[3]) 1 Denar war das durchschnittliche Tageseinkommen eines Lohnarbeiters gegen Ende der Republik, 1 Aureus also etwa das Monatseinkommen. Eine Tagesportion Brot kostete damals etwa 2 As, ein Liter Wein mittlerer Qualität etwa 3 - 4 As.

§ 276 V. Der römische Kalender

Übersicht über die Monatsdaten

	März, Mai, Juli, Oktober (31 Tage)		Januar, August, Dezember (31 Tage)		April, Juni, Sept., November (30 Tage)		Februar (28 Tage)	
1.	Kalendīs Iānuāriīs usw.							
2.	a. d. VI.	⎫			a. d. IIII.	⎫		
3.	a. d. V.	⎬ Nōnās Mārtiās usw.			a. d. III.	⎬ Nōnās Iānuāriās usw.		
4.	a. d. IIII.	⎭			prīdiē	⎭		
5.	a. d. III.				Nōnīs Iānuāriīs usw.			
6.	prīdiē				a. d. VIII.			
7.	Nōnīs Mārtiīs usw.				a. d. VII.			
8.	a. d. VIII.	⎫			a. d. VI.	⎫		
9.	a. d. VII.	⎬ Īdūs Mārtiās usw.			a. d. V.	⎬ Īdūs Iānuāriās usw.		
10.	a. d. VI.	⎭			a. d. IIII.	⎭		
11.	a. d. V.				a. d. III.			
12.	a. d. IIII.				prīdiē			
13.	a. d. III.				Īdibus Iānuāriīs usw.			
14.	prīdiē		a. d. XVIIII.	⎫	a. d. XVIII.	⎫	a. d. XVI.	⎫
15.	Īdibus Mārtiīs usw.		a. d. XVIII.		a. d. XVII.		a. d. XV.	
16.	a. d. XVII.	⎫	a. d. XVII.		a. d. XVI.		a. d. XIIII.	
17.	a. d. XVI.		a. d. XVI.	⎬ Kalendās Februāriās (Septembrēs, Iānuāriās)	a. d. XV.	⎬ Kalendās Maiās (Iūliās, Octōbrēs, Decembrēs)	a. d. XIII.	
18.	a. d. XV.		a. d. XV.		a. d. XIIII.		a. d. XII.	⎬ Kalendās Mārtiās
19.	a. d. XIIII.	⎬ Kalendās Aprīlēs (Iūniās, Sextīlēs, Novembrēs)	a. d. XIIII.		a. d. XIII.		a. d. XI.	
20.	a. d. XIII.		a. d. XIII.		a. d. XII.		a. d. X.	
21.	a. d. XII.		a. d. XII.		a. d. XI.		a. d. VIIII.	
22.	a. d. XI.		a. d. XI.		a. d. X.		a. d. VIII.	
23.	a. d. X.		a. d. X.	⎭	a. d. VIIII.		a. d. VII.	
24.	a. d. VIIII.		a. d. VIIII.		a. d. VIII.		a. d. VI.	
25.	a. d. VIII.		a. d. VIII.		a. d. VII.		a. d. V.	
26.	a. d. VII.		a. d. VII.		a. d. VI.		a. d. IIII.	
27.	a. d. VI.		a. d. VI.		a. d. V.		a. d. III.	
28.	a. d. V.		a. d. V.		a. d. IIII.	⎭	prīdiē	⎭
29.	a. d. IIII.		a. d. IIII.		a. d. III.			
30.	a. d. III.	⎭	a. d. III.		prīdiē			
31.	prīdiē		prīdiē					

Erläuterungen

1. Das römische Jahr begann bis 153 v.Chr. mit dem März. Die Reihenfolge der Monate war (die Monatsnamen sind Adjektive zu dem Subst. mēnsis):

1. Mārtius
2. Aprīlis
3. Maius
4. Iūnius
5. Quīntīlis (ab 44 v.Chr.: Iūlius)
6. Sextīlis (ab 8 v. Chr.: Augustus)
7. September
8. Octōber
9. November
10. December
11. Iānuārius
12. Februārius

Der März ist nach dem röm. Stammgott Mars, der Mai nach der Göttin Maia, der Juni nach der Göttin Juno, der Januar nach dem Gott Janus und der Februar nach dem Reinigungsfest februa am Ende des Jahres benannt.

§ 276   Der römische Kalender

März, Mai, Juli und Oktober zählten 31, der Februar 28, die übrigen Monate 29 Tage, das ganze Jahr (Mondjahr) also 355 Tage (= 12 Mondumläufe); Ausgleich mit dem Sonnenjahr erfolgte durch Einführung von Schaltmonaten. Cäsar legte 46 v.Chr. das Sonnenjahr zu 365 $1/4$ Tagen[1]) zugrunde: auf je drei Jahre von 365 Tagen (7 x 31 + 4 x 30 + 28) folgte ein um den Schalttag (diēs intercalāris[2])) vermehrtes Schaltjahr (annus bissextīlis, weil der nach dem 24. Februar, a. d. VI. Kal. Mārt., eingelegte Schalttag als diēs bissextus gezählt wurde).

2. Fest bezeichnet waren drei Tage jeden Monats:

               Abkürzg.:

Kalendae, -ārum   Kal. (Cal.)   1. Tag des Monats

Nōnae, -ārum[3])   Non.   5., aber im ⎱ März, Mai, Juli, Oktober ⎰ 7. Tag

Īdūs, -uum f.   Id.   13., aber im ⎰ (Merkwort: MILMO) ⎱ 15. Tag

Alle übrigen Tage werden in der Weise bestimmt, daß vom nächsten fest bezeichneten Zeitpunkt aus rückwärts gerechnet wird, wobei die Grenztage mitzählen; der 28. Jan. ist also der 5. Tag vor den Februarkalenden. Bei Datumsangaben heißt es statt diē quīntō ante Kal. Febr. in der Regel ante diem quīntum Kalendās Februāriās (abgek.: a.d.V.Kal. Febr.), gelegentlich auch quīntō Kal. Febr., so immer beim Vortag vor Kal., Non. und Id., der mit prīdiē bezeichnet wird, also: am 31. Jan.: prīdiē Kal. Febr.

Die Datumsbezeichnungen werden als einheitlicher Begriff aufgefaßt und daher auch mit den Präpositionen ab, ex und dē verbunden (vgl. § 161 Nr. 3), z.B. ex a.d. III. Nōn.Iūn. usque ad prīd. Kal.Sept.: vom 3. Juni bis 31. August.

---

[1]) Reichlich 11 Minuten länger als das wirkliche (astronomische) Sonnenjahr; der endgültige Ausgleich erfolgte 1582 durch Papst Gregor XIII.

[2]) Intercalāris und Kalendae gehen auf calāre (vgl. καλέω) „ausrufen" zurück. Varro berichtet zur Etymologie von Kalendae: Hīs diēbus calantur eius mēnsis Nōnae ā pontificibus, quīntānae an septimānae sint futūrae („An den Kalenden werden von den Pontifices die Nonen des Monats ausgerufen, ob sie am 5. oder am 7. Tag liegen werden").

[3]) Der 9. (Grenztage mitgerechnet) Tag vor den Iden. Ursprünglich bezeichneten Kalenden, Nonen und Iden Neumond, erstes Mondviertel und Vollmond.

REGISTER

I. Sachverzeichnis
(Ziffern = Paragraphen)

Abkürzungen 2.
Ablativ, Syntax 141 - 156. qual. 134. pret. 139. sep. 141 - 144. bei natus, ortus 142. comp. 144. instr. 145 - 153. comit. 145. modi 146. caus. 151. limit. 152. mens. 153. loci 154. temp. 156. bei Präpositionen 159. 160.
Ablativus absolutus 180 β.
Ablaut 7.
Ableitung 17 - 18.
Absichtssätze 234 - 236.
absoluter Gebr. v. Transitiva 112 Vorbem.
absolutes Tempus in Nebensätzen: Ind. 228 a.E. Konj. 231.
Abstrakta im Plur. 182,2. stil. Gebr. 183 - 185. abstr. Subst. für dt. Adj. 188,2.
A c I s. Akk. m. Inf.
Adjektive der 1. u. 2. Dekl. 31 - 32. der 3. Dekl. 43 - 44. Komparation 46 - 49. Bedeutungsgruppen 18,2. stil. Gebr. 187 - 190. Substantivierung 189. statt dt. adverb. Bestimmungen 111. dt. Adj. lat. unübersetzt 188,5. Stellung 267,1.
Adoneus 274,3.
Adverbien: Ursprung 50. Bildung u. Komparation 51 - 52. Satzergänzungen durch Adv. 162. Pronominaladv. statt Pron. m. Präp. 162,3. Adv. des Urteils 162,4.
adversatives Asyndeton 223,1 u. 2.
affiziertes Objekt 112 Vorbem.
akatalektisch 271,5.
Akkusativ: Syntax 112 - 122. bei Komposita 112. bei Verb. d. Gemütsstimmg. 114. des Ausrufs 115. des Inhalts 116. der Beziehung (acc. graec.) 116 a. E. des Raumes u. d. Zeit 117. adverbialer 118. doppelter 119 - 121. d. Richtg. 122. bei Impersonalia 137. bei Präpositionen 158. 160.

Akkusativ mit Infinitiv (A c I): 167 - 171. Entstehung 167. nach Verba dicendi und sentiendi 168,1. affectus 168,2. nach unpersönl. Ausdr. 168,3. im Wechsel mit bl. Inf. 169. Tempus u. Genus d. Inf. 170. absoluter A c I 170,3. Übersetzg. d. A c I 171. A c I in d. rel. Verschränkg. 245.

Aktionsart 207.
Akzent 5. vgl. 269 Vorbem.
akzentuierende Dichtung 269 Vorbem.
alkäische Verse 274,4.
Allegorie 265,6.
Alliteration 265,20.
Anadiplose 265,11.
Anakoluth 268,7.
Analogie 15.
Anapäst 271,2.
Anapher 265,12.
Anastrophe der Präpositionen 157,2.
anceps 271,4.
Anfangsbetonung 5.
Anomala: Subst. 41,1. Verben 96 - 102.
Anschluß: relativer 244.
Antithese 265,22.
Antwort („ja, nein") 221 a.E.
aoristisches Perfekt 73,2. 211,2.
Aphärese 270,2.
Apokope 10 L 30. 11 L 36.

Sachverzeichnis

Aposiopese 265,26.
Apostrophe 265,28.
Apposition 109 - 111. Kongruenz m. Bezugswort 110. bei Ortsnamen 122,1. 141,1. 154,1. beim Possessivum 131 a.E. beim Relativsatz 243,2. dt. Satzappos. im Lat. Relativsatz 243,5. Stellung d. Appos. 267,3.
Asklepiadeus 274,1.
Aspekt 207.
Aspiraten (Aussprache) 4 a.E.
Assimilation: von Vokalen 8 L 2. von Konsonanten 13 L 42. des Modus 227,3.
Asyndese 223. 243,3.
Attribut 109 - 111. Kongruenz m. Bezugswort 110. attributive Konstr. v. Zahlwörtern 130. dt. attrib. Adj. im Lat. Gen. eines Subst. 188,2 b. zweites Attr. in Form eines Relativsatzes (bonus et qui) 243,4. Stellung des Attr. 267,1.
Aufforderungssätze 219 Vorbem. 220 a.E.
Ausruf: Akkusativ 115. A c I 170,3. Fragesatz 220 a.E.
Ausrufesätze 219 Vorbem. 220 a.E.
Aussagesätze 219.
Aussprache 4.

Baumnamen (Genus) 21,1 b.
Bedingungssätze 259 - 262.
Begehrssätze 234 - 236.
Beiordnung 223 Vorbem.
Betonung 5.
Beziehungswort des Relativsatzes wiederholt 243,1.
bezogene Zeiten 208,2. 228 α.
Briefstil: Ortsangabe 155 a.E. Zeitgebrauch 213.
Bruchzahlen 66,4.
Buchstaben 1.
bukolische Diärese 272,1.

Cäsur 271,6.
Chiasmus 265,25.
Choriambus 271,2.
Communia 21,1.
comparatio compendiaria 196.
coniugatio periphrastica 74,1 c. 77 b 3. 179 β 1. 230,1. 260.
consecutio temporum 228 Vorbem.
constructio ad sensum 108 b 4.

Daktylus 271,2.
Dativ: Syntax 123 - 129. Objektsdativ im engeren Sinn 123. bei Komposita 125. commodi 127. ethicus, iudicantis, auctoris 127. vgl. 176,1. posses. 127. fin. 128. vgl. 174,2. bei Adj. 129.
Datumsangaben 276.
Defectiva: Substantive 41,2. Verben 103.
Dehnung, metrische 269,3.
Deklinationen: Einteilung 24. 1. Dekl. 26 - 27. 2. Dekl. 28 - 30. 3. Dekl. 37 - 44. 4. Dekl. 35 - 36. 5. Dekl. 33 - 34. grch. Dekl. 45.
Dekomposita 19 a.E.
deliberativer Konjunktiv 217 a.E.
Deminutiva 18,1,5. 188,5.
Demonstrativpronomina 56. Gebr. 195 - 198.
Denominativa 17 Vorbem.
Deponentien 78. 81. 84. 87. 94. 95. Arten und Gebr. 205. Ersatz des Passivs 206.
Desiderativa 18,3,2.
Diärese 271,6.
Diphthonge: Aussprache 4,1. Monophthongisierung 8,2 L 7 - L 11.
disjunktive Frage 222.
Dissimilation von Konsonanten 13 L 40.
Distichon 272,2.
Distributivzahlen 63. 67.
Ditrochäus 266,2 b.
Doppelfragen 222.

Doppelkretikus 266,2 b.
Doppelspondeus 266,2 b.
Dreisilbenakzent 5.
Dual 23 a.A.
dubitativer Konjunktiv 217 a.E.
durative Verben 207. vgl. 212. 255.

effiziertes Objekt 112 Vorbem.
Eigennamen m. lob. oder tadelndem Adjektiv 109,2.
Elativ 46,3.
Elfsilbler 274,3.
Elision 270,2.
Ellipse 189,3.
Enallage 265,15.
Enklitikon, enklitisch 5 Fußn. 1. 157,2. 202. 266,2.
enumeratives Asyndeton 223,1 a.
Epipher 265,13.
Ersatzdehnung 14 L 46. L 49.
Euphemismus 265,9.

figura etymologica 116,1.
Figuren 265.
Finalsätze 234 - 236.
Flächenmaße 275.
Flußnamen (Genus) 21,1 a.
Folgesätze 237 - 238.
Fragesätze: direkte 221 - 222. indirekte 232 - 233. Nähe zu Relativsätzen 232,2. in der relativen Verschränkung 245,2.
Futura 210. fehlender Konj. Fut. umschrieben oder ersetzt 230.
futurische Ausdrücke 228 α 1.

Gedankenfiguren 265.
Geminatio 265,10.
Genetiv: Syntax 130 - 140. partitivus 130. possessivus 131. definitivus (appositivus, epexegeticus, explicativus, identitatis, inhaerentiae) 132. subiectivus u. obiectivus 133. bei causa, gratia 133. qualitatis 134. bei Adj. 135. bei Verben 136 - 140.
bei Verba iudicialia 138. pretii 139. bei interest, refert 140. — Gen. eines Subst. statt dt. Adj. 188,2. Gen. bei subst. Neutra von Adj. 189,2.
Genus, natürliches und grammatisches 21. der Subst. der 3. Dekl. 42. des Prädikats 108 b u. c. Genera des Verbums 205 - 206.
Gerundium und Gerundivum 174 - 176. Bildung 77 b 3.
Gewichte 275.
Gleichzeitigkeit in ind. Nebensätzen 228,1. in konjunkt. 229.
Gliederungsverschiebung 226,2 c.
griechische Deklination 45.

Haupttempora 208,1.
Hebung 271,1.
Hendiadyoin 162,5. 187,1.
Hephthemimeres 272,1.
heroische Klausel 266,2 b.
Hexameter 272,1.
Hiat 270.
Hilfsverba 107,2.
historisches Präsens 209,2. hist. Perf. 211,2. hist. Inf. 211,2 a.E. Zeitenfolge 229.
Homoioteleuton 265,21.
hortativer Konjunktiv 217,1.
Hyperbaton 265,18. vgl. 266,2 a γ.
Hyperbel 265,3.
hypermetrischer Vers 270,2.
Hypotaxe 226.
hypothetische Periode 259 Vorbem.
Hysteron proteron 265,27.

Iambenkürzungsgesetz 10 L 31.
Iambus 271,2.
Iktus 271,1.
Imperativ 76,1 c. 77 a 5. 218.
Imperfekt 212.
Impersonalia 104. 106.
Incohativa 18,3,3. 90. 207,1.

Sachverzeichnis

indefiniter Fall der hypoth. Periode 259,1.
Indefinitpronomina Dekl. 59. Gebr. 199 - 204.
Indeklinabilia 21,3. 44,5.
Indikativ st. dt. Konj. 214.
indirekte Fragen 232 - 233. in der relat. Verschränkg. 245,2. indirekte Rede 264.
infinite Verbalformen 70. 77 b.
Infinitiv 77 b. 164 - 172. Tempora 170,1. historischer Inf. 211 a.E.
ingressive Verben 207,1.
innerlich abhängige Nebensätze 227,2.
Inselnamen Konstr. 122,1. 141,1. 154,1.
Intensiva 18,3,1.
Interjektionen 105.
Interpunktion 3 a.E.
Interrogativpronomina 58. interrogative Satzverschränkung 245 a.E.
intransitive u. transitive Verben 112 Vorbem.
Ironie 265,8.
irrealer Konjunktiv 216,2. irrealer Fall der hypothetischen Periode 259,3. in der Abhängigkeit 260.
Iterativa 18,3,1. 207,1.
iterativer Aspekt 207,2. vgl. 212,2. 253,2.

jussiver Konjunktiv 217,2.

Kalender 276.
Kasus 22. Kasusangleichung 127 a.E. 165 a.E.
katalektisch 271,5.
Kausalsätze 250 - 252.
Klauseln 266,2 b.
Klimax 265,22.
Kollektiva (Genus) 21,2 a.
Komparation d. Adj. 46 - 49. d. Adv. 51. stil. Bemerkungen z. Komp. 190.

Komparativsätze 246 - 248.
komplexiver Aspekt 207,2.
Komposita statt dt. Adverbien 157,3 b.
konativer Aspekt 207,2. 212,3.
Konditionalsätze 259 - 262.
Kongruenz 108.
Konjunktionen 224 - 225. kopulative 224 a. disjunktive 224 b. adversative 224 c. kausale 224 d. konklusive 224 e. korrespondierende 225. vgl. 226, 2 c.
Konjunktiv 76,1 b. in Hauptsätzen 215 - 217. in Nebensätzen 227. fehlender Konj. der Futura 230. Konj. ohne ut 226,2. obliquer Konj. 227,2.
Konkreta und Abstrakta 183 - 185.
Konsekutivsätze 237 - 238. Zeitenfolge in Konsekutivs. 231,1.
Konsonanten: Einteilung 6. Entwicklung 14 L 50. Schwund 14 L 44 - L 49. Wandel 13 - 14 L 39 - L 50.
Kontraktion von Vokalen 11 L 34. 270,1.
konzessiver Konjunktiv 215.
Konzessivsätze 263.
Kopula 107,2 a. weggelassen im A c I 167 a.E.
kopulatives Asyndeton 223,1. kopul. Verbindung von Part. 180 β 4. von Relativsätzen 243,3 b.
Kretikus 271,2.
kryptoaktives Partizip 181,1.

Ländernamen 185,5.
Laute 6.
linearer Aspekt 207,2. vgl. 212,1.
Litotes 220. 265,2.
Lokativ 154 Vorbem.

Majuskel 1.
„man" 106 a.E.
Maße 275.
Mediopassiva 205,1.

Metapher 265,5.
Metonymie 265,4.
Metrik 271 - 274.
metrische Dehnung 269,3.
Minuskel 1.
Mobilia 21,1.
Modi 214 - 218. in Nebensätzen 227. Modusangleichung 227,3.
Monatsnamen 276. Dekl. 44,3.
Monophthongisierung 4,1. 8 L 7 - L 11.
Münzen 275.
muta cum liquida 3,2. 5.

N c I 172.
Nachzeitigkeit 230.
Naturlänge 5.
natürliches Geschlecht 21,1.
Nebensätze 226 - 264. Einteilung 226.
Negationen 219 - 220. Negation des übergeordneten Verbums im Lat. statt Neg. der abh. Aussage im Dt. 168,1 Satz 3.
Neutrum von Pronomina als inn. Akk. 116,3. N. von Pron. und Adj. substantiviert 189,2.
nominales Prädikat 107,2.
Nominalsatz 107,3.
Nominativ m. Inf. 172.
notio necessitatis 174 Vorbem.
Numerus 23. des Prädikats 108.

oblique Kasus 22. obliquer Konjunktiv 227,2.
Objekt: äußeres u. inneres, affiziertes u. effiziertes 112 Vorbem. entferneres 112 Vorbem. 123 Vorbem.
Objektsätze 226,3 a.
okkasionelle Wortstellung 226.
Optativ 215. vgl. 76,2.
oratio recta u. obliqua 264.
Ordinalzahlen 63. 66.
Ortsnamen 122,1. 141,1. 154,1. in Briefen 155 a.E.
Oxymoron 265,24.

Parallelismus 265,19.
Parataxe 223 Vorbem.
Parenthese 268,6.
Paronomasie 265,14.
Partikeln 20.
Partizip: 77 b 2. Part. Präs. Dekl. 44,4. m. Gen. 135,1. dt. trans. Part. Präs. statt lat. Adj. 188,4. — Part. Perf. bei Abl. caus. 151,1. in akt. Bedeutung 177,4. von Dep. in pass. Bedeutung 205,5. Tempora d. Part. 178. Partizipialkonstr. 179 - 180. in relativ. Verschränkg. 245,3. Konkurrenz m. Relativsatz 179 α 3.
Passiv 69,5. Ersatz des Passivs 206.
Pentameter 272,2.
Penthemimeres 272,1.
Perfekt: Bildung 73. Kurzformen 73,3. Gebr. 211. Inf. Perf. statt Präs. 170 Bes. 4.
Periode 268.
periphrastische Konjugation s. coniugatio periphrastica.
Personalendungen 77 a.
Personalpronomina 54. als Subjekt 191. 106. im A c I 167. im Gerund 175 a.E.
Personennamen im Plural 182,2 a.
Personifikation 185,4. 265,7.
persönliche Konstr. 172. 176,1 a.
Phalaeceus 274,3.
Pherekrateus 274,2.
phraseologische Verben 166 a.E. 206 a.E.
Plural statt Sing. 182.
Pluralia tantum 23,2. m. Distributiva 67,3.
Plusquamperfekt 213.
poetischer Plural 182 a.E.
Polysyndeton 223,2. 225.
Positionslänge 5.
Positiv 46,1.
Possessivpronomina 55. Gebr. 192.

Sachverzeichnis

potentialer Konjunktiv 216,1. potentialer Fall der hypothetischen Periode 259,2.
Prädikat 107. Kongruenz 108.
prädikatives Adj. 110. prädikatives Part. 179 Vorbem. 2.
Prädikatsnomen 107. beim Inf. 165. 166. beim A c I 167 Konstr. 1. beim Abl. abs. 180 β 3.
Präpositionalattribute 161,4. 188,2.
Präpositionen 157 - 160. Gebr. 161. praepositiones inseparabiles 19 a.E.
Präsens 209. Präsensstamm 72. 76,1.
prohibitiver Konjunktiv 217,3.
Prolepse 265,16.
Pronomina 53 - 60. im P c u. Abl. abs. 180 a.E. statt dt. Substantive 186, 2. Gebr. 191 - 204. Stellung 267,2.
Pronominaladjektive 61. 202 - 204.
Pronominaladverbien 62. statt Pron. m. Präposition 162,3.
Prosodie 269 - 270.
punktuelle Verben 207,1.

Quantität 4,1. 5. 269.
Quantitätswechsel 7 L 1. 10 L 23 - L 33.
quantitierende Dichtung 269 Vorbem.

Reflexivpronomina 54,3. 180 a.E. 193. 227,2.
reflexiver Gebr. des Mediums 205,2.
Reim 265,21.
relative Verschränkung 245.
relative Zeitgebung 208,2. 228 Vorbem.
relativer Anschluß 244. 264,3.
Relativpronomina 57. Kongruenz 108 a - 108 c. verallgemeinernde 241. Wiederholung des R. bei Verbindg. zweier Relativsätze 243,3.
Relativsätze 240 - 245. m. Konj. 242. Wiederholung des Beziehungswortes 243,1. Beziehungswort in den R. gezogen 243,2. Verbindung zweier R. 243,3. R. vertritt zweites Attribut (bonus et qui) 243,4. Lat. R. entspricht dt. Satzapposition 243,5. Abgrenzung gegen indir. Fragesätze 232,2. in Konkurrenz m. attributivem Part. 179 α 3. in der or. obl. 264,3.
resultative Verben 207,1.
reziprokes Verhältnis 194.
rhetorische Frage 214,3. 221,1. 264,3.
Rhotazismus 13 L 39.
Rückbildung 16,2.

Sachen als Subj. menschlicher Handlungen 185,4.
Sammelnamen (Genus) 21,2 a.
Satzapposition 243,4.
Satzarten 219 Vorbem. 226.
Satzbau 268.
Satzfragen 221,2.
Satzgefüge 223 Vorbem.
Satzreihe 223 Vorbem.
Satzverknüpfung 223 Vorbem.
Schrift 1.
selbständige Zeitgebung 208,1. 228 Vorbem.
Semideponentien 78,3. 84. 95.
Senar (iamb.) 273.
Senkung 271,1.
Silben, offen oder geschlossen 9,1 b.
Silbentrennung 3.
Singular kollektivisch 182,1.
Singularia tantum 23,1.
Spondeus 271,2.
Städtenamen 122,1. 141,1. 154,1.
Stamm 16,1.
Stammauslaut 24.
Stammerweiterungsvokale 75.
Steigerung s. Komparation.
Strophen, horazische 274.
Subjekt 106. ‚Subjekt' des A c I 167. Subjektseinheit in der Periode 268,5.
Subjektsätze 226,3 a.

Substantiv: Bedeutungsgruppen 18. Communia 21,1. Mobilia 21,1. Abgrenzung gegen Adj. 109,1. stilistische Eigentümlichkeiten 182 - 186. S. im Gen. statt dt. Adj. 188,2 b.
Substantivierung d. Adj. u. Part. 189.
Suffix 16,1 b. im einzelnen 17 - 18.
Superlativ 46,3. Gebr. 190. m. Gen. part. 130,5. im Relativsatz 243,2.
Supin 173. Supinstamm 74.
Synaloiphe 270,2.
Synekdoche 265,1.
Synizese 270,1.
Synkope 11 L 35.

Tempora: Formenbildung 72 - 74. 76. in Hauptsätzen 208 - 213. in Nebensätzen 228 - 231. absolute (selbständige) u. relative (bezogene) 208. 228 Vorbem. im Brief 213 a.E.
Temporalsätze 253 - 258.
Tempusstämme 72 - 74.
Themavokal 72,2.
Transitivierung von Intransitiva 112.
Tribrachys 271,2.
Trimeter (iamb.) 273.
Trithemimeres 272,1.
Trochäus 271,2.
Tropen 265.

Umkehrung des Satzverhältnisses 253,5.
unpersönliche Konstruktion 176,1 b. vgl. Impersonalia.
unpersönliches Passiv 69,5. 106. 124.
Unterordnung 226.
usuelle Wortstellung 266.

Verbalia 17 Vorbem. auf -io 183,1.
Verbot 217,3.
Verbum: Wortbildung 18,3. 19. Formenlehre 69 - 104. statt dt. Adv. 162,5. phraseologisch 166 a.E.
Vergleich zweier Eigenschaften 247,1.
Vergleichssätze 246 - 248. im A c I 167 Konstr. 1.
Verschränkung, relative 245.
Vokaländerungen 9 - 11.
Vokalassimilation 8 L 2.
Vokativ 7. 25,5. 30,2. 105.
Volksnamen an Stelle des Landesnamens 185,5.
Vorzeitigkeit 208,2. in indik. Nebensätzen 228 α 2. in konjunkt. 229.

Wiederholung des Subst. im Relativsatz 243,1.
Witterungsimpersonalia 104,1 a. 106 Fußn. 1.
Wortausgang 24,2.
Wortbildung 16 - 19.
Wortfiguren 265.
Wortfragen 221,1.
Wortstellung 266 - 267.
Wortstock 24,2.
Wortwurzel 16,1 a.
Wortzusammensetzung 19.
Wurzelwörter 16,2 a.

Zahladjektive, -adverbien 68.
Zahlwörter 63 - 68.
Zeitbestimmungen 156.
Zeiten s. Tempora.
Zeugma 265,17.
Zusammenrückung 19.
Zusammensetzung 19.

II. Wortverzeichnis
(Ziffern = Paragraphen)

a, ab (abs 157,3) 159,1. bei Ortsnamen 141. bei Abl. sep. 143. beim Passiv 147. a tergo, fronte 155,3.
abalienare Konstr. 143,2.
abdere Konstr. 155,2.
se abdicare 143,2.
abesse m. Akk. u. Abl. 117,1. 143,3. 153,2. tantum abest ut 237. non multum abest (quin) 239,2.
abhorrere Konstr. 143,3.
abire Konstr. 143,2.
absolvere m. Gen. 138.
abstinere Konstr. 143,2.
abundare m. Abl. 148,1.
abuti m. Abl. 149.
ac, atque 224 a. „und zwar" 196, 1 b. aeque ac u.ä. 247,2. ac si 248.
accedere Konstr. 125 Zus. accedit ut 237.
accidit ut 237. bene a. quod 249,1.
accipere m. A c I 168,1. m. Gerund 176,2.
accumbere in m. Abl. 155,1.
accusare m. Gen. 138. quod 250.
ad 158,1. bei Ortsnamen 122,1. adverbial 157,1. m. Gerund 174,3. 176,2.
adaequare Konstr. 113,1. 152,1.
adducere ut 234.
adeo ut 238,1.
adesse Konstr. 125.
adhuc 224 a.
adire Konstr. 112.
adiuvare m. Akk. 113,1.
admirari m. Akk. 114. m. A c I 168,2. Ersatz d. Passivs 206,2. m. quod 250.
admonere Konstr. 136. 234 Zus. 2. m. bl. Konj. 226,2.
advenire Konstr. 155,2.
adversus 158,2. vgl. 133.
aeger m. Abl. u. ex 151,1.
aegre ferre m. A c I 168,2. m. quod 250. ae. retineor quin 239,2.
aequalis m. Gen. oder Dat. 135 a.E.
aequare Konstr. 113,1. 152,1.
aeque ac, aequus ac 247,2.
aequum est m. Inf. 165,1.
aes alienum 23,1 b.
aestimare Konstr. 139. 152,1.
afferre 125.
afficere m. Abl. 148,1.
affirmare m. A c I 168,1.
affluere m. Abl. 148,1.
agere annum 117. m. Gen. 138. id ago ut (ne) 234.
aggredi m. Akk. 112.
alicunde 62.
alienus Konstr. 143,2.
alio Adv. 62.
aliquanto beim Komp. 153,1.
aliquantum m. Gen. part. 130,2.
aliquid m. Gen. part. 130,3.
aliquis Dekl. 59,1. Gebr. 199,1.
aliquo Adv. 62.
aliter ac 247,2.
aliunde 62
alius 61. Gebr. 194,3. 204. alius ac 247,2. nihil aliud nisi 247,3.
alloqui m. Akk. 112.
alter 61. m. Gen. part. 130,3. Gebr. 194,3. 204.
altus m. Akk. 117,1.

amans m. Gen. 135,1.
ambo 65,1. a. u. uterque 202,2.
amicus Konstr. 129.
amplius ohne quam 144.
an 222. an non 222. 233 b. 233 c.
angi m. A c I 168,2.
animadvertere m. A c I 168,1.
animus zur Umschreibg. 183,2 a. 185,6. aequo animo 146,1. in animo habere, animum inducere m. Inf. 166.
anno u. in anno 156.
ante 157,1. 158,3.
antecedere Konstr. 125.
antecellere Konstr. 125.
anteire Konstr. 125.
ante(a)quam 257.
apertum est m. A c I 168,3.
apparet m. A c I 168,3.
appellare m. dopp. Akk. 121,1. ab 159,1.
appellere 112 Vorbem. „wohin?" 155,2.
appetens m. Gen. 135,1.
aptus Konstr. 129. m. Ger. 174,3. a. qui m. Konj. 242,1.
apud 158,4. bei Ortsnamen 154,1.
arbitrari m. dopp. Akk. 121,2. m. A c I 168,1.
arbitratu 151,1.
arcere Konstr. 143,2.
arcessere m. Dat. fin. 128,3. m. Gen. 138.
arguere m. Gen. 138. m. Inf. 172,1.
assequi ut 234 Zus. 1.
assue(fac)tus m. Abl. 147.
at 224 c.
atque s. ac. atque adeo 224 b a.E.
atqui 224 c.
attamen 224 c.
auctorem esse m. A c I 168,1.
audacter u. audaciter 51,1 b.
audere m. Inf. 166.
audire (bene) ab 159,1. m. A c I 168,1.
m. N c I 172,3. m. Part. 179 β 2.
audito als Abl. abs. ohne Nomen 180 β 4.
auspicato als Abl. abs. ohne Nomen 180 β 4.
aut 224 b. vgl. 220,3. 222. neque aut - aut 225. ne aut - aut 234 Vorbem. 3.
autem 224 c.
auxilio als Dat. fin. 128,3. statt per 147.
avidus m. Gen. 135,1.

bello, in bello 156. belli domique 154,1. bellum facere alicui 123.
bini u. duo 67,3.
bis in die 156.
bos Dekl. 41,1.

cadere animo 152,1.
canere m. Abl. 147. receptui 128,3.
capere consilium 234 Zus. 3.
capitis, capite damnare 138.
carere m. Abl. 143,1.
casu 146,2.
causa m. Gen. u. m. mea, tua 133. m. Gen. Gerund 174,1. nulla c. est quin 239,2. ob eam c. quod 251.
cavere Konstr. 126. m. Inf. 166. cave m. Konj. 218,1. cavere ne 236,1.
cedere Konstr. 143,2.
celare m. dopp. Akk. 119,1.
cenatus akt. 177,4.
censere Konstr. 234 Zus. 2.
cerneres 216,1.
certe u. certo 52,1. certe in der Antwort 221 a.E.
certiorem facere 121,1. m. A c I 168,1.
ceterum 116,3 a.
circa, circum 158,5.
circiter 158,5 a.
circumdare Konstr. 125.
circumire Konstr. 112.
(cis) citra 158,6.
claudus m. Abl. 152,2.

Wortverzeichnis 349

coarguere m. Gen. 138.
coepisse, coeptum esse m. pass. Inf. 166 a.E. „allmählich" 162,5 c.
cogere „wohin?" 155,2. m. A c I 167,1. m. N c I 172,1. cogi dt. ‚phraseol.' 206 a.E.
cogitare aliquid 113,1. m. Inf. 166. m. Inf. bzw. A c I 169,3.
cognoscere m. A c I 168,1. cognito als Abl. abs. ohne Nomen 180 β 4. cognitum habere 179 a.E.
collocare in m. Abl. 155,1.
colloquio diem dicere 128,3.
comitiis 156.
commodo 146 a.E.
communis Konstr. 135 a.E.
communitas subjekt. u. obj. 184.
comparare Konstr. 125.
comperire m. A c I 168,1. comperto als Abl. abs. ohne Nomen 180 β 4.
complere m. Abl. 148,1.
componere Konstr. 125.
compos m. Gen. 135,1.
conari m. Inf. 166. si 233 b 4.
concedere Konstr. 234 Zus. 2. m. Gerundiv 176,2.
conciliare aliquem alicui 123.
concurrere Konstr. 155,2.
condemnare m. Gen. 138.
ea condicione 146,1. m. ut 235.
conducere 139,2. Konstr. 176,2. conducit m. Inf. oder A c I 165,2. 169,2.
conferre Konstr. 125.
confertus m. Abl. 135,1.
confidere Konstr. 147. m. A c I 168,1.
coniungere Konstr. 125.
conscendere m. Abl. 155,3.
conscius m. Gen. 135,1.
considere m. Abl. 155,1.
consilio Abl. modi 146,1. consilium capere 234 Zus. 3. eo consilio ut 235.
consistere „wohin?" 155,1.

constare m. Gen. pret. 139,2. constat m. A c I 168,3.
constituere m. dopp. Akk. 121,1. „wohin?" 155,1. m. Inf. bzw. A c I 169,3. mit ut 234 Zus. 3.
consuescere m. Inf. 166.
consuetudine 151,1. consuetudo est m. Inf. 165,1. m. A c I 169,2. m. ut 237.
consulere Konstr. 126. iuris (- e) consultus 135,1 a.
contendere m. Inf. bzw. A c I 169,3. m. ut 234.
contineri m. Abl. 147.
contingit ut 237.
contra 157,1. 158,7. contra ac 247,2.
contrarius Konstr. 135 a.E.
controversia non est quin 239,1.
convenire 126 Zus. „wo?" 155,2.
convincere m. Gen. 138.
copiis m. u. ohne cum 145.
coram 159,2.
cordi est 128,1.
corpus z. Umschreibg. 185,6.
creare m. dopp. Akk. 121,1.
credere m. A c I 168,1. crederes 216,1.
crimini dare 128,2.
cum Präposition 159,3. vgl. 143,3. m. Abl. comit. 145. m. Abl. modi 146.
cum Konjunktion 253 - 254. 263,2.
cum - tum 225.
cunctari m. Inf. 166.
cupere m. Inf. bzw. A c I 169,1.
cupidus m. Gen. 135,1. m. Gerund 174,1 b.
cur: quid est cur, nihil habeo cur 233 a.
curae est 128,1.
curare aliquid 113,1. m. Gerund 176,2. m. ut 234.

damnare 138.
dare m. dopp. Akk. 121,3. m. Dat. fin. 128,2. m. Supin 173,1. m. Gerund 176,2.

de 159,4. statt Gen. part. 130. bei recordari 136. statt Gen. crim. 138. beim Abl. sep. 142. 143,2. statt Abl. caus. 151,2 a.E. de medio u.ä. 189,2 a.

debere m. Inf. 166. debeo „ich müßte" 214,1.

decedere Konstr. 143,2.

decernere m. Inf. bzw. A c I 169,3. m. ut 234 Zus. 3.

decertare m. Abl. 147.

(de)decet m. Akk. 113,2. m. Inf. 165,2.

declarare m. dopp. Akk. 121,1. m. A c I 168,1.

deesse: desunt qui m. Konj. 242,2.

defendere ab 159,1.

deficere m. Akk. 113,1. d. animo 152,1. 182,1.

delectari m. A c I 168,2.

depellere Konstr. 143,2.

desiderare m. Akk. 113,1.

desinere m. Inf. (Pass.) 166 a.E.

desistere m. Abl. od. ab, de 143, 2. m. Inf. 166.

desperare Konstr. 114.

deterrere ne, quo minus 236,2.

deverti Konstr. 155,2.

dexter Dekl. 32.

dicere m. dopp. Akk. 121,1. m. A c I 168,1. m. N c I 172,3. facetum, facete dictum 189,2. ne (ut non) dicam 231,3. 235. d. ut 234 Zus. 2

dies Genus 34,1.

differre Konstr. 143,3.

difficilis Superl. 47. difficile est „es wäre..." 214,1. m. Supin 173,2.

dignus m. Abl. 148,2. m. qui u. Konj. 242,1.

dimensus pass. 205,5.

discedere Konstr. 143,3.

discere m. Inf. 166. statt doceri 119,1. 169,1.

discernere Konstr. 143,3.

discordare Konstr. 143,3.

dispar 135 a.E. d. ac 247,2.

dissentire Konstr. 143,3.

dissidere Konstr. 143,3.

dissimilis Superl. 47. Konstr. 135 a.E. d. ac 247,2.

distare 117,1. 153,2.

distinguere Konstr. 143,3.

distribuere Konstr. 123.

diu 52,3 a.

dives 44,2.

dividere Konstr. 123.

docere m. dopp. Akk. 119,1. m. A c I 167,1.

dolere Konstr. 114. 151,2. 168,2.

dolo Abl. modi 146,2.

domus Dekl. 36,6. domum 122,2. domo 141,2. domi 154,1.

donare Konstr. 125.

donec 258,3.

(non) dubitare Konstr. 166. 239,1. d. an 233 b 3:

dubium non est quin 239,1.

ducere abs. 112 Vorbem. m. dopp. Akk. 121,2. m. Gen. pret. 139,1. d. in numero 160,1 b.

dum 258. 262,2.

dummodo, dummodo ne 262,2.

e s. ex.

ecce 105.

ecquis 221,2 c.

edicere ut 234.

efficere ut 234 Zus. 1. efficitur ut 237.

effugere m. Akk., ex urbe 113,1.

egenus m. Gen. 135,1.

egere Konstr. 143,1.

eiusmodi 134,1.

emere Konstr. 139,2.

enim 224 d.

eo Adv. 62. m. Gen. part. 130,4.

eo beim Komp. 246 Zus. 4. eo - quod 251.

erga 158,8. 133.

ergo 224 e.
erudire m. Abl. 119,1. 147.
esse: est m. Adv. 107 Fußn. 3 m. Dat. poss. 127. m. dopp. Dat. 128,1. m. Gen. poss. 131,2. m. Gen. qual. u. Abl. qual. 134. m. Gen. pret. 139,1. esse ab aliquo 155,3. est ut 237. sunt qui, est quod u.ä. 242,2. fuit cum 253,1.
et 224 a. et - et 225. statt cum inversum 253,5 a.E. bei Verbindg. zweier Adj. 223,2 a.E. et is „und zwar" 196,1 b. et qui 243,4.
etenim 224 d.
etiam 224 a. beim Komp. 190,2. in der Antwort 221 a.E.
et(iam)si 263,3.
evenit ut 237. quod 249,1.
ex 159,5. quaerere ex 119 a.E. statt Gen. part. 130. beim Abl. 141 - 143. 151,1. e contrario 189,2 a. ex quo 253,1.
excedere Konstr. 143,2.
excellere m. Abl. 152,1.
exercere Konstr. 147.
existimare m. dopp. Akk. 121,2. m.. A c I 168,1. existimari m. dopp. Nom. 107,2 b. m. N c I 172,3. existimatur m. Gen. 131,2.
expedit m. Inf. bzw. A c I 165,2. 169,2.
expellere Konstr. 143,2.
experiri si 166. 233 b 4.
expers m. Gen. 135,1.
exsistere m. dopp. Nom. 107,2 b.
exspectare si 233 b 4. ut 234. dum 258,3 b.
extra 158,9. 157,1.
extremus als Attribut 110,1.
exuere m. Abl. 143,1.

facere m. dopp. Akk. 121,1. m. Gen. poss. 131,2. m. Gen. pret. 139,1. m. präd. Part. 179 β 2. fac (ut) venias 218,1. facere ut 234 Zus. 1. f. certiorem 121. 168,1. f. non

possum quin bzw. ut 239,3. bene f. quod 249,1.
facile Adv. 52,2. b. Superl. 190,2.
facilis Superl. 47. m. Supin 173,2. f. ad 188,3.
me fallit 113,2. m. A c I 168,3.
familiaris Konstr. 129.
familias Gen. 27,2.
fas est m. Supin 173,2.
favere m. Dat. 124.
ferre m. Abl. 147. aegre f. m. A c I 168,2. m. quod 250. fertur m. N c I 172,3.
fertilis m. Gen. 135,1.
fessus m. Abl. 151,1.
festinare m. Inf. 166.
fieri m. dopp. Nom. 107,2. m. Gen. poss. 131,2. m. Gen. pret. 139,1. fit ut 237. fieri non potest ut bzw. quin 239,3. fit quod 249,1.
flagitare m. dopp. Akk. 119,2. m. ut (ne) 234.
florere praeter ceteros 125 Fußn. 2. 158,18.
fore ut bzw. f. m. Part. Perf. Pass. 170,1.
forsitan, fortasse 216,1.
fraudare m. Abl. 143,1.
fraude Abl. modi 146,2.
fretus m. Abl. 147.
frugi 44,5. Komparation 48,3.
frui m. Abl. 149. trans. im Gerundiv 175 a.E.
frumentum 182,1.
fugere m. Akk. 113,1. me fugit 113,2. m. A c I 168,3. fugiens m. Gen. 135,1.
fungi m. Abl. 149. trans. im Gerundiv 175 a.E.
futurus 179 α 2. futurum fuisse ut 260,1.

gaudere m. Akk. 114. m. Abl. 151,2. m. A c I 168,2. m. quod 250.
gemere m. A c I 168,2.

quo gentium 130.
se gerere m. Adv. 121,4.
gloriari m. Akk. 116,3. m. Abl. 151,2. m. A c I 168,1.
gnarus Komparation 49,2 c. m. Gen. 135,1.
gracilis Superl. 47.
grandis natu 152,2.
gratia m. Gen. 133. m. Gen. Gerund 174,1 c. gratias agere quod 250.
gratis stare 139 a.E.
gratulari Konstr. 113,1. m. quod 250.
gratus Konstr. 129. gratum facere quod 249,1.
graviter ferre 168,2.

habere im Pass. m. dopp. Nom. 107,2. m. dopp. Akk. 121,2. 121,3. h. pro 121,2. habeo und est mihi 127. haberi in numero 160,1 b. m. Part. Perf. Pass. 179 a.E. 211,1. (non, nihil) habeo quod m. Konj. 242,2.
habitare absol. 112 Vorbem.
haud 219. h. scio an 216,1. 233 b 3.
heu 105. 115.
hic Dekl. 56. Gebr. 195,1. in der or. obl. 264,1.
homo 189,1 a.
horrere m. Akk. 114.
hortari m. ut 234.
hortatu 151,1.
hostilis 188,2 Fußn. 1.
humus 30,1. humi 154,1.

se iactare m. Abl. 151,2.
idcirco ut 235. i. quod 251.
idem Dekl. 56. Neutr. m. Gen. part. 130,3. Gebr. 197. idem qui 246. idem ac 247,2.
idoneus Konstr. 129. m. ad und Gerund 174,3. i. qui u. Konj. 242,1.
igitur 224 e.
ignarus m. Gen. 135,1.

ille Dekl. 56. Gebr. 195,3. bei lobenden Adj. 109,2. zurückverweisend 186,2. in der or. obl. 264,1.
illudere m. Akk. 114.
imbuere m. Abl. 148,1.
immemor m. Gen. 135,1.
impedire ne, quominus 236,2.
impellere ut 234.
imperare m. Dat. 123. m. ut 234.
imperitus m. Gen. 135,1.
impetrare ut 234.
impetus Plur. 36,4.
implere m. Abl. 148,1.
in m. Akk. u. Abl. 160,1. statt Akk. d. Richtg. 122. st. Gen. obi. 133. st. Abl. d. Ortes 154. bei Zeitangaben 156. in eo est ut 237.
inanis m. Abl. 143,1.
incertum est num 233 b 1. an 233 b 3.
incidere Konstr. 125 Zus.
incipere ab 155,3. m. Inf. Pass. 166 a.E.
incredibilis m. Supin 173,2.
increpare m. Akk. 112.
incumbere Konstr. 125 Zus.
indigere Konstr. 143,1.
indignari m. A c I 168,2.
indignus m. Abl. 148,2. i. qui u. Konj. 242,1.
inducere m. präd. Part. 179 β 2. animum inducere m. Inf. 166.
induere Konstr. 125.
inferre Konstr. 125.
infestus m. Dat. 129.
infra 158,10. 157,1.
inicere Konstr. 125.
inimicus Konstr. 129.
inire m. Akk. 112.
iniuria Abl. modi 146,2.
inopinans 111,1 a.
inops m. Gen. 135,1.
inscius m. Gen. 135,1.
insimulare m. Gen. 138.
instituere m. Inf. 166.

Wortverzeichnis 353

instruere m. Abl. 148,1.
insuetus m. Gen. 135,1. 174,1 b.
integer m. Gen. 135,1.
intellegere m. A c I 168,1. intellegi m. N c I 172,3.
inter 158,11. inter nos usw. 194,2. inter sicarios 138,1.
intercludere Konstr. 143,2.
interdicere Konstr. 143,1. i. ne 236,1.
interesse Konstr. 125. interest 140.
interrogare Konstr. 119,3.
intra 158,12.
intueri m. A c I u. A c P 179 β 2.
invidere m. Dat. 124.
invitus 111,1. 180 β 3.
ipse 198. beim Reflexivpron. 194,1. in der or. obl. 264,1.
ire m. Abl. 147. m. Supin 173,1.
irridere m. Akk. 114.
is 196. vgl. 186,2. in der or. obl. 264,1. id temporis 118,1. 130,3. id quod 240,3. is qui m. Konj. 242,2.
iste Dekl. 56. Gebr. 195,2. vgl. 186,2.
ita (sic) - ut 246. vgl. 238,1. ita est in d. Antwort 221 a.E.
itaque 5,2 a.E. 224 e.
item 198. non item 219.
iubere m. A c I 167,1. iuberi m. N c I 172,1.
iudicare m. dopp. Akk. 121,2. m. Abl. 152,1. iudicari m. N c I 172,3.
iudicio meo 151,1.
iungere Konstr. 125.
iurare m. A c I Fut. 170,1. iuratus akt. 177,4.
iure 146,2. meo (tuo, suo) iure 192,2. iuris (- e) consultus 135,1.
iussu 151,1.
iuvare m. Akk. 113,1. me iuvat 113,2.
iuxta 158,13.

laborare „leiden" 151,1. m. ut 234.
lacessere m. Abl. 147.

laetari Konstr. 114. m. Abl. 151,2. m. A c I 168,2. m. quod 250.
latus m. Akk. 117,1.
laus est m. Inf. bzw. A c I 165,1. 169,2.
lege Abl. modi 146,1. ea lege ut 235.
levare m. Abl. 143,1.
liber, liberare Konstr. 143,1.
libertas subj. u. obj. 184.
liceri m. Gen. pret. 139,2.
licet m. Dat. u. Inf. 165 a.E. m. bl. Konj. 226,2 d. als konz. Konjunktion 263,2.
locare Konstr. 139,2. m. Gerund 176,2.
locus Pl. 30,6. loco und in loco 154,3.
longe b. Superl. 190,2. longius ohne quam 144.
longus m. Akk. 117,1. longum est „es wäre ... " 214,1.
ludere m. Abl. 147.
ludis Abl. temp. 156.
lugere m. Akk. 114. m. A c I 168,2.
lux: luci u. luce, prima luce 156.

maerere m. Akk. 114. m. Abl. 151,2.
non magis - quam 247,1.
magnam (maximam) partem 118,2. magni u. magno als Gen. u. Abl. pret. 139. magnus Gebr. 188,6.
maior m. Gen. part. 130,5. m. decem annis 144 a.E. m. natu 152,2. m. Abl. 153,1.
maledicere m. Dat. 124.
malle m. Inf. bzw. A c I 169,1. malim, mallem 215. m. quam 247,1.
manifestum est m. A c I 168,3.
maturare m. Inf. 166.
mederi m. Dat. 124.
medius Attrib. 110,1.
melius est „es wäre ... " 214,1.
meminisse m. Gen. bzw. Akk. 136. m. Inf. Praes. 170,1.
memor m. Gen. 135,1.
memoria tenere 147.

mens: venit mihi in mentem 136. mente 146,1. 152,2. ea mente ut 235.
mentionem facere 136.
metiri m. Abl. 152,1.
metuere Konstr. 126. m. ne, ne non, ut 236,1.
miles kollekt. 182,1.
militiae Lok. 154,1.
mille u. milia 65,3.
minime (vero) in Antworten 219. 221 a.E.
minor m. Abl. 153,1. m. (minimus) natu 152,2. minoris, minimi, minimo als Gen. u. Abl. pret. 139. minus m. Gen. part. 130,2. non minus - quam 247,1. minus ohne quam 144.
mirabilis m. Supin 173,2.
mirari m. Akk. 114. m. A c I 168,2. m. quod 250.
mirum quantum 232,3.
miserari, misereri, miseret me Konstr. 137.
mittere m. Dat. fin. 128,3. m. Supin 173,1. m. Gerund 176,2. missum facere 179 a.E.
moderari Konstr. 126.
modo Abl. 146,1.
modo Adv., modo ne 262,2.
moleste ferre m. A c I 168,2. m. quod 250.
monere m. A c I bzw. ut, ne 234 Zus. 2.
mos est m. Inf. 165,1. m. A c I 169,2. m. ut 237. more 146,1. 151,1.
movere abs. 112 Vorbem. m. Abl. 143,2.
multare m. Abl. 138,2.
multum inn. bzw. adv. Akk. 116,3. 118. m. Gen. part. 130,2. multo (praestare u.ä.) 153,2. beim Komp. u. Superl. 190,2.

nam(que) 224 d.
natione Abl. limit. 152,2.
a natura 147.
natus „alt" 117,2. „abstammend" 142.

nave vehi 147.
ne b. Konj. und Imp. 215 Vorbem. final 234 Vorbem. nach Verba timendi 236. konzessiv 215 a.E.
ne - quidem 224 a. 220,3. 225.
-ne in direkten Fragen 221,2. 222. in indir. Fragen 233 b u. c.
nec s. neque
necessarius Konstr. 129.
necesse est m. Inf. 165,2. m. A c I 169,2. m. bl. Konj. 226,2 d.
necne 222. 233 c.
necopinatus pass. 205,5.
nedum 262 a.E.
nefas est m. Supin 173,2.
negare m. A c I 168,1. non nego 220,1.
nemo Dekl. 59,4. Gebr. 203. m. Gen. part. 130,3. nemo non u. non nemo 220,1. nemo est qui 242,2.
nempe 224 d.
nequam 44,5. Komp. 48,3.
neque 215 Vorbem. 224 a. zur Weiterführung 220,3. neque u. et non 224 a. neque quisquam (ullus; n. vero, tamen) 224 a. neque - et 225.
nescio an 233 b 3. n. quis u.ä. 232,3.
neu, neve 215 Vorbem. 234 Vorbem. 3.
ni 261,2. vgl. 162,5 d.
nihil Dekl. 59,4. Gebr. 203. Entstehg. 118. adverb. Akk. 116,3. m. Gen. part. 130,3. nihili 139. nihilo minus 153,1. pro nihilo putare 121,2. nihil est cur 233 a. nihil aliud nisi 247,3.
nihilominus 224 c.
nimirum 224 d.
nimis m. Gen. part. 130,4.
nimium m. Gen. part. 130,2. nimium quantum 232,3.
nisi u. si non 261,1. nihil aliud u. ä. nisi 247,3. 261,1. nisi quod 249,2. nisi forte (vero) 259,1.
niti m. Abl. 147

nolle m. Inf. bzw. A c I 169,1. noli, nolite bei verneintem Imp. 217,3. nolim, nollem m. Konj. 215. nolo facias 226,2 d.
nomen mihi est 127.
nominare m. dopp. Akk. 121,1.
non Entstehg. 118. Gebr. 219. vgl. 203. non modo - sed etiam 225. non nemo, non ignoro u.ä. 220,1. non est cur 233 a. non est quod 242,2. non tam - quam 246 Zus. 1. non magis (minus) - quam 247,1. non quo (quod, quin) m. Konj. 251. non, nemo u.ä. - nisi 261 a. non item 219.
nondum 253,5.
nonne 221,2. 233 b.
nonnullus 220,1.
nostrum omnium 130 a.E.
novissimus Superl. 49,2 d. als Attr. 110,1.
nubere m. Dat. 124.
nudare, nudus m. Abl. 143,1.
nullus Dekl. 59,4. Gebr. 203. nullus non u. nonnullus 220,1.
num 221,2. 233 b.
numerare in m. Abl. 155,1. vgl. 160,1 b.
numquam non u. nonnumquam 220,1.
nunc in der or. obl. 264,1.
nuntiare „wohin?" 155,2. m. A c I 168,1. nuntiari m. N c I 172,3. nuntiato 180 β 4.
nuptum dare 173,1.

ob 158,14.
obire m. Akk. 112.
oblivisci m. Gen. bzw. Akk. 136. m. A c I 168,1. Ersatz d. Pass. 206,2.
obsequi m. Dat. 113,1.
obsistere m. ne bzw. quominus 236,2.
obstare m. ne bzw. quominus 236,2.
obtrectare m. Dat. 124.
odisse Ersatz d. Pass. 206,2. vgl. 128,1.
omittere m. Inf. 166.

omnis 202,1. omnium beim Superl. 190,2.
onustus m. Abl. 135,1. 148,2.
opera alicuius 147. operam dare ut 166. 234.
opinari m. A c I 168,1.
opinio est m. A c I 168,3. opinione celerius 144.
oportet m. Inf. 165,2. m. Inf. bzw. A c I 169,2. m. bl. Konj. 226,2 d.
optare ut (ne) 234.
optimus m. Supin 173,2.
opus est m. Abl. 150. m. Inf. 165,2.
orare Konstr. 119,3. m. bl. Konj. 226,2 d. m. ut 234.
orbus m. Abl. 143,1.
ordiri ab 155,3.
ordo subj. u. obj. 184. ordine 146,2.
oriri: ortus Konstr. 142.
ornare m. Abl. 148,1.

paene m. Ind. Perf. 214,1.
paenitet me Konstr. 137.
palam 159,6.
par 135 a.E. par ac 247,2.
parare (paratus sum) m. Inf. 166. paratus ad m. Gerund 174,3. parare bellum 113,1.
parcere m. Dat. 124.
pariter, una, simul 197 Fußn. 2.
pars: partem adv. Akk. 118,2.
particeps m. Gen. 135,1.
partitus pass. 205,5.
parum m. Gen. 130,4.
parvi u. parvo als Gen. u. Abl. pret. 139.
pati m. A c I 167,1.
paulum m. Gen. 130,2. p. abest quin 239,2. paulo ante (post) 153,1.
pax: in pace 154,1.
pellere Konstr. 143,2.
pendēre ab 155,3.
penes 158,15.

per 158,16. statt Abl. instr. 147. per me stat quominus 236,2. mit per zusammenges. Adj. 48,4.
perficere m. ut 234 Zus. 1.
pergere m. Inf. 166.
perhorrescere m. Akk. 114.
periculum est ne 236,1.
perinde ac 247,2.
perire fame 151,1.
peritus m. Gen. 135,1.
permagni Gen. pret. 139.
permittere m. Gerund 176,2. m. ut 234.
permovere m. ut 234.
perseverare m. Inf. 166.
perspicuum est m. A c I 168,3.
persuadere m. Dat. 124. m. ut bzw. A c I 234 Zus. 2.
pes: pedibus ire 147.
petere Konstr. 119 a.E. m. ut 234.
piget me Konstr. 137.
placet mihi m. Inf. 165,2. m. A c I 169,2. m. ut 234 Zus. 3.
plenus m. Gen. 135,1. zur Umschreibung eines Adj. 187,1.
plerique m. Gen. part. 130.
plurimum m. Gen. part. 130,2. plurimi u. plurimo als Gen. u. Abl. pret. 139.
plus ohne quam 144. m. Gen. part. 130,2. pluris als Gen. pret. 139.
polliceri m. A c I Fut. 170.
ponere in m. Abl. 155,1.
poscere m. dopp. Akk. 119,2. m. Gerund 176,2.
posse: possum „ich könnte" 214,1. non possum non 239,3.
post 158,17. vgl. 157,1.
post(ea)quam 255.
postremus u. postumus 49,1.
postulare ab 119,2. m. ut (ne) 234.
postulatio u. postulatum 183,1.
potiri Konstr. 149. im Gerund 175 a.E.
potius quam (ut) 238,2.

potus akt. 177,4.
prae 159,7. mit prae zusammenges. Adj. 48,4.
se praebere 121,4.
praeditus m. Abl. 148,2.
praeesse m. Dat. 125. m. Dat. Gerund. 175,2 b.
praesertim qui 242,3. pr. cum 254,2.
praestare m. Dat. 125. se pr. 121,4. multo pr. 153,2. praestat quam 247,1.
praeter 158,18.
praeterire m. Akk. 112. me praeterit 113,2. m. A c I 168,3.
praeterquam quod 249,2.
pransus akt. 177,4.
primus 110,1. 111,1 b. Unterschied von primum u. primo 111 a.E.
prior, prius 190,1.
priusquam 257.
privare m. Abl. 143,1.
pro 159,8. vgl. 157,3. m. Komp. 247,1.
pro deum fidem 115.
probari m. Dat. 127.
profiteri m. A c I 168,1.
prohibere m. bl. Abl. oder ab 143,2. m. Inf. bzw. A c I 167,1. 172,1. m. ne oder quominus 236,2.
proinde 224 e. pr. ac 247,2.
promissio u. promissum 183,1.
promittere m. A c I Fut. 170.
prope (propius, proxime) 158,19. prope a 141. m. Ind. Perf. 214,1.
properare m. Inf. 166.
proprius m. Gen. 135,2.
propter 158,20. 157,1.
propterea quod 251.
prospicere Konstr. 126.
prosternere humi 155,1.
proverbium est m. A c I 168,3.
providere Konstr. 126. m. ut 234 Zus. 2.
pudet me Konstr. 137.
in pueritia, prima pueritia 156.

a pueritia 159,1.
pugnam pugnare 116,1.
purus m. Gen. 135,1.
putare m. dopp. Akk. 121,2. m. Gen. pret. 139,1. m. A c I 168,1. putari m. N c I 172,3. numquam putavi 214,2.

quadriduo 156.
quaerere Konstr. 119 a.E. m. nonne 233 b 2.
qualiscumque 241.
quam und Abl. comp. 144. beim Superl. 190,2. nach Komp. 247,1. quam ut nach Komp. 238,2. quam qui m. Superl. 246 Zus. 2. non tam - quam 246 Zus. 1.
quamdiu 258,2.
quamquam 263,1.
quamvis 263,2.
quandoquidem 252.
quanto - tanto 246 Zus. 4. quantum m. Gen. part. 130,2. quantum possum u.ä. 242,4. quanti Gen. pret. 139,1.
quantuscumque 241.
quasi (vero) 248.
-que 224 a. 196,1.
queri Konstr. 114. m. A c I 168,2.
qui Dekl. 57,1. m. Ind. 241. m. Konj. 242. vgl. Relativsätze.
quia 252.
quicumque 57,2. 202,4. 241.
quidam 59,3. m. Gen. part. 130,3. Gebr. 201.
quidem - sed 246 Zus. 3. ne - quidem 224 a.
quilibet 59,2. Gebr. 202,3.
quin 239. für qui non etc. 242,2. quin etiam 224 a.
quippe 224 d. quippe qui 242,3. quippe cum 254,2.
quis, quid? 58. quid „warum" 116,3. 221,1. quid m. Gen. part. 130,3. quid est quod 242,2.

quis statt aliquis 199,2.
quispiam 199,3.
quisquam 59,1. m. Gen. part. 130,3. Gebr. 200.
quisque 59,2. 202,1. ut quisque m. Superl. 246 Zus. 4. ut quisque temporal 256,2.
quisquis 241. quidquid m. Gen. part. 130,3.
quivis 59,2. 202,3.
quo Adv. 62. m. Gen. part. 130,4. quo - eo 153,1. 246 Zus. 4. quo (= ut eo) m. Konj. 235.
quoad 258.
quod Konjunktion 249 - 251. quod sciam u.ä. 231,3. 242,4. quod si 244.
quominus m. Konj. 236,2.
quoniam 252.
quoque 224 a.
quotcumque 241.
quotiens (cumque) 256 a.E.
quotquot 241.
quotus quisque 202,1 b. 242,2.

ratione Abl. modi 146,1.
receptui canere 128,3.
recordari Konstr. 136.
recusare m. Inf. 166. m. ne oder quominus 236,2. m. quin 239,2.
reddere m. dopp. Akk. 121,1.
redimere m. Gerund 176,2.
refert Konstr. 140.
refertus m. Abl. 135,1. 148,2.
reliquum est ut 237.
reminisci Konstr. 136.
renuntiare m. dopp. Akk. 121,1.
reperiuntur qui m. Konj. 242,2.
reprehendere quod 250.
reri: ratum habere 205,5.
res „es" 106 a.E. „etwas" 199 Fußn. 1. zur Umschreibung obl. Kasus 189,2 b. quae res 240,3. vgl. 243,5.

resistere ne oder quominus 236,2.
respicere aliquid 113,1.
respondere Konstr. 123.
restat ut 237.
ridere m. Akk. 114.
ritu Abl. modi 146,1.
rogare Konstr. 119,3. m. ut 234.
rus 122,1. rure 141,2. ruri 154,1.

sacer m. Gen. 135,2.
sane in d. Antwort 221 a.E.
sapiens kollekt. 189,1 a.
satis m. Gen. 130,4. satis superque 157,1.
scilicet 224 d.
scire m. Inf. 166. m. A c I 168,1. m. Inf. oder A c I 169,3. quod sciam 231,3. 242,4. haud scio an 233 b 3. scito(te) 218,2.
scribere m. A c I 168,1.
secundum 158,21
secundus 174 Vorbem.
secus ac 247,2.
sed 224 c.
seiungere Konstr. 143,3.
sensus 184.
sententiā (meā) 151,1.
sentire m. A c I 168,1.
separare Konstr. 143,3.
sequi Konstr. 113,1. sequitur ut 237.
servitutem servire 116,1.
sestertius 275.
seu s. sive. seu potius 224 b a.E.
si 259 - 261. nisi u. si non 261,1. si „ob" 233 b 4. si quis u. si aliquis 199,2. si quisquam 200. si modo 262,1.
silentio Abl. modi 146,2.
similis m. Gen. oder Dat. 135 a.E. s. ac 247,2.
simul(atque) 256. simul, una, pariter 197 Fußn. 2.
simulare m. A c I 168,1.

sin 261,3.
sine 159,9.
sinere m. A c I 167,1. 172,1.
siquidem 252.
sitire m. inn. Akk. 116,2.
sive 224 b. sive - sive m. Ind. 259,1.
solere m. Inf. 166. vgl. 162,5.
solus 111,1 b.
solvere abs. 112 Vorbem. m. Abl. 143,1.
specie Abl. modi 146,2.
id spectare ut 234.
sperare m. A c I Fut. 170,1.
spes est m. A c I 168,3.
spoliare m. Abl. 143,1.
sponte 146,2.
stare m. Gen. oder Abl. pret. 139,2. st. promissis 152,1. st. ab 155,3. per me stat quominus 236,2.
statuere m. Inf. 166. m. A c I 169,3. m. ut 234 Zus. 3.
studere m. id u.ä. 116,3. m. Dat. 124. m. Inf. 166. m. A c I 169,1. id studeo ut 234.
studiosus m. Gen. 135,1.
suadere ut (ne) 234.
sub 160,2.
subire m. Akk. 112.
succedere m. Dat. 125.
sumere m. dopp. Akk. 121,3. s. supplicium de 159,4. s. m. Gerund 176,2.
summus 110,1.
super 160,3.
superare m. Abl. limit. 152,1. m. Abl. mens. 153,2.
superesse m. Dat. 125.
superstes m. Gen. oder Dat. 135 a.E.
supplicare m. Dat. 125.
supra 158,22. 157,1.
surgere abs. 112 Vorbem.
suscipere m. Gerund 176,2.
suspicari m. A c I 168,1.

suus und eius 55. 193. 227,2. bei quisque 202,1 a.

taedet me Konstr. 137.
talis - ut 238,1. talis - qui 242,2. talis - qualis 246.
tam - qui 242,2. tam - quam 246 m. Zus. 1 u. 2.
tamen 224 c.
tametsi 263,3.
tamquam 111 a.E. tamquam si 248.
tantidem Gen. pret. 139,1.
tantum m. Gen. part. 130,2. tanti Gen. pret. 139,1. tantum abest ut 237. tantus - ut 238,1. tantus - qui 242,2. tantus - quantus 246.
temperare Konstr. 126. non t. quin 239,2.
id temporis 118,1. temporibus alicuius 156. suo tempore 192,2.
tenere memoria 147. t. m. Part. Perf. Pass. 179 a.E. vix me teneo quin 239,2.
a tergo 155,3.
terni und trini 67,3.
terra marique 154,2.
timere Konstr. 126. m. Inf. 166. m. ne, ne non, ut 236,1.
tiro als Adj. 109,1.
tot - quot 246.
totiens - quotiens 246.
totus 111,1 b. Abl. ohne in 154,4.
tradere m. A c I 168,1. m. Gerund 176,2. traditur m. N c I 172,3.
traducere Konstr. 120.
traicere Konstr. 120.
trans 158,23.
transire Konstr. 112.
transportare Konstr. 120.
tribuere m. Dat. fin. 128,2.
trini und terni 67,3.
tum - tum 225.
tunc in der or. obl. 264,1.

uber 109,1.
ubi terrarum 130,4. ubi, ubi primum 256,1.
ubicumque 241.
ulcisci Konstr. 113,1.
ullus 200.
ultimus 111,1 b.
ultra 158,24.
una, simul, pariter 197 Fußn. 2.
unus m. Gen. part. 130. ad unum omnes 158,1. unus omnium 190,2. uni Plur. bei Plur. tantum 67,3.
urbs bei Ortsnamen 122,1. vgl. 141,1. u. 154,1. urbs Roma(e) 132. vgl. 267,3.
usque 158,1. usque eo ut 238,1.
usu venit ut 237. usui esse Pass. zu uti 206,2.
ut final 234 - 236. konsekutiv 237 - 238. explikativ 238 a.E. modal 246. ut - sic konzessiv/adversativ 246 Zus. 3. ut quisque - ita m. Superl. 246 Zus. 4. ut est 246 Zus. 5. vgl. 111 a.E. ut (primum) temporal 256,1. konzessiv 263,2.
utcumque 241.
uterque m. Gen. part. 130 a.E. Unterschied z. ambo u. utrique 202,2.
uti m. Abl. 149. im Gerund 175 a.E. Ersatz des Pass. 206,1. u. 2.
utilis Konstr. 129.
utinam 215.
utpote qui 242,3.
utrum - an 222. 233 c.

vacare Konstr. 143,1.
vacuus Konstr. 143,1.
vae m. Dat. 105.
-ve 224 b.
vehi nave, equo u.ä. 147.
vel (potius) 224 b. beim Komp. u. Superl. 190,2. vel - vel 225.
velle m. Inf. oder A c I 169,1. m. ut 234 Zus. 3. volo u.ä. m. bl. Konj. 215. vgl. 226, 2 d.

velut 111 a.E. „z.B." 246 Zus. 6.
  velut si 248.
vendere u. venire Konstr. 139,2.
venire m. dopp. Dat. 128,3. m. Supin 173,1. venit mihi in mentem 136. usu venit ut 237.
vere und vero 52,1.
vereri m. Inf. 166. m. ne 236,1.
verisimile est m. A c I 168,3.
veritas subj. u. obj. 184.
vero 224 c. vgl. vere.
versus Präp. 158,2. Fußn. 2.
vesci m. Abl. 147. im Gerund 175 a.E.
vespere, vesperi 156.
vertere m. Dat. fin. 128,2.
verum 224 c.

vetare m. A c I 167,1. vetari m. N c I 172,1.
vetus 109,1.
victor 109,1.
videlicet 224 d.
videre m. A c I oder A c P 179 β 2. m. A c I oder ut 234 Zus. 2. videsne ut 221,2. mihi videtur 165,2. videtur m. Gen. 131,2. videri m. N c I 172,2. videres 216,1.
vincere m. inn. Akk. 116,2. v. proelio 147. m. Abl. lim. 152,1.
vis: vi Abl. modi 146,2.
vitio dare 128,2.
vivere vitam 116,1. v. aevum ebda. v. m. Akk. d. Zeit 117,2.
vix 239,2. 253,5.
vocare m. dopp. Akk. 121,1.
voluntate Abl. modi 146,2.

III. Verzeichnis der mit ihren Stammformen angeführten Verba
(Die erste Ziffer verweist auf den Paragraphen, die zweite auf die Nummer)

abdere 89, 83.
abesse 97.
abicere 93, 162.
abire 102.
abluere 89, 110.
abnuere 89, 121.
abolere 83, 4.
absolvere 89, 116.
abstergere 83, 48.
abstinere 83, 21.
abstrahere 89, 42.
abuti 95, 171.
accendere 89, 101.
accersere 89, 1.
accidit 104.
accipere 93, 160.
accubare 80, 6.
accumbere 89, 13.
accurrere 89, 93.
acquirere 89, 5.
acuere 89, 108.
addere 89, 83.
adesse 97.
adhibere 83, 5.
adicere 93, 162.
adipisci 95, 179.
adire 102.
adiuvare 80, 3.
admonere 83, 7.
admovere 83, 60.
adolescere 90, 146.
adoriri 91, 3.
advenire 86, 16.
advesperascit 104.
afferre 99.

afficere 93, 161.
affligere 89, 44.
agere 89, 72.
aggredi 95, 188.
agnoscere 90, 131.
aio 103.
alere 89, 17.
algere 83, 52.
allicere 93, 157.
alloqui 95, 168.
ambire 102.
amicire 86, 14.
amittere 89, 56.
amplecti 95, 173.
angere 89, 126.
annuere 89, 121.
aperire 86, 5.
apparere 83, 18.
apparet 104.
appellere 89, 94.
appetere 89, 4.
apponere 89, 12.
arcere 83, 12.
arcessere 89, 1.
ardere 83, 49.
arguere 89, 119.
arripere 93, 156.
ascendere 89, 104.
aspicere 93, 158.
assentiri 87, 29.
assequi 95, 169.
assuefacere 93, 161.
assuescere 90, 130.
attingere 89, 87.
audere 84, 78.

audire 86, 1.
auferre 99.
aufugere 93, 163.
augere 83, 41.
ave 103.

bibere 89, 82.
blandiri 87, 19.

cadere 89, 91.
caedere 89, 92.
calefacere 93, 161.
calere 83, 14.
canere 89, 96.
capere 93, 160.
capessere 89, 2.
carere 83, 15.
carpere 89, 30.
cavere 83, 57.
cedere 89, 55.
censere 83, 23.
cernere 89, 9.
cingere 89, 47.
circumdare 80, 15.
circumire 102.
circumsedere 83, 62.
circumsistere 89, 84.
circumstare 80, 14.
claudere 89, 57.
coalescere 90, 146.
coarguere 89, 119.
coemere 89, 74.
coepisse 103.
coercere 83, 12.
cogere 89, 72.

cognoscere 90, 131.
colere 89, 18.
colligere 89, 75.
colloqui 95, 168.
comburere 89, 28.
comedere 89, 77 u. 98.
comere 89, 74.
comminisci 95, 181.
committere 89, 56.
commovere 83, 60.
comperire 86, 18.
complecti 95, 173.
complere 83, 3.
componere 89, 12.
comprehendere 89, 103.
concedere 89, 55.
concrescere 90, 128.
concupiscere 90, 136.
concurrere 89, 93.
concutere 93, 159.
condere 89, 83.
conducere 89, 37.
conectere 89, 68.
conferre 99.
conficere 93, 161.
confidere 95, 189.
confiteri 84, 74.
confligere 89, 44.
congruere 89, 118.
coniungere 89, 49.
conscendere 89, 104.
consciscere 90, 138.
consenescere 90, 141.
consentire 86, 15.
consequi 95, 169.
conserere (consevi) 89, 7.
conserere (conserui) 89, 21.
considere 89, 76.
consistere 89, 84.
conspicere 93, 158.
constare 80, 14.
constat 104.

constituere 89, 112.
construere 89, 40.
consuescere 90, 130.
consulere 89, 20.
consumere 89, 74.
contemnere 89, 29.
contendere 89, 88.
conticescere 90, 142.
continere 83, 21.
contingit 104.
contrahere 89, 42.
contremiscere 90, 148.
contundere 89, 90.
convalescere 90, 144.
convenire 86, 16.
convincere 89, 80.
coquere 89, 38.
corrigere 89, 45.
corruere 89, 118.
corrumpere 89, 79.
credere 89, 83.
crepare 80, 5.
crescere 90, 128.
cubare 80, 6.
cupere 93, 154.
currere 89, 93.

dare 80, 15.
debere 83, 5.
decedere 89, 55.
decernere 89, 9.
decerpere 89, 30.
decet 104.
decidere 89, 91.
decipere 93, 160.
decrescere 90, 128.
decurrere 89, 93.
dedecet 104.
dedere 89, 83.
deesse 97.
defendere 89, 102.
deficere 93, 161.

deflere 83, 2.
degere 89, 72.
delere 83, 1.
deligere 89, 75.
demere 89, 74.
demergere 89, 69.
deponere 89, 12.
deridere 83, 46.
descendere 89, 104.
desciscere 90, 138.
describere 89, 35.
deserere 89, 21.
desilire 86, 6.
desinere 89, 12.
desistere 89, 84.
despicere 93, 158.
detegere 89, 46.
deterrere 83, 11.
deverti 95, 190.
devovere 83, 61.
dicere 89, 36.
differre 99.
diffidere 95, 189.
diffindere 89, 99.
dilabi 95, 174.
diligere 89, 75.
dilucescit 104.
diluere 89, 110.
dimicare 80, 10.
dimittere 89, 56.
dirigere 89, 45.
dirimere 89, 74.
diripere 93, 156.
diruere 89, 118.
discedere 89, 55.
discere 90, 134.
discernere 89, 9.
dispergere 89, 70.
displicere 83, 9.
disponere 89, 12.
dissentire 86, 15.
disserere 89, 21.

Verzeichnis der mit ihren Stammformen angeführten Verba

distare 80, 14.
distinguere 89, 51.
dividere 89, 60.
docere 83, 19.
dolere 83, 16.
domare 80, 7.
ducere 89, 37.

ēdere 89, 83.
ĕdere
(ēsse) } 89, 77; 98.
edicere 89, 36.
educere 89, 37.
efferre 99.
efficere 93, 161.
efflorescere 90, 139.
effodere 93, 164.
effugere 93, 163.
egere 83, 24.
eicere 93, 162.
elabi 95, 174.
elicere 93, 157.
elidere 89, 59.
eligere 89, 75.
emere 89, 74.
eminere 83, 28.
eripere 93, 156.
esse (edere) 98.
esse (sum) 96.
esurire 86, 2.
evadere 89, 65.
evanescere 90, 153.
evellere 89, 107.
evenit 104.
exardescere 90, 145.
excellere 89, 125.
excludere 89, 57.
excolere 89, 18.
exercere 83, 12.
exire 102.
expellere 89, 94.

expergisci 95, 183.
experiri 87, 28.
explere 83, 3.
explicare 80, 13.
explodere 89, 58.
exponere 89, 12.
exstinguere 89, 51.
extimescere 90, 143.
extrahere 89, 42.
exuere 89, 115.

facere 93, 161.
fallere 89, 97.
fallit 104.
farcire 86, 7.
fateri 84, 74.
favere 83, 58.
ferre 99.
ferire 86, 3.
fidere 95, 189.
figere 89, 66.
findere 89, 99.
fingere 89, 52.
flectere 89, 67.
flere 83, 2.
florere 83, 25.
fluere 89, 39.
fodere 93, 164.
fovere 83, 59.
frangere 89, 73.
fremere 89, 23.
frigere 83, 39.
frui 95, 170.
fugere 93, 163.
fugit 104.
fulcire 86, 8.
fulgere 83, 53.
fundere 89, 81.
fungi 95, 166.
furere 89, 124.

gaudere 84, 79.
gemere 89, 24.
gerere 89, 27.
gignere 89, 14.
gradi 95, 188.

habere 83, 5.
haerere 83, 50.
haurire 86, 9.
horrere 83, 26.

iacēre 83, 17.
iacĕre 93, 162.
ignoscere 90, 131.
illicere 93, 157.
illudere 89, 61.
imbuere 89, 109.
imminere 83, 28.
impellere 89, 94.
impendēre 83, 67.
impendĕre 89, 89.
implere 83, 3.
implicare 80, 13.
imponere 89, 12.
incendere 89, 101.
incidere 89, 91.
incipere 93, 160.
incolere 89, 18.
increpare 80, 5.
incumbere 89, 13.
inducere 89, 37.
induere 89, 115.
indulgere 83, 43.
inesse 97.
inferre 99.
ingemiscere 90, 147.
ingredi 95, 188.
inicere 93, 162.
inire 102.
inquam 103.
inquirere 89, 5.

inscribere 89, 35.
insculpere 89, 31.
inserere (insevi) 89, 7.
inserere (inserui) 89, 21.
instare 80, 14.
instituere 89, 112.
instruere 89, 40.
intellegere 89, 75.
interdicere 89, 36.
interesse 97.
interficere 93, 161.
interimere 89, 74.
interire 102.
intueri 84, 76.
invadere 89, 65.
invenire 86, 16.
inveterascere 90, 135.
invidere 83, 63.
irasci 95, 178.
ire 102.
irridere 83, 46.
irruere 89, 118.
iubere 83, 44.
iungere 89, 49.
iuvare 80, 3.
iuvat 104.

labi 95, 174.
lacessere 89, 3.
laedere 89, 59.
largiri 87, 20.
latere 83, 27.
lavare 80, 4.
legere 89, 75.
libet 104.
liceri 84, 69.
licet 104.
linere 89, 11.
loqui 95, 168.
lucere 83, 54.
ludere 89, 61.
lugere 83, 55.

maerere 83, 40.
malle 100.
manere 83, 51.
maturescere 90, 151.
mederi 84, 75.
meminisse 103.
mentiri 87, 21.
merere 83, 6.
mereri 84, 70.
mergere 89, 69.
metere 89, 123.
metiri 87, 26.
metuere 89, 120.
micare 80, 10.
minuere 89, 111.
miscere 83, 20.
misereri 84, 71.
mittere 89, 56.
molere 89, 15.
moliri 87, 22.
monere 83, 7.
mordere 83, 64.
mori 95, 186.
movere 83, 60.
mulcere 83, 45.

nancisci 95, 176.
nasci 95, 175.
nectere 89, 68.
neglegere 89, 75.
nequire 102.
ning(u)it 104.
nitere 83, 29.
niti 95, 172.
nocere 83, 8.
nolle 100.
noscere 90, 131.
nubere 89, 34.

obdormiscere 90, 137.
obesse 97.
obicere 93, 162.

oblinere 89, 11.
oblivisci 95, 184.
obmutescere 90, 152.
obruere 89, 118.
obsequi 95, 169.
obsidere 83, 62.
obstringere 89, 54.
obstruere 89, 40.
obtinere 83, 21.
occidere 89, 91.
occīdere 89, 92.
occulere 89, 19.
occurrere 89, 93.
odisse 103.
offendere 89, 102.
offerre 99.
omittere 89, 56.
operire 86, 5.
oportet 104.
opperiri 87, 28.
opponere 89, 12.
opprimere 89, 71.
ordiri 87, 27.
oriri 95, 185.
ostendere 89, 88.

paenitet 104.
pandere 89, 106.
pangere 89, 86.
parcere 89, 95.
parēre 83, 18.
parĕre 93, 165.
partiri 87, 23.
pascere (pasci) 90, 132.
patefacere 93, 161.
patere 83, 30.
pati 95, 187.
pellere 89, 94.
pellicere 93, 157.
pendēre 83, 67.
pendĕre 89, 89.
peragere 89, 72.

percellere 89, 98.
percrebrescere 90, 150.
percurrere 89, 93.
percutere 93, 159.
perdere 89, 83.
perferre 99.
perficere 93, 161.
perfodere 93, 164.
perfringere 89, 73.
perfrui 95, 170.
perfugere 93, 163.
pergere 89, 45.
perhorrescere 90, 140.
perire 102.
perlegere 89, 75.
permittere 89, 56.
permovere 83, 60.
permulcere 83, 45.
perpeti 95, 187.
persequi 95, 169.
persuadere 83, 47.
pervenire 86, 16.
petere 89, 4.
piget 104.
pingere 89, 53.
placere 83, 9.
plaudere 89, 58.
pluit 104.
polliceri 84, 69.
polluere 89, 110.
ponere 89, 12.
porrigere 89, 45.
poscere 90, 133.
posse 97.
possidēre 83, 62.
possidĕre 89, 76.
potare 80, 2.
potiri 87, 24.
praebere 83, 5.
praecipere 93, 160.
praedicere 89, 36.
praeesse 97.

praeficere 93, 161.
praestare 80, 14.
praestat 104.
praeterire 102.
praeterit 104.
prandere 83, 68.
prehendere 89, 103.
premere 89, 71.
prodere 89, 83.
prodesse 97.
producere 89, 37.
proficisci 95, 180.
profligare 89, 44.
profundere 89, 81.
prohibere 83, 5.
promere 89, 74.
promittere 89, 56.
proponere 89, 12.
proscribere 89, 35.
prosternere 89, 8.
protegere 89, 46.
pudet 104.
pungere 89, 85.

quaerere 89, 5.
quaeso 103.
queri 95, 167.
quiescere 90, 129.
quire 102.

radere 89, 63.
rapere 93, 156.
recensere 83, 23.
recidere 89, 91.
recipere 93, 160.
reddere 89, 83.
redigere 89, 72.
redimere 89, 74.
redire 102.
reducere 89, 37.
refercire 86, 7.
referre 99.

reficere 93, 161.
regere 89, 45.
relinquere 89, 78.
remanere 83, 51.
reminisci 95, 181.
repellere 89, 94.
repere 89, 32.
reperire 86, 17.
repetere 89, 4.
reprehendere 89, 103.
requiescere 90, 129.
reri 84, 73.
rescindere 89, 100.
resistere 89, 84.
respicere 93, 158.
respondere 83, 65.
respuere 89, 122.
restare 80, 14.
restituere 89, 112.
retinere 83, 21.
reverti 95, 190.
reviviscere 90, 149.
ridere 83, 46.
rodere 89, 64.
rubere 83, 31.
ruere 89, 118.
rumpere 89, 79.

saepire 86, 10.
salire 86, 6.
salve 103.
sancire 86, 11.
sapere 93, 155.
sarcire 86, 12.
satisfacere 93, 161.
scandere 89, 104.
scindere 89, 100.
sciscere 90, 138.
scribere 89, 35.
sculpere 89, 31.
secare 80, 9.
secernere 89, 9.

sedere 83, 62.
seiungere 89, 49.
sentire 86, 15.
sepelire 86, 4.
sequi 95, 169.
serere (sevi) 89, 7.
serere (serui) 89, 21.
serpere 89, 33.
silere 83, 32.
sinere 89, 12.
sistere 89, 84.
solere 84, 77.
solvere 89, 116.
sonare 80, 11.
sortiri 87, 25.
spargere 89, 70.
spernere 89, 10.
splendere 83, 33.
spondere 83, 65.
stare 80, 14.
statuere 89, 112.
sternere 89, 8.
strepere 89, 25.
stringere 89, 54.
struere 89, 40.
studere 83, 34.
stupere 83, 35.
suadere 83, 47.
subicere 93, 162.
subigere 89, 72.
subire 102.
subtrahere 89, 42.

succedere 89, 55.
succumbere 89, 13.
succurrere 89, 93.
suere 89, 113.
sumere 89, 74.
superesse 97.
supplere 83, 3.
surgere 89, 45.
suscensere 83, 23.
suscipere 93, 160.
sustinere 83, 21.

tacere 83, 10.
taedet 104.
tangere 89, 87.
tegere 89, 46.
tendere 89, 88.
tenere 83, 21.
terere 89, 6.
terrere 83, 11.
texere 89, 22.
timere 83, 36.
tingere 89, 48.
tollere 99.
tonare 80, 12.
tondere 83, 66.
torquere 83, 42.
torrere 83, 22.
tradere 89, 83.
trahere 89, 42.
transire 102.
tremere 89, 26.

tribuere 89, 114.
trudere 89, 62.
tueri 84, 76.
tundere 89, 90.

ulcisci 95, 177.
unguere 89, 50.
urere 89, 28.
urgere 83, 56.
uti 95, 171.

valere 83, 13.
vehere (vehi) 89, 43.
velle 100.
vendere 89, 83.
vĕnire 86, 16.
vēnire 102.
vereri 84, 72.
vergere 89, 127.
vertere 89, 105.
vesci 95, 182.
vetare 80, 8.
videre 83, 63.
videri 83, 63.
vigere 83, 37.
vincere 89, 80.
vincire 86, 13.
virere 83, 38.
vivere 89, 41.
volvere 89, 117.
vomere 89, 16.
vovere 83, 61.

IV. Fundstellenverzeichnis

Kursive Stellenangaben bezeichnen einen vom Original durch Auslassungen oder Änderungen abweichenden Text, andernfalls liegt unveränderter Originaltext vor. Mit *cf.* eingeführte Stellen geben die Quelle(n) einer freieren Adaption. Die Zitierweise entspricht der des Thes. ling. Lat.; nur bei Cicero und Caesar fehlt der Autorname vor der Werkangabe aus Gründen der Platzersparnis; daraus sich ergebende Verwechslungsmöglichkeiten, etwa von Ciceros Pompeiana mit dem Astronomen Manilius oder von Caesars Gall. mit Asinius oder Cornelius Gallus, sind nicht von Belang.

5 et primo: Ov. met. 13,607. **106** familia: S. Rosc. 145. quae: civ.2,27,2. non: *Rhet.Her.4,28,39.* male: *de orat. 2,313.* res in: *Gall. 6,38,2.* res ad: *civ. 1,4,5.* **107** nemo doctus: *cf. Sen. epist.* 20, 13. Orestes: *Pacuv. trag. 375.* Cicero: *S. Rosc.5.* si: *cf. Boeth. cons. 2,7.* Marius: *Planc. 51.* nemo ante: *cf. Ov.met. 3,136.* omnia: Lael. 79. quot: Ter.Phorm. 454. **108** scientia: *cf. Mur. 19.* in eo: *fam. 15,14,5.* tenebrae: *Ov. met. 2,181.* Mercurius: *cf. Ampel. 9,5.* Athenae: *de orat. 1,13.* amicitia: *Lael. 83.* mors: *cf. Sen. Herc. f. 1069.* captivi: *Liv. 21,15,1.* **108 a:** ego qui: *Phil. 6,17.* haec: *Ter. Ad. 103.* si tu: *fam. 14,5,1.* et tu: fam. 13,8,1. **108 b:** turpitudo: Tusc. 2,31. servitus: *Phil. 2,113.* Indus: *nat.deor. 2,130.* est gloria: *Tusc. 3,3.* aliud: *orat. 113.* quid: *dom. 72.* ista: Suet. Iul. 82,1. Thebae, quod: *Liv. 42,44,3.* nostri: *civ. 3,26,4.* fines: *Gall. 5,11,8.* est in: *Sall. Catil. 55,3.* non: *div. 2,90.* gens: *Liv. 1,1,3.* contentum: *parad. 51.* capita: *Liv. 10,1,3.* magna: *Sall. Iug. 58,2.* tura: Ov. fast. 2,507. civitati: *Gall. 1,2,1.* **108 c** pater: *Ter. Eun. 517.* senatus: *Balb. 10.* Homerus: Tusc. 1,3. et proavus: *Mur. 15.* omnibus: fin. 3,72. murus et porta fulmine: *Liv. 37,3,2.* ad: *Tusc. 3,5.* populi: *Phil. 5,12.* iam: *Cluent. 177.* Caesar: *Gall. 1,28,3.* iustitiae: *fin. 5,65.* murus et porta de: *Liv. 32,29,1.* existit: *Tusc. 4,24.* in: *part. 37.* **110** orandum: *Iuv. 10,356.* Tulliola: Att. 1,8,3. philosophia: *Tusc. 5,5.* invidia: *Nep. Chabr. 3,3.* thesaurus: *de orat. 1,18.* vir: *Gall. 3,5,2.* res: *Gall. 5,11,5.* ab auro: *Manil. 66.* Gnaeus: *Cato 29.* Isara: Liv. 21,31,4. ab Ptolemaeo: Liv. 37, 3,9. urbs Syracusae: *Verr. II 4,117.* Corioli: *Liv. 2,33,9.* **111** Galli: *Gall. 3,18,8.* Marius: *off. 3,79.* invitus: *off. 2,68.* viatores: *Gall. 4,5,2.* consules: *Liv. 3,60,1.* summus: *Gall. 1,16,5.* Hannibal: *Liv. 21,4,8.* Britanni: *Gall. 5,9,6.* totum: *Tusc. 5,5.* quem: Plaut. Bacch. 816. Iunius: *Liv. 10,1,9.* Aegyptii: *leg. 1,32.* Alcibiades: *cf. Nep. Epam. 5,2.* **112** hostes: *Bell. Alex. 31,1.* ipsi: *rep. 1,6.* militibus: *civ. 1,68,2.* **113** nemo: *Phil. 8,29.* fortes: Ter. Phorm. 203. a sociis: *Phil. 11,34.* non solum: *Gall. 3,5,1.* summam: *Gall. 2,32,4.* neminem: *cf. Rhet. Her. 4,39,51 et Att. 8,14,2.* non multum: *Quinct. 54.* quid: Rab. Post. 11. **115** o incredibilem: Phil. 2,4. **116** verissimum: *fam. 5,2,7.* deorum: *leg. frg. 2.* servitutem: *Mur. 61.* acerrimam: *Mur. 34.* proelium: *Hor. carm. 4,9,19.* aevum: *Plaut. Poen. 1187.* sanguinem: *Phil. 5,20.* iudicium: *Verr. I 139.* Olympia: *Enn. ann. 375.* dulce: *Catull. 51,5.* multa: *nat. deor. 2,166.* flava: *Ov. met. 6,118.* os: Verg. Aen. 1,589. **117 a:** *Att. 13,20,4.* locus: *Gall. 1,49,3.* bestiolae: *Tusc. 1,94.*

milites: *Gall. 7,77,11.* annos: Flacc. 70. Mithridates: *Manil. 7.* Cato: *Cato 32.* **118** Suebi: *Gall. 4,1,8.* **119** litteras: *Pis. 73.* legati: *Verr. II 2,95.* medicus: *Liv. 40,56,11.* homo: Brut. 175. de insidiis: Deiot. 18. non: *Cluent. 189.* noluit: *S. Rosc. 26.* Caesar: *Gall. 1,16,1.* Verres: *Verr. II 2,143.* **120** Agesilaus: *Nep.Ages. 4,4.* plerique: *Gall. 2,4,2.* Caesar: *Gall. 1,35,3.* **121** Cavarinum: *Gall. 5,54,2.* qui Dionem: *Nep. Dion 10,2.* animal: *leg. 1,22.* qui parum: *off. 2,10.* Timoleon: *Nep. Timol. 2,2.* Atheniensibus: *Nep.Milt. 1,3.* multarum: nat. deor. 2,150. **122** Caesar: *Gall. 1,7,1.* Tarquinios: *rep. 2,34.* **124** Ti. Gracchus: *fin. 4,65.* Uticenses: *Bell.Afr. 87,4.* Antiocho: *Nep. Hann. 8,1.* capiti: *Cael. 67.* philosophia: Tusc. 2,11. **125** quid interest: Q. Rosc. 46. **127** tibi: *Plaut. Merc. 71.* praedia: *S. Rosc. 49.* non: *cf. Sen.epist. 106,12.* tu: *Verr. II 3,213.* Caesar: civ. 3,80,1. ille: *parad. 36.* victis: *Verr. II 3,168.* mercatoribus: *Gall. 2,15,4.* cum: *Gall. 7,77,4.* **128** Verres: *Verr. II 4,15.* ödi: Liv. 35,19,6. mihi: *fam. 2,11,2.* sibi: *Quinct. 93.* exemplo: Liv. 3,21,6. tu: *Planc. 89.* Caesar: *Gall. 5,11, 7.* **129** consilium: off. 3,49. congruenter: fin. 3,26. est senatori: leg. 3,41. **130** videant: *Mil. 70.* Caesar omnium: *Brut. 252.* quattuor: ac. 2,83. ex: Gall. 4,12,3. complures: *Gall. 2,17,2.* Gallia: *Gall. 1,1,1.* nostri: *civ. 1,46,4.* **131** praeter: *Liv. 6,40,17.* mancipia: *parad. 35.* cuiusvis: Phil. 12,5. duri: *off. 2,50.* tempori: *fam. 4,9,2.* **132** virtus: *Mur. 23.* vox: fin. 2,6. nomen: Phil. 1,32. praemium: civ. 1,86,1. merces: *Tusc. 1,34.* **134** Xerxis: *Nep. Them. 2,5.* virum: *Sen. epist. 76,23.* homo maximi: *Nep. Dat. 3,1.* vir magni: leg. 3,45. Agesilaus: *Nep. Ages. 8,1.* reliquum: *Gall. 1,38,5.* **135** integer: Hor.carm. 1,22,1. egenus: *Tac. ann. 1,53,2.* omnes: *off. 2,63.* omnia: *de orat. 1,37.* insula: *Verr. II 1,48.* hoc proprium: Gall. 6,23,2. patris: *fin. 5,12.* canis: nat. deor 1,97. multa: *off. 1,53.* hoc est: *off. 1,54.* **136** memini: Planc. 101. est: *Tusc. 3,73.* officia: *Lael. 71.* obliviscor: *Cael. 50.* Cinnam: Phil. 5,17. illius: div. in Caec. 41. haec: *fam. 2,18,3.* putavi: fam. 4,10,2. adversae: *Liv. 5,51,8.* **137** me non: *dom. 29.* pudet me: *Liv. 3,19,7.* suae: *fam. 6,1,1.* taedet te: *Att. 2,24,4.* me tui: Phil. 2,90. hoc: *ad Q. fr. 1,2,7.* pudeat: *dom. 117.* ait: *Att. 11,13,2.* **138** promulgata: Phil. 1,21. **139** mea: Att. 12,28,2. si: *parad. 51.* vendo: off. 3,51. alibi: *Verr. II 3,192.* agri: *Verr. II 3,110.* parvo: Sen. epist. 17,4. cum: *Verr. II 3,214.* praeco: *Verr. II 3,182.* Caesar: *Gall. 7,19,4.* **140** id: Ter.Ad. 881. interest: fin. 2,72. existimant: *div.* 1,82 (2,101). quid: Mil. 34. permagni: *Att. 2,23,3.* philosophi: *nat. deor. 2,43.* **141** dux: *civ. 3,24,4.* Metellus: *Sall. Iug. 61,1.* ex oppido: Gall. 7,4,2. Tusculo: *Font. 41.* Zama: Liv. 30,29,2. **142** parentibus: *Lael. 70.* Apollo: *nat. deor. 3,57.* maternum: *Caes. or. frg. Suet. Iul. 6,1.* Servius: *rep. 2,37.* Venus: *nat. deor. 3,59.* Sex(tus): CIL VI 567. **143** damnati: *Cluent. 119.* omni: *Phil. 12,5.* Verres: *Verr. II 5,184.* Caecilius: *Att. 1,1,3.* Brutus: *Phil. 1,13.* nulla: *off. 1,4.* vacare: fam. 7,3,4. robustus: fin. 1,49. animus: *Tusc. 4,38.* populus: *rep. 2,57.* nudus: *p. red. ad Quir. 7(16).* Atticus: *Att. 3, 7,2.* hoc: div. 1,82 (2,102). ignoratio: *nat. deor. 2,77.* **144** alius: *fin. 4,43.* boni: *Rab. perd. 3.* quid: *leg. 1,22.* nihil: *fam. 16,12,2.* praevenerat: *Liv. 24,21,5.* quilibet: *Lael. 68.* cur: *ac. 2,123.* Zeuxis: *Brut. 70.* milites: *Gall. 4,37,3.* Galli: *Gall. 5,53,7.* cum: Liv. 40,32,6. spatium: *Gall. 1,38,5.* **145** Caesar: *cf. Gall. 4,21,3 et civ. 1,41,2.* **146** signum: *Verr. I 49.* **147** utrimque: civ. 1,26,1. boni: *de orat. 1,218.* plebs

Fundstellenverzeichnis 369

muneribus: *Mil. 95.* gladiatoribus: *Vatin. 40.* Ambiorix: *Gall. 5,27,2.* Caesar: *Gall. 1,44,12.* tribunorum: *Liv. 2,44,6.* plebs a: *Mil. 95.* hominis: *fin. 3, 57.* per: *S. Rosc. 80.* brevis: Phil. 14,32. **148** cupae: *Hirt. Gall. 8,42,1.* instruar: *Att. 5,6,1.* amplissimis: fam. 10,10,2. adulescentibus: *Cato 26.* se: *fam. 2,18,3.* **149** multi: *nat.deor. 3,70.* omnibus: *Gall. 3,22,2.* L.Crassus: *off. 2,57.* omni: *off. 2,76.* **150** magistratibus: *leg. 3,5.* quid: *Tusc. 1,24.* consultant: Liv. 3,38,4. multa: *Verr. II 1,126.* **151** luxuria: *Verr. II 5,137.* Domitius: *Deiot. 25.* servus: *fam. 13,77,3.* iumentis: *Gall. 4,2,2.* doleo: Verr. II 5,123. palam: *Cluent. 14.* **152** populus: *off.* 1,61. Remi: *Gall. 6,12,7.* multi: *de orat. 2,94.* non: *Phil. 2,23.* consilium: *Phil. 12,30.* ex: *Q. Rosc. 29.* milites: *Phil. 7,13.* vite: *Cato 53.* **153** transeunt: *Gall. 6,35,6.* Sulmo: *civ. 1,18,1.* castra: *civ. 3,103,2.* terra: *nat. deor. 2,102.* **158** est pietas: *nat. deor. 1,115.* Homerus: *Brut. 40.* uri: *Gall. 6,28,1.* sepultus: Nep. Att. 22,4. ob oculos: *Sest. 47.* servi: *Mil. 60.* post me: Sulp. Ruf. Cic. fam. 4,5,4. propter Ciceronem: *Pis. 15.* secundum te: Att. 12,15. supra subterque: *Liv. 39,4,9.* alteri: *Liv. 25,5,6.* est modus: *Tusc. 4,38.* **159** Gallis: Gall. 2,30,4. **161** et in corpore: *fin. 2,68.* labores: *Cato 82.* caritas: *Lael. 27.* **162** neque ignari: Verg.Aen.1,198. male: Tusc. 3,34. insipienter: Cato 68. accidit: Gall. 4,29,1. **164** honeste: *fin. 4,26.* recte: *Att. 7,25.* ipsum: *Tusc. 4,46.* id: *leg. 1,49.* **165** pulchrum: Pers. 1,28. negotium: Att. 5,12,1. parere: *Phil. 2,88.* hospitem: *Tac. Germ. 21,2.* confidere: Tusc. 4,66. quid: *nat. deor. 3,14.* Cicero: *Pis. 15.* libere: *Cluent. 89.* prodest: *Q. Cic. pet. 16.* rebus: *cf. parad. 51.* medios: *Att. 10,8,4.* nunc: *Att. 9,2a,1.* **166** praeterita: Pis. 59. Regulus: *off. 1,39.* festina: Att. 3,26. milites: *Gall. 2,23,2.* Caesar: *Gall. 5,52, 1.* omnes: *phil. frg. V 36.* malim: Marcell. 21. Clodius: *Att. 2,1,5.* his: *Cluent. 95.* audax: Hor.carm.1,3,25. indocilis: Hor.carm. 1,1,18. peritus: Tac.Agr.8,1. **167** ceteras: *prov. 33.* num: off. 3,55. Transalpinas: *rep. 3,16.* Menapii: *Gall. 4,4,3.* dux: *Gall. 2,20, 3.* victor: *Verr. II 2,4.* spero: *Mil. 78.* per: *p. red. ad Quir. 17.* decet: *fin. 3,64.* Platonem: *Tusc. 1,39.* profiteor: *Verr. I 35.* arbitrantur: *Mil. 32.* pollicentur: *Gall. 5,20,1.* respondit: *Gall. 1,36,2.* Caesar milites: *civ. 1,41,4.* furem: *Tull. 50.* Germani: *Gall. 4,2,5.* uri: *Tusc. 2,40.* dictator: *Quinct. 25.* Antonius: *Phil. 13,39.* se: *Gall. 5,36,2.* **168** patere: *Catil. 1,1.* non: Catil. 2,27. equites: *civ. 2,26,2.* imperator: *civ. 3,38,1.* te: *parad. 32.* Scipionem: *Lael. 14.* dolui: *Marcell. 14.* iniuriam: div. in Caec. 58. admiratus: *cf. Cael. 7.* Pompeium: *Sest. 15.* perspicuum: fin. 3,62. fuit: *Nep. Them. 10,4.* **169** et boni: Tusc. 4,84. Q. Cicero: *Gall. 5,41,7.* mos: orat. 151. civitatibus: *Gall. 6,23,1.* maximam: *Gall. 4,3,1.* patriae: off. 3,90. omnibus: *Verr. II. 5,8.* **170** putamus: *Phil. 12,7.* dicebant: *Gall. 4,6,4.* scio: *Sull. 27.* a primo: leg. 1,13. ne mihi: Verg. georg. 3,435. aio: Enn.ann. 179. tene: Att. 9,13,8. **171** puto: *Phil. 13,8.* **172** senatus: *dom. 69.* Milo: *Sest. 95.* parentes: *Verr. II 5,117.* pauca: *Verr. II 2,2.* idem: *nat.deor. 3,46.* felix: *Phil. 2,64.* Thales: *div. 1,112.* Epaminondas: *Tusc. 1,4.* philosophi: *fin. 2,81.* Caesar: Gall. 7,59,1. lusisse: *Tusc. 3,18.* bellum: *rep. 2,31.* dei: *nat. deor. 1,106.* Socratem: *parad. 23.* **173** iste: *Tull. 48.* Haedui: *Gall. 1,11,2.* istaec lepida: Plaut. Bacch. 62. hoc facile: *part. 88.* hoc est: *Phil. 2,106.* Britanni: *Gall. 4,30,2.* **174** nomen: *Tusc. 1,87.* Caesari: *Gall. 1,47,2.* Dumnorix: *Gall. 5,6,3* docti: *rep. 1,6.* non solum: fin. 3,66. multi: *off. 2,54.* P. Scipio: *Brut. 128.* me: *Att.*

3,8,4. vix: *ad Q. fr. 3,2,2.* **175** spatium: *Gall. 1,52,3.* iniurias: *div. in Caec. 60.* ars: *de orat. 2,157.* consilium: *Att. 10,4,6.* Germanis: *Gall. 4,14,2.* decemviri: *Liv. 4,4,3.* Vestae: *leg. 2,29.* ad bella: *Gall. 3,19,6.* in conservanda: *Pis. 17.* multa: *fin. 5,73.* virtus: *off. 1,157.* Scaevola: *Brut. 306.* in parcendo: *Liv. 4,44,9.* in muneribus: *Att. 1,1,2.* spes: *Gall. 3,6,2.* de utenda: *off. 2,87.* tui: *Ov. epist. 19,74.* vestri: *Liv. 21,41,1.* Galli: *Gall. 7,43,2.* **176** iniuriarum: *Nep. Eum. 6,2.* ceteris: *Manil. 64.* ei: *Planc. 78.* Verres: *Verr. II 4,46.* Caesar: *Gall. 1,13,1.* consules: *Att. 4,2,3.* propones: *Phil. 10,5.* **178** Poenus: *Liv. 23,37,5.* **179** parvis: *Plin. nat. 35,20.* exstinctae: *Liv. 25,9,10.* terruit: Liv. 28,11,6. Germanicus: *Tac. ann. 1,56,1.* Homerus: *Cato 54.* rura: *Hirt. Gall. 8,3,1.* Graecis: *Liv. 39,25,12.* Laelius: *civ. 3,100,1.* times: *Hor. carm. 3,29,27.* rem: *Liv. 2, 10, 11.* ad ea: *Gall. 7,83,8.* ad praedictas: *Liv. 10,14,7.* cum: *Bell. Alex. 35,3.* in dextra: *Vitr. 2,8,13.* ius: *leg. 1,14.* Xenophontis: *Cato 59.* crescentem: *Hor. carm. 3,16,17.* servus: *Cato agr. 142.* Laelium: *nat.deor. 3,5.* dic: Tusc. 1,101. Xenophon: *nat.deor.1,31.* in Catone: *Lael. 4.* Lentulus: *Verr. II 4,53.* id: *Plaut. Trin. 948.* audieram: *dom. 64.* Homerus: *nat. deor. 3,41.* Polyphemum: *Tusc. 5,115.* uno: *Sest. 1.* Clodius: *Mil. 38.* **180** Cincinnato: *Cato 56.* cenato: *Att. 2,16,1.* civitates: *civ. 1,61,3.* Hasdrubal: *Liv. 30,7,1.* Solo: *Cato 50.* mendaci: *div. 2,146.* P.Scipio: *Catil. 1,3.* Hamilcar: *Liv. 21,1,4.* invocat: *Plaut.Amph. 1093.* reges: *Gall. 5,22,1.* Pythagoras: *Tusc. 1,38.* his: *Gall. 5,2,1.* Treveri: *Gall. 2,24,5.* Germani: *Gall. 6,21,5.* religione: *nat. deor. 1,4.* Caesar oppidum: *Gall. 2,12,2.* auspicato: *or. frg. A VII 8.* Helvetii: *Gall. 1,23,3.* Caesar contionatus: *civ. 3,6,1.* rem: *S. Rosc. 111.* quis: *Phil. 12,8.* **181** ob: *Lael. 25.* omnium: *fin. 1,63.* Romani: *Gall. 3,6,5.* voluptates: *nat. deor. 1,111.* Caesar nulla: *civ. 3,12,1.* hostes: *cf. civ. 3,57,5.* militibus: *civ. 3,8,1.* confecto: *civ. 2,41,1.* philosophus: *nat. deor. 1,29.* Galli: *Gall. 1,10,4.* milites: *cf. Gall. 2,7,3 et 4,38,3.* angebant: *Liv. 21,1,5.* oppidani: *civ. 3,9,6.* **182** Romanus: Varro rust. 1,2,2. miles: *Gall. 6,34,8.* faba: *div. 2,119.* Caesar: *Gall. 1,16,1.* frumenta: *Gall. 1,16,2.* Solones: *Pers. 3,79.* Maecenates: *Mart. 8,56,5.* **183** provincia: *Verr. II 5,38.* L. Antonius: *Phil. 14,8.* **184** omnem: *S. Rosc. 154* **185** Cicero(nis): *cf. Verr. II 5,1.* Graecia: *de orat. 2,6.* Pelopidas: *Nep. Pel. 4,3.* Caesar: *Gall. 6,5,6.* **187** fuga: Hirt. *Gall. 8,16,3.* metus: *Verr. II 4,41.* natura: S. Rosc. 9. quae: Cato 15. sermones: *orat. 33.* erudita: *Tusc. 4,4.* oratio: *de orat. 1,231.* **188** praecepta: nat. deor. 1,7. rerum: Cato 40. vir: *Tusc. 5,48.* decertandum: *Phil. 5,33.* agricolae: Cato 70. materies: *de orat. 2,190.* cibus: *fin. 2,64.* homo: *Liv. 8,11,10.* praesentium: *fin. 1,33.* **189** per caeli: Lucr. 1,1090. obstantia: Tac. ann. 1,50,3. **190** duas: *Att. 15,13,1.* facile: de orat. 3,135. bellum: *cf. Liv. 21,1,1 et 38,53,11.* **191** praedia: S. Rosc. 145. et tu: *dom. 85.* tu vero: Att. 16,3,1. **192** Scipio: *Lael. 11.* **193** iustitia per: *off. 2,42.* Manlius: *cf. Sall. Catil. 52,30 et fin. 1,23.* Caesar Galliam: *civ. 1,29,3.* Valerius: *Gall. 1,53,7.* dicunt: *Flacc. 55.* Helvetii: *Gall. 1,1,4.* Deiotarus: *Bell. Alex. 67,1.* Cassius: *Att. 15,11,2.* decima: *Gall. 1,41,2.* Caesar milites: *Gall. 2,21,2.* Caesar Fabium: Gall. 5,53,3. Considium: *Bell. Afr. 93,2.* iustitia suum: *Ulp. dig. 1,1,10 pr.* habenda: *off. 1,139.* calamitatem: *civ. 3,20,3.* **194** se ipsi: *Gall. 6,37,10.* civitates: *Gall. 1,3,8.* alter: *Gall. 5,44,14.* alius: *rep. 3,23.* manus: Sen.apocol. 9,6.

tantum: fat. 8. 195 haec tanta: *Catil. 4,6.* meum: Verr. I 15. Q. Catulus: *Brut. 132.* eisdem: *ac. 2,105.* scitum: *Lael. 90.* 196 oppido: *civ. 3,39,1.* plura: orat. 37. quaestionem: *Phil. 11,5.* milites: *Gall. 5,18,5.* multo: Flacc. 103. quis: *Phil. 11,9.* natura: *off. 1,96.* Caesar: *Gall. 4,6,5.* amicitia: *fin. 3,70.* in eo: *Sull. 39.* 197 res: Phil. 12,24. duo: *div. 1,57.* hoc: *civ. 3,36,3.* Cicero: cf. *Tusc. 1,19.* nihil: *off. 1,43.* vobis: *Flacc. 88.* quidam: *off. 1,18.* 198 ipse dixit: nat.deor. 1,10. ex ipsa: Gall. 7,38,3. valvae: *div. 1,74.* hic: *fin. 2,43.* litterae: *Verr. II 4,41.* non: *Manil. 38.* 199 tres: *fin. 2,62.* quo: *off. 2,34.* Caesar: *Gall. 7,54,2;* 200 aut: *Lael. 9.* 201 eloquentia: *Brut. 25.* insatiabilis: Tusc. 1,44. 202 Verres: *Verr. II 4,33.* res: p. red. ad Quir. 3. optimum: fin. 2,81. quinto: Verr. II 2,139. utrique: *Lael. 16.* dux: *civ. 3,19,3.* mihi: off. 3,33. quae: *Catil. 2,11.* 204 est: *Tusc. 3,73.* aliis: Phil. 2,29. aliae: *Gall. 2,22,1.* verus: *Lael. 80.* duo: *rep. 6,12.* 207 cuius: *nat. deor. 1,12.* 209 urbe: *Verr. II 5,96.* tuemini: *civ. 3,94,5.* quid: Att. 13,40,2. 210 plura: fam. 10,28,3. 211 fuit: Verr. II 5,45. fuimus: Verg.Aen. 2,325. Caesar: *Gall. 1,54, 2/3.* multi: *nat. deor. 3,70.* Verres: *Verr. II 4,39.* 212 cum: Gall. 6,12,1. tumulum: *civ. 1,43,2/3.* ut: *Nep. Hann. 7,4.* celeriter: Nep. Them. 1,3. veniebatis: *Lig. 24.* Sextius: *Sen. epist. 98,13.* homines: *Plaut. Capt. 232/3.* 213 Caesar: *civ. 3,2,1/2.* cum: Att. 2,9,1. proficiscebar: *fam. 2,8,3.* 214 id: *Catil. 1,5.* possum: *nat.deor. 1,101.* quid: Verr. II 5,11. 215 id: *Phil. 3,35.* utinam negent: Verr. II 4,19. utinam vere: *rep. 4,8.* moriar: fam. 7,13,1. ne vivam: Att. 4,17,5. ne sim: Att. 16,13a,1. ita: fam. 2,13,3. utinam L.: Phil. 8,22. utinam filii: prov. 18. utinam res: *off. 2,3.* dicatur: *Catil. 2,15.* fueris: *dom. 43.* ne sit: Tusc. 2,14. 216 quis tum: *Cluent. 80.* forsitan: off. 1,59. dolent: Tusc. 1,30. riserit: de orat. 2,99. quanto: *Catil. 2,2.* quid: *div. 2,23.* non quemvis: *Tusc. 5,55.* o philosophia: *Tusc. 5,5.* 217 ne difficilia: Verr. II 4,15. etiam: *off. 1,90.* teneamus: *rep. 1,3.* videant: *Catil. 1,4.* ne id: fin. 2,77. res: *off. 1,92.* isto: Cato 33. quid facere: *Verr. II 3,195.* male: *off. 3,88.* adversario: de orat. 2,280. ista: ac. 2,125. perge: *Att. 10,18,2.* actum: Att. 9,18,3. noli impudens: fam. 12,30,1. quid nunc: *fam. 14,4,3.* hunc: Arch. 18. quid facerem: *Phil. 2,3.* cur: *civ. 1,72,2.* 218 age: S. Rosc. 48. si in: Lex XII tab. 1,1. iusta: leg. 3,6. respondeto: *Vatin. 10.* impius: leg. 2,22. dona: *leg. 3,11.* auspicia: *leg. 3,11.* 219 est: fin. 2,68. ex: Lael. 19. 220 iura: *Plaut. Mil. 1411.* numquam: Lael. 103. nulla: *off. 1,4.* nemo: Att. 14,20,3. nihil: *S. Rosc. 71.* quid: *Gall. 5,28,6.* quanta: nat. deor. 2,100. quam: Tusc. 2,17. 221 ubi: S. Rosc. 92. quid me: Tusc. 2,29. quidni: Verr. II 2,80. quis est: Cluent. 48. quae: *leg. 1,32.* quid est: *leg. 1,22.* estne: *div. 2,51.* videsne: ac. 2,57. quid canis: *nat. deor. 1,97.* num: Catil. 1,13. numquis: *Tusc. 1,87.* ego: ad Q. fr. 1,3,1. Pompei: *Manil. 42.* 222 utrum: *Phil. 13,12.* quid respondere: *Verr. II 3,169.* uter: *Rab. perd. 11.* possumus: *Verr. II 3,168.* pater: Ter. Phorm. 147. sunt: Tusc. 3,41. voluptas: *parad. 15.* oratorem: *Tusc.4,55.* mors: *Sen. epist. 85,27.* quid te: *Catil. 1,28.* quidnam: off. 1,48. 223 veni: Suet. Iul. 37,2. abiit: Catil. 2,1. haec: *Tusc. 1,51.* hoc: Tusc. 2,34. commorandi: *Cato 84.* 224a nostri: *Gall. 4,26,5.* vir: *de orat. 2,25.* si: Planc. 70 224b hic: *Liv. 21,43,5.* officium: *or. frg. D II 2.* 224 d vivo: *Brut. 81.* 225 non modo: *Att. 11,24,1.* 226 Caesar: *Gall. 4,16,3.* legatum: *Gall.*

5,49,2. oro: *Att. 3,1*. si: *Sest. 92*.   227 Paetus: *Att. 2,1,12*. legati: *Gall. 7,12,3*. quis: *Lael. 53*. nemo: *parad. 52*. Verres: *Verr. II 5,17*.   228 cum: Catil. 1,21. Zeno: *ac. 1,39*. fecisti: *Att. 2,4,1*. non: *Pis. 59*. qui adipisci: *off. 2,43*. causam: *div. 2,60*. gratissimum: *fam. 7,21*. qui restiterunt: *Tusc. 2,54*. ut sementem: de orat. 2,261. ubi: *Rab. post. 36*. te: *fam. 2,6,3*. ut quisque: Gall. 7,48,2. Verres: *Verr. II 4,48*. oppidani: *Gall. 2,33,2*. quoniam: *rep. 2,64*. reges: *Verr. II 4,61*.   229 videndum: *off. 1,43*. dicam: *div. 2,101*. legati dicent: *Verr. II 1,90*. Romulus: *rep. 2,17*. Caesar per: *Gall. 7,16,2*. acta: *Att. 3,10,1*. imperat: civ. 1,54,1. Caesari: *Gall. 1,7,1*. Titurius: Gall. 5,33,1. quod: *Tull. 13*. vos: Mil. 34. ne: *Att. 7,3,2*. non: *cf. Lig. 17*. sentio: *ad Q. fr. 1,3,7*. mihi: *Cato 80*. legati quae: *Gall. 4,27, 1*. Appius: *fam. 1,9,25*. nobismet: *div. 1,7*. Caesar timens: civ. 3,89,4. ad: *Gall. 7,32,2*. satis: nat. deor. 2,153. dux: *Gall. 2,21,2*. quis: *Verr. II 4,115*. nemo: civ. 1,69,3.   230 non: *Tusc. 5,55*. dubitabam: *Att. 15,9,2*. quo: *prov. 39*. exspecto: *fin. 5,78*. id: *Tusc. 1,78*. illud: *Att. 9,6,6*. Caesar: *Gall. 1,40,15*. sum: *fam. 2,11,1*. erat: *Rab. Post. 4*.   231 Verres: *Verr. I 12*. eo: Tusc. 5,60. equidem: fam. 2,1,1. hic: *Gall. 6,35,2*. nullum: *leg. 2,6*. video: *S. Rosc. 92*. quaero: Vatin. 5. honestum: *fin. 2,49*.   232 quid velim: *fam. 6,13,4*. quae gesta: *fam. 1,6,1*. quae res: *inv. 2,30*. quis esset: civ. 2,35,2. homines: *fin. 1,33*. nescio quis: Plaut. Persa 99. nescio quo: fin. 5,13. id: *Liv. 2,1,11*.   233 rationibus: *div. 2,27*. a: *nat. deor. 2, 153*. Hercules: *off. 1,118*. equites: *Gall. 7,41,2*. Caesar: *Gall. 4,23,5*. quid: *Cluent. 147*. nihil: Mil. 49. incertum: *Cluent. 137*. animadverte: *Tusc. 3,37*. quaero: fin. 3,13. dubito: Att. 16,5,3. id: *off. 3,6*. Helvetii: *Gall. 1,8,4*. circumfuntur: *Gall. 6,37,4*. deliberandum: *off. 1,10*. agitur: *Phil. 4,12*. aurum: *fin. 4,76*. sitne: *Tusc. 2,42*.   234 Verres Siciliae: *Verr. II 3,44*. Caesar tertiae: civ. 3,89,5. est: *Lael. 65*. legati: *civ. 3,103,4*. Gallis: *Gall. 2,10,5*. Caesar postulavit: *Gall. 1,43,9*. haec: *Lael. 40*. perfice: fam. 10,12,5. oratione: *Tusc. 1,112*. Epicurus: *Tusc. 3,33*. senatores: *Catil. 3,14*. concedes: *div. in Caec. 54*. vos: *Balb. 44*. te: *S. Rosc. 110*. satis: *off. 3,85*. Orgetorix: *Gall. 1,2,1*. vitam: fin. 1,46. vide: fin. 2,95. Verres statuerat: Verr. II 1,1. statuunt: *Gall. 7,21,2*. Caesar statuit: Gall.4,16,1. consilium: *Gall. 7,26,1*. Galli: *Gall. 3,2,2*. capiunt: Verr. II 1,140.   235 Pompeius: civ. 3,30,7. ad: ad Q. fr. 3,9,3. dispositi: *Gall. 7,35,1*. Caesar: *civ. 1,21,1*. diligentia: *Lael. 60*. plerique: Lael. 82. ut: *Manil. 44*. rationem: civ. 3,86,2.   236 vereor ne dum: leg. 1,12. vereor ne exercitum: Att. 7,12, 2. summum: *fam. 15, 1,5*. ea omnes: *div. 2,114*. orator: Cato 28. vereri: *Brut. 231*. ea ne: *Att. 11, 24,1*. id neque: fin. 1,7. Cinnam: *nat. deor. 3,81*. id ne: *Nep. Milt. 3,5*. non: *Tusc. 1,91*. stetisse: civ. 2,13,4.   237 est: de orat. 2,152. aliquot: *Gall. 3,2,2*. ad: Cato 16. his: civ. 3,84,4.   238 adeone: *Tusc. 1,10*. tales: *off. 1,91*. tanta: *Lael. 29*. ita: *off. 1,88*. hoc: de orat. 3,22. depugna: *Att. 7,7,7*. mons: *Gall. 1,6,1*. non: *Manil. 19*. illud: Att. 11,22,2. id: *Liv. 34,9,12*.   239 non dubitari: *Brut. 71*. mihi: *fam. 2,17,5*. controversia: *Caecin. 31*. quin: *Cael. 30*. milites: civ. 2,13,4. Caesar: *Gall. 1,33,4*. paulum: *Liv. 3,13,3*. nulla: *fam. 2,17,1*. non potest: *Verr. II 3,153*. nullum: civ. 1,78,4. facere: *Plaut. Bacch. 559*.   240 magna: *Gall. 4,29,3*. de: *civ. 3,112,11*.   241 enecas: *Plaut. Rud. 944*. ubicumque: Verr. II 3,217. totum: *Tusc. 1,82*. quoquo: *Lael. 22*.   242 Varro: civ. 2,18,1. Caesar: *Gall. 5,9,1*. qui: *leg. 3,5*. idonea: *Lael. 4*. quae: *Lael. 23*.

secutae: *Gall. 4,34,4.* non is: *Gall. 5,30,2.* quotus: *div. 2,81.* duae: *orat. 128.* Pompeius: *Manil. 68.* hoc: civ. 3,20,4. sunt: *Tusc. 1,18.* non est: *fin. 2,7.* quid: *nat.deor. 1,117.* tu: *fam. 15,4,11.* habetis: *Catil. 4,24.* quis est quin: *fin. 5,64.* hostium: *civ. 1,79,5.* nulla: *civ. 3,81,2.* in: *Verr. II 4,1.* me: *Att. 10,10,1.* tribunorum: *leg. 3,19.* quis est qui: *Lael. 28.* Pompei: *civ. 3,96,2.* Germani: *Gall. 4,15,1.* Aristides: *Nep. Arist. 1,2.* **243** id: *Phil. 11,21.* Helvetii: *Gall. 1,6,4.* hoc: *Lig. 20.* Agamemno: *off. 3,95.* Santonum: *Gall. 1,10,1.* caritas: *Lael. 27.* ego: *Phil. 7,7.* omnia: *fin. 4,40.* Xenophon: *de orat. 2,58.* accedebant: *civ. 3,32,5.* haec: *Cato 16.* **244** is: *Cluent. 168.* Caesar: *Gall. 4,36,3.* Auximum: *civ. 1,12,3.* **245** hostes: *Gall. 2,9,3.* Treveri: *Gall. 5,26,4.* in: *off. 1,48.* recordor: *Cato 75.* de: *Verr. II 3,59.* aberat: *fin. 2,64.* omnia: *fam. 11,8,1.* is: *rep. 1,7.* puer: *fin. 3,9.* sunt: *de orat. 1,126.* iis: *fin. 2,51.* erant: *Verr. II 2,138.* Vercingetorix: *Gall. 7,14,8.* non sunt: *Tusc. 5,44.* quaero: *Verr. II 4,8.* cogitate: *Catil. 4,19.* praetor: *Flacc. 55.* **246** ita: rep. 3,32. tam vehemens: Mur. 6. est: *Phil. 13,15.* Pompeius: *Balb. 9.* Socrates: *Tusc. 5,47.* in: *Lig. 34.* quale: *fin. 2,45.* tam sum: *Sull. 87.* te: *fam. 13,62.* ut nihil: Lael. 14. ut reliquorum: *Gall. 7,30,3.* ut quaeque: *Caecin. 7.* aiunt: S. Rosc. 33. Ubiorum: *Gall. 4,3,3.* multi: *div. 2,112.* **247** melior: Liv. 30,30,19. nemo: rep. 4,1. accipere: Tusc. 5,56. te: *Vatin. 1.* non magis: *fam. 14,3,1.* Fabius: *Cato 11.* animus: *Tusc. 3,10.* is: *Att. 10,1,4.* id: *Tusc. 1,41.* minor: Liv. 10,14,21. virtus: leg. 1,25. hortatur: *Gall. 7,38,10.* contra: *Phil. 11,34.* non dixi: de orat. 2,24. philosophia: *Tusc. 1,64.* nihil aliud: *Phil. 3,13.* nihil honestius: *off. 1,68.* **248** est: *Tusc. 4,26.* quasi mea: *Sest. 111.* qui: *off. 1,42.* quasi vero: *off. 3,110.* **249** accidit: *Att. 1,17,2.* bene: *fin. 3,16.* videor: *Verr. II 2,16.* gratissimum: *fam. 2,19,2.* me: *Lael. 10.* in: *off. 1,44.* Caesar: *Gall. 1,43,4.* eius: *Gall. 1,44,6.* declaratur: *off. 1,61.* apud: *orat. 67.* quod scribis: *fam. 14,3,5.* quod scire: *fam. 1,7,2.* **250** molestissime: *fam. 3,6,5.* quod: *Verr. II 1,6.* Theophrastus: *Tusc. 3,69.* mihi: *Catil. 3,14.* reprehendis: *dom. 93.* **251** philosophi: *off. 3,116.* his: *Gall. 3,9,1.* quis: *Tusc. 1,30.* quod: *fam. 4,3,2.* acta: *Phil. 1,16.* Pansam: *Phil. 7,6.* **252** quoniam fidem: S. Rosc. 119. dictator: *rep. 1,63.* nemo: *fin. 1,32.* quoniam me: *Gall. 7,50,4.* nunc: *off. 2,31.* o praeclarum: Cato 39. **253** nunc: *Cato 18.* praedones: *Flacc. 30.* Caesar: *Gall. 3,9,2.* de: *Brut. 96.* formam: *Att. 6,3,4.* vicesimus: Phil. 12,24. secutum: *fam. 11,27,4.* fuit: Varro rust. 3,1. gubernatores: *div. 2,145.* cum equites: *civ. 1,79,3.* Gyges: *off. 3,38.* cum id: *Catil. 1,21.* te: *Att. 9,15,5.* sustulisti: *Sull. 68.* subito: *orat. 129.* caedebatur: *Verr. II 5,162.* fit: Verr. II 5,74. vixdum: *Att. 9,2a,3.* Hannibal: Liv. 29,7,8. dies: *Cluent. 28.* **254** Milites: *Gall. 7,5,4.* cum in: *Gall. 3,1,1.* Vercingetorix: *Gall. 7,20,1.* sententia: *de orat. 1,232.* cum vita: *fin. 1,66.* Labienus: *Gall. 5,57,1.* id: *off. 3,8.* a: *civ. 3,61,2.* Socratis: *de orat. 3,60.* Socrates: *Tusc. 1,71.* **255** postquam tuas: *fam. 4,2,1.* postquam id: Gall. 1,24,1. signum: div. 2,46. postquam Romam: Sall. Iug. 28,2. plane: Att. 2,11,1. **256** ut primum: *Arch. 4.* Endymion: *Tusc. 1,92.* Caesar: *Gall. 1,16,5.* Sulmonenses: civ. 1,18,2. simulatque: *rep. 2,48.* ut quisque: *Verr. II 5,143.* hostes: *Gall. 4,26,2.* simulac: *Att. 12,40,5.* quotiens: Gall. 5,34,2. cura: *fam. 16,11,3.* **257** ante fulget: cf. *Lucr. 6,170.* qui: div. 1,65. antequam pro: *Mur. 2.* ante provinciam: *Phil. 11,24.*

certi: Att. 16,15,6. omnia: *Verr. II 2,161.* hostes: *Gall. 1,53,1.* non: *ad Brut. 1,2,2.* navalis: rep. 2,6. antequam de: *Phil. 1,1.* opus: *civ. 1,41,5.* exercitum: *Planc. Cic. fam. 10,21,6.* Caesar: *civ. 1,29,1.*   **258** dum stas: Plaut. Persa 448. Lucanius: *Gall. 5,35,7.* dum haec: *Gall. 6,7,1.* dum ea: *Gall. 1,27,4.* haec: *Verr. II 5,91.* dum civitas: S. Rosc. 91. dum longius: *Gall. 7,82,1.* improborum: *fin. 2,78.* hoc: Phil. 3,33. donec: Hor. carm. 3,9,1/4. de comitiis: Liv. 23,31,9. nostri: *Gall. 5,17,3.* de te: *fam. 12,19,3.* non faciam: *Att. 16,16,16.* Romae: *Att. 10,3.* exspecta: *Att. 7,1,4.* iratis: *Tusc. 4,78.* non exspectavi: *Att. 8,11d,1.* ego: fam. 7,26,2.   **259** roges: *nat. deor. 1,57.* si amitti: fin. 2,86. fides: *off. 2,33.* si te: Tusc. 1,17. hoc: *leg. 2,1.* satis: *leg. 3,47.* si mons: *civ. 1,79,2/3.* si lis: *off. 1,59.* si quid: *inv. 2,126.* orationes: *Brut. 287.* si pater: *off. 3,90.* quid mortem: *Cato 67.* si scriberem: Att. 7,13a,3. si venisses: inv. 1,87. Quintus: *Att. 16,5,2.* si P.: *Sest. 81.* si unum: Liv. 2,38,5. quid facere: rep. 1,10. quid tu: *Brut. 192.*   **260** quid: nat. deor. 1,77. videmur: *de orat. 2,230.* nisi: *civ. 3,101,3.* plerique: *civ. 3,51,3.* dubitare: *Marcell. 17.* hoc: *Sest. 62.* ostendis: Pis. 14. quaeris: Planc. 60. declarare: *fam. 1,9,13.*   **261** nisi: *Gall. 5,1,8.* si id: *Gall. 1,36,5.* memoria: *Cato 21.* quid: Planc. 80. servari: *fin. 5,66.* id: *div. 1,127.* Caesar: *Gall. 7,86,2.* liceat: Flacc. 61. video: Catil. 1,22. copias: *Gall. 2,9,4.* si spes: *Att. 3,16.* si delectamur: fin. 1,3.   **262** facilis: *Gall. 5,31,2.* luxuriam: *fin. 2,30.* oderint: Acc. trag. 204. si: *Att. 8,11b,3.* optimis: *Cluent. 95.*   **263** quamquam: *fam. 10,19,1.* o poetam: *Tusc. 3,45.* quamvis subito: Plaut. Bacch. 82. fremant: de orat. 1,195. paupertas: fin. 5,84. licet: *S. Rosc. 31.* ut: Ov. Pont. 3,4,79. exercitus: *Phil. 12,8.* corpus: Tusc. 3,22. etiamsi: fam. 11,21,4. etsi: Marcell. 13. Romani: *Gall. 5,34,2.*   **264** nuntiatur: civ. 1,18,1. Galliae: *Gall. 1,31,3.* se: *Gall. 1,31,9.* si quid: *Gall. 1,34,2.* si qua: *civ. 1,19,4.* ne: *Gall. 1,35,3.* quonam: civ. 1,9,4. si veteris: *Gall. 1,14,3.* cur: Gall. 1,40,4. hoc: *civ. 1, 32,3.* quis: *Gall. 5,29,5.*   **265** Pompeius: *Manil. 28.* non: Verg. Aen. 6,625/7. Vulcanum: *Ov. met. 7,104.* cedant: *Pis. 73/74* off. 1,77. spirante: Sest. 54. nec: Rab. perd. 25. Cn. Pompeio: Manil. 34. Gallia: *Phil. 8,5.* si: *Phil. 1,10.* fuit: Catil. 1,3. Deiphobum: Verg. Aen. 6,495. misera: Rab. perd. 16. de exilio: *Phil. 1,24.* inceptio: Ter. Andr. 218. hesterna: Liv. 2,51,7. ad: *Liv. 1,4,4.* Titanes: *Ov. met. 1,184.* locus: Catil. 3,24. tantamne: Manil. 33. tradidit: *Mil. 61.* o Tite: Enn. ann. 109. videbat: *Manil. 67.* homo: *Cael. 78.* quot: Ov. ars 1,59. vincula: *Verr. II 3,59.* bellum: *Manil. 35.* cum: Catil. 1,21. rerum: Hor. epist. 1,12,19. de nostrum: Mil. 33. quos: Verg. Aen. 1,135. moriamur: Verg. Aen. 2,353. adsunt: *Flacc. 63.* exoriare: Verg. Aen. 4,625.   **266** sit: Verr II 5,4. venisse: *Gall. 7,66,3.* luce: *Catil. 1,6.* quod: *Gall. 2,35,4.* haec: *Gall. 6,13,6.* serpit: *Lael. 87.* in: fam. 4,4,5. patrem: parad. 24. illorum: fin. 4,5. quem: Vatin. 16. per mihi: Att. 1,4,3. per te: Ter. Andr. 538. Gallia: Gall. 1,1,1. **267** casu: fam. 15,2,8.   **268** ut: Catil. 3,29. id: *Mur. 36.* postulo: *Cluent. 6.* si: *Gall. 1,14,6.* qualis: *Gall. 1,21,1.* veritus: de orat. 1,234. Caesar: *Gall. 6,9,1.* fratres: Gall. 7,40,3. navibus: *Gall. 3,13,8.* nam: *Manil. 17/18.*   **269** olli: Verg. Aen. 5,284. liminaque: Verg. Aen. 3,91.   **270** monstrum: Verg. Aen. 3, 658. iamque: Verg. Aen. 7,160.   **272** quadrupedante: Verg. Aen. 8,596. ter: Verg. georg. 1,281. principibus: Hor. epist. 1,17,35. fertur: Verg. georg. 1,514. ite: Verg. ecl. 1,74.

saucius: Ov. Pont. 1,5,37/38. **273** levis: Hor. epod. 16,48. dedi: Hor. epod. 17,19. fortuna: Sen. Med. 159. amicus: Enn. scaen. 210. homo: Phaedr. 4,23,1. fraus: Publil. F7. **274** Maecenas: Hor. carm. 1,1,1. nullam: Hor. carm. 1,18,1. nil: Hor. carm. 1,3,37. Persas: Hor. carm. 1,21, 15. integer: Hor. carm. 1,22,1. Mercuri: Hor. carm. 1,10,1. risit: Hor. carm. 1,10,12. cui: Catull. 1,1. odi: Hor. carm. 3,1,1. virginibus: Hor. carm. 3,1,4. lenite: Hor. carm. 1,27,7. **276** his: Varro ling. 6,27.